L.K^s 104.

carte manque en fin de vol.
Signalé le 27/7/2000 · PV

ITINÉRAIRE

HISTORIQUE ET DESCRIPTIF

DE L'ALGÉRIE.

PARIS. — Imprimé par E. THUNOT et Cⁱᵉ, 26, rue Racine.

ITINÉRAIRE

HISTORIQUE ET DESCRIPTIF

DE L'ALGÉRIE

AVEC

UN VOCABULAIRE FRANÇAIS-ARABE

DES MOTS LES PLUS USITÉS

ET

UN RÉSUMÉ HISTORIQUE DES GUERRES D'AFRIQUE

PAR J. BARBIER

Ouvrage accompagné d'une Carte de l'Algérie

PARIS

LIBRAIRIE DE L. HACHETTE ET Cie
Rue Pierre-Sarrazin, 14

1855

TABLE DES MATIÈRES.

	Pages.
INTRODUCTION.	
Situation de l'Algérie.	XI
Préparatifs du voyage.	ib.
Mal de mer.	ib.
Hygiène.	XII
Météorologie, climat.	XIV
Géologie et minéralogie.	ib.
Cours d'eau.	XV
Eaux thermales.	XVII
Botanique.	ib.
Agriculture.	XVIII
Colonisation.	ib.
Travaux publics.	ib.
Peuples indigènes de l'Algérie, leur origine et leurs mœurs.	ib.
Instruction publique, beaux-arts.	XXIV
Cultes.	XXVII
Justice européenne.	XXXIII
Justice musulmane.	ib.
Services maritimes entre la France et l'Algérie.	XXXIX
VOCABULAIRE FRANÇAIS-ARABE.	LXIII

Pages.

ITINÉRAIRE.
Route de Paris à Marseille............................. 1
Lyon.. 2
Avignon... 4
Marseille.. 5
De Marseille en Algérie.............................. 8
En mer.. 9

SOUVENIRS D'AFRIQUE.
Esquisse de mœurs................................... 9
Le Coran et les croyances religieuses des musulmans... 21
De l'usage du vin chez les peuples de l'Orient........ 27
Les Turcs en Algérie................................. 33
Le pays des Beni-Mzab................................ 38
Les Zaouias.. 42

ASPECT DE L'ALGÉRIE.
Ses productions, sa population, son gouvernement..... 48

ALGER.
Hôtels.. 53
Cafés... ib.
Bains... 54
Histoire d'Alger.................................... 56
Chronologie des deys................................ ib.
Promenade dans Alger................................ 67
Rues, places, monuments et port d'Alger............. ib.
Commerce d'Alger.................................... 81
Tribunaux... 82
Service des postes.................................. 83
Messageries, diligences, omnibus, voitures de place.. 84
Tarif des courses de voitures dans la banlieue...... 85
Théâtres.. ib.
Marchés... 86
Établissements pour l'instruction publique.......... ib.
Bibliothèque, musée................................. 88
Presse périodique................................... 91
Imprimeurs typographes ou lithographes, libraires... 92
Industrie indigène.................................. 93
Expositions, foires et courses...................... ib.
Routes partant d'Alger.............................. 95
Environs d'Alger.................................... 96

TABLE DES MATIÈRES.

Pages.

Département d'Alger.
Descriptions de tous les centres de population. 96

Département de Constantine.
Description de tous les centres de population. 172

Département d'Oran.
Description des centres de population du département. . . 205

Résumé de l'histoire des guerres d'Afrique.
Griefs de la France contre le dey d'Alger et causes qui ont amené la conquête de l'Algérie. 257
Tributs payés au dey d'Alger par les puissances chrétiennes avant 1830. 261
Expédition d'Alger et guerres de 1830. 262
Guerres de 1831. 266
— 1832. 267
— 1833. 269
— 1834. 270
— 1835. 271
— 1836. 274
— 1837. 276
— 1838. 280
— 1839. 286
— 1840. 294
— 1841. 300
— 1842. 304
— 1843. 308
— 1844. 309
— 1845. 312
— 1846. 317
— 1847. 325
— 1848. 332
— 1849. 335
— 1850. 340
— 1851. 343
— 1852. 356
— 1853. 364
— 1854. 366

ERRATA.

Page 127, ligne 18, *au lieu* de 26ᵉ léger, *lisez* 26ᵉ régiment de ligne.

Page 232, ligne 22, *au lieu* de 22 septembre 1844, *lisez* 22 septembre 1845.

INTRODUCTION.

Situation de l'Algérie. — L'Algérie est située à peu près dans la même zone que l'Espagne méridionale, la Sicile et l'Archipel, en Europe; la Syrie et toute la partie méridionale de l'Asie; la Californie, le Mexique, la Géorgie et la Caroline, en Amérique; elle reproduit sous plusieurs aspects le climat et les productions de ces diverses contrées. Les chaleurs de l'Algérie, malgré tous les préjugés contraires, dépassent à peine d'un à deux degrés celles de la France méridionale. Son climat est le même que celui de l'Italie et de l'Espagne, et s'il lui arrive parfois d'être exposée pendant quelques heures à un sirocco brûlant, en revanche elle jouit pendant tout l'été d'une brise de mer permanente.

En Algérie, l'œil du touriste n'aura pas à contempler ces gigantesques débris de l'ancienne Égypte, ces ruines élégantes de la poétique Grèce; mais il lui arrivera quelquefois de s'arrêter devant les restes majestueux de la domination romaine. Et puis l'Algérie n'est-elle pas aujourd'hui une *seconde France?* son peuple n'a-t-il pas été adopté par le peuple français?

Préparatifs du voyage. — Le voyageur avant de quitter Paris, ou n'importe quelle autre ville de France, pour se rendre en Algérie, doit se munir d'un passe-port; mettre dans sa malle quelques ceintures et gilets de flanelle, pour se préserver de la grande fraîcheur des nuits; se munir d'un manteau à capuchon et se rendre à Marseille, où il trouvera les 5, 10, 15, 20, 25 et 30 de chaque mois, à midi, un bateau des Messageries impériales en partance pour Alger (*voir* pages XXXIX et 8 pour les renseignements complémentaires).

Mal de mer. — Le voyageur devra se tenir en garde contre les mille et un moyens qui lui seront indiqués pour se préserver du mal de mer; tous sont plus inefficaces les uns que les autres. Le seul *adoucissement* que nous puissions recommander, c'est de prendre l'air le plus souvent possible et de ne pas rester sans manger.

Hygiène. — Nous croyons devoir placer ici quelques principes d'hygiène tirés en grande partie des excellents mémoires des savants docteurs Larrey et Ceccaldi, et autres médecins célèbres qui ont habité et étudié l'Algérie.

Tout ce qui interrompt ou répercute la transpiration occasionne en Afrique des maladies inflammatoires, notamment des dyssenteries et des ophthalmies; c'est pourquoi les habitants du pays sont toujours chaudement vêtus, malgré la chaleur habituelle du climat.

Il est donc essentiel de se bien couvrir, et surtout de se garantir soigneusement la tête et les yeux. Les personnes qui, après le coucher du soleil, demeurent à l'air avec des vêtements trop légers, s'exposent à diverses maladies. Les douleurs rhumatismales et l'inflammation des yeux n'ont presque jamais d'autres causes. Cette dernière affection, sans présenter toujours du danger, est souvent douloureuse et fort incommode. Les moindres accidents qui peuvent résulter de l'oubli de cette attention sont des fièvres qui ne se terminent en général que lorsque l'équilibre a été rétabli par le retour de la transpiration.

On ne saurait trop recommander de ne pas rester longtemps la tête nue au soleil, et d'éviter d'avaler, lorsqu'on a chaud, une quantité d'eau trop considérable. Avant de boire, il est prudent de se rincer la bouche, de s'humecter les mains, et, s'il se peut, de les tremper dans l'eau; on doit aussi faire un fréquent usage des acides. L'eau légèrement acidulée par le citron ou le vinaigre, teinte d'un peu de vin ou mélangée de quelques gouttes d'eau-de-vie, ou bien encore légèrement colorée avec du café ou de la liqueur de café (1),

---

(1) On a remarqué que le meilleur moyen d'enlever à l'eau saumâtre son goût si désagréable consiste à mettre dans un verre de cette eau la valeur de deux cuillerées de café fort et de le boire sans sucre.

prévient un grand nombre d'indispositions. Cette précaution est nécessaire surtout lorsque les eaux sont d'une mauvaise qualité.

Il est utile de se laver fréquemment les pieds, les mains et le visage, en mettant dans l'eau quelques gouttes de vinaigre ou d'eau-de-vie.

Les bains sont un des meilleurs moyens d'entretenir la santé et de se préserver des maladies inflammatoires; cependant, pris inconsidérément, ils peuvent devenir la source de beaucoup de maux. Ils sont dangereux et même mortels au moment de la fatigue et de la chaleur, et nuisibles pendant la digestion. On doit éviter de se baigner avant le lever du soleil, et longtemps après son coucher. Il ne faut jamais se plonger dans une eau stagnante, mais choisir une eau douce courante, bien exposée à l'air et peu profonde; l'eau de mer n'offre aucun inconvénient. L'heure la plus convenable pour se baigner est celle qui précède le repas du soir.

Les brouillards qui s'élèvent vers la fin du jour, et qui existent encore la nuit et le matin sur les terrains marécageux et dans leurs environs, peuvent devenir pernicieux; il faut donc s'en éloigner, et se soustraire à leur action autant que possible.

En général, le régime végétal est convenable dans les pays chauds, à cause de la faiblesse des organes digestifs. On corrige ainsi l'exubérance des humeurs, et l'on diminue la trop grande excitabilité. La débilitation semble donc nécessaire pour s'acclimater; cependant il ne faut pas la déterminer par des saignées.

L'usage modéré des boissons spiritueuses est très salutaire, tandis que les excès en ce genre offrent de grands dangers. Les hommes intempérants sont les plus sujets aux maladies, et y succombent presque toujours.

L'usage du café est salutaire.

Les bassins d'eau douce et bourbeuse du rivage africain sont quelquefois remplis de petits insectes, parmi lesquels il existe une espèce de sangsue noirâtre de quelques millimètres seulement de longueur. Quoique cet annélide, dans son état naturel, ne soit guère plus gros qu'un crin de cheval, il est susceptible d'acquérir le volume d'une sangsue ordinaire quand il est gorgé de sang.

Lorsque, poussé par la soif, on se jette à plat ventre au bord de ces mares d'eau pour s'abreuver, on risque d'aspirer avec l'eau quelques-unes de ces sangsues, et l'on ne tarde pas, en ce cas, à ressentir leurs atteintes.

Météorologie, climat. — L'état météorologique de la côte septentrionale de l'Afrique est peu variable d'une année à l'autre, il suit un ordre à peu près constant, que l'on peut indiquer ainsi :

1° La saison douce et tempérée pendant les mois de mars, avril, mai et juin ;

2° La saison des chaleurs, qui du mois de juillet se prolonge jusqu'au mois de novembre ;

3° La saison humide et pluvieuse pendant les mois de décembre, janvier et février.

Les transitions d'une saison à l'autre sont assez subites ; pendant les plus fortes chaleurs, le thermomètre ne dépasse pas 43° dans les régions les plus exposées, et pendant l'hiver il ne descend presque jamais à 0° ; il se tient toujours, dans les plus grands froids, à 2 ou 3 degrés au-dessus.

Géologie et minéralogie. — *Constitution du sol.* — Sur les côtes, le sol de l'Algérie se compose de marnes ou de sables marneux et de calcaires compactes durs ; on pense que ces dernières roches appartiennent à l'époque jurassique, et reposent sur une couche de marne argileuse très-épaisse ; le grand nombre de sources qui sourdent aux environs d'Alger, rendent cette opinion assez probable.

Dans le petit Atlas, les montagnes se composent de calcaire et de grès ; mais les vallées ainsi que la plaine située du côté de la mer sont assez sablonneuses ; le sol est souvent imprégné de sel marin, et présente même, dans les contrées voisines du Sahara, des plaines entières recouvertes de cette substance ; il contient, en outre, une quantité assez considérable de nitrate de potasse (salpêtre). Le flanc des collines est sillonné par de nombreux ravins qui manquent quelquefois d'eau pendant les fortes chaleurs.

Superposition des couches. — L'ordre de superposition des couches, dans la chaîne des montagnes du petit Atlas, est peu connu. On trouve çà et là des amas de sable plus ou moins calcaire, renfermant des coquilles marines à peu près semblables à celles qui vivent encore dans la Méditerranée. Quant aux collines du littoral, leur base est formée d'un calcaire assez dur, recouvert sur plusieurs points d'un terrain tertiaire moderne, analogue à celui des collines subapennines, et dans lequel les eaux ont creusé un grand nombre de ravins.

Près d'Oran, l'on a remarqué beaucoup de roches poreuses que l'on croit être d'origine volcanique.

Dans les environs de la Calle et sur plusieurs autres points de ce district, on a découvert des traces positives d'anciens volcans.

Mines. — L'Algérie est assez riche en mines de plomb, de cuivre et de fer; plusieurs sont déjà en voie d'exploitation, et quelques-unes promettent même un brillant avenir (1).

Cours d'eau. — L'Algérie est arrosée par un grand nombre de cours d'eau, qui répandent la fraîcheur et la vie dans les contrées qu'ils traversent.

Le plus considérable de tous, c'est le *Chelif*, dont les nombreuses sources sont situées au pied de l'*Ouarensenis;* après un parcours de 45 myriamètres environ, et avoir traversé et fertilisé une partie de la province d'Alger, il va se jeter dans la Méditerranée, à quelques kilomètres dans l'est de Mostaganem (province d'Oran).

Les autres cours d'eau de cette province sont:

La *Macta*, formée par l'*Habra* et le *Sig*, se jette dans la mer, à Arzew.

L'*Oued-el-Melah* ou *Rio-Salado* a son embouchure entre le cap Figalo et l'île Rachgoun.

---

(1) Le *Moniteur universel* a annoncé, il y a quelques jours, la découverte en Algérie d'une mine d'or; mais l'*Akhbar* a démenti cette nouvelle.

La *Tafna*, célèbre par le traité de ce nom, conclu sur ses bords, le 30 mai 1837, entre l'émir Abd-el-Kader et le général Bugeaud. Ce cours d'eau se jette dans la mer, à 48 kilomètres ouest d'Oran.

Dans la province d'Alger:

Le *Mazafran* (l'ancien Savus) prend sa source au mont *Zackar*, et après un parcours de 18 myriamètres, se jette dans la mer, à l'ouest de Sidi-Ferruch.

La *Chiffa* coule impétueusement du nord au sud, et se perd dans le Mazafran, aux environs de Koléah.

L'*Arach*, joli et large cours d'eau avec de nombreux affluents, se jette dans la mer, à 8 kilomètres est d'Alger.

Le *Hamise* change de nom selon les parties qu'il arrose. Ce cours d'eau se jette dans la mer, à quelques kilomètres dans l'est de la Maison-Carrée.

Le *Boudouaou* se perd dans la mer, à 16 kilomètres est du cap Matifous.

L'*Isser* est un cours d'eau considérable; après un parcours de 20 myriamètres, il se jette dans la mer, à 12 kilomètres ouest de Dellys.

Le *Sebaou*, qui porte aussi le nom de *Oued-Neça* (rivière des femmes), ainsi que celui de *Boberach*, est un cours d'eau très-large, assez profond, et qui, d'après les traditions des indigènes, était navigable du temps des Romains; le Sebaou se jette dans la mer, à 6 kilomètres ouest de Dellys.

Et dans la province de Constantine:

L'*Oued-Saheul* se jette dans la mer, sous le nom de *Summam*, à 3 kilomètres est de Bougie.

L'*Oued-Kebir*, qui a son embouchure à 25 kilomètres est de Gigelly; ce fleuve est le cours inférieur du *Rummel*, qui baigne les murs de Constantine.

Le *Saf-Saf*, à l'est de Philippeville; la *Seybouse*, à l'est et dans le golfe de Bône.

Nous n'avons indiqué dans cette esquisse que les principaux cours d'eau de l'Algérie, sans parler de leurs centaines de tributaires qui arrosent, fécondent et rafraîchissent les pays qu'ils parcourent.

Eaux thermales. — Sans compter une quantité considérable de ruisseaux et de fontaines dont les eaux sont chargées de sel et de nitre, l'Algérie abonde en sources thermales et minérales; les unes sont sulfureuses, les autres ferrugineuses; celles-ci ne sont que tièdes, celles-là ont quelquefois un degré de chaleur insupportable. Les bains de *El-Hammam-Meskoutin*, dans la province de Constantine; de *Rovigo*, dans celle d'Alger, et de la *Reine* à Oran, sont les plus fréquentés; on les recommande pour les rhumatismes, la jaunisse, les affections nerveuses, etc.

Botanique. — Bien qu'en général l'Algérie ne soit pas une contrée très-boisée, on trouve cependant sur le versant septentrional du petit Atlas et sur une infinité d'autres points, d'épaisses forêts où prospèrent le *pin d'Alep*, le *chêne liége*, le *chêne blanc*, le *chêne vert*, le *chêne à gland doux*, qui donne un fruit dont les indigènes sont très-friands.

Le *lentisque* se trouve dans l'Atlas, sur les collines et dans presque tous les jardins; le *térébinthe* croît dans les terrains incultes du grand Atlas; les diverses espèces de *cyprès* viennent presque partout; le *palmier dattier* croît en grande quantité sur les bords du Sahara; le *palmier nain* infeste toutes les terres en friche; le *thuya articulé* croît sur le petit Atlas, où l'on trouve aussi des forêts de *cèdres;* l'*arbousier* vient partout, son fruit est délicieux; le *soumac épineux* atteint une hauteur de 6 à 7 mètres.

Les arbres fruitiers de l'Algérie sont les mêmes que ceux d'Europe. Les *citronniers* et les *orangers* forment en quelque sorte des forêts dans certaines parties de la Mitidja et de la Kabylie; leurs fruits ont une réputation supérieure, et on en trouve presque toute l'année; on cueille le fruit de l'*amandier* dans les premiers jours d'avril; l'*abricot* mûrit dans le mois de mai; en juin, on mange des *figues*, des *cerises* et des *prunes;* en juillet et août, viennent les *mûres*, les *poires*, les *pommes*, les *figues kermez*, les *pêches* et les *brugnons;* ensuite ce sont les *grenades* et les *figues de Barbarie;* le *raisin* mûrit vers la fin de juillet et les vendanges se font en septembre; ce fruit est délicieux en Algérie et le vin qu'il produit est supérieur.

On trouve aussi en Algérie, des *noyers*, des *châtaigniers* d'un assez bon rapport. Dans les trois provinces, on trouve des forêts d'*oliviers*.

Agriculture. — L'Algérie est favorable à toutes les cultures européennes et à la plupart des plantes exotiques. Les céréales, le tabac, le coton, la cochenille, la soie, ont donné des résultats au delà de toute espérance. L'élève des bestiaux est aussi une source de richesses pour le colon laborieux et intelligent. L'Algérie sera bientôt en état de fournir à la France le blé que notre commerce est encore obligé de se procurer à l'étranger; et à l'Europe tout l'*opium* dont elle peut avoir besoin.

Colonisation. — Si la colonisation ne fait pas en Algérie autant de progrès que l'on serait en droit de s'y attendre, c'est parce que la masse des émigrants qui s'y rendent ne se composent pas de cultivateurs : ce sont, pour la plupart, des spéculateurs qui cherchent à y faire fortune, soit en ouvrant des débits de vins et de liqueurs, des hôtels, des restaurants ou des cafés, soit en faisant l'acquisition de terres pour les revendre avec profit, sans faire la moindre dépense pour les mettre en état, ou bien encore en se livrant à l'agio.

Il faut cependant rendre justice à l'intelligente direction du ministère de la guerre et aux administrateurs civils de l'Algérie : depuis deux ou trois années l'agriculture a pris dans les trois provinces (en territoire civil seulement) un développement que l'on n'osait espérer.

Travaux publics. — Les travaux publics s'exécutent malheureusement trop lentement; c'est à peine si quelques-unes des principales villes de chaque province sont reliées à leur chef-lieu; mais les provinces ne le sont pas encore entre elles et ne le seront pas de longtemps, à moins cependant que le gouvernement ne consente à adopter le projet qui lui a été soumis dernièrement par une maison de banque d'Alger.

Peuples indigènes de l'Algérie. — *Origine.* — La régence d'Alger comprend l'ancienne Numidie et presque toute la

Mauritanie Césarienne. Gouvernée d'abord par des princes indigènes, cet état devint successivement la conquête des Romains, des Vandales, des Grecs, des Arabes, des Espagnols, des peuples de l'intérieur de l'Afrique et des Turcs, avant de devenir une possession française. La population indigène actuelle se compose en partie du mélange de ces différentes races. Elle se divise en six classes bien distinctes :

Les Kabyles ou Berbers,

Les Maures,

Les Arabes,

Les Turcs,

Les Juifs

Et les renégats.

Les *Kabyles* peuvent être considérés comme les habitants primitifs du pays ; ce sont les seuls qui ne parlent pas du tout la langue arabe. On les suppose issus d'une tribu de Sabéens qui vint s'établir en Barbarie, sous la conduite du roi Melek-Afriqui. Retirés dans les montagnes ils sont divisés en un grand nombre de tribus qui toutes ont leur chef particulier et se font gloire de ne s'être jamais soumis aux différents conquérants de l'Afrique. Les Kabyles ont un idiome particulier qui est répandu depuis les montagnes du littoral jusqu'aux oasis des Beni-Mzab, dans le Sahara. Ils ont le teint clair, quelquefois rouge ; la taille haute et svelte ; le corps assez maigre. Ils sont courageux et infatigables.

Ce peuple est remarquable par ses habitudes sédentaires et son activité au travail, aussi offre-t-il de grands moyens d'action à la civilisation française. Pour bien asseoir notre conquête, c'était avec les Kabyles qu'il fallait s'empresser d'établir des liens naturels de commerce et d'échange et créer des intérêts directs et positifs. C'est ainsi, du reste, que le firent les Carthaginois et les Romains avec les Berbères. On a bien tenté d'en arriver là ; mais pour agir sur des masses libres, il faut et les comprendre et être compris d'elles : ce n'est pas la force brutale et destructive des armées qui peut seule soumettre un peuple indépendant à une domination étrangère; il faut le captiver par ses intérêts et ses mœurs, et surtout par une justice impartiale qui châtie sévèrement sa rébellion, mais qui le protége aussi même contre les prétentions injustes des vainqueurs. (Voir page 44 les institutions politiques des Kabyles-*Zaouias*.)

Les *Maures* sont les descendants des anciens habitants de la Mauritanie; ils habitent les villes, principalement celles du littoral, où ils se livrent au commerce, ou bien exercent des métiers se rattachant à la fabrication des étoffes et à la confection des objets de luxe.

Ils ont la peau plus blanche, le visage plus plein, le nez moins saillant et en général tous les traits de la physionomie moins prononcés que les Arabes. On les dépeint comme avares et débauchés, avides et paresseux, vindicatifs et rampants; cette peinture est assez fidèle, mais il y a heureusement dans la masse quelques exceptions. Doués d'une très-grande ostentation, ils préfèrent le luxe des habits à la bonne chère. Les femmes maures sont généralement très-belles et surtout fort gracieuses.

Les *Arabes*, venus d'Asie, conservent leur physionomie mâle, leurs yeux vifs, leur teint presque olivâtre; ils sont d'une taille moyenne et assez bien prise. Une partie d'entre eux s'adonnent à la culture des terres et occupent des demeures fixes, les autres vivent sous des tentes et errent avec leurs troupeaux. Fainéant au point de ne se livrer à aucun travail qui ne serait pas absolument indispensable à son existence, l'Arabe en temps de paix passe toute sa vie à fumer assis à l'ombre d'un buisson. Une extrême sobriété, un mélange de ruse et de cordialité, un besoin impérieux de liberté et d'indépendance, une hospitalité qui ne se dément jamais, tels sont les traits auxquels on peut généralement le reconnaître. Ce que les Arabes aiment le mieux au monde, c'est leur cheval; aussi sont-ils excellents cavaliers.

Les *Turcs*. (Voir page 34.)

Les *Juifs*. On fait remonter le séjour des Juifs en Algérie à l'époque de la destruction de Jérusalem par Vespasien; mais le plus grand nombre vient des Juifs chassés de l'Europe dans le xiiie siècle. Méprisé et maltraité par les Turcs, les Maures et les Arabes, ce malheureux peuple, avant la domination française, ne pouvait porter que des vêtements noirs, et était soumis à toutes sortes de vexations. Aujourd'hui il prend sa revanche; régi par les lois françaises, le Juif, plus heureux, plus libre et moins assujetti que l'Européen, est devenu hautain. Il n'y a pas de caractère plus envahisseur, plus arrogant et en même temps plus lâche que celui du Juif algérien.

Les *renégats* forment une caste à part. Méprisés aussi bien par les chrétiens que par les juifs et les musulmans eux-mêmes, ils ont néanmoins une morgue qui prouve la bassesse de leur esprit.

Mœurs et coutumes de ces peuples. — Les mœurs des Kabyles ont beaucoup d'analogie avec celles des Mozabites ou habitants des oasis situées à l'entrée du Sahara, au sud de la province d'Alger. Ces deux peuples ont d'ailleurs la même origine. Ces mœurs se rapprochent aussi beaucoup de celles des Arabes et des Maures, il n'y a de différence sensible que dans le langage et les institutions politiques.

Chez les uns comme chez les autres, les garçons se marient à l'âge de quatorze ans; les filles à dix et même à huit : on en a vu donner à onze ans des preuves de fécondité. Le mariage chez eux, comme chez tous les musulmans en général, est une espèce de marché honteux qui se conclut entre le père de la fille et le garçon qui veut l'épouser. Pour nous chrétiens, le mariage est le plus tendre des liens; c'est le triomphe du sentiment. Pour les musulmans, c'est un contrat sévère, c'est l'asservissement de la femme. Nous considérons la femme comme une fleur délicate, une douce compagne; le musulman ne voit en elle qu'une esclave.

Notre plume se refuse à décrire les scènes qui précèdent tous les mariages chez les Arabes; le père regarde sa fille comme une *denrée* qu'il cède au plus offrant et dernier enchérisseur; le jeune homme, de son côté, en demandant une jeune fille en mariage, marchande un *objet* qu'il veut payer le moins cher possible.

Les femmes arabes distinguées par leur fortune, sont habillées très-richement; elles portent des chemises de gaze très-fine, dont les manches sont extrêmement larges, des caleçons comme les hommes, une espèce de veste de soie ou de velours brodée d'or, et une ceinture très-riche qu'elles attachent négligemment à la taille. Lorsqu'elles sortent elles s'enveloppent entièrement dans un long manteau en laine blanche et ne laissent apercevoir qu'un œil et les pieds; ce manteau est maintenu sur la poitrine avec des agrafes d'argent; elles ont des anneaux de même métal aux oreilles, aux doigts, aux bras et au bas des jambes.

Les femmes moins riches portent un costume à peu près semblable; mais au lieu d'être en gaze, soie et velours, le tout est en laine unie; elles portent autour du cou des chapelets d'ambre ou de corail, et mettent aux oreilles, aux doigts, aux bras et aux jambes des anneaux en corne.

Le costume des femmes de la ville diffère un peu de celui des femmes des tribus; le grand manteau qui recouvre les femmes de la campagne est remplacé par un *haïk*, long voile qui enveloppe également toute la femme, mais de manière cependant à laisser apercevoir qu'il y a dessous un second costume d'une très-grande richesse; ce haïk permettrait en outre de voir la figure si elle n'était cachée par un mouchoir blanc depuis le dessous des yeux jusqu'au menton. Les jolies femmes ont bien soin de n'employer que des mouchoirs très-fins afin que l'on puisse voir autre chose que leurs yeux, qui sont presque toujours fort beaux.

Les unes et les autres, femmes de la ville ou de la campagne, riches ou pauvres, toutes se couvrent les joues de rouge parsemé de quelques mouches, se peignent les sourcils, les joignent au moyen d'une ligne noire et se décorent le milieu du front d'une croix ou d'une étoile qu'elles font soit avec de la teinture, soit avec des paillettes d'or. Une autre préparation leur peint en jaune orangé les ongles et le bout des doigts, quelques-unes même se peignent les pieds pour avoir l'air de porter des chaussettes. A l'exception de leurs cheveux qu'elles laissent croître, leur corps est religieusement épilé. Lorsque cette toilette est achevée, les plus aisées restent étendues sur une natte ou sur un tapis ; en attendant la nuit, elles passent le jour à jouer avec un petit miroir, où elles doivent se trouver admirablement belles, à en juger par le charme qu'elles éprouvent à se regarder. Pour qui donc tant de parures ? pour les étrangers qui ne peuvent les voir, pour des maris qui s'en soucient fort peu, ou bien pour satisfaire cette coquetterie de tous les pays qui prend les femmes au berceau et ne les quitte jamais.

La danse est un plaisir qu'elles se procurent quelquefois entre elles. L'une tient un tambourin qu'elle frappe de coups cadencés comme s'il s'agissait de faire danser des ours ; une autre saute seule, se secouant de son mieux, les cheveux flottants et faisant toutes les contorsions imaginables jusqu'à ce que la fatigue la fasse tomber. Cette danse est plus lascive que gracieuse.

Les femmes pauvres n'ont certes pas *ces distractions*, on peut les comparer à des bœufs attelés depuis l'aurore jusqu'à la nuit close. En dehors des soins du ménage elles ont à pourvoir par leur travail à l'existence de leur mari qui toute la journée ne fait absolument que manger, fumer, boire du café et dormir.

Jusqu'à l'âge de huit ans les filles ne sont point astreintes à porter le voile qui enveloppe la figure de leurs mères. Alors elles commencent à s'occuper des soins du ménage ; alors aussi le voile, sans lequel elles ne sortiraient plus sans être deshonorées, devient une obligation.

Personne ne se hasarderait, dans la rue, à parler à une femme voilée, pas même ses plus proches parents ; qu'on les reconnaisse ou non, leur voile les suppose méconnaissable ; et elles-mêmes n'oseraient risquer un signe d'intelligence avec le passant.

Les mauresques ne sortent guère que pour aller au bain ; l'entrée des mosquées leur est interdite ; la religion, faite pour la jalousie des maris, déclare qu'elles ne sont pas dignes d'y prier Dieu. Leurs vertus et leurs devoirs consistent à remplir tous les soins du ménage dans leurs maisons, et c'est pour leur rendre ces vertus faciles que les maris les y enferment.

Ce doit être quelque chose de bien étrange pour les Arabes comme pour les Maures et les musulmans en général, que de voir notre courtoisie et nos égards pour les femmes; et celles-ci doivent faire un bien triste retour vers elles-mêmes en comparant leur état d'abjection aux respects dont nous les entourons.

Les coutumes des Arabes sont aujourd'hui ce qu'elles étaient il y a trois mille ans; ils ont conservé les usages et les traditions patriarchales. (Voir page 9., *Mœurs et coutumes des Arabes.*)

Si les mœurs des israélites algériens sont à peu près les mêmes que celles des Arabes, ces deux peuples diffèrent essentiellement par le caractère. Autant le musulman est courageux, hospitalier et noble dans sa manière d'être, autant le juif arabe est lâche, avare et bas dans ses actions.

Les pratiques religieuses des juifs en Algérie sont absolument les mêmes que celles en usage en Europe.

Tous ces peuples, sauf les Kabyles qui ont un idiome à part, parlent un dialecte arabe plus ou moins corrompu, et qui varie encore selon les localités.

Les Européens qui ne parlent pas l'arabe, communiquent avec les indigènes au moyen de la langue *sabir*, composée d'espagnol, d'italien, de français et de différents mots arabes. Ce jargon n'a point de prépositions et les verbes n'y sont employés qu'à l'infinitif.

Instruction publique, beaux-arts. — Il existe en Algérie un assez grand nombre d'établissements pour l'instruction des enfants européens à partir de l'âge de quatre à cinq ans. Ces institutions sont établies sur le même pied qu'en France. A Alger, il y a un *Lycée impérial* qui compte un grand nombre d'élèves tant internes qu'externes.

Pour l'instruction des enfants musulmans, on a créé des écoles françaises-arabes où les enfants des deux sexes apprennent la langue française. Il y a en outre un grand nombre d'écoles publiques musulmanes. On est porté à croire que la méthode usitée par les maîtres d'écoles arabes est l'origine du système d'instruction à la Lancastre. Chaque enfant est pourvu d'une planchette sur laquelle il écrit avec de la craie. Un verset du Coran est transcrit par l'un d'eux sur sa planchette, en gros caractères, et les écoliers copient cette leçon en s'aidant mutuellement à connaître et à former les lettres du texte : le verset est ensuite récité à haute voix au maître qui, assis au coin de la salle d'étude, tient en ses mains une longue baguette, avec laquelle il maintient l'ordre et l'attention parmi ses écoliers. Les enfants, comme on le voit, apprennent simultanément à lire et à écrire, et l'on conçoit, d'après ce mode d'enseignement, la grande uniformité qui caractérise toutes les écritures arabes. L'éducation de la jeunesse algérienne est complète lorsqu'elle sait lire et écrire correctement, qu'elle connaît le Coran et les principaux commentaires, et qu'elle possède les premiers principes de l'arithmétique.

Depuis plusieurs siècles, les mahométans ont fort négligé les arts libéraux et mécaniques. La vie errante des Arabes et le gouvernement despotique des Turcs ne permettaient pas aux peuples de l'Algérie de cultiver les sciences ; aussi tous les habitants des États barbaresques sont-ils en général d'une grande ignorance. Il y a cependant d'heureuses exceptions.

La musique de chant des Arabes ne consiste, pour ainsi dire, qu'en un seul air. Les instruments sont d'une simplicité extrême ; le chalumeau et le tympanum des anciens se retrouvent entre leurs mains.

La musique des Maures est plus variée, et la plupart de leurs airs sont vifs et agréables ; leurs instruments sont aussi plus perfectionnés. Outre plusieurs sortes de flûtes et de hautbois, ils ont le *rebbeb*, violon à deux cordes, et plusieurs petites guitares ou *guetaras* de différentes grandeurs. Il règne beaucoup d'ensemble et d'harmonie dans leurs compositions ; tous les morceaux s'exécutent par cœur, et ils les savent si bien, que vingt ou trente musiciens peuvent faire de la musique une nuit entière en changeant continuellement de motif, sans jamais se tromper ni jouer faux.

De tous les arts celui que les Maures entendent le mieux est l'architecture. On retrouve à Alger, dans l'intérieur de quelques maisons, les constructions élégantes et riches d'ornements dont les Maures ont laissé tant de traces en Espagne.

De même que dans tout l'Orient, de grandes portes, des appartements spacieux, des pavés de marbre, des cours ornées de jets d'eau, des galeries tapissées d'émail et de sculpture, sont ce qui distingue surtout les maisons particulières d'Alger. Ces différentes dispositions conviennent parfaitement à la nature du climat et aux mœurs des habitants.

A l'entrée des maisons, on trouve d'abord un porche avec des bancs des deux côtés; c'est là que le chef de famille reçoit ceux qui ont à lui parler, et expédie ses affaires; vient ensuite une cour ouverte qui, suivant la fortune du propriétaire, est pavée de marbre ou d'autres pierres polies. En été l'on garantit cette cour de l'ardeur du soleil au moyen d'une toile appelée *umbrella*. La cour est toujours carrée, et sur chacun de ses côtés il y a une chambre qui en occupe toute la longueur. La distribution est la même sur la galerie. Les maisons mauresques n'ont jamais plus d'un étage.

Chez les gens riches, les chambres, depuis le plancher jusqu'à moitié de leur hauteur, sont tapissées de petits carreaux vernis aux mille couleurs et représentant généralement des sujets animés; le plafond est boisé et peint avec beaucoup d'art; les planchers sont en carreaux de faïence ou simplement en briques, mais presque toujours recouverts de nattes ou de tapis.

Les escaliers, les cuisines et les communs se trouvent dans la partie comprise entre le porche et la cour, mais jamais dans l'intérieur de la maison.

Les toits des habitations sont plats, et bordés sur la rue et sur la cour intérieure de murs à hauteur d'appui.

Les mosquées sont construites à peu près comme nos églises. Il n'y a point de sièges dans l'intérieur, mais le pavé est recouvert avec des nattes. Vers le milieu du vaisseau, surtout dans la principale mosquée de chaque ville, est une espèce de grande chaire élevée de plusieurs marches et entourée d'une balustrade. C'est là que se place le muphti pour exhorter le peuple à la piété et aux bonnes œuvres, c'est là aussi que pendant les prières du ramadhan, se placent les lecteurs de la mosquée. Dans l'intérieur de chaque mosquée, et dans la direction de l'orient, il y a la *kabba*, qui indique aux fidèles que c'est de ce côté qu'ils doivent se tourner lorsqu'ils font leurs prières. Dans la partie opposée à la kabba s'élève le *minaret* sur lequel un *mouedden* monte, à différents instants du jour, pour annoncer au peuple les heures de la prière.

Cultes. — L'islamisme est encore aujourd'hui la religion dominante en Algérie; nous donnons, page 21, une étude sur les croyances religieuses des musulmans.

Les israélites sont nombreux aussi; ils professent librement leur religion et les frais du culte sont à la charge de l'État. Avant la conquête de 1830, ils ne jouissaient pas de tant de faveurs.

L'Algérie possède maintenant une église organisée et instituée comme celle de la mère-patrie. La religion de Jésus-Christ a dû tressaillir en revoyant ces lieux où jadis elle fut si florissante et si belle; et l'apôtre qui est venu renouer sur cette terre la chaîne brisée de ses pontifes, et recueillir l'héritage désolé des Augustin et des Fulgence, a dû pressentir la grandeur des obstacles que l'ardeur de son zèle allait être appelée à vaincre. C'était en effet un bien périlleux honneur que celui de *prendre par la foi une dernière et solennelle possession de l'Algérie* (1). Mais en confiant cette sublime mission à monseigneur Dupuch, la religion et la France connaissaient les ressources inépuisables de la vive et ingénieuse charité du bienfaiteur des orphelins de la Teste, du père des enfants pauvres de Bordeaux. Beaucoup eussent reculé peut-être devant les difficultés sans nombre et les contradictions imprévues que rencontra à son origine l'or-

---

(1) Paroles du ministre des cultes.

ganisation du diocèse d'Alger; mais monseigneur Dupuch était animé d'un zèle inépuisable et vraiment apostolique qui ne pouvait se démentir.

On le vit, dès les premiers jours de son installation et durant sept années, prodiguer son patrimoine et sa vie à la fondation pénible et glorieuse de son église; porter avec un zèle infatigable à travers les plaines et les montagnes, à travers les périls de la guerre et du climat, la parole de vie, la paix, la consolation, les secours aux populations éparses de son vaste diocèse qui s'étendait depuis les frontières du Maroc jusqu'à celles de Tunis. Deux cents lieues de côtes étaient soumises à notre domination, et habitées sur plusieurs points par des populations catholiques; des populations nouvelles suivaient pas à pas dans l'intérieur nos colonnes victorieuses et s'établissaient partout où la présence de nos soldats leur assurait quelque sécurité. Autour des villes et dans les campagnes, des milliers de colons luttaient contre les rudes labeurs de la culture et des intempéries du climat; beaucoup, hélas! en ouvrant leurs premiers sillons creusaient leur tombe, et chaque tombe en se refermant léguait à la colonie de pauvres orphelins. Il n'y avait encore point d'hôpital, point de maison de refuge, point d'église, point de prêtre; tout était donc à créer, à fonder. Tout entiers à la conquête, les hommes de guerre comme les hommes d'administration ne songeaient pas à soulager toutes ces infortunes; et, en attendant l'élaboration des projets qui se méditaient dans les bureaux, l'apôtre envoyé par le vicaire de J.-C. et par la France avait à remplir sa mission. On le vit alors avec ses propres ressources, courir les camps, consoler les blessés, recevoir les dernières paroles des mourants, visiter les colons, soulager leurs misères, bénir leurs enfants, recueillir les orphelins, fonder des chapelles, installer des prêtres, créer des établissements de charité et de refuge; tendre, en un mot, une main généreuse à toutes les misères, à toutes les plaies vives du cœur, de l'esprit et du corps.

Loin de nous la pensée d'assombrir le tableau moral de l'Algérie naissante;... mais combien d'existences brisées, de malheurs profonds, de souffrances inconnues; combien de crimes peut-être étaient venus chercher sur cette terre nouvelle ou l'espérance d'un avenir meilleur, ou le calme et la sécurité d'un refuge, ou même les ombres de l'oubli!

Ne fallait-il pas au sein d'une population si étrange se hâter de créer la famille en bannissant le libertinage?

Ne fallait-il pas calmer tous ces désespoirs dont la mort des proches, l'isolement cruel et les amères déceptions étaient alors comme une source intarissable; soulager toutes ces infirmités qu'engendraient incessamment le climat, le travail et les privations; conjurer tous les périls de ces pauvres petits enfants voués par la mort ou par l'indifférence de leurs pères à l'influence délétère d'une vie errante et des plus contagieux exemples; donner enfin des pasteurs à tant de populations chrétiennes et délaissées, des consolations à tant de souffrances, des remèdes à tant d'infortunes, des secours à tant de besoins?

N'était-ce point là, en effet, la sainte mission du premier évêque d'Alger? Elle lui avait été imposée par le chef suprême de l'Église, imposée par la France, et à défaut de toute autorité, de tout encouragement, de tout devoir, son âme ardente et généreuse se la serait imposée avec bonheur.

L'auteur d'un ouvrage écrit sur l'Algérie en 1854, prétend que « malgré la pureté d'intentions de monseigneur
» Dupuch, tout était précaire et provisoire dans l'organisa-
» tion de ce diocèse, incertain dans sa liturgie, indécis dans
» sa discipline, confus dans sa hiérarchie, lorsque l'éloquent
» et jeune doyen de la faculté de théologie de Lyon vint
» saisir les rênes de l'administration ecclésiastique de l'Al-
» gérie. »

L'auteur de cet écrit a-t-il cherché à se rendre compte des admirables travaux du vénérable prédécesseur de monseigneur Pavy; a-t-il été à même de le voir à l'œuvre?

En débarquant sur le sol algérien, le premier évêque de l'Algérie a trouvé:

A Alger, une mosquée transformée en église, deux prêtres et quelques sœurs de Saint Joseph de l'Apparition, dont le dévouement se multipliait pour soigner les malades, pour instruire et abriter l'enfance.

A Oran et à Bone, deux misérables chapelles; la première desservie par un vieillard épuisé, que la mort enleva bientôt; la seconde, par un prêtre pieux et zélé, qui jouit encore, après plus de vingt années d'un laborieux ministère, du bien qu'il a opéré dans cette paroisse qui le vénère.

Oui, c'étaient là toutes les ressources, c'étaient là les seuls trésors, les seuls temples, les seuls ouvriers de l'église renaissante d'Afrique; quelques pierres éparses pour construire un édifice immense.

L'évêque actuel d'Alger, monseigneur Pavy, a trouvé en arrivant, après les sept années de l'épiscopat de monseigneur Dupuch :

29 cures reconnues par l'État;

7 vicariats   id.

3 aumôneries d'hôpitaux.

Ce qui représentait un effectif de 39 prêtres qui, aidés de 3 prêtres auxiliaires, desservaient en outre :

47 églises ou chapelles créées par monseigneur Dupuch, et non reconnues par l'État;

12 aumôneries d'hôpitaux et 28 aumôneries de collége, prisons, marine, pénitenciers, colonnes expéditionnaires, établissements religieux, etc., non-subventionnées par l'État.

Parlerai-je des sœurs de charité, des écoles chrétiennes, des orphelinats, des deux séminaires, des maisons de refuge, etc., créés avec le patrimoine du charitable apôtre ; du fameux échange des prisonniers, du grand établissement des trappistes à Staouëli, dont il a jeté les fondements? ce serait entrer dans de trop longs détails. Un seul de ces actes aurait suffi pour faire bénir le nom de monseigneur Dupuch.

Quelles étaient les ressources offertes par l'État pour faire face à toutes les dépenses qu'exigeait la régénération de l'Église et des institutions chrétiennes en Afrique? Nous n'osons le dire, tellement le chiffre en était infime! tout ou presque tout était à la charge personnelle de monseigneur Dupuch.

Nous avons vu arriver ce noble apôtre à Alger; nous l'avons suivi dans toutes les phases de son épiscopat; nous l'avons vu partir; nous pouvons donc parler avec connaissance de cause de tout ce qu'il a fait, et affirmer, sans crainte d'être démenti, que pas une ville, pas un village, pas une ferme, pas un camp, pas une redoute, pas un champ de bataille n'a été oublié dans ses fréquentes visites pastorales. A cette époque, il n'y avait encore point de route et, par conséquent, point de voiture; jugez des difficultés et des fatigues qu'il fallait endurer pour visiter tous les points habités de ce vaste diocèse. Chrétiens, israélites ou musulmans, tous les habitants de l'Algérie ont vu les traits chéris du successeur de saint Augustin, et aussi bien que le souvenir de ses bonnes œuvres et de son inépuisable charité, ces traits resteront profondément gravés dans le cœur de tous.

L'histoire prodigieuse des travaux apostoliques de ce vénérable prélat et l'état du diocèse au jour de son départ (22 juillet 1846) sont des preuves toujours vivantes d'un zèle héroïque, d'un dévouement sans bornes, du désintéressement le plus pur et d'une admirable intelligence de sa mission. Comme tout homme d'avenir qui entreprend une œuvre immense, il en a jeté les bases avec tant de hardiesse et de vigueur, qu'il n'en fallut point d'autres pour élever l'édifice de ce magnifique diocèse dont on admire aujourd'hui l'étendue, les ressources et l'organisation. Toutes les institutions de religion et de charité qui, sous la surveillance et l'administration de monseigneur Pavy, et sous la protection efficace du gouvernement, s'épanouissent en ce moment sur tous les rivages de l'Algérie, c'est lui qui en a posé les fondements, lui qui les a, pour ainsi dire, transplantés d'Europe en Afrique, lui qui leur a donné le premier l'impulsion et la vie.

Monseigneur Pavy, de son côté, a eu fort à faire, car si tout était créé ou institué lorsqu'il est arrivé à Alger, il y avait, nous ne saurions nous le dissimuler, des améliorations à introduire, des changements et des révisions à faire. Le jeune et éloquent théologien de Lyon a parfaitement compris la grandeur de sa mission, et il a surmonté avec autant de tact que de goût toutes les difficultés qui se sont présentées. Aujourd'hui, grâce à l'élan de son zèle et à son énergie, le clergé d'Afrique, sauf malheureusement encore quelques exceptions, est composé d'ecclésiastiques d'élite remarquables par leur dévouement, leur charité et leur abnégation personnelle. Grâce aussi à l'activité de son intelligence administrative, le diocèse d'Alger est, sinon le plus, du moins un des plus remarquables de la chrétienté, tant sous le rapport de son étendue que sous celui de son organisation.

Monseigneur Dupuch, arrivé à Alger avec un patrimoine assez considérable, a quitté son diocèse sept ans après, entièrement ruiné et laissant en outre près d'un demi-million de dettes, dettes qui, ainsi que l'a dit monseigneur l'évêque de Dijon, étaient « une conséquence nécessaire de sa position » tout exceptionnelle en ce pays où tout était à créer; ainsi » que de la très-regrettable parcimonie avec laquelle le gou- » vernement lui a mesuré son concours à cet égard (1). »

Quelques années après le départ de monseigneur Dupuch, le clergé algérien, en tête duquel se plaça monseigneur Pavy, voyant que les hommes qui avaient succédé aux hommes de juillet et les associations religieuses, ne songeaient nullement à acquitter une dette qui était aussi bien celle de la France que celle de la religion, le clergé algérien, disons-nous, fit une manifestation en faveur de son premier évêque, et délégua M. le chanoine Montera auprès du gouvernement et de la société de la propagation de la foi, afin de faire les démarches nécessaires pour obtenir l'acquittement des dettes contractées dans un aussi honorable but.

Grâce au dévouement de M. Montera, tous les archevêques et évêques de France ont donné leur adhésion à la manifestation du clergé d'Alger. Après deux années de travail, de voyages et de fatigues, M. Montera, fort de son droit et de la grandeur de sa mission, s'est adressé au prince Louis-Napoléon, alors président de la république. Sa voix a été

---

(1) Adhésion de monseigneur l'évêque de Dijon à la manifestation du clergé d'Alger en faveur de monseigneur Dupuch.

entendue avec bienveillance, et le plus ardent de ses souhaits a été satisfait. Le prince Louis-Napoléon institua une commission pour la vérification des dettes de monseigneur Dupuch, et en ordonna le payement, selon les arrangements intervenus entre M. l'abbé Montera et les créanciers. Par ce moyen, les créanciers du vénérable apôtre de l'Algérie ont été liquidés de 50 p. 0/0 de leur créance (1).

L'État a fait la part de la France, c'est à la société de la propagation de la foi à faire celle de la religion ; et jamais, nous pouvons le dire, argent n'aura mieux été employé.

Justice européenne.—L'Algérie possède à Alger une cour impériale, et dans chaque chef-lieu d'arrondissement des tribunaux de 1re instance, de police correctionnelle, de commerce et des justices de paix, qui fonctionnent selon les lois en vigueur en France. Quelques chefs-lieux de district ont également une justice de paix.

Un décret impérial du 19 août 1854 institue en Algérie des cours d'assises, qui doivent se tenir tous les quatre mois dans chacun des chefs-lieux d'arrondissement où est établi un tribunal de première instance.

Justice musulmane.—Chez les musulmans la *justice étant sœur de la religion*, le droit aussi bien que la capacité de la rendre émanent de la religion.

Les fonctions du sacerdoce et l'administration de la justice étant réunies dans un seul et même corps, le collége des *ulémas*, à la tête duquel le muphti se trouve placé, il s'ensuit que ce dignitaire est réellement le chef de la magistrature musulmane, le supérieur de tous ceux qui exercent l'office de juge.

Néanmoins, la nomination des kadis (juges) ne lui appartient pas : la justice étant le devoir le plus sacré dont le souverain puisse s'acquitter envers ses sujets, les kadis sont partout institués par le prince ou en son nom. L'autorité

---

(1) M. l'abbé Montera vient de recevoir la récompense de son noble et sublime dévouement à la personne de monseigneur Dupuch ; S. M. Napoléon III l'a nommé chanoine du chapitre impérial de Saint-Denis.

française les a nommés partout où le besoin s'en faisait sentir, et nul n'a contesté la légitimité de leur titre.

Au moment de la conquête, l'institution des juges correspondait avec une parfaite exactitude aux divisions administratives du territoire.

Le muphti d'Alger avait la prééminence spirituelle sur ceux qui pouvaient être appelés à des fonctions analogues dans les provinces; il était le supérieur reconnu de tous les kadis. La supériorité appartenait au kadi hanefi; ce rit était celui des Turcs : depuis l'occupation française, elle a passé au kadi maleki, la côte septentrionale de l'Afrique ayant exclusivement adopté la doctrine de Malek, l'un des quatre grands docteurs de l'islam.

A Alger, il existait deux kadis avec deux muphtis, un pour chaque cité; des kadis spéciaux étaient en outre attachés à l'institution du Beit-el-Mahl et à la fondation de la Mecque et Médine, pour juger seulement les contestations dans lesquelles ces deux administrations étaient engagées.

Dans chacune des villes principales, la justice comptait, selon leur importance, un ou plusieurs kadis, dont la juridiction s'étendait, soit sur la généralité de la population, soit seulement sur les fidèles de leur secte. Chaque centre de population auquel le *hakem* (commandant de place) était préposé avait son kadi. A côté du kaïd chargé de l'administration d'un *outhan* (canton), composé de plusieurs *arches* (tribus), décomposées elles-mêmes en un certain nombre de *douars* (hameaux), le kadi était aussi placé. Chaque douar a pour juge naturel son *cheik* (ancien, prud'homme), lorsqu'il ne s'agit que d'affaires simples; les affaires importantes sont portées devant le kadi.

Dans cette organisation simple et cependant complète, le juge ne manquait jamais au justiciable. Les kadis ne relevaient pas les uns des autres, et il n'y avait nulle part qu'un seul degré de juridiction; mais dans l'ordre des dignités conférées, ces magistrats n'étaient point égaux entre eux. Le kadi d'Alger était reconnu supérieur à ceux des principales villes de la régence; ceux-ci à leur tour dominaient les kadis des villes du dernier ordre, au-dessous desquels venaient se placer encore les kadis des outhans. Quand les lumières manquaient à ces derniers, ils avaient recours à leurs supérieurs.

La conquête de 1830 n'a rien changé à cette institution.

Les conditions régulièrement requises pour être apte aux fonctions de kadi étaient de faire partie du collége des ulémas, d'appartenir à l'un des quatre rites orthodoxes, d'être de condition libre, sain d'esprit, pieux, probe, prudent et de bonnes mœurs. On exigeait en outre des connaissances étendues en théologie, l'intelligence du Coran, du droit et des règles que nous pourrions par similitude appeler canoniques.

La compétence des kadis s'étendait sur toutes les matières civiles ou criminelles qui sont réglées par la loi, c'est-à-dire par le Coran, les traditions authentiques et les commentaires consacrés par une longue autorité. Ces trois éléments forment réellement le code musulman. Les chefs temporels connaissaient autrefois de tout le reste. Les kadis prononçaient encore sur tout ce qui était relatif au dogme, au rit, à la morale, à la discipline religieuse et aux institutions ou substitutions qui intéressaient les établissements pieux ou de bienfaisance ; ils remplissaient l'office de notaires, et rédigeaient en forme authentique toutes les conventions civiles ; enfin ils étaient les tuteurs légaux des orphelins, des insensés, des absents, et nommaient des *oukils* (mandataires) pour prendre soin de leurs intérêts.

La juridiction des kadis n'était point limitée au territoire pour lequel ils avaient été institués ; le juge le plus voisin pouvait être saisi, quels que fussent d'ailleurs le domicile des contestants ou la situation de l'objet contesté ; seulement il fallait que les parties pussent être toutes présentes, amenées ou représentées devant le tribunal. Les contendants pouvaient soumettre leurs différends à un kadi de leur choix, et cela non-seulement dans toute l'étendue de la régence, mais dans tout pays musulman, à Fez ou à Tunis, par exemple. C'est que les seuls étrangers sont, dans les idées musulmanes, ceux qui ne professent pas l'islamisme ; c'est que la justice est moins rendue au nom des princes qu'au nom de Dieu, qui a des organes également respectables partout où règne la parole formulée dans le livre saint.

La kadi, comme juge, compose seul le tribunal musulman ; mais il est assisté de plusieurs *adouls* (greffiers), deux au moins, témoins nécessaires de toutes les conventions que le juge constate, qu'ils signent avec lui, après les avoir rédigées sur des formules consacrées. Les parties ne signent jamais. Les *adouls* (*adel* au singulier) assistent à l'instruction et au jugement des procès, pour vérifier et constater que le kadi lui-même et les témoins entendus jouissent de la plénitude de leur raison.

Des *khatebs* (écrivains) remplissent l'office des clercs de notaire et de commis greffiers ; des *chaouchs* (huissiers) font la police de l'audience, toujours publique, toujours ouverte, excepté aux quatre grandes fêtes de l'année musulmane.

Les formes de procéder sont d'une extrême simplicité. Quand une partie se présente seule devant le juge, celui-ci envoie chercher son adversaire par un chaouch. Le justiciable, ainsi mandé, se rend sans difficulté ; s'il refuse, il est contraint à l'instant même et, selon les circonstances, il peut être puni. Chacun expose ses raisons sans le ministère d'avocats ou défenseurs de profession. « Hommes, dit un écrivain » musulman, pétris de ruse, d'artifice et de sophismes, et » qu'il faudrait bannir de toute société, aussi bien que les » empiriques et les maquignons,... pour garantir les peuples » de l'art insidieux des uns, de l'ignorance des seconds et de » la fraude des derniers. » Cette proscription de tout intermédiaire entre le justiciable et le juge est poussée si loin, que les fondés de pouvoir sont admis seulement dans certains cas fort restreints, et en matière civile exclusivement.

Les femmes viennent aussi demander justice au kadi, et le mari ne peut leur refuser, en ce cas, la permission de sortir de sa maison ; mais elles ne comparaissent que voilées, n'entrent pas dans l'auditoire, et d'une pièce attenante parlent au juge à travers une fenêtre grillée.

Le témoignage, quand il réunit tous les caractères exigés par la loi, est dans tous les cas considéré comme la première des preuves; il prévaut même contre les titres : le serment est aussi souvent déféré à l'une ou à l'autre des parties. La cause entendue, le jugement est prononcé sur-le-champ, sauf les cas où il paraît au juge y avoir lieu à l'interprétation de la loi : l'exécution suit immédiatement, avec le concours et en présence des magistrats. Rien n'existe des procédures si compliquées sur l'exécution des jugements. Le droit de contrainte et de discussion appartient pleinement au kadi, qui rarement, en matière civile, est forcé à en faire usage : la partie condamnée s'exécute elle-même, et donne en payement tout ce qu'elle possède, même en cas d'insuffisance : elle est libérée quand elle ne retient rien. C'est encore ici une preuve de ce respect religieux pour la justice, qui fait de la soumission un cas de conscience.

En matière criminelle, le jugement de condamnation s'exécutait aussi sans désemparer; mais lorsque la mutilation ou la mort devait être infligée, l'autorité temporelle restait chargée de l'exécution, le kadi se bornant à déclarer la peine que la loi appliquait au crime.

Quand les institutions judiciaires indigènes étaient encore imparfaitement connues, on croyait, mais on se trompait, que les jugements des kadis étaient sujets à une réformation par le *midjelès* (cour de justice), institution dont aujourd'hui on peut mieux se rendre compte.

Les *muphtis*, en pays musulman, interviennent dans le jugement des contestations par des avis ou décisions (fetwa) soumis, sur les points de droit, à la demande des parties intéressées. L'autorité doctrinale de ces décisions est telle que le juge s'y conforme toujours. A Alger, il semble que le muphti ait donné plus d'extension à sa prérogative, et qu'il s'immisce, tout en sauvant la forme, dans le jugement du fait.

Les justiciables ont la faculté, dont ils usent quelquefois, de demander que le jugement d'une affaire soit porté au midjelès. Le kadi, de lui-même, suspend souvent, dans les causes importantes, sa décision jusqu'après l'avis de cette assemblée dont il fait partie.

Le midjelès se forme, à Alger, de la réunion des deux muphtis et des deux kadis. Les adouls y assistent comme au tribunal du kadi. L'instruction se fait de la même manière; mais le jugement, de l'avis du midjelès, est prononcé dans son tribunal par le kadi seul, en son propre nom, parce que seul il peut rendre une sentence légale. La pureté de la doctrine peut être altérée par ce mode de procéder, mais les garanties d'une bonne justice sont sans doute ainsi plus assurées.

De ce que le midjelès n'est pas un tribunal de second degré ayant mission de réformer les mœurs des juges inférieurs; de ce que même les musulmans sont plus qu'aucun peuple disposés à se soumettre sans murmurer à ce qui est ordonné par la justice, il ne faudrait pas conclure qu'il n'existât absolument, avant l'occupation française, aucune espèce de recours contre une sentence inique et manifestement contraire à la loi.

Sans doute, les jugements étaient en principe considérés comme irrévocables, et la cause ne pouvait être portée à aucun titre devant un juge nouveau; cependant, et pour les rares occasions où la justice avait failli, où les formes avaient été violées, la loi ouvertement méconnue, le plaignant s'adressait, à Alger, au Dey-Pacha lui-même et au Bey dans les provinces, et demandait la révision. Alors une assemblée générale des ulémas était convoquée : l'affaire était examinée de nouveau. Si l'avis contraire à la sentence prévalait, elle était cassée; en revanche, si le recours était reconnu mal fondé, celui qui avait ainsi douté de la justice était puni sévèrement. En présence d'une telle éventualité, cette épreuve n'était tentée que bien rarement.

L'ordonnance royale du 10 août 1834 avait apporté quelques modifications à la juridiction indigène. Les principales consistaient dans l'attribution aux tribunaux français des contestations qui n'intéressent pas exclusivement des musulmans, et des poursuites qui intéressent la tranquillité publique;

dans le droit d'appeler des jugements du kadi et la défense d'exécuter en matière correctionnelle sans l'autorisation supérieure.

Cette ordonnance a été modifiée par un décret impérial du 1ᵉʳ octobre 1854. Ce décret, qui réorganise la justice musulmane, divise l'ensemble de l'Algérie en circonscriptions de tribunaux de *kadis* et *midjelès;* fixe la compétence des premiers en dernier ressort à 200 fr., attribue aux tribunaux musulmans la connaissance de toutes les contestations entre musulmans; supprime l'appel des décisions des midjelès devant les tribunaux français; oblige leurs jugements; prend des mesures pour la conservation des actes reçus par les kadis, comme notaires. En territoire civil, la justice musulmane est placée sous la surveillance de l'autorité civile; et, en territoire militaire, sous celle de l'autorité militaire.

Ainsi, sauf quelques réserves nécessaires dans l'intérêt de la domination et de la souveraineté française, la justice indigène fonctionne avec ses juges, avec ses lois; et les modifications mêmes qu'elle a subies, si elles portent quelques atteintes au caractère légal ou traditionnel de l'institution, ont eu pour effet d'accroître la protection promise aux sujets musulmans.

SERVICES MARITIMES ENTRE LA FRANCE ET L'ALGÉRIE.

SERVICES MARITIMES DES MESSAGERIES IMPÉRIALES

A PARIS, rue Notre-Dame-des-Victoires, n° 28; à MARSEILLE, rue Montgrand et place Royale, n° 1; à LYON, place des Terreaux.

Paquebots-poste de la Méditerranée partant de Marseille pour

ALGER. *Dép.* les 5, 10, 15, 20, 25, 30, à midi; — *arriv.* les 7, 12, 17, 22, 27, 2, à 2 h. soir.

ORAN. *Dép.* les 3, 13, 23, à midi; — *arriv.* les 6, 16, 26, à 10 h. matin.

Ligne de Tunis par Stora et Bone.

Dép. de **MARSEILLE** les 8, 18, 28, à midi; — *arriv.* à **STORA** les 10, 20, 30, après-midi.

Dép. de **STORA** les 2, 12, 22, après-midi; — *arriv.* à **BONE** les 3, 13, 23, matin.

Dép. de **Bone** les 14, 24, 4, à 6 h. matin; — *arriv.* à **Tunis** les 15, 25, 5, au matin.

Retour à Marseille.

Dép. d'**Alger** les 5, 10, 15, 20, 25, 30, à midi; — *arriv.* les 7, 12, 17, 22, 27, 2, à 2 h. soir.

Dép. d'**Oran** les 8, 18, 28, à midi; — *arriv.* les 11, 21, 1, à 10 h. matin.

Dép. de **Tunis** les 8, 18, 28, à midi; — *arriv.* à **Bone** les 9, 19, 29, après-midi.

Dép. de **Bone** les 10, 20, 30, à 7 h. soir; — *arriv.* à **Stora** les 11, 21, 1, matin.

Dép. de **Stora** les 3, 13, 23, à midi; — *arriv.* à **Marseille** les 5, 15, 25, après-midi.

PRIX DES PLACES.

	Alger.			Stora.			Bône.			Tunis.			Oran.		
	1	2	3	1	2	3	1	2	3	1	2	3	1	2	3
Marseille à	80	60	25	103	82	30	118	92	35	127	103	55	122	98	50
Stora...							15	10	6	54	36	25			
Bône...										39	26	19			

OBSERVATIONS.

Nourriture. — Dans les tarifs de passage ne sont pas compris les frais de nourriture qui sont obligatoires et fixés à 6 fr. par jour pour les passagers de 1re classe, et 4 fr. pour ceux de 2e cl. Les passagers de 3e et 4e cl. traitent de gré à gré pour leur nourriture.

Bagages. — Il est accordé à chaque Voyageur sur ses bagages une franchise de poids de 100 kil. pour les premières, 60 kil. pour les deuxièmes, et 30 kil. pour les troisièmes. L'excédant est payé suivant le tarif de chaque localité.

Enfants. — Les Enfants de deux à dix ans payent moitié place et moitié nourriture. Ils doivent coucher avec les personnes qui les accompagnent. Il est accordé un lit pour deux enfants. Ceux au-dessous de deux ans sont admis gratis.

Passe-ports. — MM. les Voyageurs qui prennent passage sur les Paquebots-Poste, doivent se présenter la veille du jour fixé pour le départ, dans l'après-midi, au bureau de la Compagnie, à Marseille, place Royale, 1, pour y déposer leurs passe-ports. Les Agents de la Compagnie se chargent gratuitement de toutes les formalités à accomplir à Marseille pour l'embarquement ainsi que des démarches auprès des différents consulats pour l'obtention des visas nécessaires. — Le déboursé des visas est seul réclamé aux Voyageurs.

COMPAGNIE DE MM. L. ARNAUD, TOUACHE FRÈRES ET CIE.

Cette administration emploie des paquebots à hélice qui transportent les voyageurs, les passagers et les marchandises, à prix réduit. Les départs ont lieu régulièrement de **Marseille** pour **Alger**, les 13 et 28, et d'**Alger** pour **Marseille** les 5 et 20 de chaque mois. Les prix des passages sont de

    55 fr. pour la 1re classe } avec couchettes garnies.
    40 fr. pour la 2e classe
    20 fr. pour la 3e classe, sur le pont.

Ces bateaux portent les dépêches de Marseille à Alger.

Tableau des Correspondances maritimes
ENTRE LES DIVERS POINTS DU LITTORAL ALGÉRIEN.

ALLER.					RETOUR.				
	DÉPARTS		ARRIVÉES			DÉPARTS		ARRIVÉES	
NOMS DES PORTS.	Jours du mois.	Heures.	Jours du mois.	Heures.	NOMS DES PORTS.	Jours du mois.	Heures.	Jours du mois.	Heures.
Ligne de l'Est (d'Alger à Bône).					**Ligne de l'Est** (d'Alger à Bône).				
Alger à Stora...	3	Midi.	4	Minuit.	Bône à Stora....	7	7 h. m.	7	4 h. s.
	13	»	14	»		17	»	17	»
	23	»	24	»		27	»	27	»
Stora à Bône....	4	Minuit.	5	9 h. m.	Stora à Alger...	7	4 h. s.	9	7 h. s.
	14	»	15	»		17	»	19	»
	24	»	25	»		27	»	29	»
Ligne de l'Ouest (d'Alger à Oran).					**Ligne de l'Ouest** (d'Alger à Oran).				
Alger à Oran...	8	8 h. s.	10	6 h. s.	Oran à Alger...	2	8 h. s.	4	6 h. s.
	18	»	20	»		12	»	14	»
	28	»	30	»		22	»	24	»
Ligne d'Oran à Cadix.					**Ligne d'Oran à Cadix.**				
Oran à Nemours.	2	6 h. s.	3	6 h. m.	Cadix à Tanger.	7	le soir.	8	au mat.
Nemours à Gibralt.	3	8 h. m.	4	8 »	Tanger à Gibraltar.	8	au mat.	9	Midi.
Gibraltar à Tanger.	4	Midi.	4	4 h. s.	Gibralt. à Nemours.	9	4 h. s.	10	2 h. s.
Tanger à Cadix..	4	5 h. s.	5	p. du jour	Nemours à Oran..	10	»	11	6 h. m.

MESSAGERIES ET VOITURES PUBLIQUES.
Alger.

Entreprise SARLANDE, entre Alger, Blida, Médéah, par Birkadem, Douéra et Boufarik. Trois départs par jour : A 6 h. matin, midi et 3 h. soir.

MESSAGERIES NATIONALES. — Entreprise Helfferich et Arnoux, entre Alger et Blida, par Birkadem, *et vice versâ*. — Deux départs par jour.

En été, départ d'Alger à 6 h. 1/2 matin. — A 2 h. 1/2 soir.
En hiver, — à 7 h. matin. — A 2 h. soir.

Les départs de Blida ont lieu aux mêmes heures que ci-dessus.

Prix des places : Coupé....... 5 fr. 50 c.
                     Intérieur..... 3 50
                     Banquettes.... 2 50

Voitures pour l'**ARBA** (place du Gouvernement). — Deux départs par jour, à 7 h. matin et à 2 h. soir.

Prix des places : Coupé....... 2 fr. » c.
                     Intérieur..... 2 50
                     Banquettes.... 1 »

Départ pour Aumale, tous les vendredis. — Prix, 20 fr.

Voitures pour **COLÉAH** (rue Bab-el-Oued). — Départ tous les jours. — L'été, à 1 h. 1/2 soir. — L'hiver, à 3 heures de l'après-midi.

    Prix des places : Coupé...... 4 fr. 50 c.
                     Rotonde..... 3 50

Voitures pour **BIRKADEM** (au coin de la rue Cléopâtre). — Départs à 10 h. matin et à 5 h. soir. — Prix, 75 c.

Voitures pour **BIRMANDREIS**. — Départs à 10 h. mat. et à 5 h. s. — Prix, 50 c.

Voitures pour **EL-BIAR**. — Départs à 10 h. matin et à 5 h. soir. — Prix, 75 c.

Voitures pour **DOUÉRA**. — Départ tous les jours à 3 h. soir. — Prix, 1 fr. 50 c.

Voitures pour le **FONDOUK**. — Départ tous les jours à 6 h. mat. — Prix, 05 par kil.

Blidah.

Voitures pour **MÉDÉAH**. — Départs de Blidah à midi et à 1 h.

    Prix : Coupé........ 5 et 6 fr.
          Rotonde........ 3 et 4 fr.

Voitures pour **MILIANA**. — Départs à 4 h. 1/2 du matin.

    Prix : Coupé......... 12 fr.
          Rotonde........ 10

Voitures pour **COLÉAH**. — Départ de Blidah à 4 h. s. — Prix, 2 fr.

Voitures pour **CHERCHELL**. — Trajet en un jour.

    Bureau à Blidah : M. Toscan, au Petit-Paris.
    — à Cherchell : hôtel de la Belle-Fontaine.

Départs de Blidah : les 1er, 4, 8, 12, 16, 20, 24 et 28 de chaque mois, à 5 h. matin.

Retour : les 2, 5, 9, 13, 17, 24, 25 et 29 de chaque mois, à 6 h. matin. — Prix, 12 fr.

Oran.

Omnibus d'**ORAN** à **MERS-EL-KÉBIR**.

    Prix des places : A volonté........ » fr. 75 c.
                 La course de jour.... 1 50
                 La course de nuit.... 3 »

Diligences pour **MOSTAGANEM** et **ARZEW**. — Départs tous les deux jours à 4 h. matin. — Prix, 15 fr. et 6 fr.

Diligences pour **MASCARA**. — Départ tous les jours à 4 h. matin. — Prix, 15 fr.

Diligences pour **SIDI-BEL-ABBÈS**. — Départ tous les jours à 4 h. matin. — Prix, 10 fr.

Diligences pour **TLEMCEN**. — Départs les 2, 7, 10, 13, 17, 22, 25 et 28 de chaque mois, à 4 h. matin. — Prix, 25 fr.

Constantine.

Voitures pour **PHILIPPEVILLE**. — Départ tous les jours, trajet en 10 heures. — Prix, 15, 10 et 5 fr.

Voitures pour **BATHNA** et **BISKRA**. — Départs les 1er, 6, 11, 16, 21 et 26 de chaque mois, à 6 h. 1/2 soir.

Voitures pour **BÔNE** et **GUELMA**. — Départs les 3, 8, 13, 18, 23 et 28 de chaque mois, à 6 h. 1/2 du soir.

Voitures pour **SÉTIF**. — Départs les 1er, 6, 11, 16, 21 et 26 de chaque mois, à 6 h. 1/4 soir.

Bône.

Voitures de **BÔNE** à **GUELMA**. — Départ tous les jours. — Prix, 6 fr.

FIN DE L'INTRODUCTION.

PETIT VOCABULAIRE FRANÇAIS-ARABE

(IDIOME D'ALGER.)

NOTA. Nous donnons ici la *traduction en lettres françaises* des mots arabes les plus usités ; nous avons fait tous nos efforts pour rendre, aussi exactement que possible, la prononciation de cette langue naturellement si difficile.

La grande expérience que nous avons de l'idiome d'Alger nous a permis d'exécuter ce que personne, jusqu'à présent, n'a pu faire. Ainsi, en parlant lentement et en appuyant fortement sur chaque syllabe, le voyageur peut être sûr qu'il sera compris dans toute l'Algérie, et, du reste, se tromperait-il quelquefois, les Arabes, heureux de se trouver en contact avec un Européen distingué, se font toujours un plaisir de signaler eux-mêmes les défauts de prononciation.

Avec notre petit dictionnaire et les phrases qui le suivent, le voyageur peut donc sans crainte se risquer au milieu d'une société indigène, il se fera toujours comprendre.

Un,	ouahed.
Deux,	zoudj (ou *tenin*).
Trois,	tslatsa.
Quatre,	ârbaa.
Cinq,	kramssa.
Six,	setta.
Sept,	sebâa.
Huit,	tçemenia.
Neuf,	tessâa.
Dix,	âachera.
Onze,	hedache.
Douze,	tenache.
Treize,	tselattache.
Quatorze,	arbâatache.
Quinze,	kremsstache.
Seize,	settache.
Dix-sept,	sebâatache.
Dix-huit,	tsemantache.
Dix-neuf,	tessâatache.
Vingt,	âucherine.
Vingt et un,	ouahed ou âucherine.
Vingt-deux,	zoudj (ou tenin) ou âucherine.
Vingt-trois,	tselatsa ou âucherine.

Vingt-quatre,	arbâa ou âucherine.
Vingt-cinq,	kramssa ou âucherine.
Vingt-six,	setta ou âucherine.
Vingt-sept,	sebâa ou âucherine.
Vingt-huit,	tçemenia ou âucherine.
Vingt-neuf,	tessâa ou âucherine.
Trente,	tsalatsine.
Quarante,	arbâine.
Cinquante,	kramssine.
Soixante,	settine.
Soixante-dix,	sebâine.
Quatre-vingts,	tsemanine.
Quatre-vingt-dix,	tessâine.
Cent,	meïa.
Cent-cinquante,	meïa, ou kramssine.
Deux cents,	meïtain, ou zoudj mia; meïtaïne est plus usité.
Trois cents,	telats-meia.
Quatre cents,	arbâ-meia.
Cinq cents,	krams-meia.
Six cents,	sett-meia.
Sept cents,	sebâ-meia.
Huit cents,	tsamen-meia.
Neuf cents,	tessâ-meia.
Mille,	alf.
Deux mille,	alefaïn, ou zoudj alef; le premier est plus usité.
Trois mille,	tselat-alef.
Quatre mille,	arba-alef.
Cinq mille,	krams-alef.
Dix mille,	âacher-alef.
Vingt mille,	âucherin-alef.
Cent mille,	miat-alef.
Un million,	melionn.

Dimanche,	el-hadd (1).
Lundi,	el-tsenin.

(1) Dans la conversation on fait toujours précéder la désignation du jour par le mot *nar* qui signifie *jour*. Par exemple : *nar el haad, nar el tenin*, etc.

VOCABULAIRE FRANÇAIS-ARABE.

Mardi,	el-tselatsa.
Mercredi,	el-arbâa.
Jeudi,	el-kremis.
Vendredi,	el-djemeà.
Samedi,	el-sebt.

A

Abricot,	meche-mache.
Acier,	dequir.
Acheter,	chera.
Adieu,	selêm.
Affaire,	dâoua.
Age,	omeur, *prononcez* âum-re; *l'e est muet.*
Ainsi,	hagdà.
Air,	ha-oua.
Alger,	djezaïr.
Allemand,	allemann.
Amandes,	laouz.
Ame,	rouhh.
Ami (mon),	sahabi.
Amis,	as-hab.
Moi,	ana.
A moi,	lya, diali, metâi.
Mois,	châar.
Ane,	hemar.
Anglais,	Engliz.
Année,	âm, sena.
Après,	bâad.
Après-demain,	bâad roudoua, *ou bien* raïr-roudoua.
Après-midi,	bâad el âlam.
Arabe,	âr-bi.
Arbre,	sedjera; *on dit aussi* chedj-ra.
Arc-en-ciel,	gouz en nebi.
Argent,	fedda.
Argent (monnaie),	draham.
Arrhes,	ârboun.
Artichaut,	queur-noune.
Assez,	barkà.
Attends,	es-beur.

Aucun,	hatta-ouahed.
Au-dessus,	fouk.
Aujourd'hui,	el-ioum.
Auparavant,	cab'l.
Automne,	krerif.
Autrefois,	zemane.
Autruche,	n'âma.

B

Bain,	ham-mam.
Banane,	mouz.
Bataille,	trad, fet'ne; djè-had, *pour les guerres de religion.*
Bateau (embarcation),	flouka.
Bateau à vapeur,	chekaf en nar.
Batelier,	floukadji.
Bâtiment,	chekaf, merqueb.
Battu,	derab.
Beaucoup,	bez-zaf.
Beurre,	zebda; *l'e est muet.*
Bien,	melih; *l'h très-aspiré.*
Blé,	guemah.
Bœuf,	fard, tsaour.
Boire,	cherob.
Bois,	harteb.
Bonjour,	sebah-el-kraïr.
Bouche,	foum.
Bougie,	chemâa.
Brouillard,	debab.
Bureau arabe,	birou-ârab.

C

Café,	quahoua.
Campagne,	djenan.
Canif,	mouss.
Canne,	krizerana.
Capitaine (armée),	kobtan.
Capitaine de navire,	raïs.
Cavaliers,	fersan.
Cela,	hada.

Cent,	meïa.
Chaise,	kersi.
Chaleur,	sk'rana.
Chaloupe,	felouka.
Chambre,	beit.
Chameau,	djemel.
Chat,	qualt.
Chemin,	thriq.
Chemise,	quemdja.
Cheval,	âoud, kril.
Cheveux,	chahar.
Chez,	ând.
Chez toi,	ândek.
Chez lui,	ândou.
Chez vous,	ândkoum.
Chez moi,	andi.
Chien,	kelb ; *l'e est muet.*
Chose,	hadja.
Chrétien,	roumi, *ou* morani.
Cigare,	cigarou.
Cinq,	kramssa.
Cinquante,	kramssine.
Citron,	limouna, *pl.* limoun.
Cochon,	hallouf.
Cœur,	galb.
Colère,	raïd, hamqua renche.
Combien,	quaddache.
Comment,	ki-fèche.
Confiture,	mâadjoun.
Corde,	hebel.
Cordonnier,	sbabti.
Coucher (se),	requad.
Coucher du soleil,	riaub ech-chems, *ou bien* el-megoreb.
Couleur,	loun.
Couteau,	krodemi.
Cravache,	strem âsba.
Crayon,	quelem er-ressas.
Cuiller,	mereurfa, mâlaqua.

D

Danger,	kraouf.
Dans,	fi.
Dattes,	thmarr.
Dedans,	dakrel.
Déjeuner,	fethour.
Demander,	thlab, seal, saksa, necked.
Demain,	redoua.
Demain (après),	bâad roudouà, *ou bien* rir redoua.
Dent,	*sing.* snna, *pl.* s'nn.
Deux,	zoudj, *ou bien* tsenin.
Deux cents,	mitssaïne.
Deux mille,	ale-faïn.
Devant,	koddam.
Dieu,	allah.
Dimanche,	nar el h'aad.
Dîner,	fthour, âacha, tâam.
Dix,	achera.
Dix-huit,	tsemantache.
Dix-neuf,	tessâatache.
Dix-sept,	settache.
Doigts,	sonabâ.
Domestique,	kredim.
Dormir,	requad.
Dos,	dahr.
Douzaine,	thezzina.
Douze,	tenache.

E

Eau,	ma.
Eau chaude,	mask'roun.
Eau froide,	ma bared.
Eau (de l'),	el ma.
Éclair,	brœq.
Écrire,	keteub.
Écurie,	roua ahri.
Église,	kenis.
Embarcation,	felouka.
Encre,	hebar.

VOCABULAIRE FRANÇAIS-ARABE. XLIX

Enfant,	ouled.
Ennemi,	âadou.
Ennui,	quelack, diq-el-krathar.
Ensemble,	souasoua; *on dit encore* djenâ.
Éperon,	chabir.
Épingle,	dabouz, messac, flir, krelal.
Époux,	djouz.
Épouse,	djouza.
Est,	charki.
Est (nord),	smaoui.
Est (sud),	chelouq.
Été,	saïf.
Étranger,	berrani.

F

Fâché,	merager, merabben.
Faim,	djoû.
Famille,	ahl, âial, âila.
Fantassin,	terrass.
Fatigué,	âyana.
Femme,	mera, *pluriel* nessa.
Fer,	hadide.
Ferme,	haouch.
Feu,	nâr, *ou bien :* âafia.
Fèves,	foul.
Fièvre,	hamma.
Figue,	karmouss.
Figue de Barbarie,	karmouss ene saâra.
Fils,	ben.
Fille,	bent.
Fin,	k'relass.
Fleur,	nouar.
Fontaine,	âïnn, sbel, sbbala.
Foudre,	sahga.
Franc (monnaie),	frank.
Froid,	beurd.
Fromage,	djebbenn.
Front,	djebire.
Fruit,	fackia.
Fusil,	moukhala.

G

Garçon (célibataire),	âzeub.
Gâteau,	helaoua.
Général,	djininar.
Genou,	rekba.
Gibier,	siada.
Giroflées,	kraïli.
Glace (miroir),	meraya.
Goût,	thâam-benna.
Goûter,	daq.
Gouverneur du pays,	hakem-el-blad.
Grand,	kebir.
Grêle,	tebrouri.
Grenade,	s. remana, pl. remman.
Guerre,	thrad, fetir; dje-had, guerre de religion.
Guide,	dlil krebir.

H

Habiller (s'),	lbes.
Habit,	lbos ou melbous.
Heure,	sâa.
Hier,	el-barah.
Hiver,	echeta.
Homme,	radjel.
Honteux,	hachem, mestchi.
Horloger,	sâati.
Huile,	zit.
Huit,	tsmania.

I

Ici,	ena.
Idée,	deun, tekrmam, âglya.
Ignorant,	djahel, rechim.
Ignorer,	ma a'raf chy.
Illustre,	âdim, cherif.
Imiter,	gallod.
Impatient,	quelil, essabre.

VOCABULAIRE FRANÇAIS-ARABE.

Impertinent,	quebih.
Importun,	qallâq.
Imposteur,	caddeb.
Impossible,	mohal.
Imprimerie,	methbaâ.
Infidèle,	kafeur.
Injures,	tbzia, chtima.
Insolent,	thary.
Interroger,	scal, neched.
Italien,	thalian.

J

Jaloux,	meriar.
Jardin,	djennan.
Jasmin,	ias-mine.
Jeudi,	nar el kremiz.
Jeune,	serir.
Jeûne,	syam.
Jour,	nar, ioum.
Juif,	ihoudi.
Jujube,	eunnab.

L

Laid,	ouahech, mesouq.
Lait,	helib.
Langage,	leçan, leroua.
Lettre,	s. bra, *plur.* braouet
Lever (se),	gam *ou* gaf.
Lever du soleil,	chrouq echems.
Lèvres,	chfaïf.
Lièvre,	arneb.
Lire,	kra.
Lit,	freche.
Livre,	ktab.
Logement,	meskénn.
Loin,	ba-îd.
Lumière,	dhou.
Lundi,	nar el tenin *ou* el-tsenin
Lune,	gamar, bedr.
Lui,	houa.

M

Madame,	lella, *ou bien* madaou.
Maçon,	benaim *ou* bennaï.
Mahométan,	messelem.
Mahomet,	Mohamed.
Main,	ied.
Maison,	dar.
Malade,	merid.
Maladie,	morb.
Malheureux,	meuskin, *ou bien* guellil.
Manger,	kla.
Mardi,	nar etslatsa.
Marchand de tabac,	biar el douk'ran.
Mari,	djouz.
Matin,	sebah.
Matinée,	sebhya.
Médecin,	tebib.
Melon,	bettih'.
Mentir,	kedeb.
Menton,	dagn.
Mer,	bahar.
Mère,	oum.
Mère (ma),	em-mi, im-ma.
Mère (ta),	immak *ou* em-mk.
Mercredi,	nar el arbâa.
Midi,	aalem.
Miel,	âassel.
Mille,	alf.
Million,	melionn.
Minuit,	nous-el-lil.
Minute,	dequika.
Moi,	ana.
Mois,	chahar.
Moitié,	ounous.
Montre,	sâa.
Mosquée,	djama.
Mouche,	debbana.
Mouchoir,	mah-armah.
Mouton,	krarouf, cabech.
Mule,	bareea.
Mulet,	baral.

N

Nager,	âm.
Napolitain,	Nabolthan.
Natte,	hacira.
Négociant,	tadjer.
Nègre,	oussif.
Négresse,	khadem.
Neige,	tseldj.
Nez,	menakreur.
Neuf,	djedid.
Neuf (nombre),	tessâa.
Noix,	djouba.
Noir,	khal.
Non,	lala.
Nord,	djerdj.
Nord-est,	semaouy.
Nord-ouest,	chergy medjerredj.
Nourriture,	makela.
Nouveau,	djedid.
Nouvelles (les),	el akhbar.
Nuages,	sehab.
Nuit,	lil.

O

OEil,	aïn.
OEillets,	kronfel.
OEuf (sing.),	bida.
OEufs (plur.),	ouled el djadj.
OEuf d'autruche,	bid en-naam.
Oiseau,	asfour.
Ongles,	edfar.
Onze,	hedache.
Or,	edhab.
Orange,	tchina.
Orge,	chaïr.
Ouest,	gharbi.

P

Pain,	krobz.
Pantalon,	serouel.

Papier,	karett.
Parasol,	moundhala, chemsya, guardasol.
Pâtissier,	halouadji.
Pays,	belad.
Pêche (*fruit*),	kroukr.
Pêcher (*aller à la pêche*)	esthad elhout.
Pèlerin,	hadj.
Père,	abb.
Père (mon),	baba, babaïa, bouïa.
Père (ton),	babek, bouk.
Pieds,	redjel.
Pierre,	hadjera.
Pipe,	scubssi.
Place,	mâdâ.
Plume,	*s.* richa, *pl.* rich.
Poire,	leundjassa.
Poisson,	*s.* houta, *pl.* hout.
Poitrine,	sider *ou* sadr.
Poivre,	felfel.
Pomme,	*s.* teffaha, *pl.* teffah.
Pomme de terre,	bathatha.
Port (*marine*),	mers *ou* mersa.
Porte,	bab.
Portefaix,	hammal.
Poule,	*pl.* djadj, *au sing.* djadja.
Préfecture,	dar il brifit.
Printemps,	reby'a.
Promenade,	tahouissa *ou* tahouis.
Prononciation,	mantag.
Prune,	aïne.
Puits,	bir.

Q

Quarante,	arbâïn.
Quart,	rebâ.
Quatre,	arbâa.
Quatorze,	arbâtache.
Quatre-vingts,	tsemanin.
Quatre-vingt-dix,	tessaïn.
Quinze,	kremstache.
Quoi,	ache

R

Rade,	marsa.
Radis,	mechti.
Raisin,	haneb.
Répondre,	djaoub.
Rideaux,	*sing.* izar; *pl.* izour.
Rivière,	oued.
Riz,	rouz.
Rose,	ouarda.
Route,	thriq.
Rue,	zunka.

S

Saison,	el ouhokt.
Salade,	chelâdah.
Sale,	moussekr.
Samedi,	nar el sebt.
Sang,	dem.
Seize,	settach.
Sel,	melh.
Selle,	serge.
Semaine,	djemeâ.
Sept,	sebâa.
Sirocco,	gabli.
Six,	setta.
Soir,	achya.
Soirée (*réunion*),	n'ebita.
Soixante,	settine.
Soixante-dix,	sebaïne.
Soleil,	chemche.
Sommeil,	naoum, na'âs.
Sou (*monnaie*),	soldi.
Soûl,	sokerann.
Source,	aïn.
Sucre,	sekkor.
Synagogue,	djemmâa m'tâ el ioud.

T

Tabac,	donkhran.
Table,	thabla, mydah.

Tableau,	soura.
Temps,	zeman.
Tempête,	bourachka.
Terre,	ardh, t'rab.
Toi,	enta.
Tonnerre,	raâd.
Toujours,	daïm.
Treize,	telettach.
Trente,	telatsine.
Tribunal,	medjeles, tribounal.
Tuer,	ketel.
Tunisien,	tounsi.
Turc,	turqui.

U

Un,	ouahed.
Uni (poli),	safi.
Usage,	âda.

V

Vagues,	moudj.
Valeur (*prix d'objet*),	kymâ.
Vendredi,	nar el djemeâ.
Vent,	rihh.
Vent du désert,	gabli.
Verre,	meyraz (kess, *verre à boire*).
Viande,	laham.
Vigne,	dalya.
Ville,	belad, *ou bien* medina.
Vin,	cherab.
Vinaigre,	krel.
Vingt,	ocherine.
Voiture,	quarouça.
Volaille,	thior.
Voleur,	*plur.* serâk, *s.* sarag.
Voyage,	es'sfar.
Voyageur,	mossafer.

VOCABULAIRE FRANÇAIS-ARABE.

VERBE *ÊTRE*.

Je suis,	ra *ni*.
Tu es,	ra *k*, par abréviation de *rak*.
Il est,	ra *h*, par abréviation de *rahou*.
Nous sommes,	ra *nah*.
Vous êtes,	ra *koum*.
Ils sont,	ra *houm*.

VERBE *AVOIR*.

J' ai,	and *i*.
Tu as,	and *ek*.
Il a,	and *ou*.
Nous avons,	and *na*.
Vous avez,	and *koum*.
Ils ont,	and *houm*.
A moi,	di ali.
A toi,	di alek.
A lui,	di alou.
A nous,	di alna.
A vous,	di alkoum.
A eux,	di al'houm.

PHRASÉOLOGIE ORDINAIRE.

NOTA. Tout le monde en arabe se tutoie.

J'ai un bon cheval.	Andi ouah'ed el aoud meléïh'.
Je suis fatigué.	Rani âïâan.
Donne-moi une tasse de café.	Atteni ouah'ed el fendjel quaoua.
Apporte-moi une pipe.	Djib li ouah'ed el seubsi.
Je veux boire.	Neh'ab necherob.
Je veux fumer.	Neh'ab necherob doukhran.
Je veux me promener.	Neh'ab nehaouès.
Je veux me reposer.	Neh'ab neriah.
Veux-tu faire une promenade en bateau ?	Teh'ab-chi tah'amel tahouissa fi felouka ?
Sais-tu où est la préfecture ?	Thârfchi fayn dar elbrefit ?

Le café est bien bon.	El quaoua meliba bez-zaf.
Veux-tu m'en donner ?	Teh'ab-chi taâthini menha.
J'aime le tabac d'Alger.	Neh'ab el douk'ran mtâ el djezaïr.
Quelle heure est-il?	Quadèch raï sâa.
Dix heures.	Achera sâat.
Dix heures un quart.	Essâa achera our-beâ.
Dix heures et demie.	Essâa achera ounous.
Trois heures moins un quart.	Essâa telata rir arbeâ (rir er-beâ).
Bonjour (à une seule personne).	Esselam âlik.
Bonjour (à plusieurs).	Esselam âlikoum.
Je viens de Paris.	Djit men bariz.
Je viens visiter votre pays.	Neh'ab netfarredji fi bladkoum.
J'aime bien votre pays.	Bladkoum tâdjebni bez-zaf.
Les Arabes ne sont pas méchants.	El aâ-rab ma-houm-chy quebah.
La campagne est fort belle.	El-krla meleih bez-zef.
Conduis-moi à la ferme de M...	Ousselni lehaouchy si...
Prête-moi çà....	Sel-lefni hada.
Dis-moi?	Golli ?
N'oubliez pas de m'éveiller demain matin à cinq heures.	Balek-tensa te-fayegni redoua essebah âlel-kramsa.
Asseyez-vous.	Agâadou.
Combien vendez-vous cela?	Gad-dech tebie hada?
Je vais à Oran.	Neroh nessafeure l'Ouharan.
Je visiterai aussi Constantine.	Gana nethol âla q'sentina.
Je suis pressé, je vous salue.	Rani m'raoul, beslama.
Le bain est chaud.	El-hammam sekroun.
Je le trouve trop chaud.	Djebortou sekroun bez-zaf.
Donnez-moi de l'eau froide.	Arali *ou* djibli ma bared.
Massez-moi bien.	Edlokni melih.
Savonnez-moi bien.	Erselni melih b'ssaboun.
Ne frottez pas si fort.	Ma tef-reknichy bel-qouy.
Séchez-moi mieux que ça.	Nech-ehfni krir me-nakda.
Donnez-moi mes effets.	Arali *ou* djibli heouaïdji.
Où avez-vous mis mes souliers?	Ouaïn hat-tit seb-bati?
Combien vous dois-je ?	Qad-dech teçalli?
Il fait froid pour sortir (c'est-à-dire pour que nous sortions).	El-hal bared bach nekr-redjou.
Le temps est très-chaud.	El-hal sekroun bez-zaf.
Il pleut à verse.	Imther bel-qaou-oua, *ou bien* : ichta bez-zaf.
Avez-vous une montre?	Andekchy sa-â?
Dites-moi l'heure qu'il est?	qelli qad-dach ra-hi essa-â?

J'ai mal dormi cette nuit.	Ma reqat-tch melih el-lila.
Quel chemin faut-il (que je prenne) prendre pour (que j'aille) aller à...	Ach men thriq nakrod bach-ne-rooh...
La route est-elle bonne?	Ethriq melih-chi?
D'où venez-vous?	Meneyn djit?
Où allez-vous?	Ouaïn ra-iah?
Que faites-vous?	Ach rak ta-âmel?
Quel est le nom de ce village?	Ach esme hadi ed-dechra?
Conduisez-moi vers le chef de la tribu voisine.	Ous-selni ând chik ed-dou-ouar el-qerib.
Vous voyez que nous n'avons pas besoin de vivre des années au milieu de vous pour parler votre langue.	Rak tchouf bel-li ma-ouch lazem âlina ne-âch-roukom esnin bach naqdjmou bel-sankoum.
Je parle l'arabe mieux que vous.	Naqdjem bel-ârbi kir menkoum.

CONJUGAISON DU VERBE ARABE,
PAR EXEMPLE LE VERBE *FAIRE*.

INDICATIF PRÉSENT OU FUTUR.

Je fais,	n'âml.
Tu fais,	t'âml; *au fém.* t'âmli.
Il fait,	i'âml; *au fém.* t'âml.
Nous faisons,	n'âmlou.
Vous faites,	t'âmlou.
Ils font,	i'âmlou.

PASSÉ.

J'ai fait,	âml-t.
Tu as fait,	âml-t; *au fém.* âml-et.
Il a fait,	âml; *au fém.* âml-ti.
Nous avons fait,	âml-na.
Vous avez fait,	âml-tou.
Ils ont fait,	âml-ou.

IMPÉRATIF.

Fais,	a'âml; *au fém.* a'âm'ly.
Faisons,	a'âmlou.

PARTICIPE PRÉSENT.

A-a-ml, faisant : *au fém.* â-a-mla ; â-a-mlin *au plur.*

PARTICIPE PASSÉ.

Mâmoul, fait : *au fém.* mâ-m-ou-la ; mâ-m-ou-lin *au plur.*

Au présent les lettres serviles sont préfixes, savoir :

N' pour la 1re personne ;
T' pour la 2e personne (le féminin prend un *i* affixe) ;
I pour la 3e personne (le féminin prend un *t'* préfixe) ;
Au pluriel, il n'y a qu'un genre, les préfixes sont les mêmes ; de plus, on ajoute *ou* affixe.

Au passé, les lettres serviles sont affixes, savoir :

A la 1re et 2e personne du singulier-masculin, on ajoute un *t* affixe ; à la 2e personne du féminin, on ajoute *et* affixe ; *ti* affixes sont la marque de la 3e personne du féminin ; le masculin de la 3e personne ne prend pas de lettres serviles.

Au pluriel du même temps :

Na affixe pour la 1re personne ;
Tou affixe pour la 2e personne ;
Ou affixe pour la 3e personne.

IMPÉRATIF.

A préfixe est le signe de ce temps ; au féminin, on ajoute un *i* affixe, et au pluriel un *ou*.

La marque du participe présent est un *a* après la première lettre radicale du verbe ; ainsi, de *âml* (faire), on a *daml* (faisant) ; *a* affixe marque le féminin et *in* le pluriel.

La marque du participe passé est un *m* préfix et un *ou* après la deuxième radicale ; ainsi, de *âml* on a *m-â-m-oul* (fait) ; au féminin, on ajoute un *a* affixe et *in* pour le pluriel.

FIN DU VOCABULAIRE.

ITINÉRAIRE

DE

L'ALGÉRIE.

I.

ROUTE DE PARIS A MARSEILLE.

De Paris à Lyon, chemin de fer, trajet 10 heures 1/2. Prix : 1re cl., 52 fr. 55 c. ; — 2e cl., 39 fr. 40 c. ; — 3e cl., 28 fr. 90 c. — Distance à parcourir 507 kilomètres.

Sur cette première ligne, le voyageur traversera les stations suivantes :

Villeneuve-Saint-Georges.
Montgeron.
Brunoy.
Combs-la-Ville.
Lieusaint.
Cesson.
Melun.
Bois-le-Roi.
Fontainebleau.
Thomery.
Moret.
Montereau. (Il y a un buffet.)
Villeneuve-la-Guyard.
Pont-sur-Yonne.
Sens.

Villeneuve-sur-Yonne.
Joigny.
Laroche.
Brienon.
Saint-Florentin.
Flogny.
Tonnerre. (Il y a un buffet.)
Tanlay.
Ancy-le-Franc.
Nuits-sous-Ravières.
Aisy.
Montbard.
Les-Laumes.
Verrey.
Blaisy-Bas.

Malain.	Tournus.
Plombières.	Fleurville.
Dijon. (Buffet et table d'hôte.)	Mâcon. (Il y a un buffet.)
Gevrey.	Crèches.
Vougeot.	Pontanevaux.
Nuits.	Romanèche.
Corgoloin.	Belleville.
Beaune.	Saint-Georges.
Meursault.	Villefranche.
Chagny.	Trévoux.
Fontaines.	Villevert.
Châlon.	Collonges.
Chalon-Saint-Côme.	Lyon (Vaise).
Sennecey.	

LYON (RHÔNE). — Si le voyageur ne connaît pas la ville de Lyon, il doit s'y arrêter deux ou trois jours au moins pour la visiter. Il descendra dans un des hôtels suivants : de *l'Europe*, à l'angle de la place Bellecour ; de *Provence*, rue de la Charité, place Bellecour ; de l'*Univers*, près de la place Bellecour ; de *Rome*, place Saint-Jean (à proximité des bateaux du Rhône) ; de *Milan*, place des Terreaux ; du *Parc*, même place ; du *Nord*, rue Lafon. Tous ces hôtels sont de premier ordre.

Nous regrettons de ne pouvoir donner ici en détail tous les renseignements dont le voyageur aura besoin pour se guider dans cette belle et grande ville ; mais il trouvera dans le *Guide du voyageur en France* de Richard, ou dans le *Conducteur de l'étranger à Marseille*, du même auteur (1), toutes les indications qui lui seront nécessaires.

Tout ce que nous dirons, c'est que Lyon, arrosée par le

---

(1) *Guide classique du Voyageur en France et en Belgique*, par Richard, 1 fort vol. in-12, accompagné d'un grand nombre de cartes et de plans ; prix : 8 fr. — *Guide classique du Voyageur en France*, abrégé du précédent, 1 vol. in-18, 5 fr.— *Conducteur de l'Étranger en France*, abrégé du précédent, 1 vol. in-32, 3 fr. — *Conducteur de l'Étranger dans Marseille*, précédé de la route de Paris à Marseille, avec la description détaillée de *Lyon*, par Richard, 1 vol. in-18, accompagné d'un plan de la ville de Marseille et de vues, 3 fr.

Rhône et par la Saône, est, après Paris, la ville la plus riche, la plus commerçante et la plus considérable de France. Comme principales curiosités, nous citerons les *quais*, les *ponts*, la place *Bellecour*, celle des *Terreaux*, sur laquelle se trouve l'*hôtel de ville*, le *théâtre*, la *bibliothèque*, une des plus belles de France ; la *cathédrale*, noble architecture gothique ; l'église *Saint-Nizier*, du xive siècle ; le magnifique *hôpital de l'Hôtel-Dieu*, *Notre-Dame-de-Fourvières*, *l'Arsenal*, etc., etc.

Libraires. LITTÉRATURE ET VOYAGES : *Giraudier*, place Bellecour ; *Ayné fils*, rue Saint-Dominique ; *Savy*, place Bellecour ; *Bohaire*, rue Puits-Gaillot ; *P. Daspet*, quai de l'Hôpital ; *Barretta*, même quai. On trouvera, dans ces librairies, tous les *Itinéraires de Richard et Ad. Joanne*. — PIÉTÉ : *Bauchu*, quai des Célestins ; *Labaume*, rue Centrale ; *Courat*, rue Mercière ; *Périsse frères*, rue Centrale ; *Girard et Guyet*, place Bellecour.

Le voyageur qui ne veut pas s'arrêter à Lyon trouvera la *correspondance* du chemin de fer ; ce sont de magnifiques *bateaux à vapeur* qui, à l'arrivée même du convoi, prennent les voyageurs pour les transporter jusqu'à Valence. Le trajet se fait en quelques heures.

On trouve aux gares de Paris, Dijon, Châlon, Mâcon et Lyon des billets directs et d'enregistrement de bagages pour Valence, Avignon, Marseille. Il y a des omnibus spéciaux pour le transbordement à Lyon et à Valence ; les frais de ce transbordement sont compris dans le prix des billets. (La section du *Chemin de fer* entre Lyon et Valence sera ouverte avant la mise en vente de notre itinéraire.)

On ne s'arrête ordinairement pas à Valence ; cependant si le voyageur veut y faire un repas, nous l'engageons à le prendre dans un des hôtels de *la Croix-d'Or*, de *la Poste* et du *Louvre*, ou bien encore à *l'Hôtel de France*.

Ici, on reprend le chemin de fer ; et on met quatre

heures pour franchir la distance qui sépare Valence d'Avignon. Cette section comprend les stations suivantes :

L'Étoile.	La Croisière.
Livron.	Mondragon.
Loriol.	Mornas.
Saulce.	Piolenc.
La Coucourde.	Orange.
Montélimart.	Courtheson.
Châteauneuf.	Bédarrides.
Donzère.	Sorgues.
Pierrelatte.	Le Pontet.
La Palud.	Avignon.

AVIGNON (Vaucluse). — La ville d'Avignon ne manque pas d'attraits pour l'étranger; quelques heures suffisent pour tout voir, tout visiter ; à moins cependant que le voyageur ne veuille se faire conduire à la fameuse fontaine de Vaucluse, ce témoin des amours de Laure et de Pétrarque.

Il n'y a à Avignon que deux hôtels proprement tenus, celui d'*Europe* et celui du *Palais-Royal;* tous deux possèdent une voiture spécialement affectée au service des voyageurs pour l'arrivée et le départ des chemins de fer.

Les principales curiosités de ce pays sont :

Le *Palais des papes*, le *jardin* où se trouve la statue du Persan Jean Alten, qui a introduit en France la culture de la garance, *l'Hôtel-Dieu*, *l'hôtel de ville*, la *cathédrale* et les édifices qui s'y rattachent, l'ancien *hôtel des Invalides*, ancienne succursale de l'établissement de Paris ; le *Musée*, le *jardin des plantes*, le nouveau *théâtre*, etc., etc.

Le *Guide classique du voyageur en France*, par Richard, donne sur cette ville tous les renseignements pratiques qui sont nécessaires au voyageur.

Libraire. M. *Clément-Saint-Just*, chez lequel on trouvera les meilleurs nouveautés en tous genres et les *Itinéraires de Richard et Ad. Joanne.*

I. — DE PARIS A MARSEILLE. — MARSEILLE.

Il faut quatre heures pour faire le trajet d'Avignon à Marseille; sur cette section se trouvent les stations de :

Rognonas.	Constantine.
Cadillan.	Saint-Chamas.
Tarascon.	Berre.
Segonnaux.	Rognac.
Arles.	Vitrolles.
Raphèle.	Pas-des-Lanciers.
Saint-Martin.	L'Estaque.
Entressen.	Marseille.

MARSEILLE (BOUCHES-DU-RHÔNE), 146,000 hab. — Hôtels *d'Orient*, rue Grignan et rue Mazade; *grand hôtel de Noailles*, place Noailles, n° 1; *des Empereurs*, rue Canebière; *Paradis*, place Royale, n° 4; *des Princes*, rue Beauveau : cet hôtel a une façade qui donne sur la place Royale, et de ses croisées on domine toute la Bourse; *des Ambassadeurs*, rue Beauveau; *grand hôtel Beauveau*, dans la rue de ce nom : cet établissement a une façade sur le port, d'où la vue est magnifique.

Il y a à Marseille un grand nombre de RESTAURANTS où l'on est assez bien servi, mais nous ne saurions trop engager le voyageur à prendre ses repas à l'hôtel.

Les CAFÉS de Marseille sont admirables; il en est dont la décoration seulement a coûté des sommes fabuleuses. Tout ce que l'imagination des poëtes a pu rêver se trouve réuni dans le *café Turc* et dans celui de *l'Univers*. La décoration de ces deux établissements est toute différente; ils sont tous les deux sur la Canebière.

Le voyageur ne quittera pas Marseille sans aller à *la Réserve* manger la *bouille-abaisse*, dont la réputation est européenne.

Nous ne pouvons résister au besoin de dire quelques mots sur cette ancienne et belle cité; nous allons donc effleurer son histoire, sa description, et, pour plus amples renseignements, nous renverrons toujours le lecteur au

Conducteur de l'étranger dans Marseille, de Richard, déjà cité.

Marseille a été fondée six cents ans avant l'ère chrétienne par une colonie de Phocéens. Grâce à son heureuse situation, elle s'éleva rapidement à un haut point de splendeur. Cicéron lui donna l'épithète d'*Athènes de la Gaule*, et Pline l'appela la *maîtresse des sciences*. Bientôt les Romains lui donnèrent le nom de Massilia. S'étant rangée du côté de Pompée, elle fut prise, après un long siége, par César. Les Sarrasins la saccagèrent en l'an 473 de notre ère, et, après une succession de fortunes diverses, Clotaire la réunit à la France. De 1214 jusqu'en 1225, elle se maintint en république, et passa ensuite définitivement sous la domination de la France. La peste la désola. En 1720, soixante mille de ses habitants furent victimes de cet horrible fléau.

La noble Marseille n'est plus ce qu'elle était autrefois; des villes rivales se sont élevées à son préjudice. Cependant nos possessions d'Afrique, les nouvelles communications avec l'Inde par la mer Rouge, l'extension donnée à la navigation à vapeur, ont déjà presque replacé Marseille à son état normal de richesse et de splendeur. En effet, il existe peu de villes aussi bien situées pour le commerce extérieur que cette populeuse cité : par le Rhône, la Saône et le canal du Centre, elle communique avec le nord de la France et avec la Belgique; par le canal du Midi, avec Bordeaux et l'océan Atlantique; par la Méditerranée, avec l'Italie, la Grèce, l'Égypte, l'Asie Mineure, Constantinople, la mer Noire, et jusqu'à Vienne par le Danube. Le nord de l'Afrique est à sa porte, l'Espagne est sa voisine, et par le détroit de Gibraltar, elle porte aux deux Amériques les produits du midi de la France. Sa navigation étend ses voiles sur l'Europe, l'Asie, l'Afrique et l'Amérique.

Marseille est le chef-lieu du département des *Bouches-du-Rhône;* son aspect est des plus pittoresques, surtout du côté de la mer. Il présente un vaste amphithéâtre circulaire couronné de collines dont les versants sont couverts d'arbres à la végétation luxuriante, et au milieu desquels s'élèvent de riantes habitations nommées *bastides*, dont le nombre se monte à cinq ou six mille. A la base de ce charmant panorama, la riche Marseille étale sa masse imposante de maisons, les unes de médiocre apparence, d'autres élégantes et nobles, au milieu desquelles circulent des rues d'une grande beauté, d'autres mal percées, étroites et malpropres : tout cet ensemble forme néanmoins une des plus belles villes de France.

Le voyageur ne doit pas quitter Marseille sans visiter les deux *Ports* capables de contenir 1,200 navires, et qui en contiendront plus de 2,000 lorsque les agrandissements auxquels on travaille encore en ce moment seront terminés; sa riche *Bibliothèque*, de 50,000 volumes et 1,200 manuscrits; le *théâtre*, l'*hôtel de la Préfecture*, l'*hôtel de ville*, les fontaines de la *porte Paradis*, du *Cours* et de la *place Royale*, le *Clocher de l'ancienne église gothique des Accoules*, l'*hôpital du Saint-Esprit*, l'*église de la Major*, d'une grande antiquité, l'*église des Chartreux*, bel édifice, l'*Observatoire*, d'où l'on jouit d'une vue magnifique, le *Cabinet des médailles*, le *Muséum d'histoire naturelle*, le *jardin des plantes*.

Toute la nouvelle ville frappera l'attention du voyageur : ses rues larges, ses belles places qu'ornent d'élégantes fontaines aux eaux limpides, l'immense affluence des étrangers, dont les mœurs, le costume, le langage et la religion sont si différents; l'aspect du port, couvert d'un millier de navires de toutes grandeurs et de toutes nations, présentent un tableau qu'on peut admirer, mais qu'on ne décrit pas. Au milieu de ce brillant ensemble, le voyageur ne doit pas chercher des monuments bien remarquables sous le rapport de l'architecture ; Marseille en possède peu.

Libraires. Madame *Camoin*, rue Canebière; Mesdames *Dutertre*, place Royale; M. *Chaix*, rue Canebière; M. *Bergamin*, même rue; *F. Arrau*, même rue; *Arrau jeune*, près du port. — L'étranger trouvera dans ces librairies un choix varié des meilleures nouveautés en tout genre et la collection des *Itinéraires européens de Richard, Ad. Joanne, Du Pays*, etc.

DE MARSEILLE EN ALGÉRIE.

Dès son arrivée à Marseille, le voyageur devra s'occuper du visa de son passe-port. S'il ne veut pas faire lui-même les démarches, ce qui est toujours long et fort ennuyeux, il les fera faire par un commissionnaire. Dans la plupart des hôtels que nous avons indiqués, il y a une personne spécialement chargée de ce service.

Les voyageurs qui doivent faire la traversée aux frais du gouvernement sont obligés de se rendre boulevard Notre-Dame de la Garde, chez l'intendant militaire, pour remettre l'autorisation de passage gratuit qui leur aura été remise par le ministère de la guerre. Les passagers civils doivent toujours être munis d'un passe-port.

Une heure et demie avant celle fixée pour le départ du bateau, il faut aller dans les bureaux de la Compagnie pour prendre le bulletin d'embarquement, et de là monter avec ses bagages dans un petit bateau, en disant au batelier : *A bord du bateau d'Alger, d'Oran* ou *de Tunis*, selon le cas.

Pour les renseignements sur la navigation, nous renvoyons le lecteur à l'introduction. (*Services maritimes entre la France et l'Algérie.*)

EN MER !

Lorsque la côte a disparu, lorsqu'il ne reste plus rien à voir à l'horizon, que l'on se trouve isolé, perdu dans cette immensité et qu'on ne voit plus que le ciel et la mer, que faut-il faire pour se distraire et pour ne pas trop s'abandonner à l'idée de ce mal qui gagne la plupart des voyageurs ? Il faut bien manger, se promener à l'air, si le temps est beau ; et quand on est fatigué, aller se coucher.

Si vous voulez mettre à profit le temps du trajet pour apprendre à connaître les mœurs et les coutumes du peuple arabe, de ce peuple que vous allez trouver en débarquant sur l'autre rive de la Méditerranée, nous allons jeter ici, au hasard, quelques-unes des études que nous avons publiées dans le journal *la Patrie*.

SOUVENIRS D'AFRIQUE. — ESQUISSE DE MŒURS.

Depuis 1830, toutes les fois qu'il est question des Arabes, on se reporte involontairement aux scènes sanglantes qui ont désolé l'Algérie pendant quelques années, et qui ont enlevé à la France un grand nombre de ses enfants. Dans nos campagnes, le nom des Arabes est encore considéré comme celui d'ennemis acharnés ; et cependant ce peuple, il y a quelques années à peine, si fort et si fier de son indépendance, nous est aujourd'hui entièrement soumis. Ayant perdu l'espoir de recouvrer la liberté, l'Arabe, autrefois habitué à une vie errante et vagabonde, commence à comprendre la nécessité de se fixer au sol et surtout aux environs de nos villes et villages ; on le voit même déjà cultiver la terre avec ardeur et venir sur nos marchés nous offrir ses produits en échange des nôtres.

En général, les Arabes vivent dans une misère et une famine habituelles. A notre avis, le motif principal et originaire de cette habitude est, comme pour tous les autres hommes, la nécessité des circonstances où ils se trouvent placés relativement au sol et à leur état social.

Les Arabes sont divisés par tribus, qui constituent en quelque sorte autant de peuples particuliers; chacune de ces tribus se compose de plusieurs camps répartis sur le terrain qui forme son domaine, dont ils parcourent successivement toutes les parties à mesure que les troupeaux les épuisent. De là il résulte que sur un grand espace il n'y a jamais d'habités que quelques points variant d'un jour à l'autre; mais l'espace entier étant nécessaire à la subsistance annuelle de la tribu, quiconque y empiète est censé violer la propriété, ce qui ne diffère point du droit public des nations.

Aujourd'hui, ces contestations sont portées devant le bureau arabe, qui les aplanit immédiatement; mais autrefois, si une tribu ou quelques-uns de ses membres entraient sur un terrain étranger, ils étaient traités en voleurs, en ennemis, et il y avait une guerre. Or, comme les tribus ont entre elles des affinités par alliance de sang ou par conventions, il s'ensuivait des ligues qui rendaient les guerres plus ou moins générales. Leur manière de combattre était assez curieuse : aussitôt le délit constaté, les deux partis montaient à cheval et se rencontraient; là, des parlementaires étaient envoyés de part et d'autre, et il en résultait souvent un arrangement pacifique; sinon ils s'attaquaient par pelotons ou par cavaliers, s'abordaient à coups de fusil ou de yatagan. Rarement la victoire se faisait attendre, car le premier choc la décidait; les vaincus fuyaient, et la tribu entière s'éloignait à marche forcée; alors le vainqueur était satisfait et rentrait dans son domaine.

Cependant ces combats entretenaient des motifs de haine qui perpétuaient les ressentiments. L'intérêt de la sûreté commune a dès longtemps établi chez les Arabes une loi, celle du *talion*, qui veut que le sang de tout homme tué soit vengé par le sang de son meurtrier. Ce droit est dévolu au plus proche parent de la victime, et son honneur y est tellement engagé que, s'il néglige de venger sa famille, il est à jamais déshonoré. Ces haines se transmettent comme un héritage du père aux enfants, à moins que les familles ne s'accordent en sacrifiant le coupable ou en payant la *dia*, c'est-à-dire en rachetant le sang par un prix convenu en argent ou en bétail. Sans cette satisfaction, il n'y a ni paix, ni trêve, ni alliance entre elles, ni même quelquefois entre les tribus intéressées. *Il y a du sang entre nous*, se disent-ils en toute occasion, et ce mot est une barrière insurmontable.

L'usage de la *dia* est très-ancien chez les Arabes; il existait même avant l'aïeul du Prophète; car voici ce que l'histoire nous apprend :

On sait quel est le prix que les Arabes attachent à être pères d'une nombreuse progéniture. Dans un moment de dépit, Abd-el-Mouttaleb, qui n'avait qu'un seul enfant, fit le serment que, s'il avait le bonheur de se voir un jour entouré de dix enfants mâles, il en immolerait un à Dieu. Le ciel exauça sa prière; car il lui accorda en peu d'années douze fils et six filles.

Abd-el-Mouttaleb, lorsque ses dix premiers enfants mâles furent hommes ou adolescents, sentit que le moment était venu d'accomplir le vœu imprudent qu'il avait adressé au ciel : aussi il les réunit un jour et leur déclara le serment qu'il avait fait. Tous s'étant soumis avec résignation à être choisis pour victime, il les conduisit dans un temple devant l'idole Hobal pour consulter le sort, qui désigna Abd-Allah, le favori d'Abd-el-Mouttaleb.

Le vieillard se résigna à la volonté suprême qui le frappait d'une manière si sensible et conduisit Abd-Allah au lieu ordinaire des sacrifices. Des gens de la tribu accoururent, et retenant son bras déjà prêt à frapper : « Que vas-tu faire? lui dirent-ils. Quel funeste exemple veux-tu donner à la nation? Songe combien de pères, pour imiter ton exemple, vont immoler leurs enfants! »

Abd-el-Mouttaleb suspendit le sacrifice et résolut de consulter une *arrafâ* (devineresse) qui passait pour être en relation avec un génie; il se rendit chez elle, accompagné de quelques-uns de ses amis, et la pria de lui indiquer le moyen de se dégager du serment qu'il avait fait. La arrafâ leur demanda quel était, parmi les Mecquois, le *prix ordinaire du sang*. Abd-el-Mouttaleb et ses amis répondirent que c'était dix chameaux. Elle les engagea alors à placer d'un côté Abd-Allah et de l'autre dix chameaux, de consulter le sort, et s'il désignait de nouveau Abd-Allah, de recommencer en ajoutant dix chameaux aux premiers, jusqu'à ce qu'enfin le sort se décidât contre eux.

Abd-Allah ne fut racheté qu'à la dixième épreuve, et cent chameaux furent immolés.

Quelque temps après Abd-Allah se maria avec Yamina, fille de Ouahb, et de ce mariage est né le prophète Mohamed.

Aujourd'hui, grâce à la sévérité des bureaux arabes et de la justice, toutes les discussions qui pourraient entraîner une *dia* sont étouffées dès leur origine par la punition du coupable. Aussi il n'y a presque plus d'effusion de sang parmi les tribus qui ont reconnu la souveraineté de la France.

La disposition des *douars* ou camps arabes est ordinairement un cercle assez irrégulier, formé par une ligne de *gourbis* ou huttes construites avec des branches d'arbres et de la boue gâchée et appliquée avec la main. La porte d'entrée n'a que 1ᵐ,25 de hauteur sur 0ᵐ,65 à 0ᵐ,75 de largeur; l'appartement, à 0ᵐ,25 au-dessous du sol, haut de 2ᵐ, long de 5ᵐ sur 2ᵐ,50 de large, sert tout à la fois de salle de réception, salle à manger, chambre à coucher, cuisine..., écurie et poulailler. Le *merah*, espace vide du grand cercle, sert en été à parquer chaque soir les chevaux. Jamais il n'y a de retranchement : les chiens servent de gardes avancés et de patrouilles. Ces camps, faciles à surprendre, n'ont jamais pu résister à une surprise.

Le gouvernement des tribus est tout à la fois républicain, aristocratique et même despotique, sans présenter d'unité sous ce rapport; il est républicain, parce que le peuple y a une influence première dans toutes les affaires et que rien ne se fait sans son consentement, aristocratique, parce que les familles des *caïds* et des *scheiks* ont quelques-unes des prérogatives que la supériorité donne partout, enfin despotique, parce que le *caïd* ou chef principal a un pouvoir indéfini et presque absolu. Quand c'est un homme de caractère, il peut porter son autorité jusqu'à l'abus; mais dans cet abus même il y a des bornes que l'état des choses rend assez étroites.

Les Arabes, avons-nous dit, vivent misérablement et sobrement; néanmoins ils sont généreux et remplissent religieusement les devoirs de l'hospitalité.

C'est ordinairement le chef de la tribu qui est chargé de recevoir les voyageurs et les visiteurs. A côté de son gourbi s'en trouvent plusieurs détachés du groupe : ce sont les *guïatin el dïaf* (les tentes des hôtes). Jour et nuit des serviteurs y veillent, spécialement affectés au service des étrangers, dont les domestiques et les bêtes de somme sont hébergés par chacun des riches de la tribu tour à tour et par les moins fortunés collectivement.

« Un voyageur fatigué, — dit M. le général Daumas dans son précieux ouvrage sur le grand désert, — voit-il à l'horizon le sable jaune tacheté de points noirs, il devine un douar, et vers la tente qui la première s'offre à lui il porte sa faim et sa soif.

On l'a vu venir, on l'attend, les chiens aboient, tout le douar s'anime.

A portée de la parole, il s'arrête et crie : *Y a moula el Kreïma, haou dif Rebbi!*

O maître de la tente! un invité de Dieu!

On lui répond :

Marhaba Bik, sois le bienvenu!

Alors on s'empresse autour de lui : s'il est à cheval, on lui tient l'étrier pour l'aider à descendre et lui faire honneur; la tente est ouverte, il y entre, et sans savoir ni son nom, ni sa qualité, ni d'où il vient, ni où il va, et sans le lui demander, on lui donne des dattes, des fruits secs et du lait, en attendant le *taâm* ou repas du soir.

Est-ce un chef, un homme important? le chef de la tribu choisit les convives qui lui feront compagnie.

Le lendemain, s'il désire partir, sa monture, dont il n'a pas eu à s'inquiéter, est amenée, on le remet en route, et les souhaits l'accompagnent.

Quand un douar n'a pas de guïatin el dïaf, on laisse arriver les voyageurs dans le merah, où tous les hommes les accueillent en criant :

Marhaba-bikoum, ya dïaf Rebbi!

Soyez les bienvenus, ô les hôtes de Dieu!

Et c'est à qui séduira l'un d'eux par de bonnes paroles pour l'emmener et le nourrir.

Ce jour est pour le pauvre un jour de fête; car, ainsi

I. — SOUVENIRS D'AFRIQUE.

qu'au temps d'Abraham l'hospitalier, des moutons qu'on aura servis rôtis tout entiers, des pâtes feuilletées (*messemmem*), de tous les plats du festin ils se partageront les restes avec les domestiques des voyageurs.

S'il arrive qu'un voyageur se présente chez un avare qui le fuit et se cache, les voisins accourent : « Viens avec nous, l'hôte de Dieu, lui disent-ils; » et ces imprécations retombent sur l'avare : « Oh! le maudit! oh! l'avare! Non, tu n'es pas de notre goum! sois maudit par Dieu autant de fois qu'il y a de poils dans ta barbe. »

Cet homme est dès lors isolé parmi les siens; il est méprisé, et souvent même il arrive que le douar le frappe d'une amende de kouskoussou, de moutons et de laitage au profit de celui qu'il a évité d'accueillir.

Si, au contraire, dans la tribu il se trouve un homme duquel on dise : *El kerim galbou ghrany ou houa fakir!* le généreux, son cœur est riche et cependant lui est pauvre! les riches de la tribu se cotiseront pour lui monter sa tente en troupeaux, en beurre, en laine, et partout ils se vanteront et se réjouiront de lui, en disant :

« Il est le seigneur des hommes, braves et généreux, et nous le laisserions dans la peine!... Il ne pourrait pas nourrir son cheval!... Non, on ne dira pas cela de notre tribu; cotisons-nous, il augmentera notre réputation. Un homme ne peut enrichir une djemmââ (réunion d'hommes), mais une djemmââ peut enrichir un homme. »

L'hospitalité est chez les Arabes un principe de religion, car le prophète a dit :

« A celui qui sera généreux, Dieu donnera vingt grâces :
» La sagesse,
» Une parole sûre,
» La crainte de Dieu,
» Un cœur toujours fleuri,
» Il ne haïra personne,

» Il n'aura pas d'orgueil,
» Il ne sera pas jaloux,
» La tristesse s'éloignera de lui,
» Il recevra bien tout le monde,
» Il sera chéri de tous,
» Il sera considéré, fut-il *mince* d'origine,
» Ses biens seront augmentés,
» Sa vie sera bénie,
» Il sera patient,
» Il sera discret,
» Il sera toujours content,
» Il fera peu de cas des biens de ce monde,
» S'il trébuche, Dieu le soutiendra,
» Ses péchés lui seront pardonnés.
» Enfin, Dieu le préservera du mal qui peut tomber du ciel ou sortir de la terre.

» Soyez donc généreux envers votre hôte, car il vient chez vous avec son bien : en entrant, il vous apporte une bénédiction, en sortant il emporte vos péchés.

» Ne vous laissez point aller à l'avarice! L'avarice est un arbre que le *belise* (démon) a planté dans l'enfer, et dont les branches sont étendues sur la terre. Qui veut y cueillir des fruits est enlacé par elles et attiré dans le feu.

» La générosité, au contraire, est un arbre planté dans le ciel par Dieu, le maître du monde; ses branches atteignent la terre, et celui qui traite bien ses hôtes se réjouit d'eux et leur fait bon visage, montera par elles au paradis. Dieu ne fera jamais de mal à la main qui a donné.

La loi de l'hospitalité est si sévère qu'un hôte doit éloigner de sa maison tout chagrin, toute querelle, toute image de douleur, qui pourraient troubler ou attrister le séjour des étrangers. Nous en trouvons un exemple frappant dans le passage suivant de l'ouvrage précité de M. le général Daumas :

« Après la prière de Fedjir, quand nous songeâmes à quitter Bou-Backeur, chez lequel nous étions depuis quelques jours, « Mes amis, nous dit-il, j'ai fait selon la loi, tous mes efforts pour que vous fussiez chez moi avec le bien ; tous les égards qu'un hôte doit avoir pour ses hôtes, avec l'aide de Dieu, je crois les avoir eus pour vous, et maintenant je viens vous demander à tous un témoignage d'affection. Quand hier au soir je vous ai dit : Mon fils dort d'un profond sommeil, il venait de se tuer par imprudence en jouant avec sa mère.

« Dieu l'a voulu ; qu'il lui donne le repos !

» Pour ne pas troubler votre festin et votre joie, j'ai dû contenir ma douleur et j'ai fait taire ma femme en la menaçant du divorce ; ses pleurs ne sont pas venus jusqu'à vous, mais veuillez ce matin assister à l'enterrement de mon fils et joindre vos prières aux miennes.

» Cette nouvelle et cette force de caractère, ajoute M. le général Daumas, nous anéantirent, et nous allâmes enterrer ce pauvre enfant. »

Pour subvenir aux dépenses qu'entraîne l'hospitalité donnée aux voyageurs, le chef de la tribu n'a ordinairement que ses troupeaux et le produit de ses champs.

La fortune d'une famille aisée consiste en fort peu de choses, en voici à peu près l'énumération : un cheval, une chèvre, des poules, quelques tapis, un fusil à pierre, une pipe, une natte, quelques vêtements, et les ustensiles nécessaires pour la cuisine ; enfin, pour tous bijoux, quelques anneaux de verre, de corne ou d'argent, que les femmes portent au bras et aux jambes. Si rien de tout cela ne manque, le ménage est riche. Ce que le pauvre désire le plus, c'est un cheval.

Ainsi, restreint au plus étroit nécessaire, les Arabes ont aussi peu d'industrie que de besoins : très-sobres, ils ne boivent que de l'eau, du lait ou du café, les vins et liqueurs leur sont défendus, et d'après un vieux manuscrit arabe, l'ivresse est ainsi définie, sous la forme d'un apologue :

« Lorsqu'Adam eut planté la vigne, Satan vint l'arroser avec le sang d'un paon. Lorsqu'elle poussa des feuilles, il l'arrosa du sang d'un singe. Lorsque les grappes parurent, il l'arrosa du sang d'un lion et lorsque le raisin fut mûr, il l'arrosa du sang d'un cochon. La vigne, abreuvée du sang de ces quatre animaux, en a pris les différents caractères. Ainsi, aux premiers verres de vin, le sang du buveur devient plus animé, sa vivacité plus grande, ses couleurs plus vermeilles ; dans cet état il a l'éclat d'un paon ; les fumées de cette liqueur commencent-elles à lui monter à la tête ? il est gai, il saute, il gambade comme le singe ; l'ivresse le saisit-elle ? il est un lion furieux ; est-elle à son comble ? semblable au quatrième animal, il tombe, se vautre, s'étend et s'endort. »

Très-religieux, les Arabes observent rigoureusement les lois du Prophète ; le jeûne et les prières sont souvent obligatoires.

Chrétiens, nous croyons que les musulmans n'adorent et ne connaissent que Mohammed. Chez eux, cependant, Mohammed est l'égal de Jésus-Christ et de Moïse, et chacun de ces prophètes est le chef de sa religion, comme un général est le chef de son armée.

Les musulmans invoquent aussi bien *Sidna Aïssa* (Notre-Seigneur Jésus-Christ), *Sidna Moussa* (Notre Seigneur Moïse), que *Sidna Mohammed* (Notre Seigneur Mohammed).

Le nom de Marie ne leur est également pas inconnu, car on les entend souvent prononcer *Setna Meriem* (Notre maîtresse Marie). Ils adressent des prières à Jésus-Christ, à Moïse, à Abraham, Jacob, Joseph et Mohammed ; mais ce dernier est leur intercesseur direct auprès de Dieu, parce qu'il est l'architecte de la religion musulmane. Dieu n'a point de Fils, disent-ils, parce que Dieu n'est qu'un et n'a point de femme. Aïssa, Moussa et Mohammed sont trois envoyés de Dieu, et ils sont égaux devant lui.

Si le musulman ne salue pas la croix sur laquelle Jésus-Christ a été crucifié, c'est que Mohammed leur a dit que le croyant ne doit se prosterner que devant les œuvres de Dieu, la croix n'est qu'une invention des hommes.

Les fêtes sont nombreuses chez les Arabes, et elles sont presque toutes religieuses. Les principales sont :

El aïd seghir (la petite fête) dure trois jours; c'est elle qui clôture le ramadhan ou mois de jeûne.

El-Aïd-Khebir (la grande fête) dure quatre jours. C'est pendant cette fête que les musulmans qui, pendant l'année écoulée, auraient fait le voyage de la Mecque, prennent le titre de *hadj* (pèlerin). Dans chaque famille aisée, on tue à cette occasion un ou plusieurs moutons pour en faire la distribution aux pauvres, c'est pour cela que plusieurs historiens désignent cette fête sous le nom de *fête des moutons*.

El-Aïd-Mouloud, fête de la naissance du Prophète.

Les fêtes de familles telles que les *heurtz*, *n'bita*, *toksira* et *hadra*, ont presque toutes aussi un but religieux; elles ont lieu ordinairement à l'occasion d'une naissance, d'une circoncision, d'un mariage ou pendant la maladie d'un membre de la famille pour demander sa guérison au marabout vénéré en l'honneur duquel on fait la fête et qui est censé y assister.

Par suite des guerres fréquentes qui ont lieu depuis près de vingt-cinq ans en Algérie, les sciences, à notre avis, sont devenues presque nulles chez les Arabes de cette contrée ; ils ne s'occupent ni de l'astronomie, ni de la médecine ; c'est à peine si quelques-uns savent lire, et il suffit chez eux de connaître les lettres pour être honoré du titre de *thaleb* (homme d'étude). Toute la littérature consiste à réciter des histoires et des contes dans le genre de ceux de *Mille et une Nuits*.

Ils ont une passion particulière pour ces narrations, elles remplissent une grande partie de leurs loisirs, qui sont fréquents et très-longs. Le soir, ils s'asseyent sur une natte, à la porte du gourbi de réunion, ou sous son couvert s'il fait froid; et là, rangés en cercle, autour d'un petit feu, la pipe à la bouche et les jambes croisées comme nos tailleurs, ils commencent d'abord par rêver en silence, puis, à l'improviste, et ordinairement le plus âgé de la société, débute par ces mots : « Il y avait au temps passé, » et il continue jusqu'à la fin des aventures d'un jeune cheykh et d'une jeune fille, il raconte comment le jeune homme aperçut sa maîtresse et comme il en devint amoureux; il dépeint trait par trait la jeune fille, vante ses yeux noirs, grands et doux comme ceux d'une gazelle, son regard mélancolique, ses sourcils courbés comme deux arcs d'ébène, sa taille droite et souple comme une lance, il n'omet ni sa démarche légère comme celle d'une jeune pouline, ni ses paupières noircies de *kehol*, ni ses lèvres peintes de bleu, ni ses ongles teints de *henna* couleur d'or, et il parle ensuite du jeune homme qui se consume tellement d'amour *que son corps ne donne plus d'ombre*. Enfin, après avoir détaillé les obstacles et la captivité survenus aux deux jeunes amants, il termine, à la satisfaction de l'auditoire, par les ramener unis et heureux sous la tente paternelle.

Telles sont les mœurs des Arabes; cependant, depuis l'occupation française, quelques changements ont été déjà remarqués, et bientôt, nous l'espérons du moins, quelques-uns des usages encore usités aujourd'hui, disparaîtront devant les progrès de la civilisation française.

I. — SOUVENIRS D'AFRIQUE.

Le Koran et les croyances religieuses des musulmans.

Il existe parmi les musulmans plusieurs traditions concernant l'origine de leur livre sacré. Sans nous arrêter à discuter le mérite de ces différentes notions, nous nous bornerons à citer l'opinion la plus généralement connue, celle des sonnites orthodoxes qui croient que le Koran a existé de toute éternité dans le septième ciel, que des copies de ce livre, reliées avec soin et ornées de pierreries, ont été apportées de cette demeure céleste sur la terre par l'ange Gabriel et données par lui à Mahomet dans le mois de ramadhan.

Le Koran contient les révélations que Mahomet prétendait avoir reçues du ciel; il est la base de la théologie, de la morale, des lois civiles et criminelles des musulmans. Les traditions des actions et des paroles du prophète, qui constituent la seconde autorité de la loi, sont considérées comme un complément de ce livre, dont le style et la composition sont tellement estimés par les docteurs musulmans qu'ils le regardent *comme inimitable et plus miraculeux que l'acte de ressusciter les morts*. Le défaut de connaissance dans les lettres, si orgueilleusement avoué par Mahomet lui-même, fut proclamé par ses partisans comme le plus grand argument en faveur de sa divine origine. Dans le délire de son enthousiasme ou de sa vanité, le prophète appuie la vérité de sa mission sur le mérite de son livre, et assurant que Dieu seul peut être l'auteur d'un pareil ouvrage, il défie audacieusement les hommes et les anges d'imiter les beautés d'un seul de ses passages.

Le Koran est divisé en cent quatorze chapitres ou *surats;* ces divisions, d'une longueur très-inégale, portent un titre, mais ne sont point numérotées. C'est cette inégalité qui a fait dire plaisamment à un critique ancien : *Nil æquale homini fuit illi, habebat sæpe ducentos, sæpe decem servos.* On trouve dans toutes les bibliothèques de l'Europe des copies de ce livre sacré ; mais celle qui est le plus admirée par le caractère d'écriture appartenait autrefois au sultan Soliman le Grand et est conservée dans le Vatican de Rome. Les empereurs ottomans, à l'imitation des anciens kalifes, considérèrent comme un devoir religieux d'orner leurs exemplaires du Koran avec de l'or et des pierres fines. Pendant les guerres avec les Européens, un grand nombre de ces précieux ouvrages ont été détruits par les princes eux-mêmes, dans la crainte de les voir tomber entre les mains des chrétiens, auxquels l'usage du Koran est généralement interdit.

Le Koran est la consolation des Musulmans au milieu des devoirs laborieux du camp, et il constitue le grand soulagement de leurs peines domestiques. Des versets de ce livre, inscrits sur leurs bannières, excitent leur esprit martial, et ses principales maximes, écrites sur les murs des mosquées, leur rappellent leurs devoirs sociaux.

Un grand nombre d'orientalistes de toutes les nations ont publié ou essayé de traduire cet ouvrage. Epernius, Golius, Zeckendorfius, Clenardus, Ravius, Pfeifferus et Danzius en ont publié des portions détachées. La première édition complète en arabe fut publiée à Venise, en 1580, par Paganius de Brescia. Le pape en fut tellement alarmé qu'il condamna ce livre au feu. Une nouvelle édition fut publiée à Hambourg, en 1684, par Hinckelman ; mais la plus célèbre publication complète du texte arabe fut imprimée à Saint-Pétersbourg sous les auspices de Catherine II. L'impératrice, afin de ne point heurter les préjugés de ses sujets musulmans contre les livres imprimés, fit former les caractères de telle sorte que l'impression avait toute l'apparence d'un manuscrit. En 1550, une traduction latine fut publiée par Bibhander, d'après les ordres de Pierre, abbé de Cluny.

D'autres traductions ont paru depuis dans toutes les langues de l'Europe; mais la version française d'André de Ryer, publiée pour la première fois à Paris en 1647, et souvent réimprimée, eut le plus grand succès européen jusqu'à l'apparition de la traduction latine du père Louis Maracci, confesseur du pape Innocent XI et professeur d'arabe au collége de la Sapience à Rome.

Cet ouvrage, résultat de quarante années de travaux, fut publié à Padoue, en deux volumes in-folio, dans l'année 1698; il est classé avantageusement parmi les ouvrages laborieux, fruits des recherches des moines Bénédictins. L'Angleterre peut aussi s'enorgueillir de ses savants en matière de littérature asiatique : la traduction de Sale a reçu l'approbation de tous les professeurs d'arabe; ses dissertations préliminaires et ses notes surtout sont admirables. Une des traductions modernes les plus estimées en France est celle de Savary.

Dans le Koran, Mahomet a proclamé partout l'unité et l'indivisibilité de Dieu. Sans entrer, à l'exemple des philosophes de l'antiquité, dans aucune recherche métaphysique sur l'essence et la nature de l'objet de toutes nos espérances et de toutes nos craintes, le prophète de la Mecque prêche ses attributs dans un style énergique et sublime. « Comme tout-puissant, dit-il, son trône s'étend
» sur le ciel et sur la terre; comme créateur de toutes
» choses, sa providence se manifeste dans les change-
» ments de saisons et dans les révolutions du monde. Ni
» sommeil ni assoupissement ne peuvent le saisir; il est
» l'être vivant subsistant par soi-même. Tout-puissant, il
» fait concourir toute la nature au bien-être de l'homme,
» et sa sollicitude s'étend depuis ce roi de la création jus-
» qu'aux plus vils animaux qui rampent sur la terre. Ses

» récompenses sont décuples, et il est toujours prêt à
» pardonner au moindre signe de repentir. Il donne la vie
» et soumet à la mort; il sait tout ce qui est passé, tout
» ce que renferme le cœur de l'homme et tous les mys-
» tères de l'avenir (1). »

L'existence des anges, êtres d'une nature pure et aérienne, qui ne mangent ni ne boivent, qui environnent le trône de Dieu et veillent sur la conduite des hommes afin d'enregistrer leurs actions pour le jour du jugement, est un point d'une haute importance dans la foi musulmane. Quatre anges sont considérés avec un respect tout particulier : l'ange Gabriel, appelé le Saint-Esprit; Michel, l'ange de la révélation; Azriel, l'ange de la mort; et Israfel, l'ange de la résurrection.

Le prophète suppose, en outre, l'existence d'une autre race d'êtres appelés *génies;* mais quoique également aériens, ils sont moins purs que les anges, ils vivent comme les autres hommes et seront jugés au dernier jour.

A la création du genre humain, l'envie s'empara du cœur de *Belise* (2) et d'une multitude nombreuse de ses compagnons qui, depuis lors, pleurent dans les régions de l'enfer la perte de leur héritage céleste. « Il n'y a pas un homme
» ou une femme, disent les traditions, sans un ange et un
» belise. Le belise entre dans l'homme comme le sang dans
» son corps. Tous les enfans d'Adam, excepté Marie et son
» fils, sont touchés par lui au moment de leur naissance;
» et en ressentant cet attouchement, les enfants poussent
» un cri aigu. » Si l'occupation du belise est de suggérer le mal, celle des anges est de faire voir aux hommes la

---

(1) Extrait de divers chapitres du *Koran.*
(2) Le *Belise* des Musulmans est précisément le même que le Satan des Juifs et l'Ariman des mages.

vérité. « Ainsi, dit le Koran, le démon vous menace de la
» pauvreté si vous êtes charitable, et il vous inspire l'ava-
» rice; mais Dieu, par l'ange qu'il vous a donné pour pro-
» tecteur le jour de votre naissance, vous promet de récom-
» penser votre charité par sa grâce et par l'abondance. »

Que le créateur ait, dès le premier âge du monde, déclaré sa volonté à ses créatures, c'est un fait sur lequel toutes les religions sont d'accord. D'après Mohamed, les différentes révélations de cette volonté furent comprises en cent quatre livres ; mais dans le Koran il ajoute avec une égale assurance que ces lois écrites, excepté le Pentateuque, les psaumes et les évangiles, ont été entièrement perdus. Aussi, afin de prouver la nécessité d'une nouvelle révélation des commandemens de Dieu, et de soutenir la doctrine du livre inspiré dans l'origine par le Tout-Puissant et annonçant l'apparition du prophète arabe, les mahométans prétendent que les livres sacrés des juifs et des chrétiens sont devenus si matériellement corrompus dans le cours des siècles, qu'aucune portion des originaux n'existait encore lorsque le Koran fut écrit.

D'après un récit très-estimé de la mission du Christ, on enseigne aux musulmans que Jésus, non point fils de Dieu, mais fils de Marie, fut le dernier prophète des juifs, le véritable Messie, celui qui accomplit les miracles et prêcha la vérité. Le crucifiement est nié par eux, car ils ont adopté l'opinion de quelques chrétiens hérétiques des premiers temps, que Jésus échappa aux juifs et fut enlevé dans le troisième ciel avant son supplice. Aujourd'hui, cependant, la vérité commence à prévaloir sur le fanatisme, et les plus savants docteurs de la mosquée, rejetant cette narration, s'en rapportent au langage des Évangiles canoniques.

Un fait qui viendrait encore à l'appui de l'opinion émise par de savants orientalistes modernes, que les Musulmans forment une sorte de chrétiens hétérodoxes, c'est le nom que les disciples de Mahomet donnent à Notre-Seigneur. Ils nient avec obstination son caractère de fils et son égalité comme Dieu, et cependant ils croient à l'immaculée conception, au caractère divin, aux miracles du Messie et lui donnent le nom de *Jésus, fils de Marie.* Pourquoi ne disent-ils pas *Jésus, fils de Joseph*, puisqu'ils reconnaissent ce dernier pour l'époux de Marie? C'est là une question que nous avons adressée très-souvent à des docteurs musulmans, sans jamais avoir pu obtenir une réponse satisfaisante.

Dans la parabole du riche et de Lazare, où les deux personnages sont représentés comme étant en enfer très-près l'un de l'autre, et dans la promesse du Christ au larron repentant sur la croix, l'auteur de la religion chrétienne reconnaît et sanctionne en quelque sorte la croyance que l'âme humaine, dans l'état mitoyen entre cette vie et la vie future, ne reste point inactive, mais se trouve dans une condition de souffrance ou de bonheur.

Le sommeil de l'âme n'est point un principe de l'islamisme ; mais, d'après certains passages du 8e, du 47e et du 79e chapitres du Koran, la doctrine de Mahomet semble avoir été que l'état intermédiaire, ainsi que la vie future, serait un lieu de récompenses et de punitions. Munnker et Nekir, dit-il, deux anges noirs avec des yeux bleus, entrent dans la tombe et demandent à la personne morte les noms de son Seigneur, de sa religion et de son prophète. Les fidèles répondent : « Dieu est mon Seigneur, Islam est » ma religion et Mahomet est mon prophète. » D'effroyables tourments seront le partage des infidèles, et les anges annonceront aux musulmans la nature et le degré de la félicité qui leur est réservée pour l'avenir.

Ni l'ange Gabriel ni Mahomet n'ont prétendu connaître le jour du grand jugement, tandis que les disciples du prophète, s'arrogeant plus de connaissances que leur maître, ont hasardé de prophétiser les signes qui doivent annoncer

au monde l'approche du grand et dernier jour. « L'anté-
» Christ, disent-ils, apparaîtra en Syrie et ravagera tous
» les pays, excepté la Mecque et Médine; mais au bout de
» quarante jours de différentes longueurs (l'un desquels
» sera égal à une année), il sera tué par Jésus lui-même.
» Mehdy, iman de la famille de Mahomet, gouvernera toute
» l'Arabie et fera régner la justice sur toute la terre. Une
» décadence générale de vertus, un penchant universel à
» l'idolâtrie, des guerres, des désastres multipliés et d'ef-
» frayantes convulsions de la nature annonceront la néces-
» sité et la certitude de quelque changement prochain et
» terrible. Jésus descendra alors sur la terre pour rétablir
» la tranquillité universelle. Au bout de quarante ans, la
» création retournera dans le chaos d'où elle fut tirée, mais
» le souffle de la résurrection sera annoncé par la grande
» trompette, et un retour général des anges, des génies,
» des hommes et même des animaux s'ensuivra. Les corps
» de tous les hommes, dispersés sur la terre et réduits en
» poussière impalpable, seront rendus à leur première for-
» me, et au commandement du Tout-Puissant, ils seront
» réanimés. »

Quelques docteurs de la mosquée ont exercé leur sagacité et amusé leur imagination, en décrivant les occupations et les demeures diverses de l'âme dans cette condition de misère ou de béatitude. Mais toutes ces opinions sont à la fois si nombreuses et si arbitraires, et les plus savants parmi les musulmans y attachent si peu d'importance, qu'il est inutile de les analyser.

De l'usage du vin chez les peuples de l'Orient.

Parmi les lois du prophète Mahomet, qui sont le plus en opposition avec les usages des nations de l'Occident, aucune ne l'est davantage que la prohibition du vin. Le précepte fut, dans le principe, donné dans le Koran, contre l'ivresse, ce qui n'avait pour but que de prévenir les excès ; mais cette précaution ayant été reconnue insuffisante, l'usage des liqueurs enivrantes fut, plus tard, formellement interdit.

Une mesure si rigoureuse ne paraît cependant pas avoir dû être d'une nécessité absolue, car depuis bien des siècles on ne buvait que fort peu de vin, soit en Égypte, soit en Arabie.

La nature du terrain s'opposant au développement de la culture de la vigne en Égypte, les législateurs de ce pays appelèrent à leur secours l'imposture religieuse pour engager le peuple à se contenter des différentes préparations et distillations de grains. C'est par cette raison que le vin fut déclaré être « en abomination aux dieux. » Ce fut de l'Égypte, berceau de la philosophie, de la superstition et des sciences, que cette opinion se répandit dans les autres pays. Les Manichéens de la Perse même regardaient le vin comme « le venin de leur mauvais principe, » et ils en supposaient l'usage interdit aux élus. C'est de là aussi que les Manichéens chrétiens défendirent l'usage du vin dans la communion.

On peut faire remonter également à une période très-reculée de l'histoire de l'Arabie l'horreur pour le vin. Jérémie, qui vivait douze cents ans avant Mahomet, fait mention d'une famille arabe qui entra dans la Palestine avec les Israélites, et qui, même après une résidence de huit cents ans au moins dans ce pays, avait continué à se soumettre religieusement aux recommandations de Jonadab, l'un de ses ancêtres : « de ne point bâtir de maisons, mais de demeurer dans des tentes; de ne point semer, de ne point planter, de ne posséder aucune vigne et de ne point boire de vin. »

Ces coutumes des peuples et ces règlements des législateurs sont bien appropriés à l'Orient, « car, dit Montesquieu, dans les pays chauds, la partie aqueuse du sang se dissipant beaucoup par la transpiration, il y faut substituer un liquide pareil. L'eau y est d'un usage admirable, les liqueurs fortes y coaguleraient les globules de sang qui restent après la dissipation de la partie aqueuse. » La loi du prophète Mahomet convient donc au climat de l'Arabie. D'ailleurs l'ivresse, dans les pays méridionaux, ayant des conséquences beaucoup plus dangereuses que dans les climats du nord, le législateur a dû nécessairement la considérer sous un autre point de vue.

Les légistes sont divisés dans leurs opinions relativement au degré d'ivresse qui mérite punition. Quelques-uns soutiennent que le coupable ne doit pas être capable de distinguer ce qu'on lui dit sous aucune forme, ni de distinguer un homme d'une femme; d'autres pensent que des paroles confuses et indistinctes marquent suffisamment l'état de l'infracteur. Néanmoins, pour que la punition puisse être infligée, il ne suffit pas que l'ivresse soit apparente et que l'odeur du vin se fasse sentir dans le souffle de l'accusé; il faut que l'accusateur et les témoins l'aient vu boire la liqueur défendue, car les casuistes mahométans allèguent en sa faveur que le vin peut lui avoir été administré par la force ou par les menaces. Quand le crime est complétement prouvé, la punition est ordinairement de quatre-vingts coups de bâton pour un homme libre, et de quarante pour un esclave.

Cet adoucissement de rigueur en ce qui concerne les esclaves peut paraître extraordinaire, mais chez les musulmans, la règle générale est que les esclaves coupables d'avoir enfreint la loi ne sont assujettis qu'à la moitié de la punition applicable aux hommes libres : coutume fondée sur cet argument que, comme la servitude ne permet que la moitié des *jouissances* de la vie, de même elle ne doit souffrir que la moitié des *punitions;* car une offense s'accroît en étendue, en proportion du nombre de faveurs accordées par le Tout-Puissant à celui qui la commet. En cas de vol, crime ordinairement puni par l'amputation, l'esclave et l'homme libre sont traités également, car les docteurs musulmans disent gravement qu'il n'est pas possible de faire la moitié d'une amputation.

Bien que la crainte des punitions de l'enfer plane toujours sur la tête du musulman qui se rend coupable d'ivresse, les lois du prophète de la Mecque ont été tellement altérées par les légistes, que cette action, envisagée simplement comme une offense contre la société, peut être pratiquée aujourd'hui avec impunité dans toutes les circonstances où elle ne s'étend point jusqu'à des désordres extrêmes.

La *Description des monuments musulmans* du cabinet de M. le duc de Blacas, par M. Reinaud, nous fournit à ce sujet quelques renseignements très-curieux, et qui confirment notre assertion.

On reconnaît, d'après ce curieux ouvrage, que souvent ce sont les princes de l'Orient eux-mêmes qui donnent l'exemple, et qu'en général ceux des musulmans qui transgressent leur religion le font, non pour raison de santé, mais pour se procurer les violentes sensations que le vin occasionne; et, le précepte une fois violé, ils pensent qu'on aurait tort de garder quelque mesure. Pour eux, le vin et l'ivresse sont deux idées inséparables. Aussi prennent-ils tous les Européens pour des ivrognes; et, lorsqu'on leur fait observer que la religion chrétienne défend tout excès, ils demandent gravement comment il est possible que des hommes à qui la religion ne fait pas du vin un objet défendu, soient plus scrupuleux qu'eux, qui sont en opposition avec les lois du prophète.

Les pays occupés par les musulmans étant en général exposés à des chaleurs excessives, on y est altéré plus que dans nos contrées; aussi on rencontre dans certaines villes des outres pleines d'eau suspendues aux portes d'un grand nombre de maisons ou de magasins pour que les passants puissent se désaltérer. Dans d'autres villes, ces outres sont portées par des hommes ayant à la main une tasse sur laquelle on lit ordinairement les deux vers suivants :

> Bois au milieu des félicitations et au sein d'une santé prospère,
> Cette boisson est le salut du corps.

Sur d'autres tasses, l'eau elle-même est censée parler ainsi :

> Je suis le salut des convives, je suis la pureté par excellence.
> Réjouis tes regards par le spectacle des belles qualités que j'offre,
> Je dois paraître délicieuse à quiconque se plaint de la soif.

Parmi les personnes qui présentent ainsi de l'eau aux passants, plusieurs le font par un esprit de charité, mais quelques-unes attendent une récompense. Ces dernières offrent quelquefois des fleurs et des fruits; elles poussent la galanterie jusqu'à tenir un miroir à la main, afin que ceux qui prennent l'eau puissent se voir en buvant; elles leur jettent même des eaux de senteur sur le visage et sur la barbe.

Les Orientaux racontent d'une manière fort singulière la découverte du vin. Ils disent que le premier qui imagina d'exprimer le jus de la vigne fut Gemchid, un des plus anciens rois de la Perse, mais que ce prince lui trouvant un goût acide le prit pour un poison. Cependant une de ses femmes ayant été guérie par cette liqueur d'un violent mal de tête, il commença à l'estimer davantage, et alors il lui donna le nom de *remède royal*, et pour faire allusion à l'impression première, il l'appela aussi *délicieux poison*.

On sait qu'en Orient le café est d'un usage universel; mais les musulmans ne se contentent pas de cette innocente boisson : les personnes qui ne font point usage de vin, les gens du peuple surtout, ont recours à une décoction de pavot, appelée *coquenar*, ou bien à une infusion de chanvre. Dans presque toutes les villes de l'Orient on trouve des maisons où se débitent ces boissons, et rien de plus curieux et de plus affligeant que ces maisons. Les personnes qui entrent sont pâles, mornes, défaites; à mesure qu'elles prennent deux ou trois tasses, une émotion violente les saisit; elles sont comme transportées, tout leur déplaît. Peu à peu cette espèce de fureur s'adoucit, chacun se livre à son humeur naturelle; l'amoureux conte des douceurs, l'homme facétieux rit sous cape, le rodomont ne parle que de tout massacrer, en un mot on se croirait dans un hôpital de fous. Mais l'opération s'achève, une espèce d'anéantissement succède à la force désordonnée, on est assoupi, on a peine à se remuer, chacun enfin se traîne chez soi.

Il n'y a pas de partie de plaisir en Orient sans qu'on y boive du vin; il suffit, pour s'en convaincre, de se rappeler différentes scènes décrites dans les *Mille et une Nuits*, ou de citer quelques passages des poésies d'Hafiz. Ce poëte mystique, le plus estimé de l'Orient, voulant décrire l'ardeur des passions et l'opposer aux froides pratiques d'une religion tout extérieure, a dit :

« Lorsque tu te seras versé une coupe du vin de l'extase, tu seras moins porté à t'abandonner à un vain égoïsme.

» Attache ton cœur à la liqueur enivrante, elle te donnera le courage de dompter l'hypocrisie et une dévotion affectée. »

Il est vrai que le poëte Hafiz est celui qui est le plus tombé dans l'excès, et que quelques passages de ses poésies sont empreints d'un sens mystique et allégorique qui excite la gaieté dans les parties de plaisir. Néanmoins il résulte de l'aveu même des musulmans les plus sévères, que souvent la vérité est sortie de la bouche de ce poëte.

I. — SOUVENIRS D'AFRIQUE.

Les Turcs en Algérie.

Les Turcs ne formaient guère en Algérie qu'une armée d'occupation ; aussi, après la conquête de 1830, ils n'avaient plus rien qui les retînt dans cette colonie, et soldats licenciés, ils ont presque tous été réduits à la quitter. Les plus riches eux-mêmes, après s'être débarrassés à vil prix de tout ce qu'ils possédaient, se sont dirigés vers Alexandrie ou Tunis : cette dernière ville surtout, à cause de sa proximité d'Alger, a beaucoup profité de cette émigration, qui a augmenté sa population d'une manière considérable. Quelques-uns cependant ont résisté au courant et sont restés en Algérie : mais ils sont si peu nombreux qu'ils ne forment plus aujourd'hui que la plus faible partie de la population musulmane des villes du littoral de l'ancienne régence.

La domination des Turcs a eu une durée de trois siècles environ, leur gouvernement despotique était rempli d'abus ; aussi étaient-ils craints et détestés des Arabes.

C'est le célèbre Aroudj-Barberousse qui, en 1516, chassant les Espagnols, ouvrit les portes d'Alger au sultan de Constantinople, dont le pouvoir, représenté par des janissaires ayant à leur tête un pacha, s'étendit bientôt sur tout le littoral de l'Algérie. En 1600, les janissaires obtinrent de la Sublime Porte le droit de choisir dans leurs rangs un chef chargé de défendre leurs intérêts et de les mettre à l'abri des vexations du représentant du sultan de Constantinople. Ce chef, qui reçut le titre de dey, concurremment avec le pacha, gouverna l'Algérie ; mais en 1710, l'autorité de la Porte ne fut plus que nominale, car un dey, du nom de Baba-Aly, parvint à expulser le pacha. Les janissaires devinrent alors les maîtres absolus de l'Algérie, et des deys furent nommés et destitués au bon caprice de cette milice. En 1732, on en vit successivement six monter sur le trône et assassinés dans la même journée.

Pendant toute la durée de leur domination en Algérie, les Turcs ne se sont point occupés des progrès de l'agriculture et du commerce : leur seule préoccupation était la piraterie sur mer et la perception d'impôts sur terre. Ils n'ont pour ainsi dire jamais formé qu'une population flottante. Aussi, comme point ou peu de femmes venaient de l'Orient, il s'ensuivait que les Turcs contractaient avec les femmes indigènes des alliances qui ont donné naissance à une race particulière désignée sous le nom de Coulouglis.

Essentiellement pirates, les Algériens, sujets turcs, étaient devenus le fléau de l'Europe. Charles-Quint, en 1541, voulant faire cesser ces brigandages, y perdit une flotte et une armée sans avoir pu réussir; dans le même but, Louis XIV, en 1682, 1683 et 1688, fit bombarder la ville d'Alger; enfin, en 1816, les Anglais suivirent, sans plus de succès, l'exemple de Louis XIV. Toutes ces démonstrations furent inutiles, car les Algériens continuèrent à exercer des brigandages nombreux dans la Méditerranée, et quelquefois même ils allaient répandre la terreur de l'autre côté du détroit de Gibraltar. Ils tiraient un grand parti des chrétiens qu'ils faisaient captifs, en les employant comme esclaves aux travaux les plus pénibles.

Il y en avait plus de 20,000 dans la régence, et chaque année les corsaires en amenaient de nouveaux sur les marchés, particulièrement sur celui d'Alger, où ils étaient exposés en vente comme marchandise foraine. Leur prix variait suivant le nombre et la *qualité :* un homme valait 800 fr.; les belles femmes se vendaient 1,500 fr., et elles étaient appelées à faire partie des harems; les moins favorisées par la nature étaient achetées à un prix beaucoup moins élevé, et elles étaient employées comme domestiques auprès des dames.

Les hommes qui, dans leur malheur, étaient assez heureux pour être achetés par des particuliers, étaient employés aux travaux des champs, et quoique mal nourris et traités rigoureusement en esclaves, avaient-ils beaucoup moins à souffrir que ceux de leurs compagnons achetés par l'État. Non-seulement ces derniers n'avaient pas l'espoir de recouvrer leur liberté, même avec de l'argent, mais ils étaient de jour employés aux travaux publics, sous la surveillance de gardiens qui n'avaient aucune espèce d'égards, le soir enfermés dans des bagnes, où une simple natte étendue sur la terre fangeuse leur servait de lit. Un morceau de pain noir, très-peu cuit, et un peu d'huile rance, c'était là leur seule nourriture.

Ce n'est qu'en 1830, à la suite d'une insulte faite à M. Deval, consul de France, par Hussein, dey d'Alger, que le gouvernement de Charles X se décida à armer une flotte considérable qui, commandée par l'amiral Duperré, débarqua sur le rivage de Sidi-Ferruch (Torre-Chica des Espagnols) l'armée française sous les ordres de M. le général comte de Bourmont.

Il est très-difficile de définir le caractère turc, car on le voit tour à tour actif, indolent, entreprenant, défiant, sédentaire et pour ainsi dire nomade, en faisant allusion à la piraterie.

Nous n'avons pas été à même de connaître la vie intime des Turcs avant la conquête de l'Algérie ; mais les rares familles que l'émigration a laissées à Alger, et avec lesquelles il nous a été donné de passer quelques années, ont les mêmes mœurs que le reste de la population musulmane de cette colonie.

Hommes du Nord, en parlant des Algériens, nous nous reportons immédiatement aux contes des *Mille et une Nuits*, qui nous font voir l'homme au milieu de son harem. Cependant il n'en est pas ainsi, en Algérie du moins ; et, à notre connaissance, il n'existe pas à Alger un seul Turc qui ait plus d'une femme. Susceptibles d'une grande affection, les Turcs qui sont demeurés au milieu de nous ont en quelque sorte adopté nos mœurs. Ainsi, Sid-Ibrahim-Bousnac, ancien bey d'Oran, qui s'est acquis une grande célébrité par sa sévérité envers les Arabes et par son dévouement à la France, n'avait qu'une seule femme ; elle est morte depuis quelques années déjà, et il ne peut encore en parler sans pleurer. Nous pourrions citer d'autres personnages turcs très-connus en Algérie, mais aucun historien n'ayant avancé l'opinion contraire, et ceux que nous avons consultés personnellement étant de notre avis, nous croyons inutile de fournir de nouvelles preuves à l'appui de notre assertion, qu'il n'existe point de harem dans les villes de l'Algérie.

Les Turcs actuellement à Alger sont presque tous employés à la marine ou propriétaires habitant leur campagne ; quelques-uns cependant ont encore des magasins où ils vendent des épiceries et du tabac. Leur vie intérieure est peu agréable, car de même que tous les musulmans, ils ne reçoivent pas, dans leur intérieur, les personnes étrangères à leur famille. A l'entrée de chaque maison, il y a un *skiffa* ou corridor, qui sert de salle de réception, et personne ne peut franchir le seuil des appartements. Aussitôt que le visiteur est entré dans le *skiffa*, une négresse lui porte le café et une pipe tout allumée : pendant la durée de la visite des domestiques viennent lui demander très-souvent s'il désire encore boire ou fumer, et quelquefois les visiteurs ne cessent pas un seul instant de profiter de ces avantages : usage si naturel chez les musulmans en général, que personne ne remarque ce que nous appellerions chez nous une grossièreté ou tout au moins une indélicatesse.

Il nous est arrivé parfois de pénétrer dans l'intérieur

des maisons. Ainsi pendant la maladie du fils qu'il a perdu il y a plusieurs mois, le bey Ibrahim nous conduisit dans *ce sanctuaire;* nous n'avons pas vu la fille de ce vieux et digne serviteur, mais nous avons visité toutes les pièces qui composent *son appartement retiré.* Dans le château d'Ibrahim, nous n'avons rien trouvé de ce luxe oriental, devenu un proverbe chez nous, mais nous avons vu une riche simplicité.

La chambre du malade était un marabout, petit appartement carré construit dans le genre d'une chapelle, dont tout le luxe consistait en arabesques encadrées et accrochées au mur. On y voyait en outre le portrait de Napoléon Ier à côté de celui de notre Empereur, celui des membres de la famille impériale et celui de quelques-uns des généraux français qui ont servi avec Ibrahim dans la province d'Oran. Des matelas recouverts de tapis tenaient lieu de canapé, et quelques étagères arabes, contenant des tasses en porcelaine, composaient tout l'ameublement de cette pièce qui est la plus belle du château d'Ibrahim, et celle qu'il occupe avec le plus de plaisir, parce qu'elle lui rappelle, par les portraits qui y sont, les guerres nombreuses dans lesquelles son courage et son talent ont brillé au service de la France, depuis l'Égypte comme mameluk, jusqu'à Oran et Mostaganem comme bey, et un souvenir plus récent encore, mais qui ne lui est pas moins cher, celui d'un voyage fait à Paris en 1851.

A son retour en Algérie, Ibrahim nous disait un jour en contemplant le portrait du Prince-Président : « Comment ne serais-je pas satisfait de mon voyage ? Je me suis approché du grand génie, du grand soleil qui éclaire la France, et un de ses rayons est resté collé sur ma poitrine. » En disant ces mots, le vieux Ibrahim touchait avec respect la croix d'officier de la Légion d'honneur qui lui a été donnée pendant son séjour à Paris, par le président de la république

Des souffrances qu'ont eu à endurer les esclaves chrétiens renfermés dans les bagnes de la régence d'Alger, il ne faut pas conclure que les Turcs soient barbares et incapables d'éprouver le moindre sentiment d'amitié. Les janissaires qui composaient la garnison algérienne n'étaient certes pas l'élite de la Turquie : le Grand Seigneur ne se dessaisissait pas de ses bons sujets, et il n'envoyait dans la régence que les soldats punis pour une faute quelconque, ou bien des rénégats qui, par profession comme par instinct, étaient les adversaires acharnés des chrétiens. Il ne faut donc pas s'étonner des brigandages qui se pratiquaient dans la Méditerranée et sur l'Océan.

Les Turcs, en général, sont au contraire doux, patients et susceptibles du plus grand attachement ; leur parole est sacrée, et rarement ils manquent à leurs engagements.

« La parole de l'homme, disent-ils, est un écrit devant Dieu, tandis qu'un écrit n'est qu'un acte devant les hommes. » Leurs traits ont une grande noblesse, leurs allures sont fières ; mais malgré leur fierté, ils n'ont aucune morgue aristocratique.

Peu riches en imagination, leur littérature n'est presque qu'une imitation de celle des Persans et des Arabes. En fait de beaux-arts, ils ne réussissent guère qu'à sculpter la nature inanimée, comme les fleurs, les arabesques, etc. Mais d'une intelligence supérieure pour le commerce, ils sont habiles à la fabrication des essences de rose, de jasmin, et en général de toutes les fleurs ; leurs cuirs, maroquins, tapis, soieries, mousselines peintes, sabres et pistolets, sont aussi beaucoup estimés.

Le pays des Beni-Mzab.

L'armée française vient de s'emparer en Algérie, à quelques journées de marche dans l'intérieur du grand désert, d'un pays jusqu'à ce jour inconnu et dont l'occupation par des Européens ne manquera pas de donner un nouvel élan à la colonisation. C'est du pays des *Beni-Mzab* dont nous voulons parler, et s'il est permis d'apprécier l'importance de ce pays d'après les mœurs et le caractère essentiellement marchand de ses habitants, nous ne craignons pas de trop nous avancer en disant que la soumission du peuple Mozabite sera une nouvelle source de richesses pour la colonie, richesses dont la France profitera. D'un autre côté, considéré comme position militaire, le territoire des *Beni-Mzab* est peut-être le point le plus important de l'Algérie, parce qu'il est la clef du désert et que son occupation nous permettra d'arriver un jour jusqu'à *Tombouctou*.

Les Mozabites sont musulmans, mais d'un rite particulier ; ils ont à peu près les goûts et les habitudes des Kabyles ; de la même origine que ces derniers, ils ont à peu près la même langue et les mêmes institutions, seulement les uns habitent le désert et les autres sont retranchés dans les montagnes.

Encore plus religieux que les Arabes, les Mozabites qualifient d'impiété les moindres fautes, et ils punissent rigoureusement les actions les plus simples tolérées ou punies légèrement par les autres musulmans.

Leurs mœurs sont d'une pureté poussée jusqu'au rigorisme (1) : l'adultère est lapidée, son complice est dépouillé de tous ses biens et banni du pays. Religieux observateurs de la foi donnée, ennemis jurés du mensonge, leur probité est proverbiale par toute l'Afrique. Quand un Mozabite dit à un voyageur quelconque : « Dieu soit avec toi ! » celui-ci peut dormir tranquille, car l'homme du désert veille auprès de lui.

---

(1) Voir le *Sahara algérien*.

Beaucoup plus intelligent que l'Arabe, le Mozabite admet le contact des autres religions; aussi y a-t-il parmi eux quantité d'israélites.

Généralement ils sont très-sobres : priser ou fumer est un péché pour eux. Ils ont l'ivresse en telle horreur, que, si un juif vient à s'enivrer, on fait des perquisitions dans sa maison et tous les vases renfermant du vin ou des liqueurs sont saisis et brisés sur la place publique.

Les Mozabites, comme toutes les populations du Sahara, font très-peu de cas des Arabes ; ils n'ont même pas toujours pour eux la tolérance qu'ils ont pour les juifs, car, pour acquérir chez eux le droit de bourgeoisie, les Arabes sont obligés d'adopter solennellement leurs rites, et souvent encore, après cette cérémonie, ils ne sont assimilés aux autres habitants qu'à la quatrième génération.

La ville principale du pays des *Beni-Mzab* est *Gardaïa*; elle est administrée par une *djemmâa* ou assemblée composée de douze membres, présidée par un chef suprême qui, toutefois, ne peut rien décider sans avoir consulté le chef de la religion, appelé *Scheick-Baba* (ancien, vénérable père), et dont la parole a force de loi.

Non loin de *Gardaïa*, il y a des oasis où les institutions gouvernementales subissent une modification. L'élément du pouvoir monarchique se combine avec l'élément républicain, et il en résulte souvent de petites royautés constitutionnelles comme en Europe. Les populations sahariennes tiennent parfois à placer à leur tête des personnages distingués; elles vont même jusqu'à s'adresser à l'empereur du Maroc qui, dans l'intérêt de la paix, finit par les satisfaire en leur envoyant quelqu'un des siens.

Ces petits sultans ne manquent pas d'avoir un certain faste : ils ont leur garde et leur musique, et font étalage, quand ils sortent de leur demeure, des signes extérieurs de leur puissance. Mais cette puissance ne s'exerce jamais que pour le bien, et celui qui voudrait abuser de son autorité serait immédiatement déshérité.

Dans ce cas, les choses se passent d'une manière fort simple. La *djemmââ* convoque une assemblée générale, et lorsque la révocation du souverain est prononcée, on se conduit à son égard avec une délicatesse extrême. Tous les soirs il est d'usage que la musique vienne charmer les loisirs du prince régnant; si ce divertissement vient à manquer un jour, le sultan descend de son trône et comprend qu'il doit rentrer dans la vie ordinaire.

Contrairement aux usages des musulmans, les femmes jouissent d'une plus grande liberté que chez les autres peuples d'Afrique; elles ne sont pas exclues des fêtes publiques et des honneurs; on en trouve qui restent sur le trône de leurs maris, d'autres dans les *zaouias* (établissements religieux), héritent de la sainteté de leurs pères et sont un sujet de vénération de la part des fidèles.

Les Mozabites font un grand commerce de laine; ils possèdent d'immenses troupeaux de moutons plus grands que les nôtres, et dont la laine lisse et luisante semble les rattacher aux mérinos.

Des caravanes partent très-souvent du pays des *Beni-Mzab* pour se rendre dans le Soudan, au Maroc, à Tunis, et maintenant à Alger.

Cette population est très-redoutée dans le Sahara; elle se livrait naguère encore à la chasse des nègres, et tenait Tomboutcou et toutes les autres villes du désert dans un état de blocus perpétuel.

Depuis bien longtemps, même du temps des Turcs, les Mozabites forment à Alger une corporation; aujourd'hui, 1,500 individus environ en font partie. Cette corporation est administrée, sous la surveillance de l'autorité civile, par un *amin* (syndic); qui a sous ses ordres un *chaouch* (huissier) et plusieurs *mkadems* (surveillants). L'ancien siége en qualité de juge à la *mehakma* (tribunal de paix), qui tient journellement ses séances dans le local du bureau arabe départemental.

Les *Kabyles, Mzitti, Nègres, Lagouathi, Beranis* et *Biskris* forment également des corporations administrées par des *amins*, mais aucune de ces corporations ne présente les mêmes avantages que celle des Mozabites. Celle-ci a une caisse de secours ; aussi aucun de ses membres n'est malheureux ; tous se soutiennent mutuellement ; les plus riches sont propriétaires de bains maures, et les terrasses et les vastes cours de ces établissements servent d'asile pendant la nuit à ceux des membres qui sont sans domicile par suite de leur pauvreté.

Tous les Mozabites qui sont à Alger se livrent au commerce, qu'ils exercent avec une intelligence remarquable. Quelques-uns même se sont créé des positions exceptionnelles. Il en est un surtout qui, depuis quelques années, se rend très-souvent adjudicataire de travaux publics.

Les Zaouias.

Les institutions politiques des Kabyles diffèrent essentiellement de celles des Arabes : ceux-ci ont une organisation toute féodale ; les Kabyles, au contraire, ont des *institutions* basées sur le principe de l'égalité, l'élection étant la loi souveraine.

Chaque village de la Kabylie proprement dite, chaque oasis du Sahara (1) a une *djemmâa*, espèce de conseil municipal qui administre la commune. Un chef nommé par ce conseil reçoit le titre d'*Amin*, et est investi du pou-

---

(1) Nous avons déjà dit dans un précédent article, que les Kabyles et les habitants des oasis du Sahara avaient à peu près les mêmes institutions, et qu'ils étaient de la même origine.

voir exécutif pendant trois mois au moins, un an au plus. L'Amin consulte la djemmââ, même pour les plus petites affaires, et prend en outre l'avis du marabout (1) lorsqu'il s'agit de choses importantes. Une destitution immédiate est le résultat d'une mauvaise administration, de même qu'une prolongation de pouvoir est la récompense réservée au sage et intelligent Amin.

L'Amin reçoit un traitement fixe assez élevé et il est toujours assez convenablement pourvu pour n'avoir plus aucun souci de fortune, même après la fin de son administration.

Les pauvres sont un des objets principaux de la préoccupation des djemmââs ; ils sont nourris aux frais de la commune. Des cotisations ou impôts individuels et les amendes imposées comme pénalité forment la caisse de secours qui reçoit le nom de *réserve de Dieu*.

C'est principalement dans l'institution des *zaouias* que se révèle le caractère charitable et hospitalier des Kabyles. Cette institution mérite d'être connue, car elle joue un rôle très-important dans la société kabyle ; on peut même dire qu'elle en est la base principale.

Les Zaouias sont des établissements religieux ayant trois buts principaux : la prière, la bienfaisance et l'instruction. Ils se composent de quatre divisions bien distinctes, dont trois principales : la première, toujours la plus vaste, est réservée au culte ; les deux autres servent d'école et d'hôtellerie. Quand à la quatrième, qui est toujours la plus petite, elle est occupée par la famille du marabout chargé de la direction de l'établissement.

L'édifice religieux est ordinairement un petit dôme, *kouba*, qui porte le nom du marabout fondateur de la

---

(1) Le marabout est un homme lettré qui remplit les fonctions de prêtre et d'instituteur.

Zaouia, et dont le tombeau est placé au milieu de la nef.

Une vénération particulière s'attache aux Zaouias dont le fondateur a toujours été un *homme de Dieu*, c'est-à-dire un homme très-charitable. Les habitants des environs y viennent en pèlerinage; pendant les sécheresses on y fait de grandes processions pour demander la pluie, — usage qui a une analogie frappante avec nos processions des Rogations; — les malades viennent souvent y prier pour obtenir leur guérison; la mère qui ne peut élever ses enfants vient demander à Dieu de les lui conserver; la femme stérile s'y fait conduire par son père ou son mari, pour obtenir la grâce d'une postérité.

On cite particulièrement la Zaouia de *Sidi-Ali-Taleb* comme opérant de très-grands miracles. Les traditions rapportent que Sid-Ali-Taleb avait un bâton merveilleux qui lui avait été remis par un envoyé secret du prophète, et avec lequel il lui suffisait de mettre un ennemi en joue, n'importe à quelle distance, pour le faire tomber aussitôt roide mort.

Ce bâton est encore conservé précieusement et on lui attribue de très-grandes vertus; ainsi, par exemple, quand les malades viennent à la Zaouia prier sur le tombeau de Sidi-Ali-Taleb, on leur frotte le dos avec ce bâton pour les guérir; et lorsque ce remède ne suffit pas, les malades avalent, après l'avoir broyé, un morceau de la pierre même du tombeau; aussi le mausolée de Sidi-Ali-Taleb est-il considérablement écorné.

Lorsque les habitants ont entre eux quelques dissentiments, ils se rendent à la Zaouia et défèrent le serment devant le marabout. C'est aussi à ce saint personnage qu'ils s'adressent ordinairement lorsqu'ils ont des réclamations à faire pour des injustices commises à leur égard ou pour des vols dont ils auraient été victimes. Le marabout est un arbitre accepté par tous, et bien que chaque village ait un *cadi* (juge), on préfère toujours l'avis de l'homme de Dieu au jugement de l'homme de la loi.

Par suite de leur caractère sacré et de la vénération qui s'attache à leurs marabouts, les Zaouias reçoivent une portion de la dîme dévolue aux mosquées; en outre, les habitants du voisinage se font un honneur de tenir continuellement leur Zaouia pourvue de toutes sortes de provisions; ils y apportent journellement de l'huile, du miel, des fruits, des poules, des moutons, etc. Les pèlerins qui viennent implorer la miséricorde de Dieu font de très-riches présents qui entretiennent le marabout dans une aisance très-honorable et lui permettent de faire de larges aumônes. Ces marabouts sont beaucoup trop vertueux pour abuser de leur position; ils ne gardent rien de ce qu'on leur apporte, ils distribuent tout aux malheureux; ils s'imposent même des privations pour en secourir le plus grand nombre possible.

Tout voyageur, quel qu'il soit, bien vêtu ou en haillons, de quelque pays qu'il vienne, à quelque religion qu'il appartienne, peut frapper à la porte d'une Zaouia, il y est toujours reçu avec plaisir, et pendant trois jours il reçoit la plus cordiale hospitalité. — Touchante similitude avec l'usage des couvents de la Trappe. — Les gens de la Zaouia ne prendraient jamais leur repas sans s'être assurés que les besoins de leurs hôtes ont été satisfaits.

Le principe de l'hospitalité dans les Zaouias s'étend même jusqu'aux animaux, ceux qui sont égarés sont installés dans l'écurie et nourris jusqu'à ce qu'on vienne les réclamer.

Dans la Kabylie, comme dans les oasis du Sahara, jamais un pauvre ne peut mourir de faim; s'il veut rester dans son village, il le peut, ses voisins lui ouvrent la porte de leur jardin, et tant qu'il y a des fruits il peut s'y rassasier; il trouve également sa part dans les provisions de toute espèce qui sont apportées à la Zaouia. L'assistance des malheureux est considérée comme une vertu du ciel, dès lors l'indigence ne peut être regardée comme un fléau. Le vagabondage n'est pas un délit, le pauvre qui ne se plaît pas dans son village peut aller dans toutes les Zaouias et partout il est le bien venu; il n'est jamais à charge à personne, au contraire, il fournit une occasion d'utiliser les dons précieux et d'inspirer à tous l'amour du prochain.

Ces principes d'une charité exagérée expliquent le peu de progrès de notre civilisation au milieu de ce peuple. Convaincu qu'il ne peut mourir de faim et que les institutions religieuses de son pays subviendront toujours à ses besoins, le Kabyle n'a aucun souci de l'avenir; aussi refuse-t-il toute innovation ou amélioration dans sa manière d'être.

Outre la prière et la bienfaisance, nous avons dit que les Zaouias avaient encore pour but l'instruction. La partie de l'établissement réservée à l'étude se divise elle-même en trois autres parties : la première où l'on ne s'occupe que du Koran, la seconde pour l'étude des sciences, et la troisième sert d'école primaire pour les enfants. Dans le local où l'on reçoit les voyageurs et les mendiants, il y a ordinairement un appartement destiné aux élèves qui suivent les cours pour se perfectionner dans les sciences. Sous ce rapport, la Zaouia est une espèce d'université.

L'école primaire reçoit tous les enfants qui sont présentés par leurs parents. Quelques-uns viennent de très-loin, et alors ils sont considérés comme pensionnaires. Dans ce cas, chaque enfant en entrant dans une Zaouia paye 6 douros (30 francs), et moyennant cette somme il est nourri, logé et habillé aux frais de l'établissement jusqu'à l'époque de son départ. Les riches ajoutent toujours, au prix de la pension, des cadeaux quelquefois considérables. Quand les enfants restent cinq ou six ans dans une Zaouia, ils sont en état de lire et d'écrire très-correctement ; ils savent par cœur le texte du Koran et reçoivent dès lors le titre de *tolbas ;* ce titre leur permet de rentrer dans leur village et d'y ouvrir de petites écoles pour les enfants des pauvres. Quelques élèves ne sortent des Zaouias qu'après avoir fait des études supérieures, c'est-à-dire après avoir étudié : 1° la théologie, qui comprend les commentaires sur le Koran et les conversations du prophète ; 2° le droit, ou l'étude du Koran au point de vue légal ; 3° les sciences, l'arithmétique, la géométrie et l'astronomie ; 4° les lettres, la grammaire et la versification.

Quelques Zaouias ont un personnel considérable, on en cite qui n'ont jamais moins de deux à trois cents élèves pensionnaires, et qui entretiennent journellement un nombre à peu près égal de voyageurs.

Il est par là facile de s'expliquer l'influence que les marabouts exercent sur la population, influence qui ne s'étend pas seulement sur le territoire de la Zaouia, mais dans tout le pays. Sans sortir de leur établissement, ils ont, soit par leurs élèves, soit par les voyageurs, des relations avec toutes les villes et tribus de l'Afrique ; aussi la protection d'un marabout suffit-elle souvent pour préserver un étranger de tout accident fâcheux au milieu des tribus ennemies.

II.

ASPECT DE L'ALGÉRIE.

L'Algérie peut avoir une étendue de 1,000 kilomètres entre les deux limites orientales et occidentales, sur une profondeur habitable de 240 kilomètres environ.

Elle se divise en trois provinces bien distinctes : celle de Constantine à l'est, celle d'Alger au centre et celle d'Oran à l'ouest.

Chacune de ces provinces porte le nom de son chef-lieu.

Le climat de l'Algérie, quoi qu'on en dise, est des plus doux, si ce n'est toutefois les jours, fort rares heureusement, où le *simoun* ou *vent du désert*, vulgairement appelé *sirocco*, apporte avec lui, pendant quelques heures, la sécheresse et l'accablement. Il n'y a en Algérie que deux saisons bien caractérisées : l'hiver et l'été; les transitions sont subites, ce qui cause bien souvent des maladies qu'il est cependant très-facile de prévenir : il suffit pour cela de porter constamment une ceinture de flanelle.

L'hiver n'est jamais rigoureux; rarement le thermomètre descend jusqu'à zéro, il se tient presque toujours à 5 ou 6 degrés au-dessus. De la fin du mois de décembre jusqu'à la fin du mois de mars, les pluies sont peu fréquentes, mais la quantité d'eau qui tombe est très-abondante. Du mois d'avril jusqu'aux derniers jours du mois de décembre, le ciel est presque constamment pur, et il est même arrivé très-souvent de voir le jour de Noël les dames encore en toilette d'été. Si le froid ne se fait pas sentir en hiver, il y a en revanche pendant cette saison et assez fréquemment des ouragans ou des vents impétueux qui causent de très-grands ravages.

L'aspect de l'Algérie est en général majestueux. Une végétation luxuriante décore cette terre pendant toute l'année. Alors que tout est sec et aride dans certaines régions européennes qu'on appelle tempérées, la campagne algérienne est couverte de verdure.

En janvier, le citronnier et l'oranger sont chargés de fleurs, le rosier de Bengale étale les siennes, le fraisier commence à donner ses fruits, le mûrier pousse ses premières feuilles, les champignons abondent.

Dans le mois de février, les oranges et les citrons mûrissent, le tabac se repique, on taille les arbres.

Vers le milieu du mois de mars, la végétation devient très-active, les légumes surtout abondent et sont succulents.

Dès le mois d'avril, toutes les plantes printanières épanouissent.

En mai, les foins et les céréales mûrissent.

Le mois de juin est consacré aux moissons.

En juillet, le grenadier, le myrte et les cactus sont en fleurs; on récolte la première cueillette du tabac.

Pendant le mois d'août, les marchés sont fournis d'une quantité prodigieuse de fruits de toutes sortes.

Avec le mois de septembre, on voit la seconde pousse des arbres et la grande récolte du tabac.

Le mois d'octobre amène les raisins, qui sont abondants et délicieux.

En novembre, les renoncules, les violettes, les anémones, etc., etc., fleurissent, et le coton est bon à recueillir.

Et en décembre enfin les pâturages sont magnifiques.

La richesse de l'Algérie n'est pas seulement à la surface

de son sol ; elle renferme dans son sein du marbre, du fer, du cuivre, du plomb, de l'argent, etc. Près de Mascara (province d'Oran) on a trouvé un lit de chalcédoines très-grosses, et à Collo (province de Constantine) on voit des monceaux de cristal de roche d'une très-grande pureté.

Les sources minérales sont nombreuses et assez abondantes. Les trois provinces possèdent des eaux thermales très-estimées.

La Méditerranée, sur les côtes de l'Algérie, semble vouloir rivaliser avec la terre. Elle fournit, en effet, avec prodigalité des poissons et des crustacés de toute espèce, et aux environs de Bône des coraux très-estimés.

L'Algérie est habitée par les peuples les plus divers d'origine, de culte, de langue, de mœurs et même de couleurs. Cette population si variée se divise en deux classes principales, celle des indigènes et celle des étrangers ; mais l'une et l'autre se subdivisent elles-mêmes en plusieurs races.

La classe des étrangers est composée d'individus appartenant à toutes les nations, et qui ont tous conservé les allures, la langue, les mœurs et le costume de leurs pays, ce qui forme avec les races indigènes le contraste le plus riche, le plus pittoresque.

Il y a dans cette classe des Français, des Anglais, des Maltais, des Espagnols, des Italiens, des Allemands, des Suisses, des Belges, des Polonais, des Portugais, des Russes, des Grecs, des Turcs, des Persans, des Américains, etc., etc... Et ainsi que nous venons de le dire chacun de ces individus a conservé son costume national.

Nous citerons dans la classe des indigènes :

Les *Berbers* ou *Kabiles*, considérés comme les habitants primitifs du pays ; les Kabiles habitent les montagnes, et leur vie est pleine de souvenirs des patriarches.

Les *Arabes*. Ils proviennent généralement des trois grandes invasions musulmanes.

Les *Maures*. Ce sont les fils de tous les peuples qui ont occupé l'Afrique depuis les Argonautes jusqu'aux renégats du xviiie siècle. Ils sont ordinairement obséquieux et jaloux, et passent presque toute leur vie au milieu des plaisirs et de la volupté. Leurs femmes, hâtivement flétries, n'ont qu'un éclair de beauté : à dix-huit ans leur décrépitude commence.

Les *Koulouglis*, enfants issus du mariage des Turcs avec des Algériennes, sont fiers et orgueilleux.

Les *Nègres*, esclaves ou libres, sont toujours probres et contents.

Les *Juifs*, descendent de ceux qui avaient émigré après la ruine de Jérusalem. Les femmes sont belles comme toutes les filles d'Israël.

Jetons maintenant un coup d'œil sur le gouvernement donné à toutes ces populations.

L'Algérie est divisée, ainsi que nous l'avons dit, en trois provinces, qui se subdivisent soit en arrondissements, districts, communes et cercles, soit en khalifats, aghaliks et kaïdats. On distingue dans ces circonstances, suivant l'état des localités et le mode d'administration qu'elles comportent, des territoires mixtes, des territoires civils et des territoires arabes.

Les territoires mixtes sont ceux où les autorités militaires y remplissent les fonctions administratives civiles et judiciaires.

Les territoires civils sont régis par le droit commun, tel que la législation spéciale de l'Algérie le constitue. L'administration y est civile.

Les territoires arabes sont administrés militairement. Les Européens n'y sont admis qu'avec de grandes difficultés.

Le commandement général et la haute administration des affaires sont conférés au gouverneur général, qui est investi à cet effet des pouvoirs civils et militaires les plus étendus.

Il exerce ces attributions sous les ordres directs du ministre de la guerre, auprès duquel il y a un directeur des affaires de l'Algérie.

Il est institué près du gouverneur général, un conseil supérieur d'administration composé :

Du gouverneur, président ;
Du secrétaire général du gouverneur, vice-président ;
Du chef d'état-major de l'armée, membre ;
Du procureur général-impérial, *id.*;
De l'évêque d'Alger, *id.*;
Du recteur de l'Académie, *id.*;
Du commandant supérieur du génie, *id.*;
Du contre-amiral commandant la marine, *id.*;
Et de trois conseillers civils, rapporteurs.

Constatons en passant que le véritable représentant des intérêts civils pour le département, le préfet, est éloigné du conseil de l'administration des affaires civiles.

Le gouverneur général a sous ses ordres immédiats les troupes de toutes armes qui sont en Algérie. Il dispose, lorsqu'il le croit utile, des milices urbaines et rurales.

Les préfets exercent, *sous la surveillance du gouverneur général*, la direction des affaires civiles de leur province, et à ce titre ils ont dans leurs attributions l'administration municipale, l'agriculture, le commerce et les travaux publics.

Le directeur central des affaires arabes a, sous les ordres immédiats du gouverneur-général, les fonctions qui lui sont attribuées par des arrêtés spéciaux. Ces fonctions sont toutes politiques à l'égard des indigènes.

Dans les territoires mixtes, les fonctions attribuées aux préfets sont remplies par des officiers de l'armée.

Dans toutes les localités, aussi bien celles situées en territoire militaire que celles situées en territoire mixte, les services financiers sont dirigés par des agents de ces administrations.

ALGER.

Hôtels. — Les plus recommandables sont ceux :
D'*Orient*, place Royale ; — de *la Régence*, place Royale ; — de *Paris*, rue Bab-el-Oued ; — de *Rouen*, rue des Trois-Couleurs ; — de *la Marine*, dans la rue de ce nom ; — des *Étrangers*, dans la rue de la Marine.

Il y a à Alger un grand nombre de *maisons meublées*, où on peut se loger convenablement pour le prix de 35 francs par mois et au-dessus.

On rencontre aussi beaucoup de *restaurants* de tous les étages et à tous prix ; et *des pensions bourgeoises* où la nourriture coûte par mois de 50 à 100 francs, et au dessus.

Cafés. — Les cafés les mieux fréquentés sont :
Le café *Valentin*, dans la rue Bab-Azoun, dirigé par M. Valentin lui-même, le célèbre glacier dont la réputation s'étend par toute l'Algérie. Cet établissement est fréquenté par les jeunes gens surtout, qui y viennent déjeuner à la fourchette. C'est peut-être le café où l'on prend les meilleures consommations, et où se réunit la meilleure société. — Le *café d'Apollon*, sur la place

Royale, est fréquenté le matin surtout par les négociants, qui s'y donnent rendez-vous. — Le *café de la Bourse*, sur la place Royale, a son public à lui; on y voit toujours les mêmes personnages. Les consommations y sont fort bonnes. — Le *café de Paris*, rue Bab-el-Oued, est également fréquenté par un public spécial ; ce sont surtout les employés des administrations qui hantent cet établissement. — Le *café de la Perle*, dans la galerie Duchassaing, est un établissement où des *chanteuses* et des *danseuses* offrent chaque soir un spectacle récréatif et assez varié. — Le *café Perrault*, rue Bab-Azoun ; le café du Siècle, rue des Trois-Couleurs ; le café de France, place Mahon ; le café de l'Algérie également place Mahon ; le café Bab-Azoun, sur la place de ce nom, sont également des établissements assez bien fréquentés.

Il n'y a plus à Alger de *cafés maures* dignes d'attention. Les deux seuls bouges de ce genre où l'Européen puisse aller boire du café et entendre la détestable musique des indigènes, sont rue Desaix et place du Soudan.

BAINS. — Dans la ville d'Alger, proprement dite, il n'y a que trois maisons de bains suivant l'usage européen. Ce sont : Les *bains de la Marine*, dans la rue de ce nom, en face de la belle mosquée. — Les *bains du Bazar*, dans la rue de Chartres. — Les *bains Français*, rue du Soudan.

Les BAINS MAURES sont curieux à visiter et à fréquenter.

Les principaux sont : Les *bains* de la *rue de l'État-Major*, souvent fréquentés par S. A. R. le duc d'Aumale; ceux de la *rue du Divan*, qui ont également été honorés de la visite de ce prince ; les bains de la *rue de la Casbah*, de la *rue de Nemours*, de la *rue de la porte Neuve*, et de ceux de la *rue Ramdam*.

BAINS DE MER. — En été, on prend à Alger beaucoup de bains de mer. Pendant la saison, des établissements se forment tant à Bab-Azoun qu'à Bab-el-Oued, et tous sont très-fréquentés.

Alger n'est pas simplement le chef-lieu de la province du centre, elle doit plutôt être considérée comme la capitale de l'Algérie. Cette ville est, en effet, le siége du gouvernement général de la colonie, d'une amirauté, d'un évêché, d'une académie et d'une cour impériale, dont la juridiction s'étend dans tout le pays.

La ville d'Alger est située à 0°,44′ 10″ de longitude orientale, et à 36°,47′ 20″ de latitude nord sur la côte septentrionale de l'Afrique. Vue de la mer et à une distance de quatre à cinq lieues, elle apparaissait naguère comme une énorme masse blanchâtre, de forme triangulaire, inclinée sur une pente exposée à l'orient. Les Européens comparaient alors la ville d'Alger à une vaste carrière de craie encadrée de verdure, tandis que les Arabes, beaucoup plus poétiques, saluaient en elle un diamant enchâssé dans l'émeraude et le saphir. Cet aspect primitif a été considérablement modifié par l'élargissement de l'enceinte, par le nouveau faubourg Bab-Azoun, par les larges rues et les jolies places qui ont été percées dans la ville, et par les belles et hautes maisons qui y ont été construites.

A la base du triangle formé par la ville, figure qui s'étend le long de la plage et dont le sommet est à 118 mètres au-dessus de la mer, on distingue le *phare*. Cet édifice, construit sur la forteresse espagnole dite le *pégnon*, défendue avec tant d'héroïsme par don Martin de Vargas (*voyez* page 57), est à 35 mètres d'élévation au-dessus du niveau de la mer. Le phare est éclairé par un feu tournant dont la portée est de 15 milles et dont les éclipses, se succédant de demi-minute en demi-minute, ne sont totales qu'au delà de 7 milles au large.

A droite du phare, en arrivant du large, on voit le

jardin du dey-déployer ses vastes bâtiments sous la protection pour ainsi dire du mont Boudjaréah, au pied duquel ils sont construits.

A gauche, le faubourg Bab-Azoun étale ses nombreuses constructions élégantes et neuves jusqu'au fort du même nom, très-remarquable par la position qu'il occupe sur un rocher au bord de la mer.

Le sommet du triangle est couronné par le château de la Casbah; à 2 kilomètres à gauche de cette ancienne forteresse, dernière résidence du dey, plane le fameux fort de l'Empereur, dont l'explosion en 1830 décida de la prise d'Alger.

Des batteries formidables défendent la ville, que les indigènes nommaient avec raison Alger *la bien gardée*.

Un spirituel poëte a animé cette image en s'écriant :

> Oh! oui, c'est qu'elle est belle avec ses châteaux-forts,
> Couchés dans les prés verts comme des géants morts!
> C'est qu'elle est noble, Alger, la fille du corsaire!...
> Un réseau de murs blancs la protége et l'enserre,
> Pareil au ceinturon des soldats; — l'arsenal
> Luit et pend comme un glaive au-dessous du fanal;
> Et quand, à l'horizon, un beau brick, sous ses voiles,
> La découvre, — il la prend pour la sœur des étoiles
> Ou pour un cygne, au pied de l'Atlas arrêté
> Qui secoue au soleil son plumage argenté.
> (BACHE, *Kamara*, ch. 2.)

Alger a été fondée par les Berbers-Mosgan (tribu des Beni-Mezarhanna) et par des compagnons d'Hercule le Libyen, qui, au nombre de vingt, quittèrent l'armée de ce héros, et se fixèrent dans l'endroit qu'on nomma plus tard *Icosium* du mot grec εἴκοσι, vingt.

La ville d'*Icosium* fit partie de la *Mauritanie césarienne*.

A la chute de l'empire, elle devint la proie d'un chef de Vandales, qui la détruisit; mais elle ne tarda pas à sortir de ses ruines. A l'invasion arabe, elle redevint la propriété des Berbers-Mosgan, et dès lors dépendant du royaume de Tlemcen, elle forma l'apanage du deuxième fils du roi de ce pays. Lorsque les princes de Tunis eurent soumis les rois de Tlemcen et transporté à Bougie les priviléges des Berbers-Mosgan, Alger, sous le nom d'*El-djezair-beni-Mezarhanna* (les îles des enfants de Mezarrana), se déclara indépendante, et les habitants armèrent des navires pour la course. La Méditerranée ne tarda pas être sillonnée par ces pirates; ils devinrent si redoutables par les crimes et brigandages qu'ils commettaient en toute occasion, que Ferdinand V, roi d'Espagne, confia une armée à Pierre de Navarre pour s'emparer de leur repaire. C'est pour atteindre ce but que le général espagnol construisit sur un des îlots qui étaient en face de la ville, un château fort, qu'ils nommèrent le *Pegnon*, et sur lequel on a élevé plus tard la tour du phare, qu'on voit encore aujourd'hui.

Les Algériens appelèrent alors à leur secours le fameux Baba-Haroud (Barberousse), qui venait cependant d'essuyer un échec devant Bougie. A cet appel, le célèbre pirate accourut en toute hâte; mais de même qu'à Bougie, le sort ne lui fut pas favorable : tous ses efforts vinrent se briser au pied des remparts de la forteresse que défendaient les Espagnols.

Furieux de cet échec, Barberousse étrangla au bain le souverain qui l'avait appelé à son secours, et s'empara du gouvernement de la ville. Le fils de la malheureuse victime s'enfuit en Espagne, où il obtint qu'une armée de 10,000 hommes, sous la conduite de Diégo de Vera, viendrait se joindre aux braves défenseurs de la forteresse du Pegnon, pour chasser le pirate.

Cette expédition ne fut pas heureuse pour les Espagnols. Diégo de Vera réussit d'abord à débarquer ses troupes devant Alger, mais il fut ensuite repoussé avec des pertes considérables, et ceux de ses compagnons qui réussirent à se réembarquer sur les navires qui les avaient transportés furent anéantis par une tempête épouvantable qui les accueillit au large. Quelques années plus tard, Kair-ed-din, après la mort de son frère Barberousse, obtint un succès plus éclatant encore sur les Espagnols. En 1517, une armée espagnole, commandée par Hugo de Moncade, vint assiéger Alger; mais au moment où sur mer, une tempête aussi affreuse peut-être que la première détruisait les vaisseaux qui l'avaient amenée, le pirate remportait sur terre une victoire à la suite de laquelle le général espagnol fut réduit en esclavage avec toute son armée. Enhardi par ce succès, Kair-ed-din se retourna vers le Pegnon et résolut de s'en emparer. Il n'y serait peut-être pas parvenu si, après cinq années de tentatives, il n'avait été aidé dans son entreprise par un corsaire français, dont le canon rasa en partie la forteresse.

Dès que Kair-ed-din fut maître du Pegnon, il s'occupa de construire une jetée qui, en unissant l'îlot espagnol à la ville, formerait un port pour ses navires. Il employa à ce travail gigantesque 30,000 esclaves chrétiens: aussi fut-il terminé en moins de trois années. Ce môle existe encore aujourd'hui, et porte le nom de son fondateur.

Le frère de Barberousse avait fait hommage de son trône à la Sublime-Porte; aussi, après sa mort, le gouvernement de Constantinople nomma-t-il son successeur: l'eunuque Hassan fut appelé à ces fonctions.

Charles-Quint, fier des succès qu'il venait de remporter à Tunis, tout enflé de la gloire que cette heureuse expédition lui rapportait dans toute la chrétienté, voulut ajouter à ses conquêtes la conquête d'Alger. Mais la Providence avait sans doute des vues secrètes sur cette ville, car cette fois encore l'armée chrétienne succomba.

Alger devint dès ce moment très-redoutable. Hassan

occupa plusieurs points sur le littoral, et pénétrant avec ses partisans dans l'intérieur des terres, il s'empara, entre autres localités, de Biskara à l'est et de Tlemcen à l'ouest.

Après la mort de l'eunuque, son successeur Hassem, fils de Kair-ed-din, voulut ajouter une nouvelle gloire à celles de son royaume; il marcha contre une armée marocaine commandée par le fils du chérif, la culbuta, et, pour gage de sa victoire, il rapporta à Alger la tête du jeune chef marocain. Cet événement eut lieu en 1544.

Souvent rappelé à Constantinople par suite d'intrigues de cour, Hassem revint à quatre reprises au pouvoir, et se montra toujours digne de son origine, par son habileté, son énergie et son courage.

Salah-Raïs, qui lui succéda, mourut en 1555, de la peste, au cap Matifou, après avoir repris Bougie aux Espagnols.

Mohammed-Kordougli, poursuivi par ses sujets qui le chassaient de son palais, se réfugia dans le Marabout de Sid-Abd-el-Kader-el-Djelani, qui était à l'ancienne porte Bab-Azoun. Ses ennemis, ne respectant pas la sainteté du lieu, l'assassinèrent à coups de lances (1556).

Le fils de Salah-raïs succéda à Kordougli; mais il fut renversé à cause de sa sévérité. Il conserva cependant le pouvoir jusqu'en 1567, et pendant cette période il embellit la ville et purgea la campagne des maraudeurs qui la dévastaient.

En 1571, *Ali-fartaz* (Ali le Teigneux), célèbre corsaire, se distingua à Lépante, où il commandait une flotte musulmane; il ravit dans ce combat la statue de saint Jean, qui décorait la proue de la galère *Capitane de Malte*, trophée qu'à son retour à Alger il pendit au-dessus de la porte de la Marine.

En 1582, *Hassan*, renégat vénitien, ravagea les côtes d'Espagne, d'Italie et de Sardaigne.

L'année suivante (1583), Memmy et Ahmed-Turqui passèrent successivement du gouvernement d'Alger à celui de Tunis.

En 1601, Doria paraît devant Alger avec une armée espagnole. Il la rembarqua presque aussitôt après l'avoir mise à terre, dans la crainte d'un orage qui s'élevait menaçant ses vaisseaux de périr comme ceux qui avaient amené les troupes de Charles-Quint.

En 1617, M. de Baulieu, pour venger des insultes faites à notre consul, se présenta devant le port d'Alger avec dix vaisseaux français, et coula les navires qui s'y trouvaient.

Deux années plus tard (21 mars 1619), un nouveau traité de commerce est conclu entre Louis XIII et le pacha Hussein-el-Cheik.

L'Angleterre, voulant jouir du même privilége que la France, envoya l'année suivante, devant Alger, une escadre de 20 vaisseaux, pour engager le dey à conclure également avec elle un traité de commerce.

En 1621, M. Chaix, vice-consul de France, fut massacré par représailles d'un pareil crime commis à Marseille, sur des sujets algériens.

L'amiral hollandais Lambert se montra, en 1624, aux pirates algériens avec six vaisseaux.

En 1626, les *koulouglis*, fils issus du mariage des Turcs avec des Algériennes, se voyant exclus de tous les emplois, se révoltèrent, et furent presque tous massacrés par les janissaires (milice turque), qui devinrent intraitables après cette barbare exécution.

A partir de cette époque, la chronologie des pachas et des deys d'Alger présente une multitude de noms de personnages dont le plus grand nombre n'a pas même vécu, hélas ! *ce que vivent les roses : l'espace d'un matin.*

En 1629, cette milice turbulente renvoya à Constantinople le pacha Yonnus, qui lui déplaisait. Deux années plus tard (1631), elle mit en prison le pacha Hassan, parce qu'il n'était pas en fonds pour payer la solde. La même année, M. Blanchard, consul de France, fut mis aux fers par elle, et la piraterie commença à se montrer plus audacieuse, plus terrible que jamais.

En 1637, des navires français prirent le pacha Ali, qui était envoyé à Alger par le gouvernement turc. Un tremblement de terre renversa la ville presque tout entière; les habitants qui furent assez heureux pour sortir sains et saufs des décombres, voulant fuir la peste, la famine et la misère, tentèrent d'émigrer; mais ils furent battus sur mer par une flottille vénitienne et sur terre par les tribus de Constantine.

Presque tous les ans la Porte était obligée d'envoyer un nouveau pacha, les janissaires les renversant, bannissant ou massacrant même à leur bon caprice.

Les esclaves rompirent eux-mêmes leurs fers en 1650, et commirent les plus grands excès.

Dix ans après (1660), *Khelil* se mit à la tête d'un mouvement qui eut pour résultat d'annihiler complétement le pacha, et de mettre le gouvernement entre les mains d'un conseil d'officiers (aghas). Ceux-ci, une fois au pouvoir, s'empressèrent par un assassinat de se défaire de Khelil.

Le sultan de Constantinople approuva ce changement dans le gouvernement de l'Algérie, et envoya en qualité de pacha un nommé *Ismaël*, homme nul s'il en fut jamais. Ismaël ne fut pas considéré par les janissaires comme un chef souverain, mais tout bonnement comme le représentant du sultan. Ce pacha d'un nouveau genre n'exerça aucune autorité.

Ramadhan, *Châban*, *Ali*, se succédèrent à la présidence du conseil des aghas; et, pas plus heureux que la plupart des pachas, ils furent massacrés en plein divan.

A cette époque, le chevalier Paul, commandant de Malte, à la tête d'une flotte composée de 15 voiles, anéantit un grand nombre de corsaires algériens.

L'année suivante (1661), les janissaires remanièrent encore une fois le gouvernement d'Alger. Ils nommèrent au commandement du divan et de la régence, avec le titre de *Dey* (protecteur), un simple janissaire du nom de *Hadj-Mohamed-Trick*.

Le 17 mai 1666, à la suite de l'expédition du duc de Beaufort sur Gigelly, le gouvernement d'Alger signa un traité de paix avec la France.

En 1677, l'amiral anglais Édouard Spray et l'amiral hollandais Ruyter vinrent évoluer dans la baie d'Alger pendant que la peste dévorait la ville, et à la même époque la poudrière sauta. Tous ces événements effrayèrent si fort le dey d'Alger, qu'il s'enfuit à Tripoli.

Le 4 septembre 1682 et le 26 juin 1683, l'amiral Duquesne vint bombarder Alger. Pendant cette dernière action, *Mezzo-Morto*, pour s'emparer du gouvernement de la régence, poignarda le dey *Baba-Hassan*, et poursuivant le cours des crimes les plus atroces dans le but de se *rendre populaire* sans doute, il plaça le P. Levacher, consul de France, à la bouche d'un canon, auquel il mit lui-même le feu. 22 chrétiens libres, résidant à Alger, subirent le même jour le sort du représentant de la France. Ces horribles scènes se renouvelèrent lorsque le maréchal d'Estrées vint à son tour bombarder Alger (du 1er au 16 juillet 1688). M. Piolle, consul de France et trente-neuf de ses compatriotes périrent également à la bouche d'un canon. Mezzo-Morto réunit en ses mains les pouvoirs de pacha et de dey; mais son règne ne fut pas de longue durée. Il disparut quelques mois seulement après son avénement.

Durant les dernières années de ce siècle, ce ne sont que des assassinats qui alternent avec des combats contre le Dey de Tunis et l'empereur du Maroc. La population d'Alger est de plus en plus décimée par la peste, et les deys subissent le cordon, l'exil ou le poison lorsqu'ils ont le malheur de ne pas être en mesure de payer la solde aux janissaires.

En 1700, l'amiral anglais Beach vint couler 7 frégates dans le port d'Alger.

En 1710, le bey d'Oran, venu à la tête d'une armée pour s'emparer d'Alger, essuya sur les bords de *l'Harach* une grande défaite; fait lui-même prisonnier, sa tête fut accrochée à la porte Bab-Azoun.

La même année, le dey *Ali-Chaous* renvoya à Constantinople *Baba-Bouseba*, qu'on envoyait avec le titre de *pacha*, et obtint qu'à l'avenir le dey serait investi de cette dignité après son élévation et demeurerait ainsi le seul maître de la régence.

En 1716 presque toute la ville d'Alger fut détruite par un tremblement de terre.

Le successeur de Ali-Chaous, *Mohamed-Effendi*, eut à lutter pendant trois ans contre une disette épouvantable. Le 23 décembre 1719, il fit un nouveau traité de paix avec la France. Ce dey reçut en 1724 la punition de ses galanteries : un janissaire, auquel il avait enlevé une femme, le tua d'un coup de fusil devant la porte de la caserne de la rue de la Marine (aujourd'hui caserne Lemercier).

En 1726 des froids excessifs se firent sentir à Alger. Les maisons s'affaissaient sous le poids de la neige qui tomba pendant plus d'un mois.

Le gouvernement de Constantinople, voulant rétablir à Alger la position de Pacha, envoya avec ce titre le nommé *Azlan-Mohamed*, qui ne put même pas débarquer. Le dey *Carabdy* s'y opposa formellement.

Carabdy mourut tranquillement dans son lit en 1732, mais il fut loin d'en être ainsi pour ses successeurs. Le 23 août, jour de sa mort, six deys furent élus et massacrés dans la même matinée. *Ibrahim*, le septième, demeura souverain. Son règne n'offre de remarquable que la peste et une guerre contre Tunis.

Ibrahim Kasnadji, qui lui succéda en 1743, remporta plusieurs victoires sur les Tunisiens et les Arabes de Tlemsen, et mourut en 1748 d'une attaque d'apoplexie.

Le successeur de Kasnadji, *Mohamed*, surnommé *Il Retorto*, fut assassiné six ans après son avénement. Pendant son règne, une éclipse totale de soleil jeta la terreur dans le pays (1753). La même année des froids excessifs se firent sentir encore à Alger, et les habitants virent pour la première fois la glace dans les rues de la ville.

En 1766, le dey *Ali*, fier de la victoire qu'il venait de remporter sur les troupes de Tunis, retourna à Alger, et accabla d'outrages nos consuls. Il ne tarda pas à s'en repentir, car le chevalier Fabry vint avec une escadre le contraindre à faire des excuses humiliantes.

Son successeur, *Mohamed-ben-Osman*, soutint contre les tribus de l'intérieur une longue et pénible guerre, mais il n'en retira aucun avantage. Pendant son règne, les Danois vinrent faire (1770) une vaine démonstration contre Alger, et en 1775 il vit la désastreuse expédition des Espagnols, qui, sous la conduite de O'Reilly, étaient venus pour s'emparer d'Alger. Cette armée, composée de 26,000 hommes, essuya dans la plaine de Mustapha une défaite complète, et fut obligée de se retirer en désordre vers le cap Matifou, où se trouvaient des vaisseaux qui en reçurent les débris. Ce combat dura près de six heures, et coûta aux Espagnols plus de 4,000 hommes.

L'amiral espagnol Barce vint en 1783 et 1784 bombarder Alger sans résultat.

En 1793, le dey *Baba-Hassan* fournit à la France des grains pour le règlement desquels il survint des difficultés sérieuses qui donnèrent lieu trente-sept ans après à l'expédition de 1830.

La campagne d'Égypte de 1798 força le dey *Mustapha* à nous déclarer la guerre ; elle dura jusqu'en 1800, époque à laquelle un armistice fut signé.

En 1804, l'amiral Nelson vint avec une flotte formidable menacer Alger d'un bombardement.

L'année 1805 fut terrible pour les juifs ; ils furent tous pillés, volés ou assassinés. Leur chef Bousnach, qui en 1793 avait vendu les grains à la France, fut assassiné comme l'ami des Français.

De 1808 à 1815, il y a eu trois deys ; tous les trois ont été étranglés les uns après les autres. *Omar*, qui monta sur le trône en 1815, fut également étranglé deux ans après son avénement. Le règne des trois premiers deys n'a rien offert de particulier, mais celui d'Omar offre quelques faits assez importants.

Ce dey accorde au commodore Décateur, que les États-Unis seraient affranchis de toute redevance envers le divan.

En 1815, lord Exmouth vient à Alger pour dicter au divan les conditions de la sainte alliance relativement à l'abolition de l'esclavage des blancs. Mal accueilli, il revint l'année suivante bombarder la ville, avec l'amiral hollandais Van-den-Capillen.

Megheur-Ali, successeur d'Omar, transporta en une nuit le siége du gouvernement dans la Casbah, dans la crainte sans doute de finir comme ses prédécesseurs. Dans l'intérêt des mœurs, ce dey exila toutes les femmes publiques à Cherchell. Il excita ainsi le mécontement général des Turcs, qui se retirèrent hors la ville et vinrent former le siége de la Casbah, où Megheur-Ali se tenait enfermé ; tous leurs efforts furent sans résultat. Le dey reconnut à cette occasion qu'il avait bien fait d'abandonner, dès son avénement, le palais de la Djenina et de s'installer dans la forteresse de la Casbah. Megheur-Ali mourut de la peste au mois de février 1818.

Hussein, son successeur, fut le dernier dey d'Alger. Il arriva au pouvoir sans élection régulière et se tint enfermé dans la forteresse de la Casbah pendant toute la durée de son règne.

Lorsque les amiraux Jurien et Freemouth vinrent le sommer d'arrêter la piraterie, ils furent accueillis par lui avec dédain et renvoyés sans satisfaction aucune.

Le 30 avril 1827, veille des fêtes musulmanes, M. Deval, consul général de France, étant allé, selon l'usage, complimenter le dey, il fut question, entre notre agent et Hussein, de la créance des juifs Bousnach et Bakri, relative aux fournitures de blé qui avaient été faites en 1793. Le dey, en énumérant les griefs de la France, s'emporta au point de donner sur la figure de M. Deval un vigoureux coup d'éventail.

Le gouvernement français, informé de cette insulte, envoya au consul l'ordre de quitter Alger. L'amiral Collet vint, le 21 juin suivant, recueillir tous les nationaux. Aussitôt après le départ du consul général de France, Hussein ordonna la destruction de tous les établissements français en Algérie et notamment du fort de la Calle.

Le blocus d'Alger par des vaisseaux français commença dès le mois de juin 1827; l'amiral La Bretonnière le maintint pendant toute l'année 1829, et le 14 juin 1830, une armée de 35,000 hommes, sous les ordres du général de *Bourmont*, débarquait à Sidi-Ferruch; le 19, on gagnait la grande bataille de Staoueli; le 24, celle de Sidi-Khalef, et le 4 juillet on prenait, après l'avoir fait sauter, le fameux fort de l'Empereur qui domine la ville d'Alger; Alger elle-même se rendit le lendemain. Le 17 juillet, l'ex-dey Hussein était déporté en Italie.

PROMENADE DANS ALGER.

A l'aspect de la double rangée de maisons européennes qui bordent les rues principales d'Alger, le voyageur qui entre pour la première fois dans la ville se croirait encore en France, si le costume pittoresque des passants ne contrastait pas si singulièrement avec la régularité de l'architecture française.

On conçoit qu'Alger ne pouvait manquer de se modifier entre les mains des Français. Notre système de transport exigeait des rues larges et droites; il fallait que les ruelles étroites et tortueuses de la ville arabe s'élargissent pour laisser circuler charrettes et voitures. Pendant que les rues européennes s'ouvraient, les habitations subissaient aussi des modifications; ces murailles, presque sans ouverture, qui donnaient à chaque demeure l'aspect d'une prison, et à la ville en général une physionomie des plus tristes, se perçaient de fenêtres et remplaçaient leurs grillages sinistres par d'élégantes persiennes.

Une fois les Français maîtres de la ville, les trois grandes artères de circulation, les rues de la Marine, Bab-Azoun et Bab-el-Oued, ne tardèrent pas à être marquées par une double bordure de ruines. Peu à peu de belles maisons à arcades ont surgi du milieu de ces décombres, et aujourd'hui, à part trois ou quatre masures qui déparent encore l'une de ces grandes rues, la réédification est complète. La direction des trois principales artères est tellement commandée par la nature du terrain, que les différents peuples qui ont occupé Alger l'ont constamment suivie. En creusant pour construire les maisons modernes, on a même trouvé sur tous ces points, des traces de la voie romaine.

Parallèlement à la rue Bab-Azoun, on a ouvert une voie nouvelle qui s'est promptement couverte de magnifiques maisons : c'est la *rue de Chartres*. Tous les petits boutiquiers indigènes, chassés des rues à arcades par la cherté des loyers, s'y sont réfugiés, et ont fait ainsi de cette voie une rue beaucoup plus animée encore que celles de Saint-Denis et de Saint-Martin à Paris. Il est à regretter que l'on ait permis d'élever à Alger des maisons à cinq ou six étages. On a oublié sans doute que le pays tout entier est sujet aux tremblements de terre, et qu'Oran, Blidah, Médéah, Alger elle-même ont été ainsi renversées.

Quelque peu étendue que soit une ville, elle est toujours trop vaste pour le voyageur qui la visite pour la première fois, surtout si cette ville est, comme Alger, un véritable labyrinthe, où tout paraît bizarrerie et confusion. Pour venir en aide à notre touriste, nous allons le conduire aux endroits les plus intéressants.

C'est toujours par la *porte de la Marine* que le voyageur fait son entrée dans la ville ; il suit la rue de ce nom, dont l'aspect est tout à fait français, si ce n'est en arrivant au milieu, où l'on voit la grande mosquée. Cette rue conduit du port à la *place Royale*, qui occupe le centre de la basse ville. La *rue de la Marine* est large, bien bâtie et garnie d'un trottoir couvert par des arcades à plein cintre.

A droite se trouvent :

La *caserne Lemercier ;* ce bâtiment porte le nom du colonel du génie Lemercier, mort en rade d'Alger par suite des fatigues de la guerre, au retour de la première expédition de Constantine. Cet officier a contribué activement à la réédification d'Alger et à l'ouverture des belles routes qui partent de cette capitale ;

La *rue des Consuls ;* — l'*impasse de la Marine ;* — la *rue d'Orléans*, qui conduit à la préfecture ; — la *rue de la Charte ;* — la *rue Duquesne ;* — la *rue des Sauterelles ;* — la *place Mahon*, — et enfin la *place Royale*.

A gauche :

La *Banque de l'Algérie* occupe un vaste bâtiment qui avait été construit par le génie militaire pour servir de logement aux officiers des troupes installées dans la caserne Lemercier ;

La *rue du Rempart* ou du quai supérieur ;

La fameuse *mosquée* (Djemmâa-Kebir). La façade de ce monument est une galerie de 14 arcades sarrazines de 3 mètres d'ouverture chacune ; elle a été construite par les condamnés militaires, depuis notre occupation, avec les colonnes provenant de la mosquée qui avait été bâtie par le Pacha Ismaïl, en 1671, et qui occupait une partie du périmètre de la place Royale. Cette galerie, établie sur une ligne brisée, présente, au sommet de l'angle obtus qu'elle forme, un double portique soutenu par des faisceaux de colonnes. Une coupe en marbre blanc s'élève au-dessus d'un bassin de marbre noir, qui déverse ses eaux dans une seconde cuve de même matière ;

La *rue de l'Arc* ;

La *mosquée neuve* (Djemmâa-Djedid) forme l'angle de la rue de la Marine et de la place Royale. Ce monument a été construit par un architecte européen, esclave algérien. Lorsque l'édifice fut terminé, on fit remarquer au dey que l'architecte l'avait élevé sur le plan des églises catholiques ; celui-ci s'étant assuré de l'exactitude du fait, ordonna de mettre à mort l'*infidèle audacieux*. La mosquée Djemmâa-Djedid est, en effet, construite en forme de croix.

Place Royale. C'est une spacieuse et belle place ayant la forme d'un pentagone irrégulier, pouvant avoir 150 mètres du nord au sud sur une largeur d'environ 70 mètres ; elle occupe l'emplacement du forum de l'antique *Icosium* et s'étend, en vue de la mer, au-dessus de magnifiques magasins voûtés, actuellement affectés au service des subsistances militaires et servant, du temps des Turcs, de chantier de construction pour les navires. On parvient à ces vastes casemates, que défend une batterie de dix canons actuellement et provisoirement désarmée, par une rampe, qui conduit aussi à la pêcherie.

Du côté de la mer, la place Royale est bordée par une belle balustrade en pierres qui forme les deux côtés de l'angle obtus du pentagone.

Sur le côté ouest, il y a deux nouvelles constructions importantes qui, tout en donnant à cette place une régularité architecturale digne des plus belles villes d'Europe, lui ont enlevé son plus bel ornement. En effet, il y a trois ans à peine, alors que l'administration n'avait pas encore aliéné ces terrains, le promeneur placé dans l'ouverture de l'angle obtus de l'esplanade voyait toute la haute ville, comme il domine encore aujourd'hui le port, la rade et les campagnes d'Hussein-Dey. L'absence de construction sur ce point avait encore un avantage qui augmentait en quelque sorte la valeur d'un grand nombre d'immeubles. Plus de trois cents maisons qui avaient vue sur la place se trouvent aujourd'hui, par le seul fait de ces constructions, privées non-seulement de la vue de la place, mais encore de celle du port et d'une partie de la rade.

Un terrain encore inoccupé sépare le magnifique *passage Napoléon*, que vient de construire M. Sarlin, des bâtiments de la *Djenina*, ancien palais des deys; ce monument massif, sans aucun ornement extérieur, ne semble réaliser en rien l'idée de ces palais enchantés que les romanciers donnent ordinairement aux princes arabes; mais, une fois les portes franchies, l'aspect change : l'intérieur est entouré de deux belles galeries l'une au-dessus de l'autre, soutenues par deux rangs de colonnes de marbre; ce sont là cependant, hâtons-nous de le dire, les seuls vestiges de la magnificence de cette antique demeure des souverains d'Alger. Les *vandales français*, et l'incendie du 26-27 juin 1844 qui dévora presque tout le quartier de la place, ont dévasté ce monument, sur la terrasse duquel on a établi l'horloge publique.

Les autres côtés de la place sont bordés par de magnifiques constructions particulières.

Si le voyageur aime la vie et le mouvement, il admirera cette place où se promènent pêle-mêle des Italiennes avec leurs robes aux couleurs tranchantes, des Espagnoles en mantilles noires, des Andalouses au petit pied cambré, des Mahonnaises à la taille si souple, des Françaises de toutes sortes et de toutes qualités, des femmes juives avec leur sarma pyramidale, des jeunes israélites couvertes de dorures, de soie et de velours, des Mauresques enfin qui ne laissent voir, sous les mille plis de la gaze qui les enveloppe, que leurs yeux ardents; puis des Mahonnais aux chapeaux pointus ornés de velours et d'aiguillettes, des Maltais, des Allemands, des nègres, des Français, des Arabes, des Kabyles, des Maures, des Syriens, des soldats, des officiers, des employés d'administration, que sais-je encore? Tous personnages qui semblent viser plus ou moins à l'allégorie, et représentent, sans s'en douter, le pêle-mêle, le tohubohu des bals de l'Opéra aux grands jours des saturnales carnavalesques.

C'est sur cette place que s'élève la *statue équestre du duc d'Orléans*. Cet ouvrage, du au ciseau de Marochetti et exécuté par M. Soyez, de Paris, avec du bronze provenant des canons pris à Alger, est posé sur un piédestal en marbre blanc. Le prince est représenté en grand uniforme de lieutenant général, le visage tourné vers la ville qu'il semble saluer de son épée. La main gauche tient les rênes du cheval magnifique qu'il monte; de sa main droite il tient son épée nue. Le cheval est représenté marchant au pas et ne repose que sur deux jambes, la gauche de devant et la droite de derrière; il a 3 mètres de hauteur à l'épaule montoire; la statue du prince a 3 mètres 35 centimètres;

le monument, moins le piédestal, a 5 mètres et pèse 8,000 kilogrammes. Les faces du piédestal sont décorées de deux bas-reliefs en bronze, reproduisant, au nord, la prise de la citadelle d'Anvers; au sud, le passage du col de Mouzaia. Du côté de la ville une plaque de bronze porte cette inscription, qui rappelle qu'après la mort du prince, la ville d'Alger, reconnaissante de l'intérêt qu'il avait toujours porté au pays, lui vota ce monument :

L'ARMÉE
ET LA POPULATION DE L'ALGÉRIE
AU DUC D'ORLÉANS
PRINCE ROYAL
1842

Le soir, la place Royale se couvre de siéges pour la commodité des promeneurs. Dans les belles soirées de toutes les saisons, il est doux de se reposer là sous les délicieuses influences de la brise marine, et d'écouter la musique militaire, qui exécute pendant une heure des morceaux à grands effets.

C'est de la place Royale que partent les deux grandes voies qui coupent Alger du nord au sud, la rue *Bab-el-Oued* au nord, celle de *Bab-Azoun* au sud.

La rue Bab-el-Oued conduit à la porte de ce nom, hors laquelle se trouvent les cimetières, l'hôpital du Dey, les carrières, le village de Saint-Eugène, la cité Bugeaud, etc., etc., etc...

Le premier bâtiment à gauche dans la rue Bab-el-Oued, est la *manutention* qui s'étend jusqu'à la rue Neuve-Jenina ; cette dernière rue conduit à celle où se trouvent la *mairie*, le *secrétariat général* du gouvernement et la *cour impériale*.

Après la rue Neuve-Jenina, vient sur le même côté la *rue Charles-Quint*, *la rue de la Casbah*, à l'angle de laquelle il y a une ancienne mosquée convertie en église catholique, sous l'invocation de *N.-D. des Victoires*, puis la *rue du Commerce*, la *rue Sidi-Ferruch*, et enfin celle du *Scorpion*, qui longe les anciens remparts de la ville. C'est là que se trouvait l'ancienne porte Bab-el-Oued.

A droite, la première rue n'est séparée de la place Royale que par l'hôtel de la Régence, et porte le nom de *rue Mahon*. Puis viennent les *rues de la Révolution*, **Philippe**, *Doria* et *Bisson*. Après avoir dépassé l'ancienne porte Bab-el-Oued, on arrive sur la place *des Troglodites*, immense champ de manœuvre situé au bord de la mer, entre le fort neuf et les fortifications nouvelles; entre l'ancienne route de Blidah et la mer. Cette vaste esplanade est un ancien cimetière musulman au milieu duquel s'élevait le mausolée des six deys élus et massacrés dans la même journée (23 août 1732). Elle a été nivelée avec tous les décombres des démolitions de la ville.

C'est là que, le 5 novembre 1839, le duc d'Orléans donna un banquet aux troupes qui l'avaient accompagné dans sa glorieuse excursion à travers les portes de Fer.

C'est sur cette place aussi que se font les exécutions à mort. Le fatal instrument auquel le célèbre Guillotin a donné son nom a fonctionné pour la première fois à Alger le 16 février 1843. Jusqu'à ce moment les exécutions capitales avaient eu lieu en Algérie à l'aide du yatagan, selon l'usage qu'on y avait trouvé établi, et c'était un exécuteur musulman qui avait continué de remplir ce terrible office. Mais le fait suivant survenu en 1842 décida l'administration supérieure à adopter le mode de décapitation usité en France.

Le 3 mai 1842, fut exécuté hors la porte Bab-Azoun un condamné à mort; l'exécuteur indigène, appelé pour la première fois à décapiter un chrétien, et saisi d'une émotion extraordinaire, fut obligé de s'y prendre à plusieurs reprises pour achever le supplice du malheureux; mais alors la foule indignée menaça les jours de l'exécuteur, qui ne dut son salut qu'à la force armée. C'est pour prévenir le retour d'un si hideux spectacle que le ministre de la guerre envoya une guillotine à Alger.

Au-dessus de l'esplanade des Troglodites se trouve la plus belle promenade d'Alger, le *jardin* dit des *condamnés militaires*, parce que ce sont eux qui l'ont créé sous l'habile direction du colonel Marengo. Cette délicieuse promenade, qui s'élève en amphithéâtre, forme de nombreuses terrasses communiquant entre elles par de magnifiques allées spacieuses et ombragées. On y trouve des kiosques tapissés d'émail et de verdure, des bustes et des colonnes commémoratives, des jets d'eau, des parterres aux lignes droites, dessinées avec goût, et des allées sinueuses dans le genre des jardins anglais. Sur un des côtés du jardin et au milieu d'un massif de verdure s'élève la mosquée de Sid-Abd-el-Rahman-el-Talebi.

Les agréments de ce jardin font regretter qu'il n'y en ait pas un pareil dans le faubourg Bab-Azoun.

Ramenant de nouveau notre touriste sur la place Royale, nous allons le diriger vers la section sud de la ville. Si nous prenons la rue Bab-Azoun, large, droite et bien bâtie comme celles de la Marine et Bab-el-Oued, mais plus riche que cette dernière et plus luxueuse sous le rapport des magasins, elle nous conduira à la porte Bab-Azoun, la plus élégante de la ville. Sur le parcours, on trouve plusieurs maisons dont l'architecture mérite l'attention de l'homme de goût, on remarque surtout celle connue sous le nom d'*Hôtel Hertz et Catala*, construite à droite de la rue, sur l'emplacement d'un ancien bagne. Presque en face, une ancienne caserne de janissaires, nommée *Karatine*, à cause des boutiques de tourneurs qui l'environnaient, convertie d'abord en hôpital civil, est aujourd'hui affectée à un autre service; la façade de cet établissement a été restaurée à la française, mais l'intérieur, spacieux et aéré, n'a subi que des modifications de nature à n'altérer en rien le plan de la construction indigène. Presqu'en face de cet établissement, on voit l'ancien bagne des esclaves chrétiens, qui était connu sous le nom de *Quartier des lions*, parce que plusieurs de ces animaux y étaient gardés.

Quelques minutes après avoir dépassé l'ancien hospice, nous trouvons sur notre gauche le *Lycée impérial* d'Alger. C'est également une ancienne caserne de janissaires, qui a été appropriée aux besoins de cet établissement. Ce vaste édifice est décoré d'un double péristyle intérieur, où des pampres s'enlacent aux colonnes et aux ogives. Des salles tapissées de porcelaines aux mille couleurs prennent du jour et de la fraîcheur sur la rade. Des eaux abondantes coulent limpides et fraîches dans cet établissement, où sont reçus des élèves internes moyennant une pension fixée par l'administration à la somme de 800 fr. par an, et des élèves externes payant une rétribution mensuelle de 6 fr.

Presque en face du lycée, on voit le plus joli monument non-seulement d'Alger, mais encore de l'Algérie : c'est le *théâtre*. Cet édifice a été construit sur les plans de deux habiles architectes, MM. Ponsard et Chasseriau, par M. Sarlin, entrepreneur de travaux publics. L'administration a donné, en échange de la construction de ce théâtre, tous les terrains de la place Royale, situés entre la rue de la Colonie et la rue Neuve-Jenina, y compris la manutention, l'ancien palais des Deys et l'évêché. En aliénant ces terrains, l'État s'est dessaisi du seul emplacement sur lequel on pouvait établir d'une manière convenable les administrations, qui toutes sans exception sont encore installées dans d'affreuses bicoques.

En face du théâtre, une rampe conduit à un *lavoir public* largement pourvu d'eau.

Ici commence le faubourg Bab-Azoun, avec ses longues, belles et larges rues ornées de superbes maisons. Il s'étend entre les anciennes et les nouvelles fortifications, et on n'y trouve que des maisons à la française. Les deux rues principales sont celles de l'*Agha*, qui conduit à la plaine de Mustapha, et celle d'*Isly*, à l'extrémité de laquelle se trouve la place où on a élevé la *statue du maréchal Bugeaud;* c'est également sur cette place que se tient tous les matins le grand marché des Arabes; ils y portent des oranges, des fruits frais et secs, du miel, du savon, des volailles, etc., etc.,... le tout en très-grande quantité. Cette partie de la ville s'est élevée comme par enchantement en trois ou quatre années, et a été la source de bien des fortunes, comme aussi elle a été la cause d'un grand nombre de ruines.

Le *faubourg Bab-Azoun* est la véritable cité européenne et l'entrepôt d'une partie du commerce de la colonie. Beaucoup de négociants ont abandonné déjà le vieux quartier de la Marine pour venir se réfugier dans cette partie de la ville, et dans quelques années, lorsque le port et les quais seront entièrement terminés, on ne verra plus dans la ville proprement dite que les magasins de détail et les maisons de peu d'importance. Ce temps n'est pas éloigné.

Une magnifique rampe conduit du faubourg sur les quais; les bâtiments qui se trouvent à gauche au-dessus de cette rampe, sont l'église *Saint-Augustin* et le *Mont-de-Piété;* le petit massif de construction qui, à droite, se cache modestement sous la route, est une mosquée très-renommée. La dévotion des pirates algériens au marabout dont elle porte le nom (Sidi-Abd-el-Kader-el-Djilani) peut être comparée à celle des matelots marseillais à Notre-

Dame de la Garde. A côté de cette mosquée l'administration a fait construire un vaste bâtiment pour le service du campement.

Après s'être promené dans le faubourg Bab-Azoun, le touriste peut retourner en ville par le quai ; il visite ainsi le port qu'il n'a fait qu'apercevoir et que nous ne lui avons pas encore fait connaître.

Du côté du faubourg, les quais ne sont pas entièrement terminés, et quelque grande que soit l'activité des ingénieurs, nous doutons qu'ils le soient avant une dizaine d'années.

C'est là cependant que depuis quelques années les navires débarquent la plus grande partie de leurs marchandises ; c'est là aussi qu'on a établi un chantier de construction, sur lequel plusieurs bâtiments ont déjà été faits. L'*Akhbar*, journal d'Alger, annonçait dernièrement la mise à l'eau d'un navire de 150 tonneaux qu'a fait construire sur chantier, avec des bois du pays, le principal armateur de la colonie, M. Martin Savario.

En suivant les quais, on traverse, à l'aide d'un *laisser-passer* facile à obtenir, les chantiers des travaux hydrauliques, où se confectionnent les blocs artificiels qui servent à la construction des magnifiques digues ou jetées destinées à fermer le port. Nous engageons le touriste à visiter dans tous ses détails ces admirables chantiers ; l'entrepreneur des travaux, et l'ingénieur des ponts et chaussées chargé de les surveiller, se font un plaisir de faciliter les moyens de tout voir et de tout étudier.

En sortant des chantiers, on est forcé de traverser la *halle aux poissons*. Sauf pendant les heures des fortes chaleurs, elle est toujours approvisionnée d'une quantité prodigieuse de poissons et de coquillages de toutes sortes.

Ici les quais sont achevés et livrés, en grande partie

du moins, au commerce. Un vaste hangar a été construit par la douane, pour recevoir les marchandises provenant des bateaux à vapeur faisant un service régulier entre Marseille et Alger.

Quelques pas de plus, et nous voici arrivés sur le petit môle qui, s'avançant de l'ouest à l'est, fermait l'ancien port. Sur cette avancée se trouve un monument à l'instar d'un temple grec, orné de frontons et de colonnades. La partie inférieure a été construite par les Algériens, pour servir d'entrepôt, mais la partie supérieure est l'œuvre des Français. Cet édifice est affecté au service de la santé.

L'administration locale semble avoir pris à cœur de détruire ou de détériorer tout ce qui peut embellir la ville, déjà si mesquine en elle-même. Les constructions élevées sur la place du Gouvernement en sont une preuve déjà, et la mutilation du bâtiment de la Santé vient encore à l'appui de notre assertion. Une magnifique galerie couverte couronnait cet édifice sur ses quatre côtés ; au grand mécontentement de toute la population, la galerie Est a été fermée pour en faire un salon d'été : les colonnes de cette partie du monument se trouvent ainsi encaissées dans la maçonnerie, ce qui rend on ne peut plus disgracieux un édifice qui, quoique d'une très-grande simplicité architecturale, faisait néanmoins l'admiration de tous les étrangers.

A l'extrémité du môle de la Santé s'élève une petite pyramide en marbre blanc, ornée de couronnes de chêne et de laurier, dont le socle, flanqué de deux bassins et de têtes d'anubis en bronze, sert de fontaine. Sur le piédestal, on lit du côté de la mer :

A LA MÉMOIRE
DE CHARLES DE LYVOIS, CAPITAINE D'ARTILLERIE ✻
MORT A 33 ANS
VICTIME DE SON DÉVOUEMENT
DANS LA TEMPÊTE DU 11 FÉVRIER 1835.

Et du côté de la ville :

> ÉLEVÉ
> PAR L'ARMÉE ET LA POPULATION
> D'ALGER.

Quelques canons, qui servaient autrefois de point d'amarre aux câbles des navires, entourent et complètent ce cénotaphe, souvenir de l'affreuse tempête qui brisa presque tous les navires qui se trouvaient dans le port, et au nombre desquels il y avait un magnifique bateau à vapeur.

Le capitaine de Lyvois a trouvé la mort en se précipitant dans les flots, pour porter secours à de malheureux naufragés qui se noyaient.

Nous engageons le touriste à prendre ici un batelier et à se faire transporter de l'autre côté du port, en face même du monument de la Santé. Il rentrera dans la ville après avoir visité les belles et formidables batteries couvertes qui font face à la rade, le château du phare et les nombreuses batteries qui l'entourent.

Au fond du port, il y a un débarcadère voûté, au-dessus duquel se voit un pavillon carré, couronné d'une coupole. Il a été bâti par Hussein, le dernier dey d'Alger, pour servir de logement à son ministre de la marine. Sa destination première n'a pas changé, il sert depuis l'occupation française d'habitation au contre-amiral commandant supérieur de la marine en Algérie. Un mât de cutter, élevé au-dessus de cette construction, porte le pavillon de l'amiral et sert de télégraphe marin. Une délicieuse galerie extérieure a été ajoutée pour desservir les appartements de cet hôtel, qui sont malheureusement un peu trop exigus.

A droite de ce débarcadère, il y a un chantier couvert pour la construction des canots, chaloupes et autres embarcations légères ; sur le bord de l'eau, il y a un autre chantier sur lequel on construit les chalands, et tout à côté, une cale pour tirer à terre les gros navires qui ont besoin de réparation.

Devant la façade principale du pavillon de l'amirauté, il y a une grande et belle terrasse, qui s'étend sur toute la longueur du quai, et au-dessous de laquelle l'administration de la marine a établi les bureaux du port, les magasins de dépôt, le logement des maîtres du port et celui des matelots de la direction. Un autre bâtiment parallèle à la terrasse de l'amirauté s'étend depuis la porte de France jusqu'au pavillon, et sert d'entrepôt au service des subsistances militaires.

Les bureaux et les magasins de l'administration des douanes sont au pied de la rampe qui mène à la porte par laquelle on entre dans la ville le jour de l'arrivée à Alger. C'est à cette porte que les Turcs attachaient les trophées de leurs victoires.

En outre du cénotaphe de la Santé plusieurs autres fontaines subviennent aux besoins de la population maritime et des nombreux navires qui fréquentent le port. On remarquera surtout, sur les quais, les deux belles fontaines en marbre blanc : l'une près de l'amirauté, l'autre au-dessous des bureaux de la recette générale des douanes.

Une fois à la porte de France, le touriste n'a plus besoin de nous pour se rendre à son hôtel.

Nous avons encore à faire visiter l'extrémité ouest d'Alger : la *Casbah*, masse de pierres blanches perchée comme un nid d'aigle sur le front d'un rocher. La rue de la *Porte-Neuve*, qui débouche dans la rue de Chartres, y conduit directement. Rien de remarquable dans cette rue qui monte continuellement pendant un parcours d'environ 800 mètres ; elle conduit à la *Porte-Neuve* ou Bab-el-Djedid. Encore quelques minutes de marche ascendante, et on arrive devant cette fameuse Casbah, vaste et somptueux palais converti maintenant en forteresse, dans laquelle il y a une bonne garnison, une poudrière, des magasins et un jardin magnifique.

Les vastes appartements de ce palais méritent d'être visités tant par leur construction curieuse que par les souvenirs historiques qui s'y rattachent. Mais n'y cherchez rien qui rappelle le luxe et l'élégance qu'on y a trouvés le jour de la conquête, car tout a disparu; cette capricieuse architecture même, si légère il y a vingt ans, a été remplacée par des constructions massives sans art et sans goût. En bien cherchant, cependant, on trouverait peut-être encore dans les appartements et dans les vastes cours de cet édifice, quelques débris de ce style mauresque si plein de poésie, mais tellement mutilés que cela fait peine à voir. Les galeries et les salles du rez-de-chaussée servent de réfectoires; la belle mosquée du palais, avec ses élégantes colonnes, ses mosaïques et son dôme, sert de dortoir aux artilleurs; le harem, cette voluptueuse habitation des femmes, sert d'atelier aux tailleurs et aux cordonniers; partout l'odeur du troupier et celle du tabac ont remplacé celle des délicieux parfums de la Mecque.

En sortant de la Casbah, vous pouvez aller visiter le château, ou fort de l'Empereur.

Commerce d'Alger. — Le commerce d'Alger a acquis, depuis quelques années surtout, et acquiert tous les jours une nouvelle importance, et ce, grâce à l'agriculture et à l'industrie, qui permettent d'exporter maintenant déjà une quantité assez considérable de céréales, d'huiles, de laines, de minerais, etc. Pour donner une idée très-approximative du mouvement d'affaires qui se fait sur cette place, il suffit de dire qu'on y compte environ 2,500 patentés, dont 500 au moins de première et seconde classe. Parmi ceux qui composent ces deux classes, il existe un très-grand nombre de négociants ou banquiers ayant un établissement parfaitement organisé, avec une correspondance étendue, des comptoirs convenablement établis avec plus ou moins de commis. Les courtiers titulaires sont nombreux ; plusieurs d'entre eux font les fonctions de courtiers maritimes et d'interprètes jurés. Il y a un tribunal de commerce, une chambre de commerce et une bourse, une banque et plusieurs institutions financières particulières. Enfin il règne dans le port d'Alger une activité dont on ne peut se faire une idée lorsqu'on n'en est pas témoin. Alger est, pour le reste de la colonie et pour les villes de l'intérieur surtout, un entrepôt qui pourvoit à tous les besoins. Ce prodigieux mouvement, qui n'a son égal dans aucune autre colonie et qui ne peut être comparé qu'à celui de Marseille, Bordeaux, Nantes, Rouen et le Havre, vaut la peine qu'on régularise les opérations commerciales par la création d'une bourse dans toute l'acception du mot; celle qui a été créée il y a quelques années n'a ni parquet ni agents de change.

Tribunaux. — La *cour impériale* (rue Bruce) tient ses audiences civiles les lundi, mardi, mercredi et jeudi ; les audiences criminelles les vendredi et samedi.

Tribunal de première instance (palais de Justice, rue de l'État-Major).

1re chambre : audiences civiles, les jeudi, vendredi et samedi, à deux heures.

2e chambre : audiences civiles, mêmes jours, à huit heures du matin.

3e chambre : audiences correctionnelles, les lundi et mardi, à midi; audiences des criées, le mercredi, à midi.

Tribunal de commerce, rue d'Orléans. Audiences les lundi et mercredi, à trois heures, et vendredi, à une heure; les causes nouvelles sont réservées pour les deux derniers jours.

Justices de paix, rue Jean-Bart, n° 11. Audiences tous les jours, alternativement pour le juge du canton sud et celui du canton nord.

Justice musulmane. Le *midjelès*, ou cour musulmane, se compose des muphtis et des cadis.

Les audiences des cadis ont lieu tous les jours.

La *mehakma* des amins (prud'hommes) tient également ses audiences tous les jours, de huit à dix heures du matin et de midi à cinq heures. Ce tribunal ne juge que les questions concernant les musulmans étrangers à la ville.

Police centrale, rue Bruce, en face la mairie. Des commissaires de quartiers ont les mêmes attributions que les commissaires de police en France.

Service des Postes, *rue Bab-Azoun*. — Le bureau des postes est ouvert au public tous les jours de huit heures du matin jusqu'à six heures du soir, sauf le dimanche et les jours de fêtes, où les bureaux ferment à deux heures.

Les places à bord des paquebots de l'État pour la côte se délivrent à la poste; il faut s'y présenter, muni d'un passeport, quelques heures avant le départ du bateau.

PRIX DES PLACES :

	2ᵉ classe.	3ᵉ classe.
D'Alger à Cherchell．	12 fr. 60 c.	8 fr. 60 c.
— Tenez.	22 05	14 70
— Mostaganem	37 80	25 20
— Arzew.	44 10	29 40
— Mers-el-Kebir ou Oran.	50 40	33 60
— Dellis.	12 60	8 60
— Bougie	23 10	15 75
— Djigelli.	34 75	23 10
— Philippeville	47 25	31 50
— Bône.	58 80	38 85

Les prix sont les mêmes pour le retour.

Il se fait tous les jours trois levées de lettres aux boîtes et trois distributions en ville. Elles ont lieu le plus ordinairement :

1re levée à 7 h. 1/2 du matin. Distribution à 8 h. du matin.
2e — à 11 h. 1/2 du matin. — à midi.
3e — à 2 h. du soir. — de 2 à 3 h.

Les jours d'arrivée des courriers, la distribution a lieu immédiatement après l'ouverture des dépêches et se continue sans interruption.

Les jours de départ des dépêches par les paquebots, la dernière levée des boîtes se fait une heure et demie avant celle fixée pour le départ.

A bord des bateaux faisant le courrier de France, il y a une boîte pour recevoir toutes les lettres, jusqu'au moment même du départ. L'affranchissement des lettres se fait dans les mêmes conditions qu'en France.

Messageries, Diligences, Omnibus, Voitures de place. — *Messageries* pour Blidah, passant par Birkadem, Douéra, Bouffarick, etc.; plusieurs départs par jour. Prix : 5 fr. 50 c., 4 fr. 50 c., 2 fr. 50 c., 2 fr.

Voitures pour l'Arba. . . . . . 2 fr., — 1 fr. 50 c., — 1 fr.
— — Aumale. . . . . 15 à 20 fr.
— — Koléah. . . . . . 4 fr. 50 c., — 3 fr. 50 c.
— — Birkadem . . . . » 75 c. la place.
— — Birmandreis. . . » 50 c. id.
— — Elbiar. . . . . . » 75 c. id.
— — Douera. . . . . 1 50 c. id.
— — Fondouck. . . . 3 » c. id.

Il est très-difficile d'indiquer, pour ce pays, le tarif du prix des places, car il varie presque journellement ; nous ne pouvons donc l'établir que d'une manière approximative.

Bien des localités en Algérie ne sont pas desservies par des voitures ; il n'en est même qu'un petit nombre qui jouisse de cet avantage. Presque partout les voyages se font à l'aide de chevaux ou de mulets qui coûtent fort bon marché, de 2 à 5 fr. par jour.

On peut circuler librement dans tout le pays sans escorte et sans armes ; les routes sont très-sûres.

Tarif des courses de Voitures dans la banlieue d'Alger. — Un arrêté municipal a fixé ainsi qu'il suit le prix des courses applicable aux calèches, berlines, corricolos et omnibus :

	Voitures de place.	La place en omnibus.
La journée de douze heures.	20 f. » c.	» f. » c.
La demi-journée, six heures.	11 »	» »
L'heure.	2 »	» »
La course dans l'enceinte de la ville.	1 25	» 10
— à Mustapha.	1 50	» 15
— au Jardin d'essai.	2 25	» 30
— au Ruisseau.	2 50	» 35
— au palais du gouverneur général (Mustapha Supérieur)	2 »	» 30
— à la colonne Voirol.	2 50	» 35
— à Saint-Eugène.	1 50	» 20
— à la pointe Pescade.	2 50	» 35
— à la Boudjaréah.	2 50	» 35
— à Elbiar jusqu'à l'embranchement de la colonne.	2 50	» 30
— au bivouac des indigènes.	3 »	» 60
— à Ben-Aknoun.	3 50	» 75
— à l'extrémité d'Elbiar, sur la route de Dely-Ibrahim.	4 »	» »

Théâtres. — Alger possède deux salles de spectacle, l'ancienne et la nouvelle. Nous avons déjà parlé de cette dernière ; quant à la première, elle est située dans la rue de l'État-Major et ne sert plus que très-rarement.

Au grand théâtre, qui porte le titre de *Théâtre Impérial*, on donne le grand opéra, l'opéra comique, la comédie, le vaudeville, le drame ; il y a même un corps de ballet.

Il y a, sur la place Royale, un *café-concert* assez bien fréquenté.

Marchés. — Les marchés d'Alger sont toujours très-abondamment approvisionnés, et les denrées tendent à baisser chaque jour de prix.

Le *marché aux bestiaux*, situé à Mustapha, fournit, terme moyen, de 150 à 200 taureaux, bœufs, vaches et veaux, et 200 moutons par jour.

Le *marché aux Arabes*, faubourg Bab-Azoun, place d'Isly, est fréquenté journellement par 500 à 600 Arabes, qui apportent, des points les plus éloignés de la province, toutes espèces de produits nécessaires à la consommation.

Le *marché aux légumes*, sur la place de Chartres, est quelque chose qu'on ne peut décrire et que l'imagination ne peut pas se figurer.

Le *marché aux fruits et aux volailles*, place Mahon, est toujours très-abondamment pourvu.

Le *marché aux poissons* est très-curieux à voir, surtout aux heures où les pêcheurs viennent y apporter le produit de leur journée.

Le *marché* ou *halle aux huiles*, dans le faubourg Bab-Azoun, est approvisionné par les Arabes, qui y apportent une prodigieuse quantité d'huile.

La *halle aux grains*, également dans le faubourg Bab-Azoun, est toujours très-animée; il s'y fait des affaires assez importantes.

On vient d'établir un *marché aux fleurs* sur la place Royale, sous l'hôtel de la Régence.

Cultes. — Il y a à Alger plusieurs églises catholiques, un temple protestant, des mosquées pour les musulmans et des synagogues pour les israélites.

Intruction publique. — Alger possède une Académie dont le ressort s'étend dans toute l'Algérie.

Un *lycée impérial* est établi dans une vaste caserne des

janissaires, convenablement approprié aux besoins du service de l'instruction publique. Ce lycée est fréquenté par plus de 300 élèves, dont une cinquantaine sont internes et payent une pension de 800 francs par an; les élèves externes sont reçus moyennant une rétribution mensuelle de 6 francs. Le Gouvernement y a fondé plusieurs bourses.

La ville possède en outre :

Une école française mutuelle établie dans le local d'une ancienne mosquée, située au fond d'une impasse de la rue Socgémah ;

Une *école maure* française pour les garçons, une autre pour les filles;

Une école pour les jeunes filles israélites;

Plusieurs établissements pour l'instruction primaire;

Un grand nombre d'institutions pour les jeunes filles ;

Une *école de dessin* ;

Un *grand séminaire*, à *Kouba*. Cet établissement est dirigé par les pères Lazaristes. — En 1646, saint Vincent de Paul, qui avait été esclave à Tunis, y avait appris combien les captifs des pirates algériens étaient malheureux; aussi, afin de soulager leurs maux, il obtint du roi Louis XIII une somme de 10,000 francs pour établir à Alger quatre des prêtres de la congrégation de Saint-Lazare, dont il était le fondateur. Les successeurs de ces hommes dévoués se sont perpétués jusqu'en 1830. Pendant les premières années de la conquête, le service divin se célébrait encore dans leur chapelle, située dans la rue de l'État-Major.

Un *petit séminaire*, à *Saint-Eugène*. Cet établissement, dirigé en personne par Monseigneur Pavy, qui en a fait sa résidence d'été, compte un grand nombre d'élèves.

Des *frères de la Doctrine chrétienne.*

Les *sœurs de Saint-Vincent de Paul* ont, au couvent de la Miséricorde, rue du Divan, une classe d'externes.

Les *dames du Bon-Pasteur* tiennent une salle d'asile

dans le faubourg Bab-Azoun. Les sœurs de Saint-Vincent en tiennent une autre dans le faubourg Bab-el-Oued.

Les *dames religieuses du Sacré-Cœur* dirigent, à Mustapha supérieur, en pleine campagne, une belle maison d'éducation, la plus complète en ce genre, la plus agréable et la plus salubre.

Une chaire pour l'enseignement public de la langue arabe.

Une *bibliothèque* qui se compose d'un grand nombre d'ouvrages imprimés et de plus de 800 manuscrits arabes ou turcs ; ces derniers seulement comprennent au delà de 2,000 ouvrages sur les sciences, l'histoire, la législation et la littérature orientales. Ces trésors littéraires sont classés avec le plus grand soin dans la maison mauresque la plus riche d'Alger, en marbre et en sculpture : le sol et les colonnes sont en marbre blanc, les murs entièrement garnis de faïence et d'émaux aux mille couleurs. Cette magnifique maison est située dans la rue des Lothophages, sur le bord de la mer, en face de l'imprimerie du Gouvernement et le service des contributions directes. C'est également dans cette maison qu'on a établi le musée.

Le *musée*. Il se compose d'un petit nombre de dissections curieuses et d'animaux empaillés avec assez de succès. Pendant quelques années le musée a possédé une riche collection d'animaux féroces empaillés, mais il ne l'avait qu'à titre de dépôt ; la personne à qui elle appartenait a offert de la céder à la ville, mais celle-ci a laissé dégarnir cet établissement de son plus bel ornement sans même donner une réponse à cette proposition.

La principale richesse du musée d'Alger consiste dans les nombreux objets d'antiquité qui y figurent ; la plupart sont du plus haut intérêt et quelques-uns d'une grande beauté. On y remarque surtout :

Une chaise de bain (*sella balnearis*) en marbre blanc ; —

un sarcophage, de la même matière, avec son couvercle, qui semble avoir contenu les restes d'un enfant de dix à douze ans; et dont l'extérieur, habilement sculpté, représente deux fois le portrait du jeune homme avec des génies funèbres; — deux bas-reliefs représentant des hommes vêtus de la toge et tenant des grappes de raisin à la main; — des parties de statues en marbre blanc d'hommes et de femmes, d'un admirable travail; — des mosaïques de la plus grande richesse et de la plus grande beauté, des restes d'ornements, des inscriptions, des idoles phéniciennes, etc., etc.

On admire, dans une des salles supérieures, les riches échantillons de minerais qui ont été recueillis dans la colonie. — L'objet le plus important qui existe, pour la fixation du nom d'*Icosium*, que portait anciennement la ville d'Alger, ne figure pas dans ce musée, malgré les nombreuses démarches du savant conservateur de toutes ces archives du passé. Une énorme pierre, longtemps employée par un cloutier d'Alger pour soutien de son enclume, ayant été jetée par le hasard au nombre des matériaux destinés à la construction de la maison sise à l'angle de la rue Bab-Azoun et du Caftan, mit en évidence cette inscription, que tout le monde peut lire au-dessus de la colonne formant l'angle même des deux rues :

I. SITTIO, M. F. QVR.
PLOCAMIAN
ORDO
ICOSITANOR
M. SITTIVS. P. F. QVI.
CAECILIANVS
PRO FILIO
PIENTISSIMO
H. R. I. R.

D'où il résulte, suivant la traduction de M. Berbrugger, que l'ordre des Décurions d'*Icosium* a dédié cette inscription tumulaire à Julius Sittius Plocamianus, fils de Marcus Cæcilianus, qui faisait partie de la tribu Quirina.

La section archéologique de ce musée s'est enrichie l'année dernière d'une belle inscription antique, par une circonstance assez singulière :

M. Sarlin, entrepreneur, tirait de la petite ville provençale de Cassis des pierres destinées à recevoir un emploi spécial dans la maison qu'il construisait sur un des côtés de la place. Parmi ces pierres figurait une dalle de 1 mètre 19 centimètres de hauteur et de 55 centimètres de largeur. On y lisait une inscription latine de dix lignes, au-dessus d'un cavalier au galop portant la lance en arrêt, et au-dessous d'une couronne contenant une rosace surmontée du croissant, un des emblèmes de la divinité qui s'appelait Diane sur la terre, Lune dans le ciel et Hécate aux enfers.

A l'aspect de cette pierre, M. Sarlin pensa que ses porteurs avaient pris, par mégarde, sur le quai, un objet antique destiné au musée d'Alger, et il s'empressa de l'envoyer à cet établissement. Mais il fut bientôt reconnu que ladite dalle faisait, en effet, partie des autres matériaux, mais n'avait pas été jugée digne d'un meilleur sort par les Vandales qui occupent aujourd'hui l'emplacement de l'ancien *Portus Aemines* (Cassis).

M. Sarlin a bien voulu faire cadeau au musée d'Alger de l'inscription dont il s'agit. C'est un acte de libéralité qui honore son auteur, et qu'il est juste de signaler à la reconnaissance publique.

L'inscription est ainsi conçue :

```
           DIS MANIBUS SACR.
      Q. VILLANUS. Q. F. VOL. NEPOS
         PHILIPPIS 7 COH. XIII VRB.
       DONIS DONATUS A DOMITIANO
        OB BELLUM DACICUM ITEM AB
       EODEM OB BELLUM GERMANICUM
      ITEM TORQUIB. ARMILLIS OB BELLUM.
   DACICUM VIXIT ANN. L. MILITAVIT AN. XXXI.
    M. SILIUS QUINTIANUS OPTIO BENE MERENTI
                  POSUIT.
```

Ce qui doit se lire :

Dis Manibus sacrum !
Quintus Villanus, Quinti filius, Voltinia Nepos,
Philippis centurio cohortæ decimæ tertiæ urbanæ,
donis donatus a Domitiano
ob bellum Dacicum, item ab
eodem ob bellum Germanicum ;
item torquibus, armillis, ob bellum
Dacicum. Vixit annis quinquaginta, militavit annos
triginta duo
Marcus Silius Quintianus, optio, bene merenti
posuit.

Traduction :

Monument aux dieux Manes !
Q. Villanus, fils de Quintus, (de la tribu) Voltinia, (surnommé) Nepos, de Philippes ; centurion de la treizième cohorte urbaine, récompensé par Domitien à cause de la guerre des Daces ; et aussi, par le même, à cause de la guerre germanique ; ayant en outre reçu des colliers et des bracelets à cause de la guerre des Daces ; a vécu cinquante ans, a combattu trente-deux ans.

M. Silius Quintianus, adjudant, a élevé (ce monument) au (compagnon d'armes ?) bien méritant.

L'espèce de 7 qui arrive après *Philippis*, à la 3ᵉ ligne, représente la baguette de sarment que portait le centurion et qui est devenue le signe représentatif de ce mot dans les documents épigraphiques anciens.

Le mot *bene*, l'avant-dernier de la 9ᵉ ligne, avait été oublié d'abord par le graveur ; il a été ajouté plus tard au-dessus de l'intervalle qui sépare les mots *optio* et *merenti*.

On remarquera que le nom de l'empereur Domitien n'est accompagné ni précédé d'aucun titre sur cette pierre. C'est sans doute parce que le sénat décréta, à la mort de ce monstre, que ses titres honorifiques seraient anéantis partout où ils se trouvaient inscrits et ne seraient plus mentionnés dorénavant. Cette circonstance permet de rapporter l'inscription de Villanus à une époque un peu postérieure à l'an 96 de J.-C.

Presse périodique. — 1° Le *Bulletin officiel des actes* *du gouvernement*, périodicité irrégulière (format in-8°).

2° Le *Moniteur algérien*, journal officiel de la colonie, paraissant les 5, 10, 15, 20, 25 et 30 de chaque mois. — Prix de l'abonnement, 25 francs par an, 14 fr. pour 6 mois. — Les abonnements ne sont reçus en Algérie que par MM. les receveurs des domaines; mais les récépissés de ces comptables doivent être transmis par les abonnés au directeur du journal. — Les insertions peuvent être remises directement à l'imprimerie du gouvernement, rue des Lotophages, n° 30.

3° Le *Mobacher*, journal français-arabe (une édition en chaque langue), paraissant tous les quinze jours, sous la direction du bureau politique des affaires arabes.

4° L'*Akhbar* (nouvelles), paraissant 3 fois par semaine. — Prix de l'abonnement : en France et en Algérie, 1 an, 32 fr.; 6 mois, 16 fr.; 3 mois, 9 fr. A Alger, 1 an, 28 fr.; 6 mois, 14 fr.; 3 mois, 7 fr. 50 c. Bureaux du journal, rue Sainte, n° 1.

5° *Recueil de jurisprudence algérienne*, publié sous la direction de M. Branthomme, avocat; paraissant tous les mois, par livraisons de 3 feuilles grand in-8°. — Prix de l'abonnement, 15 fr. par an, pour Alger; 18 fr. pour tous les départements de l'Algérie et de la France.

6° *Journal agricole et industriel*, feuille allemande publiée par M. Renner.

7° *Bulletin du port*, donnant journellement le mouvement du port, tant pour l'entrée et la sortie des navires, que pour l'exportation et l'importation des marchandises.

Imprimeurs typographes ou Lithographes, Libraires.
— Bastide, place Royale, imprimerie, lithographie, papeterie, librairie. M. Bastide a édité un grand nombre d'ouvrages scientifiques et littéraires sur l'Algérie.

Dubos frères, libraires-éditeurs, ont également une

imprimerie, rue Bab-Azoun, à l'angle de la rue Sainte.

Delavigne, imprimerie, rue de l'État-Major.

Bouyer, rue de la Marine, lithographie et papeterie.

Madame Philippe, librairie et papeterie, rue Bab-Azoun, en face de l'hôtel Hertz et Catala. Madame Philippe a également une petite lithographie.

Guende, place Philippe, lithographie et papeterie.

Boudet, lithographie, papeterie et reliure.

Bernard, rue Bab-el-Oued, librairie catholique.

Bourget, imprimeur, rue Sainte, n° 1, propriétaire-gérant du journal l'*Akhbar*.

Industrie indigène. — Il n'y a de spécial à Alger, sous le rapport de l'industrie des indigènes, que des confections de broderies sur cuir, en or et en argent, pour *selles arabes, portefeuilles, bourses, porte-monnaie, pantoufles, etc.*; on fait aussi *des étoffes de soie brochées* d'or et des *essences de rose et de jasmin*. Cette industrie possède à Alger trois magasins principaux : ce sont ceux de Solal, dans le passage d'Orléans, de Mustapha-Raïato, dans la rue de la Marine, et de Nessim-Daham, dans la rue Bab-Azoun. Pendant la foire d'Alger, qui dure quinze jours, le maure Mustapha-Raïato construit chaque année, sur la place Royale, une baraque qui excite l'admiration de tous les étrangers.

Expositions, Foires et Courses. — Toutes les années, du 15 au 30 septembre, Alger revêt ses habits de fêtes. C'est que pendant cette période les grandes foires animent la population déjà naturellement si animée; l'exposition des produits agricoles nécessite en quelque sorte la présence des colons de tout le département, et les courses attirent tous les chefs arabes de la colonie, qui y viennent suivis d'un brillant cortége. Pour donner une juste idée de ce qui se passe à Alger pendant la seconde quinzaine du mois de septembre, nous allons emprunter quelques passages de lettres écrites aux journaux de Paris, à l'occasion des courses de 1853.

» Rien ne manque pour attirer l'attention des différentes classes de la société; car toutes les branches d'industrie sont représentées dans les trois expositions qui ont lieu en ce moment. La vaste cour du lycée est encombrée des productions du sol. La place Bab-el-Oued est envahie par des animaux de toute espèce, et tous sont remarqués et admirés par les connaisseurs experts. En effet jamais on n'a vu une plus riche collection de chevaux, mulets, ânes, bœufs, vaches laitières, porcs, moutons, etc. La grande et gracieuse place Royale peut à peine contenir les nombreuses baraques foraines qui rivalisent toutes et par leur élégance et par la riche variété des marchandises qu'elles renferment. Deux d'entre elles se font surtout remarquer en ce qu'elles sont essentiellement indigènes.

» La première et la plus intéressante pour la colonie est celle d'un parfumeur-distillateur. Essences, pommades, cosmétiques, extraits, vinaigres..., en un mot, toutes les raffineries de la toilette sortent des alambics de cet honorable industriel, qui n'emploie que les produits du pays.

» La seconde est la plus élégante; c'est celle du passementier arabe Mustapha-Raïato. Figurez-vous le plus gracieux mélange d'objets brodés en or et en argent, d'œufs d'autruche enveloppés dans de jolis filets de soie de mille couleurs, et au milieu de cette profusion d'objets en désordre plusieurs selles brodées d'or sur velours, du prix de 4 à 5,000 fr. chacune.

» Quant à l'exposition agricole et industrielle du Lycée, les productions sont nombreuses et variées : cotons, tabacs, arachides, cocons de Syrie, lins, chanvres, garance, pavots somnifères, opium, cire, miel, nopal, cochenille, céréales, mérinos, fruits de toutes sortes, produits de l'industrie locale, objets d'art, etc., etc.,... figurent à cette exposition, qui est une des plus riches sous le rapport de la quantité, de la qualité et de la beauté des échantillons.

III.

ROUTES PARTANT D'ALGER.

Les principales routes qui partent d'Alger sont :

1° La route de *Bab-Azoun*, qui se divise en plusieurs rameaux dont :

Le premier qui, en partant de l'Agha, s'élève sur une ligne sinueuse, traverse Mustapha Supérieur, Birmandreis, Birkadem, descend dans la plaine, court sur le hameau des Quatre-Chemins, où il joint la route de Blidah.

Le second suit le bord de la mer, passe à la Maison-Carrée, et va se perdre au fond de la plaine.

Le troisième part du champ de manœuvres de Mustapha, longe humblement le pied des coteaux qui couronnent la plaine de Mustapha, escalade les hauteurs de Kouba pour descendre rapidement ensuite dans la Mitidja et courir vers le sud de la plaine.

2° La route qui, partant du faubourg Bab-Azoun, gravit péniblement la montagne pour atteindre les hauteurs du fort de l'Empereur, et se diriger sur Blidah en passant par Dely-Ibrahim, ou bien se prolonger vers l'ouest et courir à travers les plaines de Staouëli, pour aller expirer à Koléah.

3° La route qui sort de la porte Bab-el-Oued se divise également en plusieurs rameaux qui conduisent dans les frais vallons de la Boudjaréah, à l'hôpital du Dey, à Saint-Eugène, et à la pointe Pescade, en suivant toujours le bord de la mer.

Un réseau compliqué d'autres chemins carrossables et de nombreux sentiers sillonnent les flancs des coteaux formant ce qu'on appelle le *massif d'Alger*.

ENVIRONS D'ALGER.

Les environs d'Alger sont justement célèbres par leur beauté. Il est difficile de voir un panorama plus riche et plus varié que celui qui entoure cette ville. Dans un espace que l'œil embrasse, et qu'on peut parcourir en quelques heures, sont réunis des sites que rarement on trouve rapprochés.

Aspect grandiose de la mer et des sommets neigeux de montagnes qui, s'étageant à l'horizon, viennent mourir sous des tapis de verdure au bord du golfe. A *Matifoux*, les restes d'une cité romaine, et tout près de ces ruines, les constructions modernes d'un charmant petit village espagnol qui s'épanouit au bord de la mer. A *Mustapha* et sur toutes les hauteurs d'Alger, les élégantes et riches campagnes, où les Maures d'Alger établissaient leur sérail pendant l'été, et autour de ces massifs de verdure et de marbre, les jardins délicieux et les charmantes villas des heureux citadins. Tel est l'aspect des environs d'Alger.

Dans la banlieue, une foule de villages étalent gracieusement leurs élégantes maisons, les uns sous la protection d'un ancien camp, les autres autour d'une modeste église, quelques-uns en pleine campagne, au milieu des plus beaux champs, des plus belles cultures ; il en est aussi, et ce ne sont pas les moins charmants, qui se mirent dans l'azur de la Méditerranée.

Nous dirons quelques mots sur chacune de ces localités qui forment l'arrondissement d'Alger.

DÉPARTEMENT D'ALGER.

MUSTAPHA. — 3 kil. S. d'Alger.

La commune de Mustapha, annexée à celle d'Alger, est

située à 3 kilomètres de la ville dont elle semble être un faubourg; le territoire de cette commune longe la magnifique plage à laquelle elle a donné son nom; puis se relève en s'étageant sur la colline où sont construits les somptueux palais champêtres des riches habitants d'Alger. Vers le milieu de la colline, on aperçoit de la mer un massif de construction qu'on prendrait volontiers pour une ville. Il n'y a cependant que quatre propriétés, mais hâtons-nous de dire que chacune d'elle pourrait aisément renfermer toute une population.

Dans ce massif, il y a la campagne du gouverneur général, un quartier de cavalerie, la propriété de M. le général Yussuf et l'établissement des Orphelins.

La plaine de Mustapha, située au pied de la colline et au bord de la mer, est une vaste esplanade qu'on pourrait comparer au Champ de Mars de Paris; mais l'aspect de l'esplanade algérienne est à la fois plus riant et plus majestueux.

Le quartier de la plaine porte le nom de *Mustapha Inférieur* ou *Mustapha-Pacha* tout simplement; celui de la colline n'est connu que sous le nom de *Mustapha Supérieur*. Ce dernier est traversé par la route d'Alger à Blidah, par Birkadem.

Sur la route, en sortant de Mustapha Supérieur et tout au sommet de la colline, on a élevé, à droite de la route, une colonne en pierre qui porte le nom du général Voirol, et sur laquelle on lit cette inscription :

ROUTE
DE
BIRKADEM
EXÉCUTÉE ET 1834
PAR L'ARMÉE FRANÇAISE
SOUS LE COMMANDEMENT
DU GÉNÉRAL
VOIROL.

Sur le socle, orné d'une pierre de marbre, se trouve cette autre inscription :

LE 10e LÉGER
LES 4e, 13e ET 67e DE LIGNE
LE 3e BATAILLON D'AFRIQUE
LA LÉGION ÉTRANGÈRE
ONT OUVERT CETTE ROUTE
SOUS LA DIRECTION
DU GÉNIE MILITAIRE.

A partir de cette colonne, la route descend rapidement sur le versant sud de la colline, et arrive bientôt au village de

BIRMANDREIS. — 7 kil. S. d'Alger.

Cette commune est située dans un petit bassin entre de hauts mamelons couronnés d'arbres et couverts de riche culture. Birmandreis est un but de promenade pour les habitants d'Alger, qui viennent le dimanche et les jours de fêtes s'y reposer des fatigues de la semaine.

Un charmant petit ruisseau traverse ce village et va se jeter dans la mer. Sur son parcours, à partir de Birmandreis, ce *fleuve* est encaissé par de hautes montagnes à l'aspect le plus pittoresque, et qui forment les gorges les plus délicieuses qu'on puisse imaginer. Au milieu de cet étroit défilé, un café-restaurant a été établi dans une grotte, dont la propriétaire a reçu des habitants d'Alger le surnom de *femme sauvage*.

BIRKADEM. — 10 kil. d'Alger.

Birkadem est située dans un charmant vallon protégé autrefois par un camp assis sur un mamelon, à gauche du village. Pendant les premières années de l'occupation, le poste de Birkadem fermait la route de Blidah à Alger, et se rattachait à ceux de la Maison-Carrée, de Dely-Ibrahim, de Tixeraïm et de Kouba. Le camp, abandonné depuis longtemps déjà, a été transformé pendant l'épidémie de 1848 à 1850 en succursale de l'hôpital militaire, et en 1851 il a servi de dépôt pour les transportés politiques.

La route d'Alger à Blidah traverse la place principale du village, qui possède dans cette partie une élégante petite église, une belle fontaine en marbre et un café-maure qui jouit d'une très-grande réputation parmi les indigènes.

KOUBA. — 9 kil. S. E. d'Alger.

Le vieux Kouba est un ancien village arabe transformé en village européen par le duc de Rovigo; aujourd'hui quelques masures délabrées attestent seules l'existence de cette localité qui, dans l'origine, a eu cependant un commissaire civil (sous-préfet faisant les fonctions de maire et de juge de paix).

Le nouveau Kouba, à 1 ou 2 kilomètres du premier, est au contraire un charmant village situé au sommet du mamelon qui domine le village d'Hussein-Dey. Il était autrefois protégé par un vaste camp qui, depuis quelques années, a été concédé à Monseigneur l'évêque d'Alger pour l'établissement du grand séminaire diocésain. On est en train de remplacer les anciennes baraques par des constructions monumentales qui ont coûté déjà plus de deux millions; c'est là que résident les lazaristes, missionnaires en Algérie.

Sous le patronage des Pères lazaristes, les sœurs de Saint-Vincent de Paul ont fondé auprès du séminaire une maison de la Sainte-Enfance.

Le rapprochement de ces deux établissements donne une grande animation au village.

HUSSEIN-DEY. — 6 kil. E. d'Alger.

Cette commune longe le rivage de la mer et s'étend sur les coteaux qui terminent le Sahel. Elle n'est guère occupée que par des maraîchers mahonnais. Les légumes d'Hussein-Dey sont très-estimés, non-seulement à Alger, mais encore en France; aussi voit-on à Paris, chez Chevet, des artichauds et des petits pois d'Hussein-Dey.

C'est entre ce village et la plaine de Mustapha que se trouve le *jardin d'essai*, dirigé avec tant d'habileté par M. Hardy; cet établissement, appelé aussi *pépinière centrale du gouvernement*, est le but de promenade le plus agréable et le plus intéressant qui existe dans les environs d'Alger. Il comprend : 1° *Une école dite d'acclimatation*, où se trouvent réunis les végétaux exotiques à naturaliser; — 2° *Une école d'arbres fruitiers*, comprenant toutes les espèces et variétés d'arbres fruitiers susceptibles de prospérer à l'air libre; — 3° *Une école d'arbres forestiers* consacrée à la recherche des essences les plus propres au reboisement et à l'industrie; — 4° *L'école des végétaux élémentaires et des végétaux industriels.*

En face de la porte principale de ce jardin, celle qui donne sur la route de Kouba, de beaux platanes, ayant au moins quatre mètres de circonférence, couvrent de leur délicieux ombrage une belle fontaine très-abondante et plusieurs établissements publics, parmi lesquels on remarque surtout un *café maure* très-renommé.

Hussein-Dey est traversé par la route d'Alger à la Maison-Carrée. A l'entrée du village, du côté d'Alger, on remarque l'ancien quartier de cavalerie, bâti au bord de la mer, autour d'un superbe palais, résidence d'été du dernier dey d'Alger. Ce camp est aujourd'hui le *magasin des tabacs;* c'est là que la régie française s'est établie pour acheter aux colons algériens le tabac destiné à la fabrication des cigares français.

Une élégante chapelle et des villas très-recherchées achèvent de caractériser le site d'Hussein-Dey.

MAISON CARRÉE. — 12 kil. E. d'Alger.

La Maison-Carrée était une espèce de caserne d'où l'agha tombait à l'improviste sur les tribus pour les châtier ou les forcer à payer l'impôt. Dès les premiers temps de l'occupation, cette position fut fortifiée de manière à pouvoir défendre le passage de l'Arrach et surveiller toute la plaine. Au pied de ce camp, un hameau s'est formé spontanément, et c'est aujourd'hui le rendez-vous de chasse des habitants d'Alger.

Près de ce hameau, à l'endroit appelé le *gué de Constantine*, M. Rifaud a fondé, en 1853, une magnifique fabrique de papiers qui offre tous les avantages d'un établissement de premier ordre. La machine est de la plus grande dimension connue en France, et aussi parfaite que le comporte l'état actuel de cette industrie ; elle peut produire 1,000 à 2,000 kilogrammes par jour, très-régulièrement. Les constructions ont coûté plus de 300,000 francs, et les machines seules représentent une somme de plus de 100,000 francs.

La route d'Alger contourne en quelque sorte la Maison-Carrée, et va expirer au fond de la plaine après avoir poussé plusieurs rameaux qui se prolongent indéfiniment. Un de ces embranchements conduit au village du

FORT DE L'EAU. — 18 kil. E. d'Alger.

Au sommet d'un petit rocher situé au bord de la mer, entre la Maison-Carrée et le cap Matifoux, on avait construit une petite redoute pour défendre le territoire de la Rassauta et au besoin la rade.

Un décret présidentiel, en date du 11 janvier 1850, créa sur ce point un village pour recevoir cinquante familles. Ce centre de population a été exclusivement affecté à des Mahonnais, qui ont construit une maison par famille, creusé un puits et défriché 10 hectares de terrain. Cette laborieuse population a su en peu de temps mettre en valeur tout le territoire qui lui avait été concédé. Ce qu'il y a de plus remarquable dans la prospérité de ce village, c'est qu'il s'est fait sans *subventions administratives;* l'autorité militaire ne s'en est pas mêlée, l'administration civile se bornait à aller visiter les travaux, constater les progrès et donner des encouragements aux colons.

Vu d'Alger, le village du Fort de l'Eau produit l'effet d'une charmante petite ville; il n'y a cependant qu'une cinquantaine de maisons, mais elles sont si bien soignées, si bien entretenues et si bien blanchies, qu'elles annoncent beaucoup plus qu'elles ne sont réellement. On trouve dans cette localité plusieurs magasins, mais, chose unique en Algérie, on n'y rencontre pas un seul débit de liqueurs.

MATIFOUX. — 27 kil. E. d'Alger.

Ici, ce n'est pas un village que le voyageur trouvera; mais à côté d'un fort délabré, et enfoncés sous des massifs de broussailles, il admirera les restes d'une grande ville romaine, de la fameuse *Rusgunia*. Un peu au sud du fort, le touriste se fera conduire par une embarcation à 6 mètres environ de la plage, et si le temps est beau, si les eaux sont transparentes, il pourra voir, à 3 mètres de profondeur environ, les vestiges des quais de l'ancien port. Les ruines de Rusgunia ont si souvent été fouillées qu'on ne doit plus espérer de découvrir quelque chose de précieux; cependant, à notre dernier voyage, nous avons encore trouvé, sans trop chercher, une pièce de monnaie et une médaille, mais l'une et l'autre de fort peu de valeur.

A demi-heure de marche du fort, et en se dirigeant vers le nord, on arrive à l'extrémité du cap Matifoux; de ce point la vue est admirable : au nord, la mer dans toute son étendue; à l'est, les montagnes de la Kabylie; à l'ouest, le cap Caxine, la pointe Pescade, le mont Boudjaréah, Alger et son mouvement maritime; au sud, la vaste baie d'Alger, avec ses villages, ses dunes, ses marais et ses jardins. On aperçoit aussi, au fond de la Mitidja, le village du

FONDOUCK. — 30 kil. S. E. d'Alger.

Le village du Fondouck est situé à l'extrémité orientale de la plaine, au pied du versant nord de l'Atlas et près de la rive gauche de l'Oued-Kremiz.

Les indigènes avaient construit sur l'emplacement du village actuel une halle couverte où, tous les jeudis, ils tenaient un marché très-important. Dès les premières années de l'occupation, on créa en cet endroit un camp français réunissant de vastes et beaux établissements militaires; un village se forma sous la protection de ce camp, on l'entoura d'un mur d'enceinte, on y ménagea des fontaines, des abreuvoirs, des lavoirs, etc. En 1842, on en ordonna l'évacuation. Depuis que la tranquillité de la plaine est assurée, le Fondouck a repris son ancienne importance, non plus comme position militaire, mais comme centre agricole. Les colons ont eu à lutter pendant bien longtemps contre les fièvres et les maladies; la population a même été renouvelée plusieurs fois, tellement la mortalité a été grande pendant quelques années. Mais aujourd'hui, grâce aux nombreuses et intelligentes cultures et aux travaux de défrichement qui ont été exécutés, l'état sanitaire de cette localité est des plus satisfaisants.

Le Fondouck est très-avantageusement situé; le voisinage de la Kabylie en fera toujours un centre commercial et agricole des plus importants de l'Algérie.

Une voiture fait le service d'Alger au Fondouck; le prix des places varie suivant la saison.

EL-BIAR. — 5 kil. S. d'Alger.

El-Biar est le premier centre de population que l'on rencontre sur la route d'Alger à Blidah, par Dely-Ibrahim et Douéra. A proprement parler, El-Biar n'est pas un village, c'est plutôt un immense quartier parsemé de sites enchanteurs, de villas élégantes et de magnifiques maisons mauresques. Du temps des Turcs, la plupart des consuls des nations européennes choisissaient de préférence en cet endroit leurs habitations de plaisance. Le *canton d'Hydra*, dépendant d'El-Biar, est surtout remarquable par le pittoresque des sites et par la voie romaine qui le traverse.

A l'endroit appelé le *bivouac des Indigènes*, la route se partage en deux embranchements : l'un va rejoindre la route de Blidah, et l'autre s'enfonce dans la plaine de Staouëli.

BEN-AKNOUN. — 7 kil. S. d'Alger.

Ben-Aknoun n'est pas un village, c'est un vaste établissement où les orphelins et les enfants pauvres reçoivent une éducation morale et agricole. Cette institution a été fondée par le Père Brumauld, de la compagnie de Jésus, avec le concours de Monseigneur Dupuch, premier évêque d'Alger, qui, pendant les premières années, subvenait en partie aux frais de l'établissement. Après le départ du vénérable apôtre de l'Algérie, le gouvernement a adopté l'orphelinat de Ben-Aknoun et l'a subventionné.

DELY-IBRAHIM. — 11 kil. S.-S.-O. d'Alger.

Ce village, situé sur une hauteur, a été fondé par le duc de Rovigo. Des colons alsaciens, appartenant pour la plupart à la communion protestante, en fournirent la première population, qui a été décimée par les fièvres et les privations de toutes sortes.

A la reprise des hostilités, en 1840, cette localité a été le théâtre de bien des scènes de carnage. On y voit une charmante petite église ayant un fronton à colonnes et un clocher assez gracieux.

Longtemps restées en friche, les campagnes de Dely-Ibrahim sont aujourd'hui couvertes de cultures très-productives dont Alger est le débouché naturel. Quant à la situation générale, les débuts, ainsi que nous l'avons dit, ont été très-malheureux; mais la construction du camp, et surtout l'achèvement de la route d'Alger à Blidah passant à travers le village, vint en aide aux malheureux émigrants. Dely-Ibrahim était sorti de sa pénible position; il comptait plus de 400 habitants et une centaine de maisons, dont une partie construite en pierres, lorsque l'abandon du camp et l'ouverture de la route d'Alger à Blidah par la plaine réduisit les ressources des habitants. Ceux-ci comprirent alors qu'ils devaient se tourner vers l'agriculture, et qu'elle seule pouvait leur procurer une existence aisée. Depuis ce moment, le nombre des débits de vins et de liqueurs diminua considérablement; mais, en revanche, le chiffre des agriculteurs augmentait journellement, et tous ont trouvé une aisance plus solide.

Aux environs de ce village, on voit quelques fermes qui sont vraiment remarquables.

La population de Dely-Ibrahim est aujourd'hui de 900 âmes environ, y compris celle d'*El-Achour*, petit village annexé à la commune de Dely-Ibrahim, de laquelle il n'est éloigné que de 1 kilomètre 1/2.

El-Achour est situé sur le versant d'une colline, en face de la route d'Alger à Douera, et se compose d'une soixantaine de maisons. Son territoire est des plus riches; on y trouve des prairies naturelles de sainfoin d'une grande beauté. Le village possède une jolie fontaine qui fournit une eau excellente et très-abondante.

CHERAGAS. — 14 kil. S.-O. d'Alger.

Cheragas est situé à l'entrée de la plaine de Staouëli, du côté d'Alger, dans un territoire fertile et bien arrosé. Bien que, dans l'origine, les exhalaisons des marais de la plaine de Staouëli aient compromis la santé des habitants, aujourd'hui, grâce aux travaux de défrichements qui ont été faits, ce point est un des plus salubres de la colonie; les cultures y sont beaucoup plus avancées que partout ailleurs. Les colons, originaires pour la plupart des environs de Grasse, dans le département du Var, y ont importé la culture des plantes odoriférantes. L'éducation des bestiaux y est favorisée par les nombreux coteaux boisés où l'herbe croît en abondance; la grande culture s'y organise dans de nombreuses fermes, parmi lesquelles on cite comme modèle celle de M. Fruitié. Cet agriculteur remporte chaque année aux expositions plusieurs prix, et avec ses simples ressources, il lutte souvent avec avantage contre les établissements de Ben-Aknoun et de Staouëli, qui sont cependant dans des conditions exceptionnelles.

Le village de Cheragas est traversé par la route d'Alger à Koleah.

A cette commune est annexé administrativement le village d'*Aïn-Benian*.

AÏN-BENIAN est un village maritime, créé en 1845, sous l'administration de M. le comte Guyot, directeur de l'intérieur, par un ancien capitaine de navire marchand, auquel on fit une concession de 200 hectares.

Le concessionnaire devait établir en cet endroit 20 familles de pêcheurs, et, à cet effet, l'administration lui accorda : une subvention de 800 fr. par chaque maison de pêcheur bâtie; 100 fr. par chaque bateau amarré au village; 2,400 fr. pour la construction de sa propre maison; et une autre subvention de 6,000 fr. lui était allouée pour l'établissement d'un débarcadère en bois, de cales de halage, de deux corps morts, d'un parc aux huîtres, d'atelier pour le séchage des poissons et la préparation des sardines.

A la fin de l'année 1845 les 20 maisons étaient bâties; mais l'entrepreneur n'ayant pas rempli les autres conditions, l'administration s'empara de la direction du village.

L'expérience ayant démontré que, réduite à la pêche, l'existence des colons n'était pas possible, des lots de terre leur furent distribués. En 1852, on construisit une fontaine et un lavoir. Entre autres cultures, la vigne y réussit fort bien; elle y deviendra sans doute dominante. Grâce à ces nouvelles ressources, *Guyotville* ou *Aïn-Benian* qui avait failli s'éteindre (un moment il n'y avait plus qu'un seul habitant, et encore était-il presque toujours absent), s'est relevé de son marasme et se trouve aujourd'hui en pleine voie de prospérité.

Sur les plateaux montagneux connus sous le nom de *Baïnam*, qui s'étendent entre la mer et les monts du Boudjaréah, on est en train de bâtir un petit hameau de 6 feux. Sur ces plateaux aussi existent une centaine de *dolmens*, pareils à ceux de Bretagne, que l'on suppose être les tombeaux d'une légion armoricaine qui aurait campé aux environs de ce point élevé.

STAOUËLI. — 18 kil. O. d'Alger.

Staouëli est un magnifique établissement de trappistes, situé dans la plaine dont il porte le nom, sur l'emplacement où eut lieu la première bataille qui suivit le débarquement des Français, en 1830. La première pierre de ce monument fut posée par monseigneur Dupuch, le 14 septembre 1843, sur un lit de boulets, ramassés dans l'enceinte même de la Trappe. Consacré le 30 août 1845, le couvent fut plus tard érigé en abbaye de l'ordre.

L'établissement de Staouëli est le plus complet de l'Algérie ; il comprend, outre le monastère, une belle ferme, des ateliers pour les diverses industries agricoles, une hôtellerie louée à un particulier, un moulin, de vastes jardins, une pépinière, une orangerie, etc., etc.; le tout d'une valeur considérable.

Quatre fontaines et des eaux abondantes coulent sur cette propriété, qui est mise en valeur par quatre-vingts moines et une trentaine de serviteurs salariés, sous l'habile et intelligente direction du P. Marie-François Regis, abbé de Staouëli.

La route d'Alger à Koleah traverse dans toute sa largeur cette propriété, et passe devant la porte du monastère.

Il est question de créer aux environs de Staouëli deux villages. L'installation de ces deux centres de population offrirait à la ferme des trappistes de nouveaux débouchés pour ses produits, qui trouvent déjà un placement avantageux sur les marchés d'Alger.

Pendant les premières années de la fondation du monastère, la santé des religieux a été gravement altérée par les émanations miasmatiques des marais de la plaine et les rigueurs du régime. Des travaux de desséchement et des réformes, ou plutôt des adoucissements apportés aux règles de l'ordre, ont suffi pour rendre le séjour du couvent de Staouëli un des plus sains de la colonie.

Le R. P. Regis fait exécuter, à Staouëli, des observations météorologiques, publiées tous les mois à Paris, dans le *Journal d'agriculture pratique*.

SIDI-FERRUCH. — 26 kil. O. d'Alger.

A quelques kilomètres du monastère de Staouëli, la route d'Alger à Koleah pousse, à travers les sables et les broussailles, un rameau qui s'étend jusque sur la presqu'île où les troupes françaises ont débarqué en 1830.

En approchant de Sidi-Ferruch, le touriste aperçoit d'assez loin quelques maisons étalées sur la plage ; à cette vue son estomac se rassure, son imagination lui représente de suite une table servie et couverte de ces huîtres magnifiques et délicieuses qu'on vend à Alger sous le nom d'*huîtres de Sidi-Ferruch* ; il consulte son guide et demande déjà le nom de l'hôtel où il prendra son repas. On approche : il oublie un instant de regarder les maisons pour admirer la majesté des lieux qui rappellent de si beaux souvenirs, et pendant ce temps il arrive au milieu du village.

Il est midi, une heure, deux heures,...... et cependant toutes les portes sont fermées. Probablement, se dit le touriste, ce village fait exception ; les habitants laborieux sont sans doute dans les champs à cultiver la terre ou bien dans leurs bateaux en train de pêcher les fameuses huîtres de Sidi-Ferruch. Un regard jeté dans la campagne suffit pour le convaincre qu'il n'y a en cet endroit ni jardins ni cultures ; son œil ne découvre rien sur la mer.

Le touriste commence alors à soupçonner que le village est abandonné ; il s'approche tristement de la plage, ô bonheur ! il aperçoit un douanier. Il l'accoste. Celui-ci, heureux de se trouver en présence d'une figure humaine, fait les honneurs du village. Nous laissons donc au *douanier de Sidi-Ferruch* le soin d'expliquer comment et pourquoi le village a été abandonné par toute sa population.

C'est au pied de la *petite tour* (torre chica) que s'est effectué le débarquement des troupes en 1830.

C'était dans la nuit du 13 au 14 juin ; la mer était calme et belle, et les étoiles seules éclairaient le ciel de leur scintillante clarté. On n'entendait que le bruit monotone des vagues qui allaient expirer sur la plage ou se briser contre les rochers qui ceignent le nord de la presqu'île. A trois heures le signal est donné, et bientôt au léger bruissement de l'air se mêlent les voix sourdes des soldats qui s'embarquent dans les chalands, et à qui les officiers recommandent à chaque instant le silence. Les matelots n'agitaient les rames qu'avec précaution, car chez eux la circonspection est instinctive, et le danger les a de longue main assouplis. Malgré l'activité de la flotte et le mouvement d'une quantité innombrable d'embarcations, la rade présentait un aspect mystérieux qui avait quelque chose d'imposant et de solennel. Ce mouvement inaccoutumé, en présence d'une plage silencieuse, l'heure choisie pour cette opération, le recueillement où chacun paraissait jeté, la régularité de la marche, le calme des éléments, tout inspirait une sorte d'admiration et concourait à rehausser la grandeur de l'entreprise.

Plus d'un esprit dut alors se replier sur lui-même, consulter ses souvenirs et juger d'une certaine hauteur de vue le drame dans lequel il allait jouer un rôle actif et qui devait faire époque dans sa vie, dans l'histoire de sa patrie et dans les destinées de l'humanité. Combien durent invoquer les grandes ombres qui avaient autrefois illustré ces rivages : les Scipion, les saint Louis, les Charles-Quint ! Un anneau mystérieux rattachait à ces noms ceux de Duquesne et de Napoléon, l'un comme un présage de la chute d'Alger, l'autre comme un motif d'émulation sur cette terre d'Afrique où il avait laissé l'empreinte de ses pas ; il fallait s'associer à tous ces triomphes et venger les anciens revers. Toutes ces idées bouillonnaient dans les cœurs et exaltaient les imaginations. Elles se communiquaient rapidement dans l'armée, par la solennité même des circonstances et par l'effet de ces commotions instinctives qui saisissent les masses en présence de tout noble but.

Pendant quelques années, le 15 juin, de grandes fêtes

ont eu lieu à Sidi-Ferruch, pour célébrer l'anniversaire du débarquement des Français; aujourd'hui ce jour est fêté par toute la colonie.

SAINT-EUGÈNE. — 3 kil. O. d'Alger.

Saint-Eugène est le plus agréable, le plus élégant, le plus gracieux de tous les villages des environs d'Alger. Une partie des maisons qui le composent baignent leurs pieds dans les eaux de la Méditerranée; d'autres sont enveloppées dans des massifs de fleurs et de verdure; quelques-unes s'égarent dans les délicieux ravins que forme en cet endroit le mont Boudjaréah. Mais toutes jouissent de la brise rafraîchissante de la mer, ce qui en rend le séjour très-sain.

On remarque dans ce village :

Le *château des Tourelles*, propriété de M. de Fournas; un *pont* en fil de fer, de 27 mètres de long sur 2 mètres 50 centimètres de large, construit aux frais de MM. Fèvre et Flechey, sur un ravin qu'il franchit, et inauguré le 16 juillet 1846, par M. de Salvandy, ministre de l'instruction publique, en tournée à Alger.

Au-dessus de ce pont et au sommet du mamelon qui domine tout le village, le *petit séminaire* dont Monseigneur l'évêque d'Alger a fait sa résidence d'été. Cet établissement occupe les bâtiments de l'ancien consulat de France.

On trouve à Saint-Eugène un restaurant qui jouit d'une très-grande réputation. Il est établi dans une charmante maison située au bord de la mer.

Les voitures qui desservent ce village se tiennent à l'ancienne porte Bab-el-Oued. La route se prolonge jusque-là.

POINTE-PESCADE. — 6 kil. O. d'Alger.

A partir de Saint-Eugène, la route suit les sinuosités du rivage et forme la promenade la plus sévère qu'il soit possible d'entreprendre.

La *Pointe-Pescade* est une commune, un quartier dont les maisons sont répandues sur un territoire profondément raviné et incliné aussi sur la mer. Dans ces ravins fortement accidentés se cachent de riches et fraîches villas, ombragées par de luxuriantes plantations, dont un filet d'eau entretient la fraîcheur. De belles habitations, telles que les consulats d'Angleterre, des États-Unis, de Belgique, la ferme de Sidi-ben-Nom, y jouissent d'une vue magnifique.

On remarque sur une pointe rocheuse qui s'avance dans la mer un fort composé de deux constructions. L'une, assise sur un récif, et que l'on dit avoir été construite par Barberousse, est abandonnée et ruinée; on voit même dans la mer quelques-uns des canons qui en armaient les créneaux. L'autre, dite le fort de la *Pointe-Pescade*, a été élevée en 1736 par le pirate Abdy, et est encore bien conservé. Après l'occupation française, une compagnie de vétérans y a longtemps tenu garnison; aujourd'hui elle est occupée par une lieutenance de douane.

Près de cette dernière construction il y a un café maure très-fréquenté par les amateurs et par les habitants d'Alger, qui, après une promenade, viennent s'y reposer. Tout en humant la tasse de café, l'œil se plaît à admirer une source qui prend naissance dans l'établissement, les pittoresques cascades d'un ravin voisin, les belles plantations des campagnes environnantes, la mer et les travaux importants dont un gîte de galènes est l'objet.

OULED-FAYET. — 16 kil. S.-O. d'Alger.

En 1841, on créa sur ce point un avant-poste militaire, sous la protection duquel on établit, l'année suivante, un centre agricole. De l'éminence sur laquelle est construit le village d'Ouled-Fayet, l'œil embrasse la mer, Sidi-Ferruch, Staouëli, Cheragas, Dely-Ibrahim et plusieurs autres villages. Le territoire de cette commune est des plus fertiles, les eaux y sont abondantes ; elles alimentent une fontaine avec abreuvoir et lavoir, et forment la principale source de l'Oued-Bridja, qui va se jeter dans la mer. La culture y a pris un grand développement; les grandes propriétés surtout y sont nombreuses et occupent un grand nombre de familles. En un mot, Ouled-Fayet est un des villages les plus riches et les plus prospères du Sahel.

Pour se rendre à ce village il faut passer par Dely-Ibrahim.

SAOULA. — 13 kil. S. d'Alger.

Le village de Saoula est construit sur le bord d'un ruisseau, dans un bas-fond très-fertile, au milieu des vallées qui aboutissent à celles de l'Oued-Kerma. Dans l'origine ce village a été rudement éprouvé par les fièvres, résultat des émanations miasmatiques des eaux stagnantes qui entouraient la localité; mais aujourd'hui les cultures et les travaux de desséchement l'ont tellement assaini, que les habitants d'Alger en recherchent le séjour.

Saoula est alimenté par plusieurs sources dont les eaux passent pour être les meilleures du Sahel.

Un embranchement relie le village à la route d'Alger à Blidah par Birkadem, et un chemin vicinal lui permet de communiquer avec Drariah.

DRARIAH. — 16 kil. S. d'Alger.

Il y a dans cette localité plusieurs belles maisons, et aux environs quelques fermes remarquables. La végétation y est très-active le terrain de bonne qualité, les eaux y abondent et un bras de l'Oued-Kerma arrose les murs d'enceinte. Ce sont là des avantages qu'on ne rencontre pas partout et qui promettent à ce village un bel avenir.

On exploite aux environs de Drariah plusieurs carrières

qui fournissent de la belle pierre de taille pour Alger. On y voit aussi une église assez jolie.

Au nord de Drariah, se trouve un petit village connu sous le nom de *Kaddous;* il est construit à l'endroit où les Arabes de cette partie du Sahel avaient établi un café qui jouit d'un assez belle réputation.

L'ARBA. — 32 kil. S.-E. d'Alger.

Ce village a été fondé en 1849, à la rencontre de la route d'Alger à Aumale avec celle du pied de l'Atlas qui unit Blidah au Fondouk. Son territoire est des plus fertiles, il est arrosé par les eaux de l'Oued-Djemmâa.

Il y a aux alentours de l'Arbâ de magnifiques plantations ; on y admire surtout plusieurs orangeries.

Ce village tire son nom d'un marché arabe qui s'y tient tous les mercredis (el Arbâa), et qui est pour toute cette partie de la plaine un grand élément de richesse. Il y a sur le territoire de cette commune, au débouché de l'Oued-Djemmâa, dans la plaine, des argiles pyriteuses susceptibles d'être utilisées pour la fabrication du sulfate de fer et de l'acide sulfurique fumant; on y trouve aussi des vestiges de minerai de fer.

Un service régulier de voitures facilite les communications entre ce village et Alger; le prix des places varie suivant la saison, mais le plus ordinairement il est de 2 fr. le coupé, 1 fr. 50 c. l'intérieur et 1 fr. la banquette.

DOUÉRA. — 23 kil. S. d'Alger.

Douéra est une petite ville agréablement située sur l'ancienne route d'Alger à Blidah. En 1830, lorsque les Français y passèrent pour se rendre à Blidah, ce n'était qu'une simple maison de campagne arabe, de là le nom de *douéra* qu'elle porte. En 1834, on y créa un camp pour protéger les avant-postes du Sahel et surveiller la Mitidja. Dès la même année, plusieurs maisons vinrent se grouper autour de ce camp et formèrent ainsi le premier noyau de la ville actuelle, qui occupe aujourd'hui le premier rang parmi les créations françaises du Sahel.

De vastes pâturages et de belles campagnes entourent cette ville, dont le périmètre affecte la figure d'un carré long.

Le mur d'enceinte est percé de trois portes qui sont : les portes d'Alger, de Blidah et de Mahelma. Les rues sont régulières, mais pour la plupart à l'état d'ébauche. Celle qui conduit de la porte d'Alger à celle de Blidah est la plus belle, elle est bordée de chaque côté par une rangée de platanes. Dans l'intérieur de la ville même, il y a plusieurs jardins, clos de murailles, ce qui donne à la localité un aspect charmant.

La prospérité de Douéra a semblé un instant arrêtée par l'ouverture de la route d'Alger à Blidah par la plaine; mais les aubergistes et les cafetiers, qui profitaient presque exclusivement d'un transit continuel, se sont seuls ressentis de la préférence accordée à la nouvelle voie. Quelques-uns se sont alors tournés vers l'agriculture, et en joignant leurs efforts à ceux des autres habitants sérieux du pays, ils sont parvenus à faire de Douéra un centre agricole de premier ordre. Le mûrier, le coton, le tabac, la vigne s'entremêlent aux champs de céréales et aux vastes pâturages. Il y a dans la ville plusieurs fontaines dont quelques-unes desservent des lavoirs et des abreuvoirs; réunies, elles débitent une vingtaine de mètres cubes d'eau par jour pendant les plus fortes chaleurs. Les colons trouvent des moyens suffisants d'irrigation dans les nombreuses sources qui arrosent le territoire, et quand les eaux courantes font défaut, il suffit, comme dans la plupart des villages du Sahel, de creuser la terre à quelques mètres de profondeur pour avoir de l'eau en abondance.

L'ancien camp de Douéra est aujourd'hui occupé par plusieurs administrations militaires.

Il y a à Douéra quelques maisons particulières qui ne dépareraient certes pas les plus belles rues d'une jolie ville européenne; une église et un temple protestant sont les seuls monuments religieux de l'endroit.

Les familles trouvent dans cette localité une école primaire communale pour les garçons et un externat dans une institution privée pour les jeunes demoiselles.

Sous le rapport administratif, Douéra est le chef-lieu d'un canton qui comprend dans sa banlieue les villages de *Birtouta*, *Ouled-Mendil*, *Saint-Jules*, *Saint-Charles*, *Quatre-Chemins*, *Crescia*, *Sainte-Amélie*, *Saint-Ferdinand*, *Baba-Hassen* et *Mahelma*. Des chemins vicinaux assez bien entretenus mettent chacune de ces localités en communication avec Douéra.

BIRTOUTA. — 27 kil. S. d'Alger, environ.

Birtouta est un hameau qui a été créé en 1851, pour une population de 22 familles, au lieu dit le 4° blockhaus, sur la route d'Alger à Blidah par la plaine. Cette localité n'offre absolument rien de particulier.

OULED-MENDIL. — 26 kil. S. d'Alger, environ.

Le village d'Ouled-Mendil, situé sur la route d'Alger à Blidah par Douéra, est une ancienne redoute que la fièvre désolait en été. Lorsqu'en 1838 les ponts et chaussées vinrent construire des baraques de campement sur l'emplacement du village actuel, un marabout et quelques gourbis en formaient toute l'importance; aujourd'hui Ouled-Mendil est un des plus jolis villages du versant méridional du Sahel.

Une pierre tumulaire élevée sur les cadavres d'une petite troupe d'artilleurs surpris par les Arabes, en 1841, perpétue le souvenir des dangers qu'on courait il y a quelques années en parcourant ce territoire aujourd'hui si paisible et si fréquenté.

SAINT-JULES. — 30 kil. S. d'Alger, environ.

Saint-Jules est un petit village créé en 1843, au lieu dit *Hadj-Yacoub*, appartenant par indivis à MM. Caussidou et le baron Vialar qui en sont les fondateurs. Saint-Jules se trouve à 4 kilomètres de Douéra, sur la route d'Alger à Koléah par le pied du Sahel.

SAINT-CHARLES. — 30 kil. S. d'Alger, environ.

Bâti en 1844, par les colons eux-mêmes et avec leurs propres ressources, le village de Saint-Charles se trouve dans la même situation que celui de Saint-Jules.

QUATRE-CHEMINS. — 27 kil. S. d'Alger.

Le hameau des Quatre-Chemins se trouve situé à l'endroit ou la route d'Alger à Blidah, par Douéra, se croise avec celle d'Alger à Koléah par le versant méridional du Sahel. Il y a dans ce hameau quelques maisons qui sont assez belles.

CRESCIA. — 22 kil. S. d'Alger.

Crescia est un village peu avancé, créé en 1845, sur l'emplacement de l'ancien Haouch-ben-Kadery. Dans l'origine les marais et les eaux croupissantes qui environnent cette localité ont occasionné des fièvres et des maladies qui ont compromis assez gravement la santé des colons; mais aujourd'hui le climat en est très-sain, il est même recherché.

On avait établi dans le principe une caserne de gendarmerie sur le point le plus culminant de la localité; de cette position on découvrait, de manière à pouvoir les surveiller, une grande partie du Sahel et de la Mitidja. Depuis quelques années ce bâtiment a été affecté au service de la mairie et d'une école.

L'agriculture a pris à Crescia un grand développement.

SAINTE-AMÉLIE. — 29 kil. S.-O. d'Alger.

Le site de Sainte-Amélie est un des plus pittoresques des environs d'Alger. Ce village est construit sur la crête d'un beau ravin couvert d'arbres de haute futaie et de peupliers blancs; son territoire, qui est des plus fertiles, est coupé par de frais vallons, arrosé par de nombreuses fontaines dont une coule sous un délicieux groupe de palmiers. Tout près de cette fontaine, on a trouvé des ruines romaines du plus grand intérêt; elles offraient une mosaïque avec inscription latine, des salles bien conservées avec leur pavage en carreaux vernissés. Les légendaires ont prétendu y retrouver le palais enchanté d'une fée célèbre par sa beauté, son esprit et ses grâces, et qu'on appelait la princesse Mitidja. Il est souvent question de cette princesse dans les contes que racontent les indigènes du Sahel et des environs.

Bien qu'il n'y ait à Sainte-Amélie qu'une cinquantaine d'habitants, ce village possède une église et une école.

SAINT-FERDINAND. — 23 kil. S.-O. d'Alger.

Ce village, situé sur un plateau d'où l'on domine la plaine de Staouëli, a été construit par les condamnés militaires sous la direction de M. le colonel Marengo, dont nous avons déjà eu l'occasion de parler plusieurs fois. Chacune de ces maisons a été payée 1,500 fr. par les colons qui sont venus s'y établir. On y voit un *château*, maison de plaisance couverte d'ardoises, décorée d'écussons sculptés aux armes d'Orléans et du maréchal Bugeaud, et entourée de jardins délicieux.

Pendant la guerre, ce plateau, entouré de ravins profonds et de broussailles épaisses, était le refuge des Arabes qui, de là, se répandaient dans tout le Sahel; aujourd'hui la sécurité la plus complète y règne comme partout. Le climat est des plus salubres, les sources abondent, les cultures sont en progrès, les plantations d'arbres et de vignobles se multiplient, tout enfin autorise à fonder de grandes espérances sur l'avenir de cette localité.

Aux environs de Saint-Ferdinand on trouve deux grandes fermes ou hameaux assez remarquables, et qui portent le nom, l'une de la *Consulaire*, et l'autre du *Marabout d'Aumale*.

La *Consulaire* est une belle ferme habitée par 5 familles, et bâtie sur les fondations d'une ancienne maison romaine affectée, aux temps antiques, à l'exploitation agricole de ces contrées. Sur une tour adossée aux constructions on a sculpté les armoiries du maréchal Bugeaud, entourées d'instruments aratoires. Il y a à la Consulaire une délicieuse fontaine et de beaux groupes d'arbres.

Le *Marabout d'Aumale* est un petit hameau composé de cinq maisons doubles autour d'un marabout en maçonnerie.

BABA-HASSEN. — 27 kil. S. d'Alger.

Joli village sur un territoire fertile arrosé par plusieurs sources. Tout ce qu'on peut dire sur cette localité est exprimé dans le passage suivant, que nous empruntons au rapport adressé l'année dernière, au ministre de la guerre, par M. le préfet d'Alger, à la suite de sa tournée préfectorale :

« Le village de Baba-Hassen, presque exclusivement conquis sur les broussailles et les palmiers nains du Sahel, est incontestablement l'une des localités qui méritent le plus de fixer l'attention et le bienveillant intérêt de l'administration. J'ai trouvé tous les habitants de cette commune, sans en excepter l'adjoint faisant fonctions d'officier de l'état civil, occupés aux travaux des champs : les uns repiquaient leurs tabacs qui sont de toute beauté, les autres nettoyaient leurs vignes, un grand nombre préparaient des ensemencements de coton. Cette population active, laborieuse, a déjà fait des travaux bien considérables, et aujourd'hui que, par la culture des céréales, elle a pu s'assurer un certain bien-être, elle recherche les cultures industrielles qui doivent lui amener la fortune. J'ai pu constater par moi-même que, dans cette seule localité, plus de 25 hectares ont reçu des semis de tabac.

» .... En me rendant de Baba-Hassen à Douéra, j'ai remarqué avec un sensible plaisir que les landes incultes il y a peu de temps encore ont été défrichées. »

MAHELMA. — 19 kil. S.-O. d'Alger.

Mahelma est un village créé en 1844, à quelques pas de l'ancien camp de ce nom, qui fut un des avant-postes du Sahel. Les zouaves ont longtemps occupé ce camp, où ils ont élevé, au-dessus d'une fontaine, une pyramide sur laquelle on voit un écusson portant un coq gaulois et une inscription pour perpétuer le souvenir de leur séjour et de leurs travaux dans cet endroit.

Bâti en six mois par des soldats disciplinaires, Mahelma fut peuplé en partie de colons militaires, auxquels ne tardèrent pas à être adjoints des colons civils.

Aujourd'hui, ce village est un des plus beaux du Sahel et réputé le plus salubre. C'est aussi le plus prospère de tous ceux créés par les condamnés militaires.

BOUFFARIK. — 34 kil. S. d'Alger.

Bouffarik est le premier poste que l'on ait établi dans cette belle plaine de la Mitidja. En 1830, lorsque l'armée française fit son excursion vers Blidah, Bouffarik n'était qu'un humide bocage, entouré de marais aux exhalaisons malsaines, où les Arabes tenaient un grand marché de bestiaux tous les lundis. En 1832, ce fourré fut fouillé par les chasseurs d'Afrique; on y prit position, et le *camp d'Erlon*, magnifique ouvrage réputé imprenable, ne tarda pas à être construit.

Pendant bien longtemps Bouffarik avait une renommée de *cimetière*, parce que soldats et colons y périssaient presque tous par les fièvres. Aujourd'hui il n'en est plus ainsi ; cette localité est une des plus salubres de la colonie. La mortalité, qui atteignait chaque année le chiffre effrayant de 20 pour cent, dépasse maintenant à peine le chiffre de 2 pour cent. N'est-ce pas là un exemple remarquable de la puissance de l'homme sur les climats?

A quoi tient cette merveilleuse transformation accomplie en si peu d'années? D'abord aux nombreux travaux de défrichements qui ont été exécutés, puis ensuite aux plantations considérables, aux cultures et à l'occupation du sol par une population aisée.

Bouffarik est dans les meilleures conditions possibles de prospérité. Ses habitants, si cruellement éprouvés par la guerre non moins que par les maladies, retirent maintenant le fruit de leur courage et de leurs travaux. On trouve dans cette commune, et pour ainsi dire dans chaque propriété, toutes les cultures menées de front : céréales, cotons, arbres fruitiers et forestiers, tabacs, mûriers, prairies, etc. De magnifiques avenues d'arbres bordent toutes les routes et encadrent la ville d'une fraîche et verdoyante ceinture.

Le marché du *Tenin*, qui se tient à Bouffarik, attire tous les lundis, les Arabes de toutes les tribus environnantes, ainsi que les bouchers d'Alger, de Blidah, de Coleah, etc., qui viennent y faire leurs approvisionnements.

La cherté des prix de transport empêche encore un grand nombre de transactions commerciales qui pourraient se faire sur ce marché. Il est plus que jamais question de donner la concession du chemin de fer d'Alger à Blidah ; l'exécution de ce projet serait une nouvelle source de richesses pour tout le département d'Alger en général ; mais, plus que toute autre commune, Bouffarik en profiterait.

L'ancien camp d'Erlon, au milieu duquel il y avait depuis quelques années une magnifique pépinière, a été concédé à M. l'abbé Brunauld pour y installer les orphelins de Ben-Aknoun.

Il y a à Bouffarik un caravansérail et une charmante petite église desservie par un curé à demeure fixe.

Sur la place du village, au relais des messageries, le voyageur doit descendre pour voir les deux tableaux peints par M. Horace Vernet pour servir d'enseigne au restaurant de l'hôtel Girard. Ces deux tableaux représentent deux épisodes de la prise de Laghouat. On sait que M. Horace Vernet est un des plus anciens colons de l'Algérie ; il est même, croyons-nous, propriétaire de l'établissement exploité par M. Girard.

Le petit village de Souma est une annexe de Bouffarik.

SOUMA est un village créé en 1845, au pied de l'Atlas, sur le pourtour méridional de la Mitidja. Le meilleur éloge que l'on puisse faire de cette localité, c'est de dire qu'à l'exposition de Paris, en 1849, elle a obtenu une médaille d'argent pour ses cultures de mûriers et éducations de vers à soie.

BLIDAH. — 48 kil. S.-O. d'Alger.

HÔTELS. — De *la Régence*, au coin de la rue d'Alger et de la place d'Armes, et ceux du *Palais-Royal*, de *France* et du *Périgord*, où l'on trouve des prix un peu plus modérés, mais peut-être un peu moins de confortable qu'à celui de *la Régence*.

Blidah, chef-lieu de la 1re division militaire et d'un arrondissement, est située à l'extrémité sud de la Mitidja, au pied du petit Atlas. Une ceinture du plus beau feuillage entoure la ville en toutes saisons ; à l'abord même, elle semble perdue dans une forêt d'orangers de la plus luxuriante verdure, et à distance elle développe une grande étendue où s'élèvent de belles constructions au milieu de délicieux jardins.

Le docteur Shaw retrouva dans Blidah la *bida colonia* des Romains; d'autres savants y voient *Sufasar;* mais, jusqu'à présent, rien n'est venu prouver que les Romains aient jamais occupé cette position. Les premiers habitants qui ont laissé des traces de leur passage sont les marabouts dont les tombeaux, situés près de la source de l'Oued-Kebir, sont aujourd'hui un objet de vénération pour les indigènes, et tout porte à croire que la fondation de la ville ne remonte pas au delà de l'invasion turque.

Blidah, surnommée *la voluptueuse* par les habitants d'Alger, fut totalement renversée en 1825 par un tremblement de terre; cet affreux désastre fit du séjour du repos, de l'amour et du plaisir, un lieu de désolation et un monceau de ruines, sous lesquelles plus de la moitié de la population, qu'on estimait alors à 18,000 âmes, fut ensevelie.

Ceux des Belidéens qui avaient été assez heureux pour échapper à cette catastrophe se réfugièrent à une demi-lieue au nord de la ville, au milieu d'un champ qu'ils entourèrent de suite d'une muraille, dans l'intention d'y construire une nouvelle ville ; mais leur attachement pour l'ancienne cité fut tel qu'ils en relevèrent les maisons sans bâtir une seule habitation dans l'enclos qu'on voit encore aujourd'hui.

Le 23 juillet 1830, dix-sept jours après l'occupation d'Alger par les troupes françaises, le général en chef, M. de Bourmont, poussa une reconnaissance jusqu'à Blidah où il fut accueilli avec cordialité et resta un jour. En quittant la ville pour retourner à Alger, la colonne fut harcelée par les Kabyles. Quatre mois après, le maréchal Clausel ne put y pénétrer qu'après un combat meurtrier. Le maréchal y laissa une garnison et marcha ensuite sur Médéah ; à son retour, il fit évacuer la ville où d'inutiles massacres venaient d'être commis, en représailles d'attaques extérieures, faites par les Arabes sous les ordres de Ben-Zamoun. Une partie de la population suivit l'armée française dans son mouvement de retraite et vint se fixer à Alger.

En 1831 et 1832, la ville fut prise et évacuée de nouveau par les troupes françaises.

Le 3 mai 1838, on prit possession du territoire de Blidah; mais la ville ne fut définitivement occupée qu'en 1839.

Blidah est un ensemble de ruines misérables et de constructions gracieuses, quelquefois grandioses. Les rues sont régulières, bien percées et alignées. Un mur de 4 mètres de hauteur, et percé de cinq portes, entoure la ville; à l'entrée de chacune de ces portes, il y a une place, sur l'une desquelles se tient le *marché des indigènes*. Ce marché réunit tous les jours une foule d'Arabes qui, trouvant à Blidah deux foudouks et deux bazars, viennent y apporter les produits de leurs jardins. Tous les vendredis, il y a en outre un grand marché, mais il se tient au bois séculaire des *Oliviers*, situé à l'ouest en dehors de la ville; les indigènes y viennent en grand nombre et y tiennent une foire où l'affluence est prodigieuse; ils y conduisent des bestiaux, des chevaux et bêtes de somme; y apportent des céréales, des fruits secs et frais, des olives, des huiles, des peaux, des laines, du charbon, du bois à brûler, etc. En échange de ces produits, les Arabes achètent à nos marchands des fers bruts, de la mercerie, de la quincaillerie, des tissus de coton, des calicots, des foulards, du sucre, de l'épicerie, etc.

Blidah, ainsi que nous l'avons dit, est le chef-lieu de la division militaire; elle est aussi la résidence d'une sous-préfecture, d'un tribunal de première instance, d'une justice de paix, d'une commission municipale, d'un commissaire de police, etc.

Elle possède toutes les institutions et les établissements d'une ville de second ordre : hôtels des administrations et autorités civiles et militaires, casernes, magasins, hôpital militaire bâti sur de très-larges proportions, églises, mosquées, synagogues, etc., etc. Le dépôt d'étalons de Koléah est aujourd'hui à Blidah ; on y remarque le bel étalon *El-Haz*, don de l'Empereur, et quatre baudets qui ont coûté 22,000 francs.

Avant l'occupation, Blidah possédait quatre mosquées, dont la plus belle, située sur la *place d'Armes*, est devenue l'église catholique; une autre mosquée a servi de caserne; il n'en reste plus que deux pour le service du culte musulman.

Blidah possède un joli *Tivoli*, établissement dont l'absence se fait sentir à Alger. Les cafés sont beaux, les hôtels sont confortables, le vin y est excellent et pas plus cher qu'à Alger.

Les environs de Blidah sont enchanteurs ; la ville elle-même est si délicieusement enchâssée, qu'on la comparerait volontiers à une jolie corbeille de fleurs, si le poète arabe, *Hamed-Youssef*, notre contemporain, n'avait pas eu une pensée plus heureuse encore, en disant : *On t'a appelé une petite ville ; moi, je t'appellerai une charmante petite rose.* Que pourrait-on trouver, en effet, de plus ravissant que ces belles orangeries dont les arbres, en étendant leurs rameaux par-dessus les murs de la ville, semblent vouloir couvrir d'un voile les charmes de la *voluptueuse* Blidah?

Les champs s'étendent à l'infini au nord, à l'est et à l'ouest; au sud, on admire les pentes de l'Atlas, où croissent dans un désordre fantastique la garique, l'yeuse, le lentisque, le micoucoulier, le caroubier, le palmier, le genévrier, l'olivier, le grenadier, le jujubier, la lavande, le romarin, etc., etc.

Si on pénètre dans la vallée à l'entrée de laquelle la ville est assise, on trouve, en remontant vers la source de l'Oued-Kebir et à l'extrémité d'un long et poétique sentier bordé de lauriers roses, les tombeaux vénérés du marabout *Mohammed Kebir* et de ses deux fils. Ces tombeaux consistent en trois dômes, journellement visités par bon nombre de pèlerins qui y apportent des présents.

Dans la direction du sud-ouest et à 2 lieues de la ville, commencent les fameuses *gorges de la Chiffa*, les plus belles, les plus pittoresques et les plus majestueuses peut-être que l'on connaisse. Ces gorges vont en se rétrécissant au sud, pendant vingt kilomètres, laissant des échappées de vue magnifiques entre les hautes montagnes, au pied desquelles la Chiffa coule impétueusement. Quatre filets d'eau principaux, tombant d'une hauteur de 100 mètres à l'endroit où la gorge est le plus resserrée et rejaillissant en perles liquides sur des anfractuosités tapissées d'oliandres, de salicaires et de lauriers roses, forment ce qu'on appelle *la cascade de la Chiffa*. On passe devant elle en suivant la route qui conduit à Médéah.

On dirait que la nature ne se trouvait pas encore assez satisfaite de son œuvre; elle a ajouté du pittoresque à l'imposante majesté des groupes, en répandant sur ces montagnes des compagnies de singes, dont les espiègleries viennent distraire le voyageur et l'empêcher d'arrêter trop longtemps sa pensée sur les dangers qu'il semble courir.

BENI-MERED. — 41 kil. S.-O. d'Alger.

Beni-Mered est un charmant village, situé entre Boutfarick et Blidah, sur la route d'Alger. Il occupe l'emplacement d'un camp qui avait été fondé, en 1838, comme avant-poste de la Mitidja.

Le maréchal Bugeaud voulut faire de ce village une colonie militaire; mais, malgré ce patronage et malgré l'admirable situation de la localité, on fut forcé de renoncer à ce projet. On livra alors Beni-Mered à la colonisation civile, qui groupa ses habitations dans la même enceinte, mais en face des maisons construites par le génie pour les colons militaires. Aujourd'hui les deux quartiers n'en forment plus qu'un seul, traversé par la belle route de Blidah. Au centre du village, la route contourne une fontaine surmontée d'un obélisque. Ce monument a été élevé à la gloire de vingt-deux soldats du 26e léger qui, commandés par le sergent Blandan, furent attaqués par trois cents cavaliers de Ben-Salem, le 11 avril 1842, et tous tués, après une résistance des plus héroïques. Un chirurgien seul, laissé pour mort par les Arabes, a pu guérir de ses blessures; et c'est par lui qu'on a connu les détails de cet horrible carnage, et ces admirables paroles du jeune sergent, au moment où il tombait mortellement frappé :

« Amis ! souvenez-vous que les Français ne se rendent pas, mais qu'ils se défendent jusqu'à la mort ! »

On exploite à Beni-Mered des carrières d'ardoises d'une grande valeur. La colonisation prend chaque année un nouveau développement; l'industrie commence à s'y établir.

DALMATIE. — 44 kil. S.-O. d'Alger.

Village créé par arrêté du 3 septembre 1844, au lieu dit

Ouled-Aïch, à 4 kilomètres de Blidah, sur un territoire très-fertile, arrosé par des filets d'eau qui ne tarissent jamais. Dalmatie est un village essentiellement agricole, appelé à un grand avenir; tout y respire déjà l'aisance et le bien-être.

MONTPENSIER. — 46 kil. S.-O. d'Alger.

Montpensier est situé à 2 kilom. au nord de Blidah, près de l'enclos qui avait été construit après le tremblement de terre de 1825, pour recevoir la moderne Blidah, qu'on se proposait d'élever. Ce village a été établi en 1843, dans l'enceinte d'un ancien camp. Sa position aux environs de Blidah donne une très-grande valeur à ses propriétés. Les habitants de Montpensier, en dehors des cultures potagères, se livrent aussi aux grandes cultures; quelques-uns même s'occupent de plantes industrielles. Montpensier a beaucoup perdu au changement de direction donné à la route d'Alger à Blidah, qui la traversait dans l'origine.

JOINVILLE. — 48 kil. S.-O. d'Alger.

Le village de Joinville a été créé par arrêté du 5 juillet 1843, à 6 kilomètres de Blidah, dans l'enceinte du *camp supérieur* qu'avait établi le maréchal Vallée, en 1838, pour dominer la Mitidja et commander le confluent de la Chiffa et de l'Oued-Kebir.

Comme Montpensier et Dalmatie, Joinville est situé dans la banlieue de Blidah, dont le voisinage détermine le caractère de son industrie. Les colons s'occupent spécialement des cultures maraîchères et des plantations de vignes et d'arbres fruitiers pour l'alimentation du marché de Blidah.

Ces trois villages sont peut-être les plus prospères de la Mitidja. Les habitants n'ont pas eu longtemps à souffrir des fièvres et des maladies, car des travaux de dessèchements et des plantations ont complétement assaini ces localités dès les premières années. Ces trois créations font le plus grand honneur à l'administrateur qui était alors chargé des affaires civiles de Blidah. L'autorité supérieure, qui semble toujours craindre de suivre les bons exemples, aurait dû, en cette circonstance, faire connaître à tous ses sous-directeurs et commissaires civils, les résultats obtenus par ce fonctionnaire et les inviter à marcher selon ses errements ; on aurait peut-être évité par ce moyen bien des ruines et conservé la vie à plusieurs milliers de colons.

LA CHIFFA. — 56 kil. S.-O. d'Alger.

Le village de la Chiffa a été fondé en 1846, sur la rive gauche de la rivière qui porte ce nom, à 8 kilomètres de Blidah. C'est sur ce point que la route de Blidah pousse ses deux rameaux qui conduisent l'un à Médéah et l'autre à Milianah.

La population de ce village a dû être renouvelée plusieurs fois ; les fièvres enlevaient chaque année la plus grande partie des habitants. Aujourd'hui, hâtons-nous de le dire, il n'en est plus ainsi ; des travaux d'irrigations et de desséchements, ainsi que de nombreuses plantations, ont assaini cette localité qui, par sa position, est appelée à un bel avenir.

OUED-EL-HALLEG. — 48 kil. S.-O. d'Alger.

Ce village a été créé, en 1851, à 10 kilomètres nord-ouest de Blidah, au point de rencontre des routes de Blidah à la mer et de Bouffarick à Milianah. Nous ne pouvons encore rien dire sur ce nouveau centre de population, si ce n'est que sa position, comme la nature de son territoire, lui réservent un bel avenir.

MOUZAIAVILLE. — 60 kil. S.-O. d'Alger.

Mouzaïaville est un petit village de 160 maisons environ, dont la création remonte à 1846. Il est construit sur la lisière méridionale de la Mitidja et dans une agréable situation. Son territoire est des plus fertiles, son climat des plus sains. L'agriculture y acquiert tous les jours une nouvelle importance; l'industrie y exploite des gisements de plâtre pour les besoins de Blidah et des villages environnants.

La voiture de Blidah à Milianah dessert cette localité.

EL-AFROUN. — 66 kil. S.-O. d'Alger.

Voici une des fameuses colonies agricoles créées en 1848.
La position d'El-Afroun, à l'extrémité occidentale de la Mitidja, sur la route de Blidah à Cherchell, au pied d'un mamelon, à l'entrée des montagnes de Soumata, couvertes d'oliviers, faisait espérer que les colons parisiens trouveraient là le bien-être et l'aisance qu'ils étaient loin d'espérer en France. VAIN ESPOIR! à peine arrivés sur les lieux, les *colons* ont ouvert des cabarets, des cafés, et sous le prétexte qu'il faisait trop chaud pour travailler, ils passaient dans ces établissements toute leur journée, une partie même de la nuit. Pendant ce temps leurs ressources s'épuisaient, ils vendaient jusqu'aux bijoux de leurs femmes, de leurs filles et, une fois dans la misère la plus complète, l'homme partait un beau matin sans dire où il allait, et les jours, les mois s'écoulaient sans qu'il donnât de ses nouvelles; les femmes, les jeunes filles, réduites alors à la mendicité, abandonnaient le village et venaient chercher à Alger ou à Blidah un soulagement à leur infortune. Les personnes laborieuses cherchaient du travail, les autres prenaient la carrière du vice et n'entendaient jamais plus parler de leurs pères, de leurs maris, de leurs frères.

Ce que nous venons de dire peut s'appliquer à la plupart des colonies agricoles créées par le gouvernement de 1848, car elles sont toutes à peu près dans les mêmes conditions. Nous devons dire cependant, et c'est notre devoir, que quelques-uns de ces colons ont su profiter de leur situation : ils se sont mis à l'œuvre et ont acquis aujourd'hui, non pas seulement l'aisance, mais la fortune.

El-Afroun est maintenant en bonne voie; de nouveaux colons, mais cette fois des *colons sérieux*, sont venus remplir les vides, et les travaux qu'ils exécutent, joints à ceux de l'administration, ne tarderont pas à rendre ce village un des plus beaux et des plus florissants du pays.

BOU-ROUMI. — 64 kil. S.-O. d'Alger.

Bou-Roumi est également une colonie agricole de 1848, elle est située sur la route de Blidah à Cherchell et se relie à Mouzaïa-Ville d'une part et à El-Afroun de l'autre.

Le territoire de cette localité se prête à tous les genres de culture. Les environs sont littéralement couverts d'oliviers sauvages qui ne demandent qu'à être greffés.

AMEUR-EL-AIN. — 72 kil. S.-O. d'Alger.

De même que Bou-Roumi, Ameur-el-Aïn est une colonie agricole de 1848, annexe de celle d'El-Afroun.

Cette localité n'offre absolument rien de particulier; elle est également située sur la route de Blidah à Cherchell.

BOURKIKA. — 80 kil. S.-O. d'Alger.

Bourkika est une colonie agricole, créée en 1849 sur la route de Blidah à Cherchell. Dans le principe, cette localité a été habitée par quelques familles allemandes, puis elle l'a été par des transportés politiques de 1851. On ne trouve à la Bourkika rien de bien curieux; aussi les voyageurs ne s'y arrêtent-ils pas.

MARENGO. — 86 kil. S.-O. d'Alger.

Comme El-Afroun, Marengo est une colonie agricole créée en 1848 pour recevoir les colons parisiens ; mais plus heureuse que les autres, cette colonie est en pleine voie de prospérité; des travaux considérables ont été exécutés sous l'habile direction d'un officier du génie qui, bien souvent, a pris sur sa fortune personnelle les fonds nécessaires pour payer les travaux qui dépassaient les limites du budget. Par sa position, le village de Marengo est appelé à devenir la capitale administrative de la Mitidja occidentale; son voisinage du port de *Tipasa*, qui n'est éloigné que de quelques kilomètres, lui facilitera l'écoulement de ses produits.

Le territoire de Marengo, sans présenter pour son défrichement autant de difficultés que les autres points de la plaine, a cependant nécessité de grands efforts et le concours d'un détachement de soldats. Le service forestier fait exécuter de grands travaux d'aménagement dans la forêt de Sidi-Soliman qui se déploie à 2,000 mètres du rivage sur une étendue de plus de 300 hectares. Ce bois se compose presque exclusivement d'ormes et de frênes d'une belle venue. Les troupeaux des colons de Marengo trouvent d'excellents pâturages dans les prairies qui terminent le bois au nord.

Une route assez bonne pour le pays conduit de Marengo à la mer.

TIPASA (Tefassed). — 92 kil. O. d'Alger.

Depuis quelques années, on comprenait la nécessité de créer un port à l'extrémité occidentale de la plaine de la Mitidjà. L'ancienne renommée de l'antique Tipasa, dont on voit encore des ruines admirables, détermina le choix de l'administration. Presque au centre de la face septentrionale de cette antique cité, il y a en effet un port bien petit, il est vrai, mais qui devait suffire néanmoins aux besoins très-restreints de la marine romaine. Une jetée, dont il reste encore quelques vestiges, le protégeait des vents d'est et nord-est. A l'ouest, le mont Chenoua, et la saillie considérable du cap appelé *Ras-el-Hamouch* (Tête-du-Chat), l'abritent complétement. On a construit une petite chaussée qui arrive par-dessus les rochers à un endroit assez profond pour que les bâtiments d'un faible tonnage puissent s'en approcher. M. Malglaive, capitaine du génie, directeur de la colonie de Marengo, propose de réunir les *Tirizin*, deux îlots situés à l'est de la dune, ce qui donnerait un mouillage assez bon et accessible à des navires d'un plus fort tonnage.

Les ruines de Tipasa s'étendent parallèlement au rivage de la mer, elles consistent généralement en briques d'une belle terre et d'une belle couleur. Chacune de ces briques peut avoir 8 centimètres d'épaisseur et à peu près 30 centimètres carrés. Au milieu de ces ruines immenses, explorées par M. Berbrugger, le savant bibliothécaire et conservateur du musée d'Alger, et à côté d'une nécropole chrétienne dont les tombeaux ont presque tous été profanés, s'élevait une basilique avec double rang de colonnes et une galerie supérieure dont trois arcades sont encore debout. Les restes des belles colonnes de pierre et de granit qu'on voit encore, la forme de l'édifice, son orientation, tout indique que ce devait être l'église de Tipasa.

Tipasa ne joue pas un grand rôle dans l'histoire ancienne : Claude lui accorda le droit latin. Au IVe siècle de notre ère, Théodore la prit pour base des opérations de la deuxième campagne contre le berbère Firmus. Aux Ve et VIe siècles, elle reparaît sur la scène à propos des hérésies donatistes et ariennes. Les Vandales ayant imposé un évêque arien à l'orthodoxe Tipasa, un grand nombre d'habitants préférèrent émigrer en Espagne plutôt que d'accepter le gouvernement d'un hérétique. Cette émigration irrita si fort les Vandales, qu'ils détruisirent la ville. Des siècles se sont écoulés depuis sans relever Tipasa. Sous la domination turque, on en a extrait beaucoup de matériaux tout taillés pour les constructions d'Alger et de Blidah. Après la conquête de 1830, des Maltais et des Génois continuèrent cette industrie; mais, en 1846, l'administration s'opposa formellement à ces dévastations. Plus tard, cependant, l'administration elle-même tira des ruines de la ville romaine les matériaux nécessaires à la construction du village de Marengo.

A proprement parler, il n'y a pas encore à Tipasa un centre de population dans toute l'acception du mot. Quelques pêcheurs, des douaniers, des chasseurs et les convalescents de la Mitidja composent la population de cette localité. Nous croyons même qu'il n'y a encore que des *gourbis* pour toute habitation. Les bureaux et la caserne de la douane seulement sont, depuis un an environ, établis dans une petite maisonnette construite en briques et pierres. La situation de cette localité, son port et surtout son climat, lui assurent un brillant avenir, et notre conviction est que Tipasa deviendra d'ici quelques années ce qu'elle était au Ve siècle.

KOLÉAH. — 45 kil. O. d'Alger.

Koléah est située sur le revers méridional du petit Sahel, à la lisière N. de la plaine de la Mitidja, sur un coteau à 100 mètres environ au-dessus de la plaine et à 150 mètres au-dessus du niveau de la mer.

Vu de la plaine, Koléah présente le tableau le plus champêtre et le plus paisible qu'une âme tranquille puisse désirer. La ville est entourée de la plus fraîche verdure, qu'y entretiennent toute l'année des eaux abondantes et pures distribuées avec art pour arroser de magnifiques vergers d'orangers, de citronniers et de grenadiers. Ces eaux s'écoulent ensuite dans un profond et tortueux ravin auquel les indigènes ont donné le nom de *Ank-el-Djemmel* (le cou du chameau). Un poëte, M. Bérard, a dit avec infiniment d'esprit et de grâce que les délicieuses maisonnettes de cette charmante petite cité arabe semblent placées capricieusement dans une corbeille de fleurs. On ne pouvait faire une peinture plus vraie. Un beau *minaret* accosté d'un superbe palmier et d'un cyprès gigantesque s'élève au milieu de la ville, auprès du tombeau du marabout Sidi-Ali-Embarek, auquel Koléah emprunte toute sa gloire. Les miracles de ce marabout eurent un grand retentissement il y a 300 ans environs.

Sidi-Ali-Embarek était un pauvre diable obligé de servir de domestique pour gagner sa vie. Depuis plusieurs années il était chez un riche propriétaire nommé Bousmaïl, qui le prit en affection au point de le faire héritier de tous ses biens. Ali, devenu riche par le seul fait du hasard, continua l'exploitation de la ferme qui lui avait été laissée et s'appliqua à soulager les malheureux. Après une vie pleine de bonnes œuvres et de travaux utiles, il mourut en odeur de sainteté dans tout le pays et fut enterré entre un cyprès et un palmier dont il avait apporté la semence de la Mecque. La reconnaissance attirait fréquemment à ce tombeau les personnes qui devaient leur existence ou leur bien-être au saint homme ; ce sentiment se changea plus tard en dévotion : le tombeau de Sidi-Ali-Embarek devint enfin le but de nombreux et fréquents pèlerinages.

Dans le tremblement de terre qui, en 1825, bouleversa toute la Mitidja, Koléah s'écroula tout entière, pas une maison ne resta debout ; le marabout de Sidi-Ali-Embarek demeura seul immobile. Le dey Mustapha-Pacha le fit entourer alors du péristyle qu'on voit encore aujourd'hui, et fit élever à côté, la belle mosquée dont nous avons fait un hôpital.

Nous ne nous étendrons pas plus longtemps sur les vertus d'Ali-Embarek, ni sur ses apparitions fréquentes sous la forme d'un lion noir.

L'armée française parut sous les murs de Koléah dans les premiers jours du mois de mars 1831 ; les habitants accueillirent avec empressement le général en chef, M. Berthezène; le chef du service topographique obtint même de passer une heure sur le minaret de la mosquée pour rectifier quelques opérations géodésiques. La guerre sainte ayant éclaté vers la fin de 1832, le général Brossard fut envoyé à Koléah pour se saisir de l'agah Sidi-Mohammed-ben-Embarek, accusé d'avoir favorisé le soulèvement. Ne le trouvant pas dans la ville, le général français se saisit de deux vénérables marabouts, ses parents, et frappa la ville d'une amende de 1,100,000 francs, dont elle ne put jamais payer que 10,000 francs. Koléah ne fut occupée définitivement par les Français qu'en 1839.

La population européenne, attirée d'abord par le voisinage du camp, s'occupe aujourd'hui presque exclusivement de l'agriculture. La fertilité du sol, l'abondance des eaux, le Mazafran qui coule au pied de la ville, le bois du Mazafran, les foins de la plaine, le voisinage de la mer, les routes qui mettent la ville en communication avec tous les points du Sahel et de la plaine, sont autant d'éléments de prospérité de jour en jour mieux appréciés.

Une voiture fait un service régulier entre Alger et Koléah. Le prix des places est de 4 fr. 50 c. le coupé, et 3 fr. 50 c. l'intérieur.

Koléah est la ville la plus poétique de toute l'Algérie ; le touriste ne voudra pas quitter l'Algérie sans aller la visiter. Aussi, au risque de répéter quelques-unes des indications que nous venons de donner sur cette intéressante localité, allons-nous reproduire ici la description qu'en a faite M. Victor Bérard :

« Koléah, détruite par le tremblement de terre de 1825, a été réédifiée entièrement. Les maisons qui furent alors relevées ne se composent que de chambres au rez-de-chaussée, et au fond d'une petite cour carrée, où fleurissent un oranger, un grenadier, un citronnier, quelquefois une treille, et plus souvent un jujubier. Les rameaux entrelacés de ces arbres y produisent un doux ombrage dont la verdure surabonde, déborde au-dessus des murs de clôture et pend sur la rue. Ses rues larges et tirées au cordeau ne sont point pavées. Au tomber du jour, les troupeaux qui reviennent des pâturages remplissent à grand bruit leur morne solitude; la nuit, il peut être dangereux de les parcourir, à cause des inégalités du sol. Cette petite ville, pleine de parfums bibliques, compte cependant quelques constructions européennes, parmi lesquelles on remarque celles du *commissaire civil* (1), de *l'administration des ponts et chaussées*, de MM. *Scheller* et *Barthélemy*, rue El-Aïn, et celle de M. *Marula*, rue El-Soucq. Cette dernière rue est plutôt une longue place que bordent les cafés maures. Un d'entre eux, ombragé d'un beau saule et d'une vigne, aux pampres abondants, possède, sous un gracieux péristyle une coupe de marbre d'où surgit un jet d'eau dont on pourrait tirer le plus bel effet; les simples Koléites n'en estiment que la pureté de l'onde. Auprès de la mosquée coule une *large fontaine*. Devant la caserne de la gendarmerie, à laquelle vient aboutir la rue El-Soucq, se trouvent aussi *deux bassins*. Une masse d'eau considérable, prise au nord de la ville, la traverse au moyen de siphons en maçonnerie ménagés dans l'épaisseur du mur de quelques maisons, et va se jeter dans le ravin de l'Ank-Djemmel, où,

---

(1) Aujourd'hui la Mairie.   J. B.

après avoir formé quelques fontaines, elle rencontre, près de la porte sud du Rempart, que vient joindre ce ravin, un bain maure d'une belle étendue, mais qui est malheureusement dégradé et hors d'usage. D'ailleurs, dans chaque maison il y a un puits.

» L'enceinte de Koléah est actuellement ouverte de toute part ; elle se composa, dès que nos troupes l'occupèrent, de quelques pans de mur et de tonneaux remplis de pierres et cloués ensemble, qu'on éleva dans les interstices existant entre les maisons de cette petite ville, qui débouchait de toutes parts dans les jardins. Les murs de ces maisons, que l'on perça de meurtrières, et dont les abords furent crénelés, formèrent, avec un chemin de ronde, une défense qui parut suffisante. Tout cela est aujourd'hui en ruines, et personne ne ferme plus les trois portes qu'on y avait pratiquées. Les ouvrages de flanquement sont, en première ligne, le *camp*, vaste et magnifique, assis sur un mamelon, au sud-ouest ; les vastes pavillons qu'il renferme ont un développement grandiose, qui lui donne l'aspect d'un château royal détachant son relief sur l'Atlas qui, au lointain, déroule un rideau, dont le mirage fait quelquefois distinguer tous les replis dorés par une limpide lumière. Les autres ouvrages sont *deux tours*, bâties pour remplacer deux blockhaus, au nord-est de la ville, sur le haut de la colline, dont Koléah occupe la pente et le pied comme un berceau. *Quatre fermes* sont placées pour joindre, au retour, le camp, qui embrasse entre lui et la ville un groupe de chaumières qu'on a appelé *le village*, et une esplanade occupant le petit vallon qui sera un jour une continuation de la ville. Le *jardin des officiers*, parterre entretenu avec le plus grand soin, plein de fleurs rares, orné de kiosques et allées en treillages, sous l'ombre d'énormes citronniers et orangers en pleine terre, dont quelques-uns ont 40 pieds de haut et qu'un homme aurait peine à embrasser, descend de cette esplanade au fond de l'Ank-Djemmel, par des rampes qui se perdent sous des feuillages peuplés d'oiseaux chanteurs, et remontent du fond du ravin jusqu'aux abords de la mosquée de Sidi-Ali-Embarek. Un riche potager est joint à ce jardin. Cette belle promenade est réservée aux officiers de la garnison. Une autre orangerie, qui compte plus de 300 sujets, offre un autre lieu de récréation, plus au sud-ouest de la ville, non loin de la gendarmerie. Elle porte le nom de *place Guyot.* Le *marché* se tient dans la rue El-Soucq, devant la mosquée ; les denrées de première nécessité n'y sont pas chères ; le poisson y est excellent et à bon marché ; le voisinage de la mer permet d'y voir de magnifiques homards, langoustes et coquillages prisés des gourmands ; tous les vendredis, ce marché est fréquenté par les Arabes des alentours qui amènent des bestiaux.

» La *mosquée*, bâtie auprès du tombeau de *Sidi-Ali-Embarrek*, actuellement affectée au service de *l'hôpital militaire*, est un véritable monument pour la solidité et l'élégance de sa vaste construction. Deux cents lits sont placés à l'aise sous ses nefs cintrées, qui sont au nombre de cinq soutenues par des colonnes de pierre. Le tombeau du saint personnage, sous la protection duquel cet édifice fut placé, forme une chapelle, entourée d'un péristyle et totalement détachée de la mosquée, dont une dizaine de pas la séparent. Ce tombeau, encastré dans l'ensemble des bâtiments occupés par l'hôpital militaire, en est pourtant isolé au moyen de cloisons en planches impénétrables aux regards des chrétiens. Il est peu de sanctuaires où l'on respire un air de dévotion plus profondément senti. Des tapis, des textes dorés et des lustres en cuivre et en cristal en font le principal ornement. La *mosquée honéfia*, qui est la seule conservée au culte, dans la rue El-Soucq, n'a rien de remarquable.

» Dans le *camp*, 1,200 hommes peuvent être casernés. Là aussi, sont : les *magasins de campement*, des *subsistances*, et la *manutention*. La *prison militaire* est établie dans une des tours de façon gothique dont nous avons parlé. La *gendarmerie*, en ville, est une grande cour, entourée de quelques bâtiments au rez-de-chaussée, où les individus appartenant à l'ordre civil sont détenus au besoin. Il y a au camp une *bibliothèque* de 300 volumes à l'usage des militaires.

» Au nord-ouest, une très-petite baraque en planches sert d'*abattoir civil*. Dans une des fermes de flanquement est une *école primaire*. L'hôtel de *la Régence*, l'hôtel de *Strasbourg* et l'hôtel *Fargueil*, le plus recommandable par son ordre d'ancienneté et le soin des apprêts, reçoivent en pension moyennant 70 francs par mois et au-dessus. Le café de *la Perle*, place El-Soucq, et celui de la rue El-Aïn sont fréquentés par les habitants que l'ennui accable en cette localité peu animée.

» Le sol est presque entièrement composé de tuf calcaire en couches inclinées vers la plaine. On croit que ce sont des dépôts de sources thermales. Quelques bancs sont fort durs et fournissent une très-belle pierre de taille. Au-dessus de ces bancs calcaires, on voit percer dans le vallon, comme sur les bords du défilé du *Massafran*, des couches épaisses de marne bleue. Ces marnes, par leur imperméabilité, retiennent les eaux et donnent naissance aux belles sources de Koléah.

» Les environs de Koléah sont très-verts, très-fertiles. Une ceinture de feuillage entoure les murs de la ville ; c'est une suite de petits vergers et jardins où l'hortolage est magnifique. Un peu au delà s'étendent les terres labourables fractionnées en petits lots. Une troisième zone de larges prairies règne alors sur des terrains onduleux, qui descendent par des pentes rapides, au nord, vers la mer, au sud et à l'est, jusqu'aux rives du *Mazafran*, qui les contourne du sud-sud-est au nord-est. Le ministre ayant décidé, en 1843, que des concessions gratuites y seraient faites, une superficie de 300 hectares a été affectée à cet usage. Ce pays attrayant, bien arrosé, propre aux cultures riches et variées, a été divisé, par arrêté ministériel du 6 août 1844, en trois communes, qui sont celles de Koléah, de Fouka et de Douaouda. »

FOUKA. — 49 kil. O. d'Alger.

C'est à Fouka que l'on a trouvé les restes les plus remarquables de l'occupation romaine : grands tombeaux en pierres, lacrymatoires, vases, médailles en quantité, amphores, statues, inscriptions, etc.; le tout enfoui aux alentours d'un bois d'oliviers qui ombrage une abondante fontaine, dont la restauration a amené la découverte de travaux assez importants et remontant à une époque très reculée. On est autorisé à supposer que Fouka est construit sur les ruines de l'antique cité de *Casæ Calventi* (les huttes du Chauve).

Le village de Fouka, créé par arrêté du 25 avril 1842, a été construit par le génie militaire pour recevoir une population de soldats libérés du service, dont quelques-uns s'étaient mariés avec des filles de Toulon et de Marseille, dotées par ces villes.

A Fouka comme à Beni-Mered, l'expérience fut peu favorable à ce système de colonisation militaire. A l'exception d'une quinzaine, tous les soldats-colons ont déserté leurs colonies pour aller chercher fortune ailleurs. Une décision du mois de novembre 1843 réunit ce village à l'administration civile, et depuis cette époque, il s'est peuplé d'habitants civils.

Outre les cultures de céréales qui ont fourni des résultats

inattendus, les nouveaux colons élèvent des troupeaux et plantent des vignes.

Une ordonnance royale du 7 janvier 1845 a créé, à 1 kilomètre de Fouka, un village maritime. L'exécution en fut livrée, comme celle de Benian, à un entrepreneur, moyennant des indemnités pécuniaires et une concession de terrain. Ce village n'existe plus : l'entrepreneur, après avoir touché les indemnités pour les misérables cahutes dressées à ses pêcheurs, en a vendu jusqu'aux derniers matériaux. Ce poste renaîtra peut-être par les relations avec la Mitidja et Blidah, quand la route, qui de cette ville doit aboutir à la mer, sera entièrement terminée.

DOUAOUDA. — 33 kil. O. d'Alger.

Ce village, créé par arrêté du 5 juillet 1843, pour recevoir une population de soixante-dix familles, est aujourd'hui un des plus beaux villages du Sahel ; sa position sur la route d'Alger à Koléah, par la plaine de Staouëli, son climat, l'excellence de ses eaux, la fertilité de son sol, tout enfin contribue à faire concevoir de grandes espérances.

Douaouda est situé sur la rive gauche du Mazafran, au sommet d'un plateau d'où l'œil découvre une partie du Sahel, un coin de la Mitidja, et au nord la mer.

Ce village est desservi par la voiture qui fait le service d'Alger à Koléah, par Staouëli.

BERBESSA (MESSAOUD). — 2 kil. N. de Koléah vers la mer.

La population de ce village se compose de colons laborieux qui ont utilement profité des subventions administratives. Les terrains concédés sont presque entièrement défrichés.

ZOUIDJET-EL-HABOUS. — 43 kil. O. d'Alger environ.

Petit hameau à 2 kilomètres de Koléah, sur la route d'Alger, peuplé en 1851 par l'émigration suisse.

SAIGHIR. — 3 kil. O. de Koléah, sur la route de Castiglione (Bou-Ismaël).

Ce hameau, ainsi que le précédent, est habité par des colons suisses.

ZERADLA. — 26 kil. O. d'Alger.

Le village de Zeradla est situé sur la rive droite du Mazafran, à cheval sur la route d'Alger à Koléah, par la plaine de Staouëli, à l'extrémité occidentale de laquelle il se trouve. Créé par arrêté du 13 septembre 1844, sa construction ne fut guère commencée qu'en 1845. La population s'est fait une industrie spéciale de l'exploitation des broussailles de son sol; le service forestier, aidé de la compagnie des planteurs militaires, a entrepris un grand travail de nettoiement et de semis pour faire une belle réserve forestière.

CASTIGLIONE (Bou-Ismael, Tefeschoun). — 49 kil. O. d'Alger.

Castiglione est un charmant village formé par la réunion des deux colonies agricoles de 1848, qui portaient les noms de *Bou-Ismaël* et *Tefeschoun*. Sa situation est des plus pittoresques, sur deux plateaux disposés en gradins en face de la mer, sur le trajet de la route projetée qui doit relier Cherchell à Alger, par le littoral. Une route carrossable a été construite dès l'origine pour relier ce centre agricole à Koléah, dont il ne se trouve éloigné que de 8 kilomètres ; un nouveau chemin, praticable aussi pour les voitures, relie cette colonie à Fouka. On a trouvé aux environs de Castiglione des ruines qui attestent l'emplacement d'une ancienne station romaine.

MILIANAH. — 118 kil. S.-O. d'Alger.

Hôtels. — *De la Régence, d'Isly.*

Milianah, situé dans les montagnes de l'Atlas, à 900 mètres environ au-dessus du niveau de la mer, occupe le versant septentrional d'une crête, dont les murs couronnent les arêtes les plus élevées. Son aspect est riant et pittoresque : elle le doit en grande partie aux bosquets d'orangers, de citronniers et de grenadiers qui ornent la cour de toutes les maisons de la ville.

Les Romains ont occupé longtemps cette localité; elle fut même très-florissante sous le nom de *Malliana*.

En 1830, l'empereur de Maroc faisant valoir ses droits au royaume de Tlemcen, envoya, à Milianah, un de ses officiers, qui gouverna en son nom. Après le traité de la Tafna, Abd-el-Kader, ayant fait connaître au général comte d'Erlon, qu'il se proposait de se rendre dans cette ville, en reçut la défense formelle, ce qui ne l'empêcha pas d'y aller et d'y être bien accueilli. Il y établit avec le titre de bey, notre ancien agha Sid-Ali-Embareck; mais les tribus de Soumata attaquèrent ce nouveau bey, et ne le laissèrent pas un instant tranquille. En 1837, Abd-el-Kader y reparut et y installa son frère en qualité de bey. En 1840, les Français entrèrent dans la ville, qu'ils trouvèrent abandonnée. La garnison qu'on y laissa fut vivement assaillie et longtemps bloquée par Abd-el-Kader. Elle fut ravitaillée en août 1840 et en mai 1841.

Cette vieille cité romaine est la clef de l'intérieur des terres, et ouvre l'accès des riches plaines et des fécondes vallées situées entre le Chelif et le Mazafran. Par sa position centrale au milieu d'une riche contrée, l'antique *Malliana* devint un foyer de civilisation, une cité florissante, où vinrent s'établir une foule de familles de Rome. On y trouve encore aujourd'hui des traces non équivoques de la domination romaine; un grand nombre de blocs en marbre grisâtre couverts d'inscriptions, et quelques-uns de figures et de symboles. Un de ces blocs offre sur ses faces une urne et un aule ; un second représente un homme à cheval ayant une épée dans une main et un réseau dans l'autre; deux autres portent chacun deux bustes d'inégales grandeurs.

Les maisons de Milianah sont composées d'un rez-de-chaussée et d'un étage; elles sont construites en pisé fortement blanchi à la chaux, et renforcé habituellement par des portions en briques; elles sont toutes recouvertes en tuiles, presque toutes renferment des galeries intérieures et quadrilatérales, de formes irrégulières, soutenues ordinairement par des colonnades en pierres et à ogives surbaissées.

La ville actuelle renferme vingt-cinq mosquées, dont huit sont assez vastes; mais les fidèles musulmans n'en fréquentent guère plus qu'une, qui est fort belle à vrai dire et dont la réparation a coûté des sommes immenses.

Comme celles de toutes les villes arabes, les rues de Milianah sont sales, étroites et tortueuses. Des eaux abondantes alimentent un château d'eau et plusieurs fontaines publiques. La garnison a construit de grandes places et percé deux longues et larges rues aboutissant l'une à la porte Zaccou, l'autre à celle de la vallée du Chélif.

Un marché considérable réunit, tous les vendredis, sur la place de l'Esplanade une foule d'Arabes, qui viennent de 15 et 20 lieues à la ronde pour vendre leurs produits. Deux fondouks leur offrent des abris : l'un fondé par le gouvernement, l'autre exploité par un particulier.

Le territoire de Milianah est d'une extrême fertilité : dans les ravins, comme sur les plateaux, le sol est couvert d'arbres fruitiers donnant des récoltes très-abondantes. Sur les flancs de la montagne jusqu'à la lisière de la plaine du Chélif, qui dessine à ses pieds son immense courbe, la végétation est des plus actives; c'était là le grenier du royaume d'Abd-el-Kader.

Des routes à des degrés divers d'exécution mettent Milianah en communication avec Alger, Blidah, Médéah, Orléansville et Cherchell; jusqu'à présent celle de Blidah est la seule accessible aux voitures, et encore pendant la belle saison seulement. La ville de Milianah acquérerait une bien plus grande importance dès le jour où une bonne route la mettrait en relation directe avec Cherchell. *Julia Cæsarea* est le port naturel de Milianah, et cette dernière ville remplira encore dans l'avenir le rôle qu'elle remplissait sous les Romains, celui *d'entrepôt* de Cherchell. C'est de ce port que Milianah doit tirer ses objets de consommation et de première nécessité; c'est par ce port qu'elle doit écouler ses produits.

Sous les Turcs, les habitants de Milianah faisaient un grand commerce de sellerie, et se livraient avec succès à l'éducation des vers à soie. Cette industrie a été négligée depuis l'occupation française, mais il faut espérer qu'elle reprendra.

AFFREVILLE. — 128 kil. S.-O. d'Alger.

Village ainsi nommé en mémoire de monseigneur Denis Affre, archevêque de Paris, tué aux journées de juin 1848. Affreville est situé au bord de la plaine du Chélif, au pied du massif du Zakkar, à 6 kilomètres de Milianah, sur l'emplacement de *Colonia Augusta* ou *Azuccabar*, cité romaine dont l'origine remonte à dix-neuf siècles, et dont l'ancienne splendeur est attestée par des inscriptions et de belles ruines.

Le territoire de cette localité est des plus fertiles; il est arrosé par le Chélif et par l'Oued-Boutan, qui descend de Milianah, en formant les plus délicieuses cascades. Les colons ont pratiqué avec un égal succès les cultures industrielles et la grande culture.

La fondation du village de l'Oued-Rhéan, à quelques kilomètres d'Affreville, donnera une nouvelle impulsion au développement de cette dernière localité. La population du village de l'Oued-Boutan, également désigné sous le nom de Oued-Rhéan, se compose actuellement de quelques familles lorraines, installées par l'administration dans les belles prairies qui bordent la rivière.

BOU-MEDFA (Marabout Sidi Abd-el-Kader). — 86 kil. S.-O. d'Alger.

Bou-Medfa est une colonie agricole de 1849, que l'administration a été obligée de repeupler en 1850 et 1851 : les premiers colons étaient tous partis *pour le champ du repos* ou retournés en France. Ce village, occupé aujourd'hui par des colons laborieux, ne tardera pas à acquérir une certaine importance. Il est situé sur la route de Blidah à Milianah.

TENIET-EL-HAAD. — 190 kil. S.-O. d'Alger.

Teniet-el-Hâad est un avant-poste militaire et agricole du Tell. Il se compose d'un camp divisé en deux parties et d'un groupe de constructions comprenant environ cent-cinquante maisons particulières.

Les deux parties du camp communiquent entre elles par une rampe et sont entourées d'un mur en maçonnerie flanqué de plusieurs tours. Dans la partie haute de ce camp il y a le *réduit*, le *pavillon des officiers*, la *caserne*, le *magasin des subsistances militaires* et l'*hôpital*; un bastion sert de *magasin à poudre*. Dans la partie basse, la *caserne de cavalerie*, les *écuries*, le *parc aux bœufs*, le *parc au bois* et le *magasin aux fourrages*.

La *ville* se compose, ainsi que nous l'avons dit, de cent-cinquante maisons environ. Elles sont toutes occupées par des commerçants et débitants, et des comptoirs établis par plusieurs négociants d'Alger pour le commerce des laines.

La culture n'a pas encore pris à Teniet-el-Hâad un grand développement ; cela tient à l'insuffisance du territoire concédé.

A 2 kilomètres environ de la ville, on voit une magnifique forêt de cèdres, qui a plus de 3000 hectares d'étendue et qui, bien aménagée, devrait à elle seule faire la prospérité de Teniet-el-Hâad, faire même de ce point une ville importante. Dans cette forêt, on compte par milliers les sujets ayant 6 mètres de circonférence sur 18 à 20 de hauteur. — On peut en voir un échantillon à l'exposition permanente des produits de l'Algérie, créée par le ministère de la guerre, à Paris, rue de Grenelle-Saint-Germain.

A 3 kilomètres du camp et dans la forêt de Teniet-el-Hâad, on a trouvé une source d'eau ferrugineuse, dont le docteur Bertheraud, qui lui a consacré une notice, a trouvé de l'analogie avec celles de Bussang, Contrexeville, Forges, Spa, etc. Ce praticien a employé ces eaux avec beaucoup de succès dans l'hôpital du camp, et, comme lui, nous exprimons le désir qu'un établissement soit créé pour l'exploitation de ces eaux.

Les communications avec Teniet-el-Hâad sont assez difficiles ; on ne peut même guère s'y rendre qu'à cheval.

VESOUL-BENIAN. — 97 kil. S.-O. d'Alger.

Ce village se nommait précédemment *Aïn-Benian* ; mais, depuis qu'il a été livré à la colonisation départementale, il a pris le nom du chef-lieu du département de la Haute-Saône, dont les habitants sont venus le peupler à la fin de 1853.

Vesoul-Benian se trouve placé dans des conditions exceptionnelles. Les nouveaux colons, avant d'obtenir leur concession, ont été tenus de justifier qu'ils étaient détenteurs d'une somme qui ne pouvait être moindre de 5,000 fr. Aussi, bien qu'il n'y ait qu'un an que cette localité soit occupée par les colons de la Haute-Saône, on constate déjà de grandes améliorations, de grands changements. Les constructions ont été restaurées, la culture a pris un grand développement, le village a été doté d'un abreuvoir et d'un lavoir, les rues ont été nivelées, etc., etc.

Un embranchement de 2,000 mètres de longueur met *Vesoul-Benian* en communication avec la route de Blidah à Milianah et Cherchell.

AIN-SULTAN. — 110 kil. S.-O. d'Alger.

Aïn-Sultan est une colonie agricole de 1849, située dans les montagnes de l'Atlas, à 1,500 mètres de la route de Blidah à Milianah.

En 1851, ce village a été affecté aux transportés politiques, qui y ont exécuté de grands travaux. Aujourd'hui, il est occupé par des colons faisant partie de l'émigration franc-comtoise et provençale, et se trouve, par cela même, placé dans les mêmes conditions que Vesoul-Benian.

CHERCHELL. — 17 lieues marines, 114 kil. O. d'Alger.

Cherchell est l'*Iol* des Carthaginois, que Juba, deuxième du nom, agrandit, embellit, et dont il fit, sous le nom de *Julia Cæsarea*, la capitale de la Mauritanie césarienne. Le développement de ses murailles, dont les ruines subsistent encore, avait 8 kilomètres. La ville d'aujourd'hui a 700 mètres à peine de diamètre; l'ancienne en avait 2,000. Ces 25 hectares environ de contenance n'occupent pas la dixième partie du périmètre de la cité de Juba. On trouve encore les restes d'un cirque, d'un forum, du palais des proconsuls, d'un temple à Neptune, de bains consacrés à Diane, et une infinité de marbres mutilés, inscriptions et statues. Les médailles, au type de Juba, sont fort rares.

Après quarante-cinq ans du règne le plus heureux, Juba légua le trône à son fils Ptolémée, qui périt victime d'un crime. La Mauritanie césarienne, réunie à l'empire romain envieux de ses richesses, fut alors désolée par une suite de révoltes et de guerres intestines, excitées par des religionnaires. Firmus, profitant des querelles suscitées par des points de dogmes, entre les catholiques et les donatistes-circoncilions, descendit des montagnes et s'empara de Cherchell, qu'il détruisit. Théodose, après avoir vaincu ce barbare, releva la ville que les Vandales ne tardèrent pas à ruiner de nouveau. Elle reprit quelque splendeur sous les Gréco-Byzantins et porta alors successivement les noms de *Canuci* et de *Carcena colonia*. Marmol dit que le khalife hérétique Kaïm, qui régnait à Kaïrouan, détruisit Cherchell de fond en comble; et Léon l'Africain assure que ses compatriotes, les Grenadins, se réfugièrent à Cherchell lors de leur expulsion d'Espagne, et s'y livrèrent avec succès à l'éducation des vers à soie. En 1531, André Doria vint y brûler la flotte que Barberousse y avait rassemblée; mais il ne put se maintenir dans ce port, dont un coup de main l'avait rendu maître.

En 1830, le caïd et le cadi de Cherchell s'étant prononcés en faveur de l'occupation française, il nous eût été très-facile de nous y établir aussitôt après la prise d'Alger; mais ce ne fut qu'en 1835 que le général en chef remarqua l'importance de ce point; une colonne fut alors dirigée sur l'ancienne cité pour y installer, avec le titre de bey, *Hadj Omar*, l'ancien bey de la province de Titery. Celui-ci ne put s'y maintenir longtemps; il fut chassé par *Berkani*, qui prit le commandement de la ville au nom d'Abd-el-Kader.

Le 26 décembre 1839, les habitants de Cherchell s'étant emparés d'un navire français que le calme avait surpris en vue du port, le gouverneur général se décida à occuper définitivement cette ville, qui menaçait de devenir un nouveau foyer de piraterie. Pendant les premiers mois de l'occupation, les balles des Arabes pleuvaient de toutes parts dans la ville, et cet état de blocus ou plutôt de siége ne cessa qu'après une tentative furieuse, faite sans succès par Berkani, pour s'en emparer de nouveau.

Le capitaine du navire, dont la capture par les pirates a motivé la prise de Cherchell, est devenu le colon le plus sérieux peut-être de la localité. Ruiné par la perte de son navire, M. Jouve, à force de courage, de persévérance et de travail, a su reconstituer sa fortune.

L'auteur ici voudrait bien dire quelques mots sur la capture de la goëlette du capitaine Jouve; mais bien qu'il en ait entendu le récit émouvant de la bouche même de cet infortuné marin, il n'en a pas conservé le souvenir d'une manière assez fidèle pour en faire une narration exacte. Il se rappelle seulement que, dans la nuit du 27 décembre, son père donna l'hospitalité au capitaine Jouve et à ses matelots, qui, pour sauver leur vie, s'étaient précipités dans le canot du bord, au moment où les pirates allaient envahir le navire. A force de rames, ils arrivèrent à Alger, et c'est dans la nuit même de leur arrivée dans ce port que l'auteur a entendu le récit du capitaine et de sa femme. Madame Jouve, qui accompagnait son mari dans ce voyage, avait endossé des effets du mousse, pour déguiser son sexe aux yeux des pirates, et c'est dans cet accoutrement qu'elle est arrivée à Alger.

Le port de Cherchell, anciennement spacieux et commode, a été bouleversé par un tremblement de terre, et lorsque le temps est beau, on aperçoit encore au fond de la mer les vestiges des anciens quais et des débris de constructions romaines. Il était protégé par une jetée qui, partant de l'îlot, se prolonge à 110 mètres dans la direction de l'est. Un bateau à vapeur peut aisément encore y mouiller, la partie conservée a une moyenne de $4^m.50$ de profondeur.

A l'ouest de l'îlot, les Romains avaient creusé un bassin qui communiquait avec le port, et dans lequel les plus forts bâtiments de leur marine trouvaient un abri très-sûr. Ce bassin, comblé par un tremblement de terre, a été nettoyé, creusé, restauré et ouvert à la navigation il y a deux ou trois ans. Il offre une surface abritée de 2 hectares, avec un fond de 3 à 4 mètres; et peut recevoir 40 navires de 100 à 150 tonneaux; mais son abord est dangereux, impossible même par un mauvais temps.

La ville est assise sur la pente des coteaux du Zakkar, qui s'élèvent graduellement derrière elle, à 100 mètres au-dessus du niveau de la mer. L'intérieur de la ville présente un ensemble gracieux de constructions françaises et arabes se liant entre elles par un enchaînement pittoresque et bien entendu. Les rues de Tenez, de Milianah, du Centre, du Ruisseau et des Fontaines, sont les plus belles, les plus spacieuses.

Il faut visiter, à Cherchell, la belle mosquée à trois nefs, supportées par cent colonnes de granit, dont les chapiteaux sont habilement sculptés, et qui sert d'hôpital militaire. Cette mosquée est située au milieu de la ville, qu'elle domine par un joli minaret. Les malades y occupent deux cent-cinquante lits.

C'est également une ancienne mosquée qui a été affectée au service du culte catholique.

On peut se rendre d'Alger à Cherchell par terre; mais il est beaucoup moins onéreux et surtout beaucoup moins fatigant d'effectuer ce voyage à bord des bateaux qui font le service entre Alger et Oran.

NOVI. — 121 kil. O.-S.-O. d'Alger.

Novi est une colonie agricole créée en 1848 au lieu dit : *Sidi-Rilas*, à 6 kilomètres de Cherchell, sur un territoire fertile et accidenté.

ZURICH. — 100 kil. O.-S.-O. d'Alger.

Comme Novi, Zurich est une colonie agricole de 1848. Elle est située à 13 kilomètres de Cherchell, sur la route de Blidah, à l'extrémité occidentale de la Mitidja. Son territoire est des plus fertiles, les habitants ont obtenu l'année dernière de fort beaux produits, qu'ils ont envoyés à l'exposition. Novi et Zurich sont deux annexes de Cherchell.

ORLÉANSVILLE. — 210 kil. O.-S.-O. d'Alger.

Orléansville est une ville toute française, construite sur l'emplacement d'une cité romaine du nom de laquelle on n'est pas encore certain, mais que les Arabes appellent *El-Esslam* (la ville aux statues), à cause du grand nombre de celles qu'on a sorties de ses ruines.

Le génie militaire a construit dans cette jeune cité des hôpitaux, des casernes, des écuries pour la cavalerie, des magasins, et plusieurs autres établissements qui sont entièrement terminés et qui méritent l'attention des voyageurs.

Les rues sont belles, spacieuses et bordées de jolies maisons. Les fouilles nécessitées par la construction de la ville ont amené plusieurs découvertes précieuses. Une ancienne église chrétienne a même été retrouvée dans ses fondations et dans ses mosaïques. L'inscription ci-dessous placée sur le seuil de l'édifice, ne laisse pas de doute à cet égard. La voici telle que quatorze siècles nous l'ont transmise.

```
HIC REQUIESCIT SANCTÆ
MEMORIÆ PATER NOSTER
REPARATUS EPISCOPUS
QUI FECIT IN SACERDOTIUM
ANNOS VIII MENSIS XI ET
NOS PRECESSIT IN PACE
DIE UNDECIMA K. A. L. A'G. PR.
OV. NC. CCCC XXX ET SEXTA.
```

Ce qui s'explique ainsi :

« Ici repose notre père RÉPARAT, évêque de sainte mémoire, qui exerça huit ans onze mois le sacerdoce, et qui nous a précédés dans la paix de Dieu le onzième jour des calendes d'août, l'an 436 de la naissance de J.-C. »

« La belle mosaïque retrouvée à *El-Esslam* (Orléansville), dit monseigneur l'évêque d'Alger, était bien en effet le pavé d'une des plus anciennes basiliques de la chrétienté ; à en juger par son inscription, écrite en grands caractères, elle daterait des premières années du IIIe siècle. Cette mosaïque n'a pas moins de quarante pas de longueur sur vingt-deux de largeur, sans y comprendre les bas-côtés, qui étaient séparés de la nef par deux rangs de colonnes.

» A l'extrémité Est de cet admirable pavé, et au milieu d'un hémicycle, se trouvait l'autel ; l'hémicycle est remarquable par son élévation d'un mètre et quelques centimètres, mais bien plus par la perfection de la mosaïque qui le décore. Au devant de l'autel est un agneau percé d'une flèche, et un peu au-dessous, des deux côtés, des poissons d'un merveilleux travail. Le poisson, dans ces temps antiques, était, comme tous le savent, un signe symbolique du christianisme.

» Sous l'autel, dans une crypte voûtée, est un tombeau creusé dans du plâtre ; il était ouvert au moment des fouilles : à droite et à gauche s'élevaient deux colonnes de marbre blanc.

» A l'extrémité opposée, et dans un hémicycle parfaitement semblable à celui où est l'autel, mais presque au niveau du pavé, orné comme le premier de deux colonnes de marbre, on lit, au milieu d'une belle rosace entourée de guirlandes de feuillages, l'inscription tumulaire que nous avons citée plus haut. »

Indépendamment de cette basilique, l'archéologue pourra visiter l'emplacement et les ruines d'une seconde *église chrétienne*, au lieu même où s'élève l'*hôpital militaire*, et à 1 kilomètre environ, au milieu de cette *nécropole chrétienne*, les restes de deux *chapelles* ou *oratoires*, dont la construction ne laisse également aucun doute sur leur destination.

Une citerne romaine parfaitement conservée vient d'être disposée pour le service public de cette cité; elle peut contenir 344 hectolitres; de plus, on continue de réparer un conduit romain, dont près de 3,500 mètres sont déjà terminés.

Orléansville possède un établissement de *bains maures*, qui mérite une mention toute spéciale.

Situé au centre de la ville, près du bureau arabe, cet établissement domine une belle place richement plantée d'arbres et d'arbustes de toute espèce; il est d'un joli style mauresque, entouré d'une gracieuse galerie à colonnes surmontées de l'ogive orientale. Sa masse rectangulaire est couronnée par un dôme orné d'une lanterne aux verres coloriés. Les bains sont fournis indistinctement à tous les indigènes, par suite d'un abonnement pris en commun et par tribus; il en résulte qu'ils sont à peu près gratuits. Ils le sont tout à fait pour les pauvres qui, un jour de la semaine, peuvent y aller, et même après le bain, se faire servir une tasse de café, accompagnée de l'inévitable pipe de tabac, toute la dépense est entièrement supportée par la caisse de l'établissement. Excellente manière de donner des habitudes de propreté aux plus infimes du peuple, dont pourraient profiter les villes les plus civilisées d'Europe!

« Cet établissement, dit M. Duval (1), a encore un caractère plus élevé, en ce sens qu'il résout le premier problème d'association des capitaux indigènes qui ait été

---

(1) Tableau de l'Algérie.

tenté, fondé sous l'impulsion du bureau arabe, au moyen d'actions fournies par les Arabes des tribus; il rapporte maintenant à ces derniers un dividende qui varie de 12 à 15 pour cent. Il atteint donc le but important de servir d'appât aux capitaux indigènes et de les engager à sortir de leur oisiveté souterraine pour produire la richesse générale en se réunissant. »

Une route magnifique relie Orléansville avec Tenez, port sur la Méditerranée, dont nous parlerons plus loin. Sur cette route sont échelonnés les fermes-auberges de AÏN-BEÏDA, les CINQ-PALMIERS, les TROIS-PALMIERS, BOMBARA, le CAMP DES CHASSEURS; les mines de l'Oued-Allelah, la colonie de Montenotte maintiennent sur cette route un grand mouvement de circulation.

Orléansville est le chef-lieu de la 6ᵉ subdivision militaire de la province d'Alger; elle est également la résidence d'un commissaire civil, dont la juridiction s'étend jusqu'aux colonies de *La Ferme* et de *Ponteba*.

LA FERME.

Colonie agricole créée en 1848 sur la rive droite du Chélif, à 600 mètres d'Orléansville, dont elle est en quelque sorte un faubourg. Ce village tire son nom du voisinage de l'ancienne ferme militaire dont les bâtiments s'élèvent tout auprès.

PONTEBA. — 204 kil. S. S.-O. d'Alger.

Ponteba est encore une colonie agricole créée en 1848. Elle est située à 7 kilomètres d'Orléansville, au lieu dit *Aïn-Chelaba*. Cette colonie n'offre rien de particulier; elle communique avec Orléansville par la route de Milianah.

TENEZ. — Par terre, 150 kil. O. d'Alger; par mer, 35 lieues marines.

A peine osons-nous recommander un hôtel au voyageur,

car ils sont tenus avec une négligence incompréhensible. Le plus convenable de tous est cependant celui de *France*.

Voici ce que *Sid-Ahmed-ben-Yousuf* disait en parlant de Tenez :

> Ville bâtie sur du cuivre,
> Son eau est du sang,
> Son air est du poison.
> (Traduction libre de l'arabe.)

Voici maintenant l'opinion des écrivains qui ont parlé de cette ville avant 1850.

Tenez : « Ville chétive et sale, située sur la rive droite d'un petit cours d'eau, au fond d'une baie sombre, qui forme un port dont la rade offre peu de sécurité aux bâtiments. Cette ville, avant Barberousse, était la capitale de l'un des petits royaumes du pays ; elle faisait jadis un commerce de blé assez considérable. Une colonne française l'a visitée le 27 décembre 1842, mais elle s'est hâtée de s'éloigner de cette misérable bourgade, qui ne présentait aucune ressource pour le logement et l'approvisionnement des troupes. »

Telle était, en effet, la situation de Tenez, lorsque les Français l'occupèrent. Régie militairement, la colonisation n'avait pas fait encore le premier pas, lorsque l'ordonnance du 14 janvier 1848 érigea cette localité en commissariat civil ; l'industrie commençait à *sonder le terrain*, le commerce faisait ses essais ; en un mot tout était encore à l'état d'enfance. Peu de temps après son érection en territoire civil, Tenez reçut dans ses murs l'ancien administrateur de Blidah, celui dont nous avons parlé au sujet des villages de Joinville, Montpensier et Dalmatie. Dès ce moment la situation changea, et Tenez ne tarda pas à devenir, après Alger et Blidah, la ville la plus délicieuse du département.

Dire tout ce qui a été fait sous l'administration de

M. Pécoud serait impossible, à moins cependant de faire un *inventaire* de tout ce qui existe à Tenez, de tout, sans en excepter même la fortune des habitants.

Tenez conservera longtemps le souvenir de l'administration de ce fonctionnaire ; il se rappellera toujours aussi que c'est madame Pécoud qui a créé la *société tenezienne*. Avant son arrivée dans cette ville, les hommes ne se voyaient qu'au café, les dames restaient chez elles sans se fréquenter. Madame Pécoud, en femme aussi charmante que spirituelle, a su avec infiniment de tact amener les notables habitants à ouvrir leurs salons, et aujourd'hui tous reçoivent.

Tenez se divise en deux quartiers, ou plutôt en deux villes bien distinctes et qui portent le nom de *vieux Tenez* et de *nouveau Tenez*.

Le *vieux Tenez* est la sale et chétive bourgade trouvée en 1842. Les Français y ont construit une fontaine et réparé la mosquée, dont le minaret pointu se voit de bien loin, ainsi que le caravansérail. Ces travaux ont donné une apparence de fraîcheur à la vieille ville, qui est restée le quartier des indigènes.

Le *nouveau Tenez*, construit depuis l'occupation française, est situé à 1 kilomètre de la ville indigène, sur l'emplacement de *Cartenna Colonia*, fondée sous Auguste par la deuxième légion romaine. On a trouvé des mosaïques, des vases lacrymatoires, des médailles, des colonnes, des pans de murailles et autres vestiges qui permettent d'apprécier l'importance de cette antique cité.

L'aspect du nouveau Tenez est riant ; c'est un gracieux ensemble de jolies rues, de belles maisons et d'édifices grandioses. Au milieu de la ville, il y a une place assez spacieuse décorée d'une *fontaine monumentale* entourée d'une double ceinture d'arbres ; le côté sud de cette place est occupé par une grande caserne ; les autres parties sont couvertes par de belles constructions particulières. L'hôpital militaire, situé dans la rue d'Orléansville, est entouré d'un élégant parterre couvert de fleurs et de verdure. La fontaine monumentale, un réservoir servant de château d'eau et un grand nombre de bornes fontaines sont alimentées par un canal romain restauré, prenant l'eau à 5,000 mètres au-dessus de l'embouchure de l'*Oued-Allelah*, qui longe la ville à l'est. En outre de ces fontaines qui débitent environ 40,000 hectolitres d'eau par vingt-quatre heures, chaque établissement a sa fontaine particulière.

Tenez est déjà une ville importante, son commerce avec les indigènes l'a placée de suite au second rang des villes algériennes, et cette importance tend à s'accroître chaque jour. Des études ont été faites pour la construction d'un port, et tout porte à croire que ce projet sera mis prochainement à exécution. Tenez étant situé sur la route, et à égale distance d'Alger et de Mers-el-Kebir (Oran); et, étant le débouché naturel d'Orléansville et de toute la vallée du Chélif, son port ne tarderait pas à acquérir une grande importance militaire, maritime et commerciale.

La colonisation a pris dans les environs de Tenez un grand développement. Elle a été puissamment aidée par les exploitations métallurgiques du cap Tenez, de l'Oued-Allelah et de Taffiletz, qui entourent la ville. Le cuivre, que *Sidi-Ahmed-ben-Yousuf* accusait de corrompre l'air et de tuer les habitants, fait aujourd'hui leur bonheur en donnant du travail et en répandant le bien-être, l'aisance et même la fortune.

La prospérité de Tenez trouvera un puissant auxiliaire le jour où l'industrie s'emparera des richesses que renferment les environs de la ville, richesses qui consistent en marbres de belle qualité; une source thermale à 30 degrés; des affleurements carbonifères dans les gorges de l'Ouad-Allelah, contenant une grande quantité de pyrites de fer; du minerai de fer; de la galène renfermée dans des filons cuivreux, etc., etc.

Le courrier d'Alger à Oran mouille à Tenez une fois par semaine; il prend les voyageurs. C'est le mode le plus sûr et le plus rapide de communication entre cette localité et les autres villes du littoral. A son retour à Alger, le courrier s'arrête également à Tenez.

Comme annexe de Tenez, il y a le village de

MONTENOTTE. — 8 kil. S. de Tenez.

Montenotte est une colonie agricole de 1848. C'est sur son territoire que s'exploitent les riches mines de l'*Oued-Allelah*, source de prospérité pour les habitants du village, qui trouvent, par l'affluence des ouvriers employés à cette exploitation, un débouché facile pour leurs produits.

MÉDÉAH. — 90 kil. S. d'Alger. 42 de Blidah.

Il n'y a guère que l'*hôtel Muller* de confortable.

Une voiture fait, lorsque le temps le permet, un service régulier entre Médéah et Blidah; mais l'artiste et l'amateur doivent faire ce voyage à cheval ou bien en cabriolet. Ils trouveront l'un et l'autre à des prix très-modérés.

Médéah, aujourd'hui chef-lieu de la 4e subdivision militaire de la province d'Alger, était autrefois l'ancienne capitale du royaume de Tittery. Cette ville est bâtie en amphithéâtre sur un plateau incliné, au delà de la première chaîne de l'Atlas, que l'on traverse par un chemin très-difficile. L'aspect extérieur des maisons de Médéah, celles des indigènes bien entendu, a beaucoup d'analogie avec celui des maisons de la Romagne. Comme elles, des toitures basses et en tuiles les écrasent, et comme elles aussi, elles ne prennent presque point de jour sur les côtés. Une cour ménagée à l'intérieur donne de la clarté dans les appartements.

Aujourd'hui l'aspect de la ville a changé : de belles rues ont été ouvertes, des places ont été ménagées avec infiniment de goût, et de belles constructions ont été substituées par les européens aux incommodes habitations des indigènes; l'État, de son côté, a doté ce pays de plusieurs travaux importants.

Lorsqu'on se promène aux environs de Médéah, on est surpris et charmé de se trouver au milieu d'un pays boisé, bien cultivé et couvert d'habitations comme l'une des plus riches contrées de France. De nombreux cours d'eau, affluents du Chélif, et principalement l'Oued-Mergan, répandent la fraîcheur dans des sites délicieux où la température est toujours saine, bien que très-chaude en été et très-froide en hiver. Il tombe beaucoup de neige dans ces cantons. Les oliviers ni les orangers ne se montrent plus dans cette vallée que Médéah domine sur son mamelon escarpé. La vigne dont on fait un excellent vin, le mûrier, le poirier, le peuplier remplacent avantageusement les produits d'un climat plus ardent, et ombragent le gourbi ou la tente de l'Arabe.

Sidi-Ahmed-ben-Yousuf, marabout très-vénéré de Milianah, qui a laissé, sur toutes les villes de la régence, des sentences qui sont devenues des dictons populaires, a dit, en parlant de Médéah : « ville d'abondance; si le mal y
» entre le matin, il en sort le soir. »

Médéah a été occupée quatre fois par les troupes françaises : d'abord le 22 novembre 1830, par le général Clauzel; puis le 19 juin 1831, par le général Berthezène; le 4 avril 1836, par le général Desmichels, sous les ordres du maréchal Clauzel; et enfin, d'une manière définitive, le 17 mai 1840, par le maréchal Vallée. Tous ses habitants l'avaient évacuée. Les hostilités de 1839 avaient démontré que, tant qu'on laisserait les Arabes libres dans l'Atlas, ils s'y organiseraient de façon à arriver en force et à l'improviste sur nos établissements de la Mitidja, et pourraient, par suite, nous inquiéter constamment. La tranquillité de la Mitidja dépendant donc de celle du petit Atlas, l'occupation permanente de Médéah fut résolue et effectuée dans ce but. Cette occupation a donné, en outre, à la France une place qui coupe par le milieu les provinces orientales et occidentales de l'espèce d'empire créé par Abd-el-Kader; elle a porté aussi un rude coup à l'influence du jeune sultan sur les Arabes soumis à sa domination. Médéah sera plus tard la station destinée à assurer les communications et le commerce entre le Sahara et Alger.

Le voyageur ne visitera pas sans un vif intérêt la jolie mosquée convertie en *temple chrétien*, et son élégant minaret couronné d'une croix. La casbah et le grand aqueduc méritent aussi l'attention de l'étranger.

Non loin de Médéah, et dans le ressort de son administration civile, se trouvent deux colonies agricoles de 1848 : ce sont celles de *Lodi* et de *Damiette*.

LODI. — 5 kil. de Médéah.

Les colons de Lodi, profitant du voisinage de Médéah, se sont livrés dès leur installation aux cultures maraîchères, et les bénéfices qu'ils en ont retirés leur permettent aujourd'hui de s'occuper de grande culture et de cultures industrielles. Ce village est appelé à devenir en quelque sorte un faubourg de Médéah.

DAMIETTE. — 3 kil. de Médéah.

La colonie de Damiette est placée dans les mêmes conditions que celle de Lodi. Les colons de Damiette ont eu également la pensée de profiter du voisinage de Médéah, et, comme leurs voisins, ils s'en trouvent très-bien.

MOUZAÏA-LES-MINES. — 15 kil. S. de Blidah.

Centre de population dont la création, qui remonte à l'année 1845, est due à la compagnie concessionnaire des riches mines de cuivre qui se trouvent au cœur du Petit-Atlas. Le village, traversé par la route de Blidah à Médéah par le col de Ténia, est situé sur un plateau auquel on avait donné le nom de *plateau des Oliviers*.

Les constructions élevées par la compagnie forment une enceinte crénelée avec courtines et bastions pour la défense des habitants contre les attaques des Arabes, et comprennent :

1° Le bâtiment de la direction;

2° Le bâtiment des bureaux et logement des employés;

3° Un bâtiment pour le bureau de la place, avec logement pour quelques militaires;

4° Cent chambrées de cinq ouvriers chacune;

5° Une chapelle;

6° Un magasin d'entrepôt pour le matériel d'exploitation;

7° Des ateliers de forges, de menuiserie et de charpente, une boulangerie, une boucherie, un café, une auberge, une pharmacie, une infirmerie, un établissement de bains selon l'usage arabe, de vastes hangars pour écuries et greniers à foin, lavoirs, etc., etc.

Les Arabes des environs alimentent un petit marché qui se tient tous les jours à côté d'un café maure.

Autour du village il y a de très-jolis jardins potagers et des champs couverts de vignes, de céréales et de plantes industrielles. Les nombreux oliviers qui croissent sur le territoire concédé à la compagnie sont maintenant presque tous greffés et commencent à donner de très-beaux fruits. On remarque aussi sur cette concession une grande quantité de chênes-lièges d'une exploitation facile et fructueuse.

Les travaux et constructions exécutés par la compagnie pour l'extraction et la manipulation du minerai ne sont pas moins importants que ceux dont nous venons de faire l'énumération.

On a établi aux exploitations d'Aumale et de Nemours deux blockhaus et plusieurs autres constructions importantes, une usine de préparation et une autre pour la fusion du minerai, un réservoir qui communique avec l'usine principale par un aqueduc, des fours à chaux et à plâtre qui fournissent d'excellents matériaux, des routes carrossables pour le transport du minerai, etc.

Il ne manque plus, pour assurer la prospérité de cette exploitation, que des moyens faciles et économiques de transport pour le minerai. L'exécution du chemin de fer projeté depuis longtemps déjà entre Alger et Blidah, résoudra ce problème.

BOGHAR. — 170 kil. d'Alger, 80 kil. de Médéah.

Boghar occupe l'emplacement d'une ancienne colonie romaine. Ce n'est qu'en 1839 qu'Abd-el-Kader, ayant reconnu les avantages de cette position, ordonna à Barkani, son khalifa, de s'y fortifier. Dans le mois de juillet de la même année, celui-ci commença à exécuter les ordres de son maître, et, en peu de temps, il construisit une enceinte, un fort, des forges, une manutention, etc... A peine ces travaux étaient-ils terminés, que le général Baraguay-d'Hilliers, à la tête d'une colonne, vint en détruire la plus grande partie. En 1841, le maréchal Bugeaud s'empara définitivement de la place; et en 1843, la création d'un camp y amena une garnison à la suite de laquelle vint s'établir une population civile. La colonisation n'a pas encore pris, sur ce point, un grand développement; cependant c'est un colon de Boghar, M. Glandier, qui a fourni à l'exposition agricole d'Alger, en 1851, les échantillons de blé dur, de blé tendre et d'orge, qui ont été reconnus les plus beaux du concours. C'est le même colon qui a obtenu, en 1852, le premier prix des chevaux de selle.

Ce qui plaît à Boghar, surtout lorsqu'on vient de parcourir le pays sec et aride qui l'environne au sud, ce sont les beaux sapins, genévriers et tuyas de haute futaie qui s'y trouvent à profusion; ce sont les sources abondantes qui s'échappent de tous côtés. Le murmure des eaux, la fraîcheur qu'elles répandent, font éprouver un sentiment de délices inexprimables. On reproche à Boghar d'être le point de mire de tous les vents, et quand ils sont impétueux, les habitants prétendent qu'on y vit dans une atmosphère de poussière intolérable. Dans l'énumération des bonnes et des mauvaises choses de Boghar, il ne faut pas oublier une charmante grotte naturelle dans laquelle croît un figuier; elle est située auprès de la ville.

LAGHOUAT. — 220 kil. environ d'Alger.

Laghouat est le poste le plus avancé dans le sud du département d'Alger. Cette ville a été enlevée en 1852, par une colonne sous les ordres du général Pélissier, au moment où le général Randon, gouverneur général de l'Algérie, marchait à la tête d'une armée pour en faire le siége.

La ville est située sur les versants nord et sud d'une petite montagne que baigne, à l'est, l'Oued-Mzi. Son enceinte crénelée a la forme d'un rectangle. Deux tours, placées au sommet du mont, dominent et défendent les remparts. Les vergers, répandus sur une étendue de près de 3,000 mètres autour de la ville, mais principalement au nord et au sud, forment deux belles forêts de palmiers et d'arbres fruitiers.

Laghouat est le centre de la domination militaire dans les

oasis du Sahara, et il ne tardera pas à devenir également le centre de la colonisation. On y prélude par la création d'un troupeau modèle et d'un jardin d'acclimatation. L'administration a déjà octroyé à M. le docteur Baudens une concession de cinq mille palmiers d'un rapport annuel de 10 francs par arbre.

La garnison de Laghouat est placée de manière à surveiller les oasis de la partie septentrionale du Sahara. Déjà elle a poussé des reconnaissances jusque dans le pays des Beni-Mzab.

Le commerce de Laghouat est très-actif, il s'exerce surtout sur les céréales, les bestiaux, les laines, les burnous, les haïks et les instruments aratoires.

A une dizaine de lieues au N.-O. de Laghouat, se trouve le village de TEDJEMOUT, protégé par une double ceinture de jardins et de murailles. C'est dans les silos de ce village que les Arabes du pays viennent déposer leurs grains pour les conserver.

A cinq lieues de Tedjemout, et à une quinzaine de lieues environ à l'ouest de Laghouat, on trouve la petite ville d'Aïn-Madhi, dont Abd-el-Kader s'empara en 1838, après un siége de huit mois. Aïn-Madhi est une charmante petite place forte, dont les fortifications sont faites à l'instar de celles des villes européennes. Ce pays a eu son Vauban.

AUMALE. — 130 kil. d'Alger.

Aumale, chef-lieu de la 3ᵉ subdivision militaire de la province d'Alger, est situé à l'entrée de la Kabylie, sur l'emplacement d'une ancienne cité romaine du nom d'*Auzia*, dont la splendeur est attestée par de nombreux vestiges et surtout par une superbe mosaïque découverte il y a deux ans environ. Les Arabes s'établirent plus tard sur les ruines d'Auzia, et donnèrent à cet emplacement le nom de *Sour-Ghozlan*.

Cette ville, fondée par S. A. R. le duc d'Aumale, pour commander la Kabylie, n'a pas tardé à acquérir une certaine importance commerciale. Grâce aux avantages de sa position, un centre de colonisation s'est déjà constitué, et il prendra un bien grand développement le jour où sera terminée la route qui doit mettre Aumale en communication directe avec Dellys; une route la relie déjà avec Alger.

Le climat d'Aumale peut être comparé à celui de Médéah; il est très-chaud en été et très-froid en hiver : néanmoins il est très-sain, et généralement les colons s'y portent bien.

La ville actuelle est toute française, il ne reste rien debout de la cité romaine et de l'occupation arabe. Les ruines de la ville romaine ont fourni et fournissent encore de bons matériaux pour les constructions modernes; le pays fournit en abondance de la pierre à chaux, du plâtre, etc.

On peut se rendre d'Alger à Aumale en voiture, mais il est plus simple de faire la route à cheval ou tout bonnement à dos de mulet si l'on craint la vivacité des chevaux arabes.

DRA-EL-MIZAN. — 60 kil. S.-S. d'Alger, environ.

Drâ-el-Mizan est un poste militaire qui se trouve sur la route de Dellys à Aumale, à égale distance de ces deux localités. Une population civile s'y est déjà installée, et tout porte à croire qu'elle ne tardera pas à faire de ce poste un centre de commerce et d'industrie assez important.

DELLYS. — Par mer 14 lieues marines, par terre 96 kil. E. d'Alger.

Il n'y a guère qu'un hôtel recommandable; c'est celui *de la Colonie*.

Dellys est un chef-lieu de cercle, dépendant de la subdivision d'Alger, et situé à l'est de cette capitale, sur l'emplacement de l'ancienne colonie romaine de *Rusucurium*. Premier mouillage du bateau à vapeur de l'État faisant le courrier d'Alger à Bône, la rade de Dellys est abritée des vents d'O. et N.-O. par une pointe longue, étroite et couverte de tombeaux, à l'extrémité de laquelle on a établi un feu fixe pour servir de phare. La montagne sur laquelle la ville est adossée protége la rade des vents du S., S.-O. et S.-E.; mais rien ne la défend des vents d'E. et N.-E. qui agitent la mer au point d'obliger les marins d'abandonner leurs navires à la grâce de Dieu; seulement comme la rade est profonde et que le fond est généralement bon, les habitants n'ont eu encore à regretter que la perte d'un seul navire : c'était la balancelle la *Bella Nina* qui, arrivant au mouillage par une tempête épouvantable et n'ayant à ce qu'il paraît pas une chaîne, pas un câble assez fort pour résister à l'impétuosité du vent et de la mer, a été jetée sur les rochers situés à l'est de la ville. Le navire a été brisé au premier choc, et l'équipage ainsi que les passagers ont trouvé la mort (1).

Comme la plupart des villes arabes occupées par les Français, Dellys se divise en deux villes bien distinctes, mais reliées entre elles par le bureau arabe et l'hôpital militaire auquel est adossée la maison du commandant supérieur du cercle. Le vieux Dellys est resté la ville des indigènes et le nouveau Dellys, construit depuis l'occupation française (1844), est une charmante petite ville européenne au commerce très-actif.

L'État a fait à Dellys plusieurs constructions assez importantes, mais une seule mérite le titre de monument : c'est la jolie mosquée surmontée d'un élégant minaret qui

---

(1) Nous venons de lire dans l'*Akhbar*, journal d'Alger, qu'un second navire vient d'être jeté à la côte à Dellys, mais nous ignorons dans quelles circonstances.

se trouve à côté du bureau arabe, dans la belle rue qui, partant du nouveau Dellys, traverse la vieille ville pour conduire aux jardins. Cette mosquée semble narguer les chrétiens, qui pour église sont encore forcés de se contenter de l'ancienne boutique d'un marchand de vins.

Bien que la *crise générale* ait considérablement ralenti le mouvement commercial qui s'était prononcé dès le commencement de l'occupation de Dellys, cette ville est toujours très-animée et, ainsi que nous l'avons dit déjà, son commerce est des plus actifs.

Dans le principe, il ne se faisait à Dellys qu'un commerce d'importation, c'est-à-dire que les Kabyles venaient y faire leurs achats de sel, acier, quincailleries, tissus, etc.; mais ils n'y portaient pas leurs produits. Un négociant, M. Sparvié, malgré la défense formelle faite aux habitants de sortir de la ville, eut l'heureuse idée d'aller faire un tour dans l'intérieur du pays; après quelques jours de *promenade en pays insoumis*, ce négociant revint à Dellys suivi par une cinquantaine de Kabyles conduisant des mulets chargés d'huile. A partir de ce jour Dellys est devenu un comptoir du commerce d'Alger; presque toutes les maisons de cette ville y sont représentées par un agent qui s'occupe spécialement des achats d'huile et de céréales.

Dellys est la ville la plus saine de l'Algérie. Il n'y a jamais eu dans cette localité ni fièvres, ni choléra, ni maladies épidémiques. Elle est aussi la ville la plus pittoresque; des sites variés et très-rapprochés les uns des autres rendent la promenade délicieuse. A l'est et au sud de la ville, le sol est couvert de roches, en forme de cailloux qu'on ne trouve qu'à la surface, sur une étendue de 1 kil.; la culture les écarte tous les jours. Des masses énormes de quartzites, que l'on emploie avantageusement pour le pavage des rues, et de nombreux blocs de pierres lithographiques, comparables aux plus belles pierres de Munich, sont parsemées au pied même des remparts. Des mosaïques remarquables au bord de la mer et à 800 mètres même de la pointe, ont conservé les vestiges de l'antiquité, dont les médailles et les amphores trouvées en creusant les fondations de l'hôpital et de la mosquée sont des monuments fidèles. A l'ouest, de magnifiques jardins, ayant chacun leurs maisons de plaisance ou leur métairie, au milieu d'ombrages délicieux et de sources abondantes, bordent la mer sur un développement de 6 à 8 kil., et procurent l'aisance aux propriétaires, qui, au moyen de petites barques, transportent sur le marché d'Alger leurs fruits, et surtout leurs raisins, dont la réputation s'étend même jusqu'à Paris.

Sur le territoire de Dellys il y a quatre villages arabes : *Thouabet*, *Tekedempt*, *Assouaf* et *Beni-Ouaseroual*, qui sont placés sur la rive droite de l'Oued-Néça (Sebaou) et en face des Issers. Il y a dans cette partie de la Kabylie plusieurs marchés qui réunissent chacun une fois par semaine de 4 à 5,000 marchands indigènes; les principaux sont :

Le marché du *tenine* (lundi) sur un plateau situé à 2 kil. de la rive gauche du Sebaou et à 16 kil. de Dellys, sur le territoire des Issers;

Celui de l'*arbâ* (mercredi) à une vingtaine de kilomètres de Dellys, entre les *Beni-Ouaguenoun* et les *Taourga*;

Celui du *djemmâa* (vendredi) à 18 kil., et enfin

Celui du *sebt* (samedi) qui se tient chez les *Amraouas*, à 20 kil. environ de Dellys.

Les Kabyles apportent sur ces marchés des grains, de l'huile, du savon, des fruits secs et frais, du miel, de la cire, etc. Ils y conduisent aussi beaucoup de bestiaux.

La durée du voyage par mer d'Alger à Dellys est de sept heures; le prix des places est de 8 fr. 60 c. pour la 3e classe, et 12 fr. 60 c. pour la 2e. On ne délivre pas de billets de 1re classe.

Par terre, le voyage est plus long. Il n'y a pas encore de voitures pour faire ce service; aussi est-on obligé de faire la route à cheval, ce qui n'est pas sans attrait pour l'amateur. Par la route tracée par le génie il y a 96 kil., et par les sentiers arabes la distance est de 130 kil. Avec un bon cheval arabe, on fait ce voyage dans une journée sans trop se fatiguer.

Plusieurs villages sont projetés sur la route d'Alger à Dellys, ainsi que sur celle qui de cette ville conduira à Aumale.

IV.

PROVINCE DE CONSTANTINE.

CONSTANTINE. — 422 kil. d'Alger.

Le voyageur trouvera à Constantine des hôtels et des restaurants à des prix modérés; ceux du *Palais-Royal*, d'*Europe* et de *Nemours* sont les plus recommandables.

Il y a deux services réguliers de messageries entre Philippeville et Constantine; le prix des places est de : coupé 15 fr., intérieur 10 fr., rotonde, 5 fr.

Constantine est la *Cirta* des anciens, la *Cossentina* des Arabes. Elle est située sur le *Rummel*, au point où ce torrent traverse des collines élevées pour pénétrer du bassin supérieur dans la plaine de Milah.

L'ancienne capitale de *Jugurtha*, l'ancienne capitale du *beylik*, est aujourd'hui le chef-lieu de la province de l'est de l'Algérie, résidence d'un préfet et du général commandant la division.

Constantine est bâtie à 600 mètres environ au-dessus du niveau de la mer, sur un plateau qui a la forme d'un trapèze dont les angles font face aux quatre points cardinaux, et dont la plus grande diagonale est divisée du sud au nord. Ce plateau, entouré par la rivière et dominé par les hauteurs de Mansourah et de Sidi-Mérid, dont il est séparé par une grande et profonde anfractuosité où coulent les eaux de Rummel, ce plateau, dis-je, a tout l'aspect d'une presqu'île. Le Rummel, en arrivant aux pieds de la ville, forme une magnifique cascade.

La ville n'a point d'enceinte. Sur trois des côtés du trapèze qu'elle décrit, le redressement du sol, taillé à pic dans la plus grande étendue de ces lignes, la défend assez contre toutes les attaques extérieures. Le Rummel, qui coule au long de ces escarpements, sur les côtes nord-est et sud-est, lui sert d'ailleurs de fossés naturels.

Constantine a été la scène où se sont produits tour à tour les personnages qui ont joué le sort de l'Afrique dans le grand drame de l'histoire. Le fondateur de cette ville est, d'après les historiens, un aventurier grec, qui lui donna le nom de *Cirta*. 250 ans avant Jésus-Christ, Narva y régnait sur les Numides orientaux. Il se maria avec une fille d'Amilcar, sœur du grand Annibal; il en eut un fils, Gala, qui lui succéda. Massinissa, fils et successeur de Gala, soutint le parti des Carthaginois, et fut fiancé à Sophonisbe, fille d'Asdrubal. Nous regrettons que la nature de cet ouvrage ne nous permette pas de nous étendre sur toutes les phases curieuses de cette époque.

Après avoir réuni sous sa domination tout l'empire des Numides, Massinissa laissa le trône à sa race, dont Jugurtha amena l'extinction. Jugurtha, Marius et Juba y régnèrent successivement. Ce dernier, ayant embrassé le parti de Pompée, en fut chassé par Bogad, roi de Mauritanie, et Sittius, qui y fonda alors la colonie romaine des Sittiens, dont la ville prit le nom *Sittiana*. César y fit entreprendre de grands travaux et lui donna le titre de *Julia*. Rufus Volusianus, général dans l'armée de Maxence, s'en empara et la détruisit presque totalement. Constantin la releva et lui laissa son nom.

Le sang des martyrs, qui avait coulé en abondance sur les rives de l'*Ampsaya* (Rummel), féconda ces rochers arides, qui parurent bientôt couverts de chrétiens; ils y nourrirent bientôt aussi l'hydre de l'hérésie indigène à l'Afrique. Pétilien, de la secte des donatistes, y fut évêque pendant quinze années et lutta contre saint Augustin. Lorsque l'armée de Justinien eut purgé l'Afrique des Vandales, cet empereur se donna comme le restaurateur de Constantine. Au demeurant, c'est bien à lui qu'on doit la construction de cet aqueduc dont les ruines, qui ont encore 12 à 14 mètres d'élévation, se voient au bord du Rummel à 1 kilomètre au sud de la ville.

L'invasion arabe vint encore détruire une fois cette opulente cité, qui se releva avec beaucoup de peine de ce dernier coup. Tout en conservant son nom, Constantine passa successivement entre les mains de tous les conquérants de l'Afrique. En 1568 elle se donna aux Turcs, et à part quelques révoltes étouffées promptement, elle a continué jusqu'en 1830 à se soumettre aux deys d'Alger.

Pendant cette période, Constantine a été gouvernée par des beys, dont la chronologie est absolument comme celle des deys d'Alger : on ne voit que des beys assassinés quelque temps après leur arrivée au pouvoir. Le dernier, Hadj-Ahmed-Bey, est celui qui s'est maintenu le plus longtemps ; mais comment y est-il parvenu ? en opprimant ses sujets ! de 1826 à 1830 il en sacrifia plus de 3,000 en leur faisant couper la tête. Ce bey commit aussi des obscénités révoltantes.

En 1830, il conduisit au dey d'Alger son contingent de troupes pour repousser les Français, et, après l'affaire de Staouéli, où l'armée algérienne fut mise en complète déroute, il retourna à Constantine ; mais il en trouva les portes fermées. Il fit le siége de sa propre ville, et il ne s'en serait certes pas emparé si la trahison et la perfidie ne lui en eussent facilité les moyens. Dès qu'il fut entré dans sa casbah, il se livra à toute sa cruauté.

Vers la fin de 1830, le gouvernement français prononça la déchéance de Hadj-Ahmed-Bey, et nomma à sa place le sage Sidi-Mustapha, frère du bey de Tunis. Ahmed ne s'émut pas de la décision qui venait d'être prise à son égard, et ne demeura pas moins souverain de son beylik.

En 1836, fatigué par les exactions de Hadj-Ahmed, et poussé par les promesses fallacieuses faites au capitaine Yussuf par quelques indigènes, le maréchal Clausel se décida à marcher contre ce dernier refuge de la puissance musulmane.

Trop confiant, cet habile guerrier fit l'expédition de Constantine à la tête d'une armée insuffisante; aussi échoua-t-il dans toutes les tentatives qu'il fit pour s'emparer de cette ville. La retraite de l'armée française a produit un grand capitaine (Changarnier) : ce fut le seul fruit de cette expédition.

L'année suivante, le successeur du maréchal Clausel, M. le général Damrémont, avec un corps d'armée de 10,000 hommes, à l'avant-garde duquel marchait le second fils du roi, prit la ville d'assaut. Le général Damrémont paya de sa vie cette éclatante victoire, qui a fait mentir le dicton arabe d'après lequel « Constantine était » une pierre au milieu d'un fleuve, et qu'il faudrait, pour » l'enlever, autant de Français qu'il faudrait de fourmis » pour enlever un œuf du fond d'un pot de lait. »

L'intérieur de la ville est un dédale de petites rues de 4 à 5 pieds de largeur, et souvent recouvertes de voûtes. Ces voies de communication, mal pavées et mal éclairées, sont dans un triste état de saleté en été comme en hiver. Alger, Oran, Bône vous rappellent par moment l'Europe, mais Constantine est la Numidie dans toute son étrangeté, dans toute sa saleté. La ville est divisée actuellement en deux quartiers : celui des Européens et celui des indigènes. Dans le premier, on a cependant ouvert quelques jolies rues, mais les belles maisons sont encore inconnues.

Constantine fait avec les Arabes un grand commerce de dattes et de laines; mais on ne voit pas encore sur ses marchés les dépouilles d'autruches, les dents d'éléphant et la poudre d'or dont parlent certains *voyageurs :* c'est de la poudre qu'ils jettent aux yeux de leurs lecteurs.

Jusqu'ici l'industrie locale n'a pas pris encore un grand développement.

Autour de Constantine rayonnent plusieurs routes qui mettent cette ville en communication directe avec Philippeville, au nord; Guelma, à l'est; Sédif et Milah, à l'ouest, et Biskara, au sud.

Les environs de Constantine sont arides et d'une tristesse accablante, l'œil ne se repose que sur des montagnes escarpées, à moins qu'il ne découvre le *Hamma*, un des quatre groupes de maisons qui se sont formées autour de la ville, comme but de promenade pour les citadins.

Le *Hamma*, situé dans une plaine fertile, fait un merveilleux contraste avec le pays dénudé qui l'environne. Il se compose de beaux jardins peuplés d'arbres fruitiers, et où on recueille aussi d'excellents légumes. On y voit quelques jolies maisons de plaisance. Non loin du Hamma, on aperçoit le palais champêtre d'*Inglis-Bey*, au milieu des charmes de la nature la plus fleurie.

La température moyenne du pays serait, d'après les indications données par quelques sources et citernes, de 15 à 16 degrés centigrades. Il y a dans le voisinage de la ville plusieurs cours d'eau thermale, dont la température est de 27 à 29 degrés.

CONDÉ. — 30 kil. N. de Constantine.

Condé, qui porte aussi le nom de *Smendra*, est situé sur la route de Constantine à Philippeville. En 1838, on établit sur ce point un camp pourvu des établissements nécessaires pour abriter les convois. Un village est bientôt venu se former sous la protection du camp. Jusqu'à présent la position de Condé, en faisant de cette localité une station obligée pour le voyageur comme pour le roulage et le commerce de transit est cause que l'agriculture a été négligée par les habitants; mais la fertilité du territoire ne manquera pas d'attirer leur attention, et alors cette industrie prendra un grand développement.

Le petit hameau de SIDI-MABROUK est une dépendance de la commune de Condé.

Sur la partie de la route comprise entre Constantine et Condé, trois centres de population viennent d'être créés : ce sont ceux des *Deux-Ponts*, d'*Aïoun-R'mel* et d'*Aïoun-Saeul*. Sur le parcours entier de cette belle route, il y a d'autres localités d'une fondation plus ancienne, mais qui ne sont pas pour cela beaucoup plus importantes; de ce nombre : *El-Kantour* et les *Toumiettes*.

FORNIER. — 18 kil. de Constantine.

La vallée du *Bou-Merzouk*, qui aboutit à celle du Rummel, offre à la colonisation une surface cultivable de plus de 20,000 hectares, sur laquelle une cinquantaine de fermes et beaucoup de villages ont été établis. Fornier est de ce nombre, et bien que sa création légale ne remonte qu'au 9 mars 1852, il a déjà acquis une certaine importance.

EL-KROUB. — 16 kil. de Constantine.

El-Kroub est une annexe de la commune de Fornier. Situé dans les mêmes conditions que le précédent, ce village, quoique moins important, semble néanmoins, par sa position, appelé à un bel avenir. Jusqu'à présent, il est habité par quelques colons qui trouvent du travail chez les grands propriétaires des environs.

La vallée du Bou-Merzouk contient encore plusieurs hameaux, qui dépendent également de la commune de

Fornier ; mais ils sont si peu importants que leurs noms nous échappent.

AIN-BEIDA — 100 kil. de Constantine.

Ce village, situé en territoire militaire, dépend du cercle de Constantine. Il est à cheval sur la route qui du chef-lieu de la province conduit à Tebessa.

TEBESSA. — 188 kil. E. de Constantine.

Quoique éloignée de 47 lieues de Constantine, *Tebessa*, située en territoire militaire, dépend du chef-lieu de la province.

Tebessa est une cité de construction romaine ; elle est peut-être la trace la mieux conservée, la plus vivante du passage du grand peuple. Les murailles, en pierres taillées, ont de 5 à 10 mètres de hauteur sur 2 de largeur, et sont défendues par 14 tours. Toutes les maisons sont construites avec des pierres romaines, la plupart sont même assises sur le premier lit. On y voit une porte romaine remarquable, un temple semblable à la maison carrée de Nîmes, et de nombreuses et vastes ruines tant intérieures qu'extérieures. Tout à Tebessa rappelle les souvenirs de l'antiquité : la population de la ville semble la postérité bien conservée de l'ancienne population primitive, et la monnaie romaine avait encore cours lorsque les Français l'occupèrent en 1842.

Les travaux de construction de plusieurs établissements militaires ont attiré dans cette localité une population civile, qui, une fois ces travaux terminés, se tournera vers l'agriculture. C'est ainsi que jusqu'à présent se sont peuplés de colons les centres de population où des civils sont venus s'établir à la suite de l'armée, soit pour les travaux de construction, soit pour débiter des marchandises aux soldats. Une fois les troupes parties, ouvriers et débitants deviennent colons, et demandent à la terre la continuation du bien-être que le séjour d'une garnison n'avait pu leur procurer que provisoirement.

M. Jules Duval dit qu'on a projeté la création de deux villes nouvelles, l'une civile, l'autre militaire, à côté de la ville ancienne. Nous ne savons jusqu'à quel point ces nouvelles créations pourraient être utiles. Il serait très-facile d'agrandir la vieille Tebessa (*Theveste* des Romains), mais le besoin ne s'en fait pas encore sentir. Et puis l'expérience n'a-t-elle pas prouvé déjà combien est vicieux ce système de ville militaire à côté de ville civile? Par ce moyen, on arrive à voir des constructions sur une plus grande étendue de terrain, c'est vrai; mais aussi combien d'espace vide! Pour notre part, nous ne connaissons rien de plus désagréable à l'œil que la vue d'un *établissement militaire* à côté d'une ville civile, tandis que le tout réuni, confondu, *mélangé* même, qu'on nous passe l'expression, ferait le plus gracieux ensemble.

Trois routes aboutissent à Tebessa : ce sont celles de Constantine passant par Aïn-Beida, de Bône par Guelma, et celle de la Calle par le Kef.

MILAH. — 38 kil. N.-O. de Constantine.

Milah est une petite ville arabe prise et occupée en 1838 par M. le général Galbois. Elle est construite sur l'emplacement d'une colonie romaine, qui était très-renommée par les délices de son séjour et la richesse de ses maisons de campagne. Milah est en effet dans une charmante situation, entourée de jardins délicieux, de vergers, de citronniers, d'orangers, de grenadiers et de vignes qui s'entrelacent à ces arbres. Les fleurs couvrent le sol et répandent les plus doux parfums; une eau pure et abondante entretient la fraîcheur dans cette riante localité, dont l'importance augmente tous les jours par suite de son heureuse position sur la route militaire, qui est aussi l'ancienne voie romaine d'Alger à Constantine.

SÉTIF. — 130 kil. de Constantine.

Sétif, chef-lieu de la 4ᵉ subdivision militaire de la province de Constantine, est la *Sittifa* des anciens et la métropole de la Mauritanie sitiffienne. Cette ville pouvait avoir 4 kilomètres de circuit, lorsque les Arabes l'ont détruite de fond en comble.

L'armée française, en y entrant le 29 septembre 1839, lors de la fameuse expédition des Bibans, n'y trouva que les ruines de l'ancienne citadelle romaine. Néanmoins, en raison de son importance militaire, son occupation fut décidée, et au milieu de ces ruines, on construisit le fort d'*Orléans*, autour duquel vinrent se grouper les maisons qui constituent aujourd'hui la ville nouvelle.

Sétif est une ville entièrement française; les rues sont bien percées, les maisons bien alignées; ses places, au nombre de onze, sont bien ménagées; une petite chapelle a été établie dès l'origine aux abords de la place *Napoléon*, et aussi dès l'origine une superbe mosquée a été construite pour les besoins de la population musulmane urbaine *à venir*. Le minaret de cet édifice est une flèche d'un fort beau style, qui insulte la religion catholique, obligée de se contenter d'une modeste chapelle.

Sétif est une des villes les plus commerçantes de la colonie; sa situation au milieu d'un territoire fertile et occupé par une nation aussi laborieuse que celle des Kabyles, ne tardera pas à la placer au premier rang. L'ouverture de la route de Bougie, éloigné seulement de 82 kilomètres, en permettant à Sétif d'écouler par ce port les produits qu'elle était obligée de diriger avant sur Philippeville, en passant par Constantine (213 kilomètres), l'ouverture de cette route, disons-nous, contribuera puissamment au développement de l'ancienne Sittifa.

C'est dans les environs et sur le territoire de Sétif qu'a été faite la concession de 20,000 hectares à la compagnie Génevoise; cette société a déjà rempli une partie des conditions qui lui étaient imposées par le gouvernement, et tout porte à croire qu'elle aura rempli ses engagements avant le temps fixé. Plusieurs villages ont déjà été construits et peuplés de colons suisses par les soins de cette compagnie.

A 15 lieues au sud de Sétif se trouvent les belles forêts de Bou-Thaleb, susceptible d'une fructueuse exploitation.

Dans la banlieue de Sétif quelques groupes d'habitations doivent à leur importance un nom particulier et le rang de village; tels sont : Aïn-Sefia, Hanassu, Kalfoun, Mezloug, Fermatou, et enfin les villages suisses, dont le premier a reçu le nom de El-Arnat.

DJÉMILAH.

A 40 kilomètres nord-ouest de Sétif, on trouve Djémilah, l'ancienne *Cuiculum* ou *Jemella* des Romains. Les abords de cette petite ville sont difficiles; des sentiers étroits, pratiqués sur les flancs de pentes rapides et entrecoupées de ravins profonds, conduisent au plateau où s'élève Djémilah, dont l'emplacement même se trouve resserré entre deux ravins au fond desquels coulent deux ruisseaux, en sorte que son horizon, peu étendu, est borné par des montagnes d'un aspect triste, et dont les crêtes se couvrent souvent de neige pendant l'hiver. Le pays d'alentour est absolument nu et d'une monotonie extrême. Mais cette localité renferme des ruines d'un haut intérêt; celles qui doivent surtout fixer l'attention du voyageur sont : un théâtre, un temple quadrilatère à six colonnes, les restes d'une basilique chrétienne, avec une belle mosaïque; des bas-reliefs, des inscriptions en grand nombre; enfin le forum, renfermant un temple dédié à la Victoire, et où l'on arrivait en passant sous un arc de triomphe élevé à la gloire de l'empereur Marc-Aurèle, à sa mère Julia Domna, et à son père Septime Sévère. On y lit l'inscription suivante :

> IMPERATORI CÆSARI MARCO AURELIANO SEVERO ANTONINO
> PIO, FELICI, AUGUSTO,
> PARTICO MAXIMO, BRITANNICO MAXIMO, GERMANICO MAXIMO.
> PONTIFICI MAXIMO, TRIBUNITIÆ POTESTATIS XVIII, CONSULI III,
> IMPERATORI III, PATRIS PATRIÆ PROCONSULI;
> ET JULIÆ DOMNÆ, PIÆ, FELICI, AUGUSTÆ, MATRI EJUS, ET SENATUS
> ET PATRIÆ ET CASTRORUM
> ET DIVO SEVERO AUGUSTO, PIO, PATRI IMPERATORIS
> CÆSARIS MARCI AURELII
> SEVERI ANTONINI PII, FELICIS, AUGUSTI, ARCUM TRIOMPHALEM,
> A SOLO, DECRETO DECURIONUM, RES PUBLICA FECIT.

« A l'empereur César Marc Aurèle Sévère Antonin, le pieux, l'heureux, l'auguste, le vainqueur très-grand des Parthes, le vainqueur très-grand des Bretons, le vainqueur très-grand des Germains, souverain pontife, jouissant pour la dix-neuvième fois de la puissance tribunitienne, consul pour la quatrième fois, revêtu pour la troisième fois du titre d'*imperator*, père de la patrie, proconsul; et à Julia Domna, la pieuse, l'heureuse, l'auguste, mère de l'empereur, et du sénat, et de la patrie, et des armées; et au divin Sévère, l'auguste, le pieux, père de l'empereur César Marc Aurèle Sévère Antonin, le pieux, l'heureux, l'auguste, la république a élevé cet arc de triomphe en vertu d'un décret des décurions. »

On prétend qu'il y a peu d'années encore, ce monument, dont l'origine remonte au commencement du troisième siècle, était presque complet. C'est Ahmed, le dernier bey de la province, celui que la France a dépossédé en 1837, qui a envoyé à Djémilah, pendant qu'il faisait bâtir son palais à Constantine, des ouvriers pour démolir cet arc de triomphe qu'il croyait de marbre, et en prendre les matériaux pour ses propres constructions. Ce ne fut qu'après la chute de la portion de l'attique qui se trouve au-dessus des pieds-droits que les ouvriers arabes reconnurent que le monument était de pierre, et la démolition fut alors abandonnée.

La hauteur totale du monument est de 12 mètres 65 centimètres sur une largeur de 10 mètres 60 centimètres. Il est d'une seule arcade de 7 mètres 32 centimètres de hauteur et de 4 mètres 35 centimètres de largeur. Deux pilastres de chaque côté reposent sur un stylobate commun, et encadrent les trumeaux, creusés chacun d'une niche destinée sans aucun doute à des statues.

Comme on le voit, ce n'est point par des dimensions gigantesques que ce monument est remarquable, mais par sa conservation, après une existence de seize siècles, marqués par de si grandes révolutions et au milieu de peuplades barbares.

Mais au milieu de ces souvenirs de l'antiquité, le voyageur n'oubliera pas qu'en décembre 1838 un bataillon d'infanterie légère soutint, pendant douze jours, les attaques incessantes de 3 ou 4,000 Kabyes, qui finirent par se retirer sans avoir obtenu le moindre avantage.

Le corps d'armée qui se rendit de Constantine à Alger par les célèbres Portes-de-Fer traversa Djémilah le 19 octobre 1839. M. le duc d'Orléans visita avec un vif intérêt les ruines de la vieille cité romaine, et admira surtout l'arc de triomphe. Le prince en fit exécuter le dessin, et grava son chiffre sur la face intérieure du pilier gauche de l'arcade. Une lettre qu'il adressa à cette époque au roi son père contenait le passage suivant : « Je demanderais que l'arc de triomphe de Djémilah, le plus complet des monuments romains que nous ayons visités en Afrique, fût démonté pierre par pierre et transporté à Paris, comme consécration et trophée de notre conquête de l'Algérie. » Inutile de dire que ce vœu n'a pas été accompli.

BOUÇADA. — 326 kil. S.-E. de Constantine.

Bouçada est une ville d'origine et de construction entièrement arabes; on n'y trouve aucune trace de ruines romaines. D'après la tradition conservée parmi ses habitants, elle fut bâtie dans le ve siècle de l'hégire. Les maisons, bâties en terre battue, sont surmontées d'une terrasse aussi en terre, supportée par des rondins de bois de genévrier. La distribution de ces maisons, quoique fort irrégulière, est cependant celle des maisons de presque toutes les villes musulmanes.

Un mur d'enceinte, haut de 6 à 7 mètres, entoure la ville; il est percé d'un grand nombre de petits trous qui servent de créneaux. Douze portes établissent la communication avec l'extérieur; la principale est au nord. Sur quelques points élevés, et au-dessus des portes principales, il y a des espèces de forts crénelés qui servaient aux habitants pour se défendre contre les attaques des Arabes nomades.

Cette ville a été prise par les Français le 15 novembre 1849; jusqu'à présent la colonisation européenne n'y a presque rien fait, mais il n'en sera certes pas toujours ainsi.

Les jardins autour de la ville ne sont que des immenses plantations de palmiers qui croissent avec une grande vigueur et produisent d'excellents fruits.

BORDJ-BOU-ARERIDJ. — 198 kil. O. de Constantine.

Le poste de Bordj-bou-Areridj a été fondé dans un but politique et militaire, pour dominer la plaine, garder le chemin de Sétif à Aumale, surveiller les tribus de la Kabylie et du Hodna, et favoriser les importantes communications du Sahara algérien avec le Tell du Nord.

Ce poste est bâti sur l'emplacement et avec les ruines d'un établissement romain. Le commandant supérieur, M. le lieutenant-colonel d'Argent, en a fait un délicieux séjour. Par les soins et sous la direction de cet officier, des plantations et des travaux très-importants ont été exécutés, et comme complément indispensable, on y a fondé un établissement hippique où l'on voit déjà de superbes étalons qui, avec les belles juments de la Medjana, ne manqueront pas de donner de beaux produits.

GUELMA. — 100 kil. E.-N.-E. de Constantine.

Guelma, lisons-nous dans l'ouvrage de M. Victor Bérard, fut fondée par les Romains sous le nom de *Calama*, pour commander la ville numide de *Suthul*, dont parle Salluste, et qui était située de l'autre côté de la Seybouse, coulant de l'ouest à l'est. Calama, mentionnée par Paul Orose et saint Augustin, fut renversée par un tremblement de terre à une époque reculée et ne fut plus habitée depuis. Les ruines, confusément réunies, servirent à fortifier un emplacement voisin, où quelques constructions subsistantes furent utilisées pour former au moyen d'un mur garni de treize tours carrées, un réduit dans lequel se réfugièrent les troupes pendant les invasions des Vandales et des musulmans.

Lorsque le 15 novembre 1836, les Français, en se rendant au premier siége de Constantine, occupèrent cette espèce de citadelle, ils trouvèrent son enceinte presque entièrement debout ; elle se composait de fortes murailles, qui en quelques endroits encore atteignaient à 6 mètres d'élévation, et circonscrivaient un espace de 7 à 8 hectares. En dehors des remparts il y a un théâtre, un temple, des thermes et autres restes curieux. Cinq voies romaines sont encore évidentes : deux vont à Hippone, en descendant les deux rives de la Seybouse ; une autre va à Constantine, une quatrième à Zama, et une cinquième dans la direction de Tiffich. L'occupation définitive de ce point eut lieu le 30 septembre 1838.

Aujourd'hui Guelma est un chef-lieu de cercle et de district. La colonisation y a fait de très grands progrès, et il ne manque à cette ville, pour occuper un des premiers rangs dans le mouvement commercial de l'Algérie, que de faciles communications avec Constantine, Bone et Philippeville. Il y a deux ans, une impulsion vigoureuse a été donnée aux travaux publics de ce district, avec le concours des transportés politiques. De leur côté, les Arabes ont fourni cette même année une somme de 109,000 francs pour la construction de caravansérails, de routes, de ponts, facilitant encore l'exécution de ces travaux, en offrant la main-d'œuvre.

La ville est très-abondamment pourvue d'eau. On a construit une assez belle église, une école, et plusieurs autres établissements civils et militaires.

Les environs de Guelma sont très-accidentés, bien cultivés néanmoins et fort tranquilles. La vallée de l'Hammam-Berda (bains froids), courant du nord au sud, débouche dans celle de la Seybouse, en face de la ville. En cet endroit la rivière est fort rapide, et elle n'a pas moins de 60 mètres de largeur.

Les eaux thermales d'*Hammam-Berda* que l'on croit être le lieu désigné par Antonin sous le nom d'*aquæ Tibilitanæ*, sont abondantes, claires, insapides, inodores. Leur température est celle des bains ordinaires, c'est-à-dire de 25 à 30 degrés. Elles s'écoulent dans un bassin en pierre de taille. L'établissement ancien devait être considérable en cet endroit, à en juger par les fondations. C'était un rendez-vous de plaisir très-fréquenté par la voluptueuse jeunesse des colonies romaines.

En 1835, les indigènes ont découvert sur le territoire des *Beni-Addour* une mine de plomb fort riche, qui donne 250 grammes pour 1 kilog. 1/2 de minerai. Il y a des bois sur la montagne voisine, des ruines romaines auprès, qui témoignent que cette richesse ne fut pas inconnue à l'antiquité. Il y a encore sur cette montagne une source d'eau thermale, et on en trouve plusieurs autres aux environs de Guelma.

En 1849, une colonie agricole fut placée dans l'enceinte même de Guelma et sous le même nom. Elle ne tarda pas à se fondre complétement avec la ville, où les colons trouvèrent leurs premiers moyens d'existence.

Guelma est érigé en commissariat civil, duquel dépendent les villages d'Héliopolis, Millesimo et Petit, qui sont trois colonies agricoles de 1848.

HAMMAM-MESKOUTIN. — 10 kil. E. de Guelma, 90 kil. E.-N.-E. de Constantine.

Ce sont des sources d'eau chaude, appelées *Hammam meskoutin* (bains enchantés) par les Arabes, et anciennement *aquæ calidæ* ou *tibilitanæ* par les Romains (1). Un établissement de 60 lits a été fondé en 1845 pour les militaires atteints de rhumatismes invétérés. Ils y sont traités aux frais et sous la direction du gouvernement. On a constaté que la température moyenne de ces eaux était à 76° Réaumur lorsque l'orifice par lequel elles arrivent à la surface du sol était ouvert depuis longtemps, et qu'elle atteignait 80° lorsque les orifices étaient nouvellement ouverts. En se refroidissant, ces eaux déposent une assez grande quantité de carbonate de chaux.

Il n'y a point encore d'élément civil sur ce point; l'administration y projette la création d'un village.

MEDJEZ-AMAR. — 14 kil. S.-O. de Guelma, 86 kil. E.-N.-E. de Constantine.

Medjez-Amar est l'ancien camp où se réunit le corps

---

(1) On ne sait pas si le nom romain d'*aquæ tibilitanæ* doit être appliqué aux sources d'*Hammam-Meskoutin* ou bien à celles d'*Hammam-Berda*. Les savants ne sont pas d'accord à ce sujet.

expéditionnaire qui fit la première expédition de Constantine en 1837; il passait, à cette époque, pour ne pas être très-sain.

Ce camp, concédé à un ecclésiastique pour l'établissement d'un orphelinat, a acquis déjà une certaine importance.

BONE. — 156 kil. N.-E. de Constantine, 440 kil. E. d'Alger.

L'hôtel de la *Régence* et celui du *Midi* sont les seuls que nous osions recommander.

Bône est le chef-lieu de la deuxième subdivision militaire et le siége d'une sous-préfecture. Cette ville a été construite en 697 par les Arabes, à 2 kilomètres d'*Hippone*, avec les débris de cette ancienne et belle cité, dont il ne reste plus aujourd'hui que des ruines insignifiantes, au milieu desquelles s'élève la statue de saint Augustin, inaugurée il y a quelques années.

Hippone fut fondée par les Carthaginois, qui lui donnèrent le nom d'*Ubbo*. Elle s'étendait sur une superficie de 60 hectares aux pieds de deux mamelons hauts, l'un de 80 mètres, l'autre de 38. La Seybouse baignait la ville; 300 mètres de quai environ subsistent encore sur la rive gauche de ce fleuve, qui, en cet endroit, est presque aussi large que la Seine au *pont des Invalides*. C'était là le port de la ville romaine. Bien que situé à un kilomètre de la mer, les navires y arrivaient encore assez facilement, et ils y étaient en parfaite sûreté. En l'an de Rome 707, Scipion, fugitif et battu par la tempête, vint s'y réfugier avec sa petite flotte, qui y fut détruite complétement par Sittius, lieutenant de César.

La principale illustration d'Hippone est due à *saint Augustin*, natif de *Tagaste*, à 40 milles de Bône. En 396, Augustin, âgé de 42 ans, succéda à Valérius, dont il était le coadjuteur. L'année après son avénement à l'épiscopat, il écrivit ses *Confessions*, et ce n'est que de 413 à 426 qu'il fit sa *Cité de Dieu*.

En 429, les Vandales assiégèrent Hippone, qui fut prise en décembre 430, après un siége de 14 mois, et pendant lequel saint Augustin mourut. Les Vandales y détruisirent tout, hors l'évêché et la bibliothèque du saint évêque. En 534, *Bélisaire* reprit Hippone, et les Arabes en 697, sous le calife Othman, s'en étant rendus maîtres, la détruisirent pour toujours et la transportèrent à 2,000 mètres plus au nord, où elle reçut le nom de *Anaba*, par abréviation de *Beled-el-Aneb*, *la ville aux Jujubes*. Les rois de Tunis, qui étendirent leur puissance sur ce point, y firent bâtir la *Casbah* (citadelle) en 1300. En 1535, Charles-Quint, maître de Tunis, envoya André Doria avec 30 galères et 2,000 hommes à la poursuite de Barberousse, qu'il venait de chasser de cette ville et qui s'était réfugié par terre à Bône; mais l'amiral ne l'y trouva plus. Il entra dans la ville déserte et ne s'y arrêta pas. L'empereur fit néanmoins occuper cette position, et c'est alors que Pierre de Navarre y construisit la forteresse qu'on voyait encore en entier avant l'explosion de janvier 1837. Les troupes espagnoles évacuèrent la position, et les Tunisiens voulurent en vain s'y maintenir à leur place. Les Turcs en devinrent les maîtres.

Le 2 août 1830, l'amiral *Rosamel* débarqua le général *Damrémont*, qui entra sans combat dans la ville. Elle comptait alors à peine 1,500 habitants, et venait de refuser énergiquement la protection d'*Achmed-Bey*. Le 4 août, les tribus vinrent l'attaquer; le 6, le général Damrémont les chassa d'Hippone, où elles avaient pris position. Les journées des 7, 10 et 11 furent marquées par de nouveaux combats. Enfin le 18 août arriva l'ordre d'Alger d'évacuer ce point. Le 13 septembre 1831, sur la demande des habitants, le commandant *Houder* et 125 zouaves vinrent prendre de nouveau possession de la Casbah, d'où les intrigues du perfide *Ibrahim*, ex-bey de Constantine, parvinrent à les évincer. Le 5 mars 1832, *Ben-Aïssa*, lieutenant d'Achmet, se présenta devant la ville ; les portes lui furent ouvertes, et à peine entré, il mit tout à feu et à sang : Bône devint en quelques heures un monceau de ruines. Les habitants échappés au carnage réclamèrent de nouveau la protection de la France ; c'est alors que les deux capitaines *d'Armandy* et *Jussuf* s'introduisirent de nuit avec 130 marins dans la Casbah, restée au pouvoir d'Ibrahim, ennemi d'Aïssa. A la suite de ce hardi coup de main, ils arborèrent le drapeau tricolore, qui n'a pas cessé d'y flotter depuis (26 mars 1832). Le général *Monck d'Uzer*, à la tête de troupes suffisantes, vint occuper la ville le 26 juin et battre les Arabes d'Ibrahim. C'est à Bône que le maréchal *Clausel* et le général *Damrémont*, tous deux gouverneurs successivement, réunirent le matériel du siége de Constantine.

La physionomie locale de la ville est assez riante ; elle est percée de quelques belles rues, qui aboutissent toutes à une magnifique place d'armes bordée d'arbres et ornée de jets d'eau. On remarque plusieurs maisons particulières dont la construction est gracieuse. L'administration a construit de son côté plusieurs établissements militaires, tels qu'un hôpital militaire, une caserne, un arsenal, un beau quartier de cavalerie, et plusieurs autres établissements très-importants pour la défense de la rade et de la ville.

La plaine de Bône est basse, sablonneuse, baignée en partie par les eaux, couverte de marécages. Des canaux recevaient autrefois les eaux pluviales ; mais les Turcs, apathiques et insouciants, les avaient laissé combler à la longue par les sables et les pierres que charrient les torrents. Les eaux, ne trouvant plus d'écoulement, se répandaient dans la plaine, y formaient des marais, et les miasmes délétères qui s'en dégageaient occasionnaient des fièvres que des travaux de défrichement sagement exécutés n'ont pas tardé à faire disparaître.

La rade de Bône, au moyen de quelques travaux dont les études ont déjà été faites, deviendra un des ports les plus florissants de l'Algérie. Les paquebots qui font le service de Tunis à Marseille mouillent sur cette rade ; un bateau à vapeur de l'État fait trois fois par mois le service de la correspondance et des voyageurs entre Alger et Bône, et *vice versâ;* un grand nombre de bateaux de 15 à 50 tonneaux font le cabotage, et des navires d'un tonnage plus élevé y apportent les produits de l'industrie européenne.

Le commerce est très-actif sur cette place; on en exporte beaucoup de blé, de laine, de cuir, de cire, etc. On y fabrique des étoffes de laine à l'usage des indigènes, des tapis, des selles, et depuis quelques années du savon, dont on peut voir un échantillon à l'exposition des produits algériens, rue de Grenelle Saint-Germain, à Paris.

Aux environs de Bône on trouve les villages de BUGEAUD, ALELIK, DUZERVILLE et EL-HADJAR, qui, tous les quatre, sont des annexes de la ville.

Une voiture fait le service de Philippeville; une autre celui de Guelma. Sur cette dernière route on trouve les villages de PENTHIÈVRE et de NECHMEYA, qu'on traverse.

MONDOVI. — 26 kil. S. de Bône.

Mondovi est une colonie agricole de 1848, située sur les bords de la Seybouse, sur la route de Bône à Tebessa, et sur l'emplacement d'une colonie romaine, dont il reste pour tout vestige quelques pans de murailles et un puits. On a trouvé, en creusant les fondations des maisons de Mondovi, un grand nombre de médailles presque toutes du Bas-Empire. Les colons de cette localité sont assez laborieux; quelques-uns se sont distingués par leurs cultures de tabac et de mûriers.

BARRAL. — 32 kil. S. de Bône.

Cette localité, qui, comme la précédente, est une colonie agricole de 1848, était appelée d'abord Mondovi n° 2. Elle est située aussi sur les bords de la Seybouse, à 6 kilomètres au-dessus de Mondovi. Sa position au milieu d'un territoire fertile lui réserve un beau rôle dans l'histoire de la colonisation.

LA CALLE. — 236 kil. N.-E. de Constantine, 18 lieues marines E. de Bône.

La Calle, aujourd'hui chef-lieu de cercle et résidence d'un commissaire civil, est située à 2 milles du cap *Gros*, où se trouvaient les *concessions d'Afrique*, établissements formés par le commerce français sur la côte de Barbarie, en vertu d'un traité de commerce dont la date remonte au règne de François Ier (1520) (1).

Cette petite localité est située au fond d'une baie peu spacieuse, mais fréquentée néanmoins annuellement par un nombre considérable de bateaux destinés à la pêche du corail, et dont le plus grand nombre sont montés par des Napolitains, des Toscans ou des Génois. Cette pêche produit à l'État un revenu annuel qui s'élève à près d'un million.

L'exploitation des immenses forêts de chênes-liéges qui se trouvent aux environs de cette localité, a donné naissance à l'établissement forestier du MELA, qu'on vient de construire à 9 kilomètres de la Calle.

A 13 kilomètres à l'est de la Calle, il y a KEF-OUM-TEBOUL,

---

(1) Voir le résumé historique de la conquête.

établissement formé par une compagnie pour l'exploitation d'une usine de plomb argentifère qui se trouve en cet endroit.

PHILIPPEVILLE. — 80 lieues marines E. d'Alger, 87 kil. N. de Constantine.

Les hôtels des *Princes*, de la *Régence*, d'*Europe* et du *Palais-Royal* sont les mieux fréquentés.

Philippeville, chef-lieu d'arrondissement, est une ville entièrement nouvelle, dont la fondation ne date que du mois d'octobre 1838. Après la prise de Constantine, le maréchal Vallée, voulant assurer entre cette ville et la mer une communication plus courte que par Bône, choisit à cet effet l'emplacement que lui désignaient les traditions de l'antiquité. Les anciens historiens nous apprennent que *Russicada* était le port naturel de Constantine; Léon l'Africain dit même que de son temps (1512-1514) on suivait encore une voie romaine en pierres noires qui reliait ces deux villes. En 1838, la ville romaine n'existait plus, mais il en restait encore quelques vestiges, et le maréchal Vallée décida que sur ces ruines s'élèverait la ville nouvelle.

Philippeville n'a aucune de ces masures qui attristent les yeux dans nos villes africaines. Les rues sont belles; quelques-unes sont même remarquables. Il y a plusieurs places : la place *Bélisaire* est spacieuse et bien plantée de mûriers; la place *Hélène* présente une plate-forme où l'on arrive par un escalier de trente marches; les places du *Puits* et de *Bugeaud* sont celles où se tiennent les marchés. Le génie militaire a construit un hôpital, deux casernes, une pour l'infanterie, l'autre pour le train des équipages, et une mosquée pour les besoins de la population musulmane, qui, pendant les premières années, ne se composait cependant que de 5 Kabyles, 1 Maure d'Alger et 2 Bônois, total 8 personnes. Le culte catholique n'a encore qu'une chapelle établie dans une maison particulière.

Les environs de Philippeville sont très-pittoresques ; ils offrent quelques promenades charmantes, et les jardins en sont très-productifs.

L'avenir de cette ville est dans sa position, qui en fait non-seulement le port commercial et militaire de Constantine, mais encore le centre de transit et d'entrepôt du commerce de l'Europe avec l'Algérie orientale.

Il ne manque à Philippeville qu'un port à ses pieds ; mais ce que la nature lui a refusé sous ce rapport, elle le trouve dans sa rade, à l'endroit appelé Stora, situé à 4 kilomètres à l'ouest.

Stora offre à la navigation un port spacieux et presque fermé à tous les vents. Quelques maisons groupées sur ce point forment un bourg qui peut être considéré comme le faubourg commerçant de Philippeville. Le développement de Stora, dont la seule fonction est d'être le port de la moderne *Russicada*, est limité par les talus à pic de la montagne au pied de laquelle il est construit.

Des chalands par mer et le roulage par terre transportent à Philippeville les marchandises débarquées à Stora, et *vice versâ*.

Des diligences font un service régulier entre Philippeville et Constantine ; les prix sont de 15 francs pour le coupé, 10 francs pour l'intérieur, et 5 francs pour la rotonde.

Les villages de Damrémont, Vallée et Saint-Antoine sont des annexes de la commune de Philippeville. *Damrémont* est situé à 5 kilomètres sud-est, sur la rive gauche du Saf-Saf ; *Vallée*, en face du précédent, sur la rive droite de la rivière, et le troisième, celui de *Saint-Antoine*, est éloigné de 7 kilomètres ; il est construit au sommet de la vallée du Zeramma.

SAINT-CHARLES. — 17 kil. S. de Philippeville.

Le village de Saint-Charles est situé sur la route de Philippeville à Constantine, au confluent du *Saf-Saf* avec l'*Oued-Zerga*, et sur un territoire très-fertile, riche en bois, en prairies et en terres arables. Sous les murs du village, les Arabes tiennent tous les vendredis un marché qui est très-fréquenté.

Un centre de population a été créé tout récemment à une courte distance de Saint-Charles, au lieu appelé *Ras-el-ma* (la tête de l'eau).

GASTONVILLE. — 22 kil. S. de Philippeville.

Un arrêté du 16 novembre 1847 avait déjà décidé la création de ce centre de population, lorsque la République en fit en 1848 une colonie agricole pour les colons parisiens. L'heureuse situation de cette localité, à cheval sur la route de Constantine à Philippeville, est la meilleure garantie d'un bon avenir.

ROBERTVILLE. — 26 kil. S. de Philippeville.

Robertville est une colonie agricole de 1848. Son territoire est excellent; les eaux, rares dans le principe, sont aujourd'hui abondantes. Les colons ont été rudement éprouvés par les fièvres, mais aujourd'hui des plantations et quelques travaux de desséchement ont suffi pour assainir complétement les environs de cette charmante localité. Robertville est relié au village de Gastonville par une assez belle route.

EL-ARROUCH. — 31 kil. S. de Philippeville.

Ce village doit son existence au camp qui avait été créé en cet endroit en 1844 pour protéger la route de Constantine à Philippeville. Après avoir végété pendant les premières années, les colons sont parvenus à se créer une certaine aisance. C'est à El-Arouch que la route de Bône à Philippeville se confond avec celle de Philippeville à Constantine.

JEMMAPES. — 40 kil. S.-E. de Philippeville.

Jemmapes est une colonie agricole de 1848, assise sur un double mamelon, au milieu d'une des plus riches vallées de l'Algérie. La route de Constantine à Bône et Philippeville traverse cette localité, dont les habitants ont montré beaucoup d'activité. Des corvées arabes ouvrent une route qui, de ce point, conduit à Guelma. A très-peu de distance de Jemmapes, on a découvert une source d'eau chaude, aux abords de laquelle il y a encore des ruines qui font supposer que les Romains y avaient construit des bains.

Les colonies agricoles de AHMED-BEN-ALI et SIDI-NASSAR, qui se trouvent sur la route de Bône à Philippeville, sont deux annexes de Jemmapes, dont elles sont éloignées, la première de 5 kilomètres, et la seconde de 7 kilomètres.

BOUGIE. — 229 kil. N.-O. de Constantine ; 45 lieues marines E. d'Alger.

Cette ville est situé sur la côte nord-ouest du golfe de ce nom ; elle est bâtie au bord de la mer, sur le flanc méridional du mont *Gouraya*. Cette position sur le flanc de la montagne, ses maisons écartées et les masses d'orangers, de citronniers, de grenadiers et de figuiers de Barbarie qui les entourent, rendent son site éminemment pittoresque.

Les ruines nombreuses qui existent encore dans cette localité, attestent son importance passée et sa haute antiquité. S'il faut en croire certains géographes, ce serait l'ancienne *Baya* ou *Vaya*; suivant le docteur Shaw, elle aurait succédé à la colonie romaine de *Salva ;* enfin d'autres prétendent qu'elle occupe l'emplacement de l'antique *Choba*. Ce qui est certain, c'est qu'au v⁰ siècle Bougie tomba au pouvoir de *Genseric* et fut la capitale des Vandales jusqu'à la prise de Carthage. En 708, elle passa sous la domination des musulmans. En 1510, *Pierre de Navarre*, voulant mettre un terme aux pirateries que les Bougiotes exerçaient depuis une vingtaines d'années, s'empara de la ville, « que les habitants avaient abandonnée à la vue des 14 grands vaisseaux débarquant une armée de 15,000 hommes. » Les Espagnols restèrent 45 ans maîtres de Bougie; mais, privés de secours, ils se rendirent au dey d'Alger, Salah-Reis, qui assiégeait la ville depuis quelque temps avec une armée de 20,000 hommes et une flotte de 22 fustes armées.

Prise en 1833 par le général Trezel, Bougie, depuis cette époque, est demeurée aux Français malgré l'état de blocus dans lequel les Kabyles l'ont tenue pendant vingt années; ce n'est que la dernière expédition de la Kabylie qui a donné la liberté aux habitants et à la colonisation.

La baie de Bougie s'étend du cap Carbon, à l'ouest, au cap Cavalo, à l'est, soit environ 45 kilomètres d'ouverture sur une profondeur de 20 kilomètres. Cette baie forme quelques sinuosités où les navires trouvent un mouillage sûr et commode; l'anse qui porte le nom de *Sidi-Yahia* surtout offre un abri même pour les plus gros temps de l'hiver.

Avec quelques travaux artificiels, complément indispensable de l'œuvre de la nature, on fera de la baie de Bougie un port militaire et commercial de premier ordre. En vue de cet avenir, la ville a été armée de fortifications qui la rendent imprenable par mer aussi bien que par terre.

La domination turque a fait perdre à Bougie l'ancienne importance commerciale qu'elle devait principalement aux exportations considérables de cire et de cuirs. Il faut espérer que cette ville reprendra son ancienne splendeur dès que les Européens pourront pénétrer dans ces belles montagnes de la Kabilie, si riches en huiles, céréales, bestiaux, laines, cuirs, fruits secs et frais, miel, cire, etc. Déjà la route qui relie Sétif à Bougie a donné une grande impulsion au mouvement maritime de cette dernière ville.

La ville moderne est assez bien percée; les rues sont droites et larges; un grand nombre de maisons sont belles; les places sont ombragées. Le génie militaire a fait quelques constructions importantes. Bougie possède une église et une mosquée.

Le bateau à vapeur de l'État, qui fait le courrier d'Alger à Bone, et *vice versâ*, mouille à Bougie, et y reste quelques heures pour prendre et laisser les voyageurs ainsi que les dépêches.

DJIGELLY. — 57 lieues marines E. d'Alger, 128 kil. N.-O. de Constantine.

Sous les Romains, *Dgilgillis* était une ville épiscopale; elle devint plus tard le berceau de la puissance de Barberousse, et acquit dès lors une très-grande importance par son commerce et sa piraterie.

Aujourd'hui *Djigelly* est une misérable bourgade, avec un petit port de mer dont l'abord est impraticable dès qu'il fait un peu mauvais temps.

Louis XIV ayant jeté les yeux sur cette localité pour y fonder un établissement français, le duc de Beaufort s'en empara en 1664 et jeta les fondements du fort que les indigènes désignent encore sous le nom de *fort des Français*; il y laissa une garnison de 400 hommes, sous les ordres du comte de Gadane. La mésintelligence ayant éclaté entre les soldats et les marins français, les indigènes surent en profiter : ils enlevèrent le fort, en massacrèrent la garnison et restèrent maîtres de la ville et de

30 pièces de canon. Il faut lire dans *Dapper*, les détails de l'affreuse déroute qu'essuyèrent nos compatriotes, déroute dont le désastre a été signalé par les autres historiens.

La colonisation n'a pas fait encore le premier pas à Djigelly, et elle ne le fera pas tant que cette localité dépendra de l'autorité militaire. Depuis seize ans qu'on occupe cette place, il n'a encore rien été fait pour favoriser le développement de l'agriculture.

De même qu'à Bougie, le courrier d'Alger à Bône, et *vice versâ*, mouille à Djigelly, quand toutefois le temps le permet.

A la suite de l'expédition des *Babors* dans la Kabylie, l'armée a ouvert des routes qui mettent Djigelly en communication avec Milah, Constantine et Sétif.

COLLO. — 69 lieues marines E. d'Alger, 90 kil. N. de Constantine.

Collo est une bourgade de 2,000 âmes, située au bord de la mer, près d'un mouillage où les bâtiments sont à l'abri des vents du nord-ouest à l'ouest sud-ouest. Elle est bâtie au pied d'une montagne, sur les ruines d'une ville plus considérable (*Culla*), que les Romains avaient entourée de murailles, et dont l'enceinte, entièrement détruite par les Goths, n'a jamais été relevée depuis. Ce bourg est défendu par un mauvais château, dans lequel les Turcs entretenaient une garnison.

Collo est un des lieux où le commerce européen a le plus anciennement trouvé accès; les Vénitiens et les Génois y furent accueillis les premiers; les Flamands, les Français ne tardèrent pas à les suivre, et ces derniers ont toujours obtenu la préférence. La compagnie d'Afrique établie à Marseille y entretenait un agent, et en exportait des laines, de la cire, du miel, des cuirs, des fruits secs, etc. Les habitants, moins grossiers et plus civilisés que ceux des autres points de l'Afrique, sont accoutumés au commerce des Européens.

Vue de la mer, l'aspect de cette petite localité est des plus romantiques; les environs en sont très-pittoresques; toutes les collines sont couvertes de bois et un délicieux cours d'eau arrose la vallée.

Collo a été occupée plusieurs fois par les troupes françaises, mais elle a toujours été évacuée. Tout le monde se demande pourquoi!

BATHNA. — 110 kil. S. de Constantine.

Chef-lieu de la 3ᵉ subdivision militaire, ville créée par arrêté du chef du pouvoir exécutif, en date du 12 septembre 1848, sous le nom, qui n'a pu prévaloir, de *Nouvelle-Lambèse*. Elle est située sur le chemin que suivaient autrefois les caravanes du *Sahara* ou grand désert, et sur un plateau élevé, auprès de la ville arabe de Bathna. On éprouve parfois dans cette localité des changements de températures capables d'occasionner de fortes maladies. M. Fournel, ingénieur des mines, bivouaquant le 16 mars 1845 sur le plateau de Bathna, ressentit pendant la nuit un froid de 6 degrés au-dessous de zéro, tandis que dans le jour la température s'était élevée à 33 degrés au-dessus : différence, 39 degrés.

La ville européenne a acquis déjà une certaine importance. Sa situation sur la route de Constantine à Biskara et de là au Sahara en fait un centre de commerce d'échange, qui prend de jour en jour un plus grand développement.

La ville arabe est une bourgade de chétive apparence, mais qui fait un très-grand commerce avec les tribus sahariennes.

La banlieue de Bathna possède déjà plusieurs fermes particulières assez importantes. Dans la région comprise entre Constantine et ce point, on voit un monument grandiose de 179 mètres de circonférence et de 19 mètres 20 centimètres de haut : on prétend que c'est le tombeau des rois Numides. Sur la route qui relie Bathna au chef-lieu de la division, on trouve élevés, sur les ruines, des établissements romains, les villages ou caravansérails d'*Aïn-el-Bey*, d'*Aïn-Milah*, d'*Aïn-Jacouf* et l'abreuvoir de *Aïn-Djemia*. La route de Bathna à Biskara a vu également s'élever le caravansérail de *Nza-bel-Msaï*, entre *Ksour* et *El-Kantara*.

De toutes ces localités, la dernière seulement a une certaine importance.

EL-KANTARA est une petite ville située au pied du versant sud de l'Atlas et sur la rivière dont elle porte le nom. L'Oued-Kantara semble s'être frayé elle-même, dans les montagnes escarpées qui entourent la ville, un passage juste assez large pour l'écoulement de ses eaux. Ces rochers déchirés, dont la hauteur atteint 225 mètres et le pays accidenté qui environne El-Kantara, rendent l'aspect de cette localité on ne peut plus pittoresque.

LAMBESSA. — 120 kil. S.-E. de Constantine.

Lambessa est une colonie pénitentiaire affectée aux transportés politiques de 1848, et bâtie sur l'emplacement de l'antique cité de *Lambœsis*, la ville de la 2ᵉ légion, qui reçu les surnoms d'*Auguste*, de *Pieuse* et de *Vengeresse*.

La ville romaine survit presque tout entière dans les ruines qui occupent un espace d'environ une lieue carrée. Il y a un temple de la Victoire dont la façade principale est tournée vers le nord-ouest. Cet édifice a 114 mètres de circonférence et 15 mètres de hauteur. Au-dessus de la grande porte d'entrée, on voit un bouclier sur lequel est un personnage qui, d'une main, tient une branche de palmier, et de l'autre, la couronne des vainqueurs; une main tenant aussi une couronne est sculptée sur toutes les clés des voûtes. Il y a aussi au milieu de ces ruines un temple d'Esculape assez bien conservé. On distingue en outre encore parfaitement la plupart des monuments qui caractérisaient la civilisation romaine : cirque, amphithéâtre, aqueducs, arc-de-triomphe, thermes, palais, statues, etc., etc.

Lambessa a été retrouvée par le commandant Delamarre, le colonel Carbuccia ayant sous ses ordres le 2ᵉ régiment de la légion étrangère, en a exploré les ruines, qu'il a déblayées. Les déportés politiques ont continué l'œuvre des soldats, et aujourd'hui l'antique cité a été dégagée de la plus grande partie des décombres sous lesquels elle était ensevelie.

La construction du pénitencier, commencée en 1851, en vertu de la loi du 24 juin 1850, doit être maintenant achevée. Mais il faut espérer que cette colonie ne conservera pas toujours la même destination, et qu'elle deviendra un jour aussi florissante qu'elle l'était sous la domination du peuple-roi.

BISKARA. — 236 kil. S.-E. de Constantine.

Biskara est une ville arabe et européenne, située sur la pente méridionale du mont Aurès, à l'entrée du grand désert. Elle est aussi la capitale des oasis des *Zibans*, qui renferment, entre autres petites villes, *Zaatcha*, célèbre par le siége de 1849.

Aucune inscription antique n'a été trouvée à Biskara; mais des fragments de colonnes annoncent assez une ancienne splendeur. A l'arrivée des Français en 1844, les soldats d'Abd-el-Kader, qui tenaient garnison dans la Casbah de cette ville, prirent la fuite, et les habitants s'empressèrent de venir au-devant de nous. On pensa d'abord qu'il ne serait nécessaire d'y maintenir des troupes qu'après la soumission complète des populations de l'Aurès; mais l'extention rapide que prirent les relations commerciales, entre Constantine et les Zibans, a démontré la nécessité d'occuper cette position d'une manière permanente.

Les chaleurs sont si excessives dans cette contrée, que, pendant les quatre heures de liberté que leur laissent les besoins du service, les militaires de la garnison de Biskara allégent peu à peu leur uniforme si bien, qu'ils finissent par se trouver dans le costume primitif du père Adam.

Le cours de l'*Oued-Kantara*, qui baigne le pied de la ville, est tellement sinueux, que les belles eaux de cette rivière arrosent toutes les parties de cette oasis, sur laquelle s'élèvent plus de 100,000 pieds de palmiers et peut-être plus de 20,000 oliviers. Beaucoup de ces palmiers atteignent une hauteur de 30 mètres, et produisent une immense quantité de dattes, dont une partie est expédiée en Europe et l'autre est consommée sur les lieux. Non-seulement ce fruit est mangé par les hommes avec un certain plaisir, mais les chevaux des Arabes et les chiens même en sont très-friands; ils les mangent avec beaucoup d'adresse et en rejettent avec soin les noyaux, qui sont fort durs. Les environs de la ville sont délicieux; on peut se promener pendant plus de trois heures toujours à l'ombre des palmiers, alors qu'au soleil la température atteint 40 degrés, quelquefois 45 et même 48 degrés centigrades.

Cette haute température a fait supposer à l'administration qu'on pourrait obtenir à Biskara les produits tropicaux, tels que café, poivre, vanille, indigo, canne à sucre, igname, etc.; aussi a-t-elle établi, dès 1851, dans l'oasis de *Beni-Morra*, à 500 mètres de Biskara, un jardin d'acclimatation. Déjà on a obtenu des résultats fort intéressants, mais la période d'observation est trop courte pour permettre des conclusions définitives.

A 20 kilomètres au sud de Biskara se trouve la ville

sainte de Sidi-Okba. Cette localité porte le nom du fameux *Sid-Okba*, le conquérant arabe de l'Afrique au viiᵉ siècle, dont le tombeau, renfermé dans une belle mosquée, est l'objet de la vénération des indigènes. Le sanctuaire dans lequel repose Sid-Okba est recouvert d'un drap de soie verte portant un grand nombre d'inscriptions brodées en soie blanche.

Les honneurs rendus par les Arabes à la mémoire de Sid-Okba, après douze siècles, ne sont-ils pas un reproche pour la France, qui n'a encore consacré par aucun monument le souvenir de la conquête de 1830 ? L'Arabe, *ce peuple que nous appelons sauvage*, sait conserver le souvenir des grands hommes et des grands événements, tandis que le Français, qui a la prétention d'*être le peuple le plus civilisé du monde*, les oublie dès qu'il n'a plus besoin de se les rappeler.

V.

PROVINCE D'ORAN.

ORAN. — 410 kil. O. d'Alger.

Hôtels : de *France*, place Napoléon; de l'*Univers*, rue Louis-Philippe, sont les seuls hôtels confortables que nous puissions recommander aux voyageurs. Il y en a plusieurs autres où l'on paye meilleur marché, mais où l'on est naturellement moins bien.

Oran, chef-lieu de la division de ce nom, est la résidence d'un lieutenant général commandant la province, d'un préfet, d'un tribunal de première instance, d'un tribunal de commerce, d'une justice de paix, etc.

La ville, située au fond d'un golfe, est assise sur le versant oriental d'une montagne sur les deux rives de l'*Oued-el-Rahhi* qui coule dans une petite gorge, et dont les eaux arrosent un grand nombre de jardins et mettent en mouvement une dizaine de moulins. Oran n'a, à proprement parler, point de port; il n'y a devant la ville qu'une rade offrant un abri très-peu sûr par les vents du large. Son véritable port se trouve à quelques kilomètres de la ville, à l'endroit appelé par les indigènes *Mers-el-Kébir* (le grand port).

On ne voit à Oran aucun vestige de la domination romaine, les fortifications et les travaux d'art qu'y ont trouvés les Français à leur arrivée sont dus aux Espagnols, que l'on peut regarder comme les fondateurs de cette ville. Pendant près de trois siècles, les Espagnols demeurèrent maîtres de ce point; mais en 1791 le tremblement de terre qui renversa une partie de la ville, et les attaques du bey Mohammed, les déterminèrent à évacuer cette position. Ainsi finit l'occupation espagnole.

Une fois maîtres d'Oran, les Turcs s'empressèrent, suivant leur usage, de démolir les constructions de leurs prédécesseurs. Ils firent bien plus tard quelques travaux pour relever une partie de ce qu'ils avaient détruit, mais leur œuvre de restauration n'était pas encore terminée lorsque la ville tomba en notre pouvoir.

Nos troupes ne trouvèrent pour ainsi dire que des ruines; aussi fut-on forcé de démolir presque tout ce qui restait debout pour réédifier ensuite.

La ville est aujourd'hui bien percée; les rues sont droites, alignées, bordées d'élégantes maisons; quelques-unes des principales voies sont même ornées d'une double rangée de beaux trembles. Il y a plusieurs places spacieuses et élégantes et des boulevards d'où l'on découvre le plus joli panorama.

Par sa population, Oran est la seconde ville chrétienne de l'Algérie; la population européenne s'élève à 10,000 âmes environ, et elle se compose presque exclusivement de Français et d'Espagnols.

Le voisinage du Maroc et de l'Espagne fait d'Oran une place commerciale de premier ordre; ce commerce, déjà très-important, prend chaque année un nouveau développement. Dès les premières années, l'agriculture s'était déjà emparée de la banlieue de la ville, et aujourd'hui, dans un rayon de plus de dix lieues, on ne rencontre que des terres en voie d'exploitation.

Un décret impérial vient de réorganiser la municipalité d'Oran : on fonde généralement de grandes espérances sur la sagesse et l'expérience de la nouvelle administration. Le nouveau maire, M. Marion, est un ancien conseiller à la Cour d'appel d'Alger; l'équité de son caractère et sa connaissance parfaite de l'Algérie, qu'il habite depuis une vingtaine d'années, justifient ces espérances.

Depuis quelques années, la ville d'Oran est visitée par des épidémies qui lui enlèvent une partie de sa population. En 1850, la mortalité a même atteint des proportions épouvantables. On attribue cette insalubrité à la saleté de la population espagnole, qui vit dans la plus grande misère.

Cette insalubrité est, à notre avis, anormale ; car, de la plus haute antiquité, la ville et la province d'Oran jouissent au contraire d'une grande réputation de salubrité. Les chaleurs s'y font bien sentir, mais on peut du moins les supporter plus facilement que partout ailleurs, à cause des brises rafraîchissantes qui y règnent pendant l'été. Les principes qui ailleurs donnent naissance à des fièvres intermittentes n'existent point dans cette province.

Une pareille température doit contribuer naturellement à rendre les habitants dispos, agiles et robustes; tous dans la classe indigène et dans la classe aisée de la population européenne jouissent en effet d'une parfaite santé. Le typhus, la fièvre jaune leur sont inconnus, et la sobriété, la diète et quelques plantes aromatiques sont les seuls moyens curatifs dont les plus grandes maladies nécessitent l'emploi. Si la dyssenterie incommode parfois l'armée et certains habitants, on doit l'attribuer à l'abus des liqueurs fortes et des fruits qui abondent dans le pays, et au défaut de précautions contre le passage subit du chaud au froid.

L'importance commerciale d'Oran repose presque entièrement sur le port de Mers-el-Kebir, éloigné de cinq milles par mer et de 9 kilomètres par terre. Ce port est presque entièrement l'œuvre de la nature, la main des hommes n'y a fait que quelques travaux d'aménagement. Il est bien abrité ; son fond, remarquable par sa profondeur, est d'une bonne tenue, les vaisseaux de haut bord y trouvent même un mouillage assuré.

La distance qui sépare Oran de Mers-el-Kebir et la difficulté des communications par mer entre ces deux points, ont rendu nécessaire l'ouverture d'une route, qui est remarquable à plusieurs titres. Elle est taillée dans le marbre et serpente presque horizontalement sur les flancs des hautes montagnes dominées par le fort Saint-Grégoire et le fort ruiné de Santa-Cruz, à 420 mètres d'altitude. A mi-chemin elle est bordée par les *bains de la Reine*, établissement thermal renommé pour la vertu de ses eaux.

Mers-el-Kebir, situé à l'entrée du canal qui sépare l'Espagne de l'Afrique, est le Gibraltar de l'Algérie. Aujourd'hui, ce n'est encore qu'un simple port de refuge et de commerce; mais il deviendra indubitablement plus tard grand port d'agression, arsenal de ravitaillement et second port militaire de l'Algérie.

Les Romains, nos maîtres en toutes choses, y avaient bâti une forteresse formidable; les rois de Tlemcen y fondèrent une petite ville ; les Espagnols, qui s'en emparèrent en 1505, sous les ordres de Don Diégo de Cordoue, y exécutèrent de grands travaux de défense, dont les Français profitent aujourd'hui, après toutefois les avoir réparés et complétés.

Les environs d'Oran offrent des sites charmants, surtout près de la ville, les jardins qui se trouvent dans la gorge du grand ravin sont couverts des plus belles plantations d'amandiers, grenadiers, orangers, etc., et une végétation vigoureuse y est entretenue par des eaux abondantes.

Dans le *ravin d'Oran* coule un petit ruisseau remarquable par les accidents qui signalent son cours. Il prend sa source au sud-ouest de la ville, dans le prolongement des montagnes du Raminsa; il sort de ces montagnes en suivant une vallée dirigée de l'ouest à l'est, et dans laquelle il est conduit en suivant un aqueduc souterrain. Au sortir de la ville, ce ruisseau, coulant toujours sous le sol, se dirige constamment vers le nord, en suivant un ravin peu large, mais très-escarpé, qui longe le pied des montagnes; à une distance de 1,000 mètres avant d'entrer dans Oran, à l'endroit appelé *la fontaine*, une ouverture latérale faite au conduit permet à une portion de l'eau de s'échapper pour couler dans le fond de la vallée, et aller ensuite se jeter à la mer, dans le golfe d'Oran; le reste, conduit par l'aqueduc sur le flanc occidental de la ville, se rend dans un bassin, d'où l'eau est ensuite distribuée dans toute la ville.

Le village de la *Senia* forme une section de la commune d'Oran.

La Senia est un des premiers villages européens de la province d'Oran, situé à 8 kilomètres est du chef-lieu sur la route de Mascara. La proximité de la ville, l'active circulation de la route, l'excellente qualité des terres ont fait la prospérité de ce centre de population, qui n'a reçu aucune subvention de l'État. On remarque autour de ce village plusieurs fermes très-importantes.

AIN-EL-TURK. — 16 kil. O. d'Oran.

Quoique de création toute récente (11 août 1850), ce village est un de ceux qui renferment le plus d'éléments de prospérité. Il est situé sur le bord de la mer, au fond d'une baie offrant un excellent mouillage, qui serait beaucoup plus fréquenté s'il n'était si près de celui de Mers-el-Kebir.

Le village d'Aïn-el-Turk est construit avec goût; il n'a rien de la construction que l'on reproche à toutes les créations de l'État. « Toutes les maisons, dit M. Jules Duval, sont situées dans l'enclos même des lots de jardins, et bordent une large et belle rue, qui descend sur une longueur de plus d'un kilomètre depuis l'église, gracieux monument élevé sur un mamelon en vue de toute la contrée, jusqu'à la plage où le village se termine par une place semi-circulaire qui lui fait face. Une douane, un presbytère, un cimetière enclos de murs, des lavoirs et des abreuvoirs alimentés par l'eau courante, forment avec l'église un des ensembles les plus complets dont les villages aient été dotés. »

Il y a déjà à Aïn-el-Turk plus de soixante maisons construites en partie par les habitants de Misserghin.

BOUSFER. — 17 kil. O. d'Oran.

Situé à 1 kilomètre d'Aïn-el-Turk, dont il est un annexe, ce centre de population est habité par des Européens et des Arabes appartenant aux tribus voisines. Les deux populations vivent en parfaite intelligence, et semblent même heureuses de ce contact.

MISSERGHIN. — 15 kil. O. d'Oran.

C'est à Misserghin que les anciens beys d'Oran avaient leur campagne de plaisance. Pendant la guerre, ce village avait été doté par l'État de constructions très-importantes pour recevoir la cavalerie indigène (spahis). Depuis la paix, ces vastes bâtiments sont occupés par un orphelinat, placé sous l'habile direction du Père Abram.

Misserghin est une des localités les plus heureusement situées de la province : son exposition en rend le climat très-agréable; ses terres sont d'une très-grande fertilité, les eaux sont très-abondantes, et le voisinage d'Oran facilite l'écoulement de tous les produits. Tous ces avantages réunis placent les établissements agricoles de Misserghin dans des conditions exceptionnelles.

Cette localité avait atteint déjà un haut degré de prospérité lorsqu'on lui enleva sa nombreuse garnison de spahis. Dans toute l'Algérie, les mesures de cette nature ont produit des crises fâcheuses; mais Misserghin plus que tout autre centre de population peut-être s'en ressentit. En effet, la population du village proprement dit ne se composait guère, parmi les habitants civils, que des marchands et des débitants qui trouvaient dans la garnison le placement avantageux de toutes leurs marchandises; la garnison partant, le commerce de détail se trouva sans débouché : aussi il en résulta bien des faillites et bien des ruines. Comme partout aussi presque tous les débitants et marchands désappointés, ne voulant pas perdre totalement les fruits de leurs premiers travaux, se sont tournés vers l'agriculture, et ont donné ainsi un grand développement à cette industrie.

L'ancien camp, qui comprenait en outre plusieurs établissements militaires, la pépinière de l'administration et 32 hectares acquis par l'État, le tout estimé à une centaine de mille francs, a été cédé au Père Abram, à la condition d'exécuter les traités passés avec l'administration pour l'éducation des orphelins et l'exploitation du sol. Cet établissement mérite sous tous les rapports la visite du voyageur.

Outre l'orphelinat, il y a encore à Misserghin un établissement de refuge connu sous le nom de *Bon-Pasteur*. Cette maison reçoit les filles et femmes repenties, ainsi que les filles dites à préserver. Les sœurs de Saint-Vincent de Paul y ont également fondé un orphelinat de filles. L'État a acquis à cet effet une propriété du général Montauban. Comme annexes de Misserghin on voit dans les environs plusieurs villages ou grandes fermes qui n'offrent rien de particulier; ce sont :

TENSALMET, vaste et belle concession particulière couverte de magnifiques plantations;

Emsila, ferme particulière située au sein d'une jolie forêt;

Bou-Tlelis, colonie agricole de 1849, affectée ensuite aux transportés politiques, occupée aujourd'hui par des colons allemands; ce village n'a, à notre avis, aucune chance d'avenir;

Aïn-Beïda, groupe de fermes particulières placées dans de bonnes conditions.

VALMI (LE FIGUIER). — 14 kil. E. d'Oran.

Ce village existe dupuis 1836, mais il n'a été légalement créé que quelque jour avant la révolution de février 1848. Il est situé à proximité de l'ancien camp du Figuier, où fut conclu, le 16 juin 1835, entre le général Trezel et les chefs des tribus des Douairs et des Zmelas, le traité qui rattacha à notre cause ces tribus dont les guerriers, sous la conduite du général Mustapha-ben-Ismaïl, se sont si vaillamment conduits pendant la guerre contre Abd-el-Kader.

La proximité d'Oran assurait dès le principe l'avenir de ce centre de population, qui est aujourd'hui un des plus riches de la province.

SIDI-CHAMI. — 13 kil. S.-E. d'Oran.

Village créé en 1845 sur un territoire très-fertile, où les eaux sont abondantes. Les colons se livrent presque spécialement à l'élève des bestiaux, qui trouvent dans le voisinage des pâturages excellents.

Il y a sur le territoire de Sidi-Chami plusieurs fermes très-importantes; on cite surtout celle de M. Calmels, remarquable par son étendue; celle de M. Billard-Feurier, où l'on remarque 22 hectares de vigne, avec un appareil vinaire, et en troisième lieu celle de M. Gros; cette dernière propriété est presque littéralement couverte de fleurs de spéculation.

Plusieurs hameaux sont annexés à la commune de Sidi-Chami ; ce sont ceux de Assi-el-Biod, Saint-Remi et du Petit Sidi-Chami, auquel on avait donné le nom, qui n'a pu prévaloir, de *la République.*

MANGIN. — 15 kil. S.-E. d'Oran.

Mangin est une colonie agricole de 1848, située non loin de Sidi-Chami et à peu de distance de la plaine du Tlélat. Son heureuse situation, l'excellente fertilité de son territoire, l'abondance de ses eaux, le voisinage d'une foule de villages et les routes qui la mettent en communication directe avec Oran, le Sig, Saint-Louis, Arzew, etc., sont autant d'éléments de prospérité qui contribueront à assurer l'avenir des colons.

ARCOLE. — 5 kil. E. d'Oran.

Ce village n'offre de particulier qu'une fabrique de poterie et une ferme, dont le propriétaire, récompensé de ses efforts par la croix de chevalier de la Légion d'honneur, s'est surtout attaché dès le principe à l'élève des bestiaux. On a découvert dernièrement aux environs d'Arcole une source d'eau chaude.

ARZEW. — 37 kil. N.-E. d'Oran.

Délicieux port de mer situé entre Oran et Mostaganem, et servant de refuge aux navires que les vents du large forcent si souvent d'abandonner le mouillage des autres points de la côte.

La ville, située sur une colline à peu de distance de la mer, a été occupée par l'armée française le 3 juillet 1833. A 6 kilomètres du port, on aperçoit des assises en pierres taillées d'une longue muraille regardant la mer, des fragments de murs, des citernes, des tronçons de colonnes épars et des inscriptions. Ces restes de l'antiquité font supposer qu'il y avait là une grande ville romaine. Quelques personnes voient dans ces ruines l'ancienne ville d'*Arsenaria*. M. Mac-Carthy prétend que c'est une erreur.

Arzew a fait pendant bien longtemps un grand commerce de céréales et de bœufs; pendant les premières années de l'occupation française des centaines de navires allaient y prendre des chargements de cette nature; mais aujourd'hui le mouvement commercial et maritime n'est plus aussi considérable.

La pêche est d'un bon produit pour les pêcheurs de cette localité, qui colportent le poisson dans les villages du littoral. Il y a quelques années on avait fondé à Arzew une madrague, à laquelle une centaine d'individus étaient employés; mais malheureusement l'entrepreneur est mort et personne après lui n'a continué l'exploitation. Arzew possède en outre une fabrique de poterie, qui a acquis une grande réputation, surtout par le mérite de ses gargoulettes ou carafes en terre.

A 14 kilomètres du port, il y a un lac salé dont l'exploitation peut à elle seule répandre l'aisance dans le pays. Les salines qu'on y a établi sont dignes de la curiosité du voyageur; leur étendue est d'environ 12 kilomètres de longueur sur 6 de largeur. Le sel s'y cristallise sans aucune main-d'œuvre, la nature seule fait tout. La cristallisation commence par les bords, avec la saison des chaleurs, et à la fin de juillet, elle est complète; alors bêtes de somme et voitures peuvent circuler sur ce vaste miroir, dont les reflets sont éblouissants, et qui fournit un sel d'une blancheur éclatante. Les couches y sont entassées depuis 1 mètre jusqu'à 1 mètre 50 centimètres d'épaisseur. La quantité de sel produite annuellement est considérable.

Une colonie agricole a été installée en 1848 sur le territoire d'Arzew; mais aujourd'hui cette colonie est fondue avec la ville.

SAINT-CLOUD. — 23 kil. E. d'Oran.

Saint-Cloud est une colonie agricole de 1848, située à 16 kilomètres sud d'Arzew, et sur la route qui relie cette ville à Oran.

Tant sous le rapport de son étendue que sous celui de sa population, Saint-Cloud est aujourd'hui la plus importante et la plus prospère de toutes les colonies agricoles de 1848. Il y a déjà plus de 300 maisons, une salle de spectacle, une justice de paix, des bals champêtres, des établissements publics très-bien tenus, des jardins délicieux et une foule de travaux qui prouvent que la population de Saint-Cloud est à la fois la plus intelligente, la plus laborieuse et la plus joyeuse du pays.

On a découvert dans les environs de cette colonie une source minérale, qui n'est pas encore exploitée, mais qui promet de bons résultats pour l'entrepreneur. On exécute en ce moment, dans les montagnes voisines, des recherches de mines sur lesquelles on fonde généralement de grandes espérances.

SAINT-LEU. — 38 kil. E. d'Oran.

Saint-Leu est également une colonie agricole de 1848, située à 10 kilomètres d'Arzew, à cheval sur la route qui de ce point conduit aux salines, à l'endroit où cette route se croise avec celle rectifiée d'Oran à Mostaganem. Cette situation et l'excellente qualité des terres assurent à Saint-Leu un brillant avenir commercial et agricole.

CHRISTEL. — 21 kil. N.-E. d'Oran.

Joli petit village situé au bord de la mer et entouré de délicieux jardins. On y exploite de beaux gisements de plâtre. L'administration des douanes a établi à Christel un poste de douaniers pour surveiller les contrebandiers espagnols, qui avaient choisi ce point comme un des plus favorables pour le débarquement clandestin de leurs marchandises.

DAMESME et MULEY-MAGOUN sont deux colonies agricoles de 1848, situées sur le territoire d'Arzew, à une trentaine de kilomètres est d'Oran, et qui n'offrent rien de particulier.

FLEURUS. — 20 kil. E. d'Oran.

Fleurus est également une colonie de 1848. Elle est située sur le revers oriental de la plaine de la Télamine; son sol n'est pas favorable aux grandes cultures, mais en revanche il est des plus propices pour l'élève des bestiaux. Malgré l'infériorité du terrain de cette colonie, les colons ont exécuté de grands travaux d'agriculture qui placent Fleurus au-dessus de la plupart des colonies agricoles de cette époque.

Le voisinage d'une belle forêt (celle de Muley-Ismaïl) et des salines d'Arzew contribueront sans doute à la prospérité de cette localité.

HACI-BEN-OKBA. — 19 kil. E. d'Oran.

Colonie agricole de 1848, située sur le versant des colines qui terminent la plaine de la Télamine. Le sol en cet endroit est excellent et propre à toutes les cultures; mais malheureusement les colons n'ont pas su profiter de l'immense avantage qu'ils avaient sur ceux de Fleurus, dont ils ne sont éloignés que de quelques kilomètres. Ils se sont laissé surpasser. La route rectifiée d'Oran à Mostaganem traversera cette localité, il faut espérer qu'elle en facilitera aussi le développement.

CHRISTINE (SID-ALI). — 17 kil. E. d'Oran.

Une ordonnance royale du 12 mars 1847 avait décrété la création, sur le territoire de *Sid-Ali*, d'un centre de population de cent feux, auquel on donnerait le nom de Christine; mais ce village n'a jamais existé de fait. Un décret impérial, en date du 29 décembre 1852, a autorisé la vente à M. Garbé, ancien préfet du département, des vastes bâtiments que l'intendance militaire avait élevés en cet endroit pour y établir un parc aux bestiaux; M. Garbé est le premier colon sérieux qui soit venu s'établir à Christine. Un filateur de Lyon, M. Costeniau, y a créé ensuite un établissement pour la filature et le tissage de la soie et de la laine, dont les produits ont déjà été remarqués dans les deux dernières expositions. Aujourd'hui plusieurs maisons s'élèvent autour de ces deux établissements, qui emploient un assez grand nombre d'ouvriers.

HACI-BOU-NIF. — 14 kil. E. d'Oran.

Haci-Bou-Nif est une colonie agricole de 1848, située dans la plaine de la Télamine, au centre d'un bassin fermé où les eaux très-abondantes, cependant, sont tellement absorbées qu'elles n'apparaissent nulle part à la surface. Les débuts ont été assez difficiles, mais les travaux d'agriculture ont pris maintenant leur essor, et la route définitive de Mostaganem à Oran, en traversant ce village, en facilitera encore le développement.

HACI-AMEUR. — 17 kil. E. d'Oran.

Voici encore une colonie agricole de 1848; elle se trouve placée dans des conditions de sol analogues à celles de Haci-Bou-Nif.

KLÉBER. — 29 kil. E. d'Oran.

Colonie agricole de 1848, qui a été surnommée la *Colonie de la soif*, par suite de la rareté des eaux. Sans cette circonstance, *Kléber* serait un des villages les plus florissants de l'Algérie, car les colons ont fait preuve de beaucoup d'ardeur et d'intelligence. Le territoire de cette colonie est propre aux grandes cultures et à l'élève des bestiaux; les produits obtenus par les colons parisiens de cette localité ont même figuré déjà avantageusement aux dernières expositions agricoles de la province. On espère arriver à doter la colonie de Kléber de plusieurs puits, dont les eaux seront employées pour les besoins de la population et l'excédant pour l'irrigation des jardins.

MEFESSOUR. — 28 kil. E. d'Oran.

Colonie agricole de 1848, placée sous le rapport des eaux dans de bien meilleures conditions que celle de Kléber. Une trentaine de puits et norias arrosent avec beaucoup d'intelligence les nombreux jardins créés par les colons.

SAINTE-LÉONIE. — 31 kil. E. d'Oran.

Village créé en 1846 pour recevoir des émigrants prussiens. Ces colons ont eu à traverser des phases bien cruelles; mais ils sont parvenus, grâce à leurs travaux et aux encouragements de l'État, à se placer dans de bonnes conditions de prospérité. Aujourd'hui leur village est un des plus gracieux de la province; on y remarque quelques maisons d'assez jolie apparence.

SAINT-LOUIS. — 24 kil. E. d'Oran.

Colonie agricole de 1848, qui compte aujourd'hui cent cinquante maisons. Le voisinage du lac salé d'Arzew rend son territoire légèrement salifié, ce qui ne le rend pas très-propice à l'agriculture; mais, en revanche, il est très-convenable pour l'élève des bestiaux.

HACI-BEN-FERRÉAH. — 23 kil. E. d'Oran.

Colonie agricole de 1848. Les colons stimulés par ceux

de Fleurus, dont les cultures sont contiguës, se sont livrés avec beaucoup d'ardeur aux travaux de l'agriculture, et aujourd'hui, ils recueillent le fruit de leur ardeur. Le choléra de 1849 et 1850 a sévi fortement dans cette colonie ; mais les habitants, loin de se laisser aller au découragement, ont montré beaucoup de dévouement et une énergique persistance à surmonter les ravages de ce fléau.

SAINT-DENIS-DU-SIG. — 52 kil. d'Oran.

Village de 200 maisons environ, créé en 1845, à droite du Sig, sur la route d'Oran à Mascara.

Après avoir traversé les plus rudes épreuves, les colons de ce centre de population sont parvenus à se placer dans de bonnes conditions d'aisance et même de fortune. Pendant près de sept années ils ont eu à lutter contre la difficulté des défrichements, les fièvres opiniâtres du pays, les miasmes de la Macta, la sécheresse, le choléra, etc.

Aujourd'hui que les eaux du Sig sont sagement réparties, que les desséchements, les défrichements et les plantations ont rendu le pays beaucoup plus sain pour les habitants, on voit toutes les cultures prospérer admirablement; céréales, coton, tabac, légumes, mûriers, tout réussir aussi bien.

Depuis deux ou trois ans, les cultures industrielles ont pris un bien grand développement. Quelques colons se livrent à l'éducation des vers à soie et de la cochenille. Il y a à Saint-Denis-du-Sig, en outre de la pépinière du gouvernement, plusieurs plantations particulières qui sont fort remarquables.

C'est sur le territoire de cette localité que se trouve la belle propriété de l'UNION AGRICOLE D'AFRIQUE. Cette propriété, située à 3 kil. de Saint-Denis, se compose d'une seule grande ferme d'exploitation appartenant à une com=

pagnie, à laquelle l'administration concéda une étendue de 3,059 hectares de terrain, non pas pour établir un phalanstère, ainsi que l'ont prétendu quelques personnes, mais pour mettre à exécution un système qui consiste à associer le capital et le travail dans la propriété et dans les bénéfices.

« L'histoire de cet établissement, dit M. Jules Duval (1), se compose de deux périodes. La première, depuis sa fondation, en 1846, par le capitaine d'artillerie Gautier, jusqu'en mai 1851. Dans cette période, on poursuivit avec persévérance, sans pouvoir cependant le réaliser que sur une très-petite échelle, le principe de l'institution; la seconde, depuis mai 1851 jusqu'à ce jour où la pratique du salariat pur et simple et du colonage partiaire a pris le dessus. A la première période appartiennent tous les grands travaux qui ont mis l'Union agricole à un des premiers rangs de la colonisation algérienne : de vastes bâtiments d'exploitation, le défrichement de 400 hectares, la création d'une grande pépinière privée, de nombreuses et belles plantations, la culture en grand du tabac et du coton, les premières éducations sérieuses de vers à soie, la construction d'un moulin à eau à deux tournants, qui a été le premier et reste jusqu'à ce jour le plus prospère de la plaine; celle d'une briqueterie et tuilerie; le ralliement aux travaux agricoles de l'élément arabe, vivant dans un intime rapprochement avec l'élément européen; la publication d'un bulletin mensuel de colonisation; des comptes rendus périodiques avec justifications détaillées de comp-

---

(1) Bien que M. Jules Duval ait été pendant trois ans, de 1847 à 1850, administrateur de l'Union agricole, ce que nous empruntons à ce sujet dans son remarquable travail sur l'Algérie, ne saurait être taxé de partialité. L'opinion de M. Jules Duval est celle de toutes les personnes qui ont été à même de connaître cette propriété et d'en suivre le développement.

tabilité agricole. La seconde période a continué une partie seulement des traditions de la première, en y apportant un élément nouveau : le concours plus soutenu des notabilités de la province. Elle n'a pu cependant préserver la société d'une transaction avec l'État pour obtenir par le sacrifice de 1,267 hectares le titre définitif des 1,792 restants, faute d'exécution dans les délais voulus de toutes les conditions de l'ordonnance de concession.

» Des personnes mal informées ont cru et dit souvent que si l'Union n'avait pas entièrement réalisé les espérances attachées à sa fondation, la faute en était : 1° à son principe vicieux; 2° à l'inexpérience agricole de ses chefs; 3° à la division du pouvoir entre un directeur et un administrateur. Autant d'erreurs. Le principe de l'association du capital et du travail a pleinement justifié sa supériorité; seul il a donné aux chefs et à quelques ouvriers d'élite la force de résister à toutes les dures épreuves des premiers temps, la fièvre, la sécheresse, le choléra, le déficit chronique d'argent; et le seul regret, qui ait paru légitime, c'est qu'il n'ait pas été possible, faute des conditions morales et pécuniaires voulues, d'intéresser tous les coopérateurs dans la propriété et les bénéfices de l'entreprise. — L'inexpérience agricole a été réelle, mais ce n'est pas le défaut de *pratique* qui a beaucoup nui, c'est le défaut du sens de la *spéculation agricole*, et ce sens a manqué autant aux directeurs civils qu'aux directeurs militaires, quoique ceux-là fussent plus familiers avec la routine agricole : la nullité de leurs résultats, bien que la période de premier établissement et d'apprentissage fût passée, l'a amplement prouvé. La faute agricole commise à l'Union, comme dans toute l'Algérie, a été de se lancer avec des capitaux insuffisants dans les cultures arborescentes et industrielles, au lieu d'asseoir sur les fourrages, les bestiaux et les fumiers une première et solide base financière d'opérations. — Et quant au concours d'un directeur et d'un administrateur, à un degré inégal du reste, dans le gouvernement de cette colonie agricole, leur parfait accord, pendant les trois années qu'a duré ce système, a prouvé que cette division du travail n'impliquait aucunement la division du pouvoir et du commandement; en même temps que les difficultés de la marche avant cette combinaison, et le déclin rapide de la situation, dès qu'un directeur a été chargé seul de ce lourd fardeau et livré à ses seules inspirations, ont prouvé qu'à la tête des grandes entreprises de l'agriculture, ce n'était pas trop, comme on l'a reconnu pour celles de l'industrie, du concours de deux intelligences et de deux fonctions convergeant en une seule volonté. Les causes du demi-succès de l'Union agricole sont tout autres. Ce sont : 1° la difficulté même de l'œuvre : une grande création agricole sur 3,000 hectares d'étendue, en un pays complétement inconnu, dans des conditions de sécurité, de viabilité, d'administration et de personnel extrêmement imparfaites au début, est un très-difficile problème, et c'est déjà un grand honneur et un grand mérite que de n'avoir pas succombé à la tâche ; 2° l'insuffisance des ressources : la crise financière qui suivit la révolution de 1848 coupa court à la souscription du capital social qui jusque-là se couvrait rapidement, et qui atteignit à peine la moitié du million jugé nécessaire ; cette moitié n'a même été que partiellement payée et avec des lenteurs et des difficultés inouïes, qui ont constamment entravé tous les plans de la direction ; 3° cette répugnance à payer avait, outre la gêne pécuniaire ou le mauvais vouloir, un prétexte très-sérieux dans le danger d'éviction par l'État, le titre de la propriété n'étant que provisoire, et subordonné à l'exécution de conditions à peu près impossibles : les assurances données par la haute administration de la guerre ne détruisant pas l'effet d'une menace écrite dans l'ordonnance, et qui s'est réalisée, quoique d'une manière bienveillante pour l'Union; 4° un concours d'accidents graves : les fièvres en permanence qui n'ont pas épargné un seul habitant de l'Union; trois années de choléra, tellement violent qu'en 1850 sur 120 ouvriers, j'en ai vu tomber 37 autour de moi de septembre à décembre; trois années de sécheresse qui ont frappé toute la province d'Oran, des incendies, des grêles, des ouragans qui ont détruit partie de ses récoltes; 5° il faut ajouter qu'avec 400 actionnaires, trop sympathiques à l'œuvre pour ne pas intervenir activement dans son administration, avec un personnel d'employés et d'ouvriers qui n'étaient pas toujours la fleur de l'émigration, l'expérience a prouvé que le principe de liberté devait céder au principe d'autorité, la bienveillance du caractère aux nécessités de l'ordre. Résister à de pareilles épreuves, et survivre avec honneur, avec de grands et beaux travaux exécutés, est déjà fort méritoire. Aujourd'hui que les temps sont devenus meilleurs pour tous, que la terre du Sig a acquis un renom incontesté d'aptitude aux cultures industrielles, que le climat et le régime des eaux sont améliorés, qu'une belle route relie à Oran et Mascara, le succès devient des plus faciles avec une loyale et intelligente direction. Les directeurs de l'Union ont été successivement : les capitaines d'artillerie Gautier, Garnier et Blondel, à qui ont succédé des directeurs civils. J'ai rempli pendant trois ans (de 1847 à 1850), sous les deux premiers, les fonctions d'administrateur.

MASCARA. — 96 kil. S.-E. d'Oran.

Ancienne ville arabe située presque à égale distance d'Oran et de Mostaganem. Comparée aux autres villes arabes de la province, Mascara est plus pittoresque et plus agréable. On n'a que des données fort incertaines sur l'origine de cette ville ; selon les traditions locales, elle aurait été construite par les Berbers, sur les ruines d'une ville romaine ; mais quelques historiens rejettent cette opinion pour n'en formuler aucune de plus concluante. L'étymologie du mot Mascara (*Masker*, lieu où se rassemblent les soldats), atteste une réputation guerrière qui semble justifiée par tout ce que nous savons de son histoire.

Mascara, aujourd'hui chef-lieu de la 4e subdivision militaire, se divise en cinq quartiers bien distincts : *Mascara* proprement dit ; *Baba-Ali*, au nord de la ville ; *Aïn-Beida*, au sud ; *Rekoub-Ismaïl*, à l'ouest, et un nouveau quartier qui commence à se former à l'est. Ces quatre derniers quartiers peuvent être considérés comme les faubourgs de la ville de Mascara, qui se trouve placée au centre.

La ville est percée de trois rues principales ; elle a deux places publiques, une assez jolie mosquée, deux fondouks (marchés) et plusieurs auberges de médiocre apparence. Les maisons sont généralement assez basses et ne s'élèvent que très-rarement au-dessus du rez-de-chaussée.

Mascara était du temps des Turcs la résidence des beys de la province, jusqu'au moment où les Espagnols évacuèrent Oran. Abd-el-Kader en fit sa capitale et le boulevard de sa puissance. Lorsque les Français l'occupèrent définitivement (30 mai 1841), les habitants avaient émigré et démoli la plupart des maisons. Ces ruines furent bientôt relevées, et Mascara ne tarda pas à reprendre son ancienne importance. Les indigènes y ont plusieurs fabriques de burnous noirs renommés par leur solidité, de tapis très-estimés et de burnous en laine blanche.

Mascara a de l'eau en abondance et de bonne qualité, un air pur et sain, et une vue fort belle. Elle est située à 400 mètres au-dessus du niveau de la mer.

A Mascara se rattachent les villages de Saint-André et Saint-Hippolyte, tous deux sont placés dans des conditions de salubrité et de viabilité qui en assurent la prospérité. Les bourgades arabes d'El-Bordj, Kolaath, Thouat dépendent aussi de Mascara; il en est de même de Cachrou, berceau de l'émir Abd-el-Kader.

Autour de Mascara, il y a maintenant plusieurs fermes européennes assez importantes.

SAÏDA. — 176 kil. S.-E. d'Oran.

Saïda est un avant-poste militaire de la subdivision de Mascara, situé à 60 kilomètres sud de cette ville, auprès d'un établissement qu'Abd-el-Kader avait établi pour le ravitaillement de ses guerriers, et qui a été détruit par la guerre. Le voisinage d'un marché arabe fait de Saïda une place commerciale très-importante; on y fait surtout un grand commerce de laine.

TIARET. — 220 kil. S. d'Oran.

Tiaret est également un avant-poste militaire dépendant de la subdivision de Mascara, dont il est éloigné de 124 kilomètres. La colonisation commence à faire quelques progrès; l'absence de colons civils en a paralysé le développement pendant les premières années de la création, qui remonte à 1843.

TLEMCEN. — 116 kil. S.-O. d'Oran.

Tlemcen, située à 48 kilomètres de l'embouchure de la Tafna, occupe une admirable position qui domine tout le pays compris entre le cours inférieur de l'Isser, la Tafna et la frontière du Maroc; ce qui lui a valu le nom de *Bab-el-Gharb* (porte du Couchant).

Tlemcen a joué un grand rôle dans l'antiquité. Nous empruntons à l'ouvrage de M. Bérard une notice historique qui fait connaître l'origine et les diverses phases de l'importance de cette ville.

Les Magraoua, branche de la tribu des Zenètes, passent parmi les Arabes pour être les premiers fondateurs de Tlemcen, qui s'agrandit aux dépens de l'antique *Siga*, capitale de la Mauritanie, située à 12 lieues au nord, en face de l'île de Rachgoun, délaissée lorsque cette région fut occupée par les Romains. S'il faut ajouter foi à quelques médailles qu'on a trouvées à Tlemcen, portant l'inscription *Tremis-Col*, ce lieu aurait été une colonie romaine dont les géographes anciens ne parlent pourtant pas. Le docteur Shaw suppose qu'elle se nommait *Lanigara*. A la faveur des Vandales, les *Zenètes* reprirent l'autorité dans la ville qu'ils nommaient *Djidda*, en leur payant un tribut. Après les premières fureurs de l'invasion musulmane, les Abd-el-Oueds, chefs de la nation Zenète, redescendirent des montagnes et fondèrent à Djidda une royauté qui dura plus de 300 ans, jusqu'au jour où Youssef-ben-Tachfin, fondateur de la puissance des Almoravides, eut fixé aux contingents de son vaste empire cette ville pour rendez-vous ; ce que le mot Tlemcen signifie en langue chellah, ainsi que le dit le colonel Walsin Esterhazy. Les Almoravides et les Almohades de Maroc y maintinrent leur puissance en y laissant toujours pour gouverneur un prince de la grande famille des Zenètes. Yagh-Morhassan, un d'entre eux, se déclara enfin indépendant et fut le chef de la dynastie des Zyanites, presque toujours en guerre avec les empereurs du Maroc, de Fez, et les rois de Bougie et de Tunis. Ces derniers princes déposèrent, prirent, chassèrent, mirent à mort quelques-uns des rois de Tlemcen, et, par l'envie que les richesses fabuleuses de cette capitale excitaient en eux, causèrent de grands ravages dans le pays. Un sultan de Fez, qu'on a surnommé le *Noir*, vint en 1185 attaquer Tlemcen, et resta pendant plus de sept ans devant ses remparts. Il éleva à 1,600 mètres, à l'ouest, une ville dont l'enceinte forme un rectangle de 900 mètres sur 700 mètres, formé d'une muraille en pisé de 7 à 8 mètres de haut et 2 mètres d'épaisseur, couronnée de créneaux et défendue par des tours carrées, distribuées de 30 mètres en 30 mètres. Quatre portes se correspondent sur les quatre faces. Cette ville, que les Français ont trouvé presque entièrement en ruine, porte le nom de *Mansourah;* nous aurons bientôt l'occasion d'en reparler.

Le royaume de Tlemcen se composait des villes de Nedroma, Gigelli, Mers-el-Kebir, Oran, Arzew, Mazagran, Mostaganem, dont les trésors étaient cachés dans une caverne voisine des salines d'Arzew, en un lieu nommé *Djira*. Léon l'Africain vante l'opulence des rois de ce pays, dont le palais était dans la citadelle nommée le *Méchouar*. Il ne reste rien de cette splendeur qui s'éclipsa entièrement en 1515, lorsque Baba-Haroudj (Barberousse) fut appelé par les habitants, inquiétés des querelles de la famille royale intéressant les Espagnols à ses dissensions intestines. Le pirate délivra Bouzian du cachot où son oncle Bouhamou le retenait. Mais en voyant la nullité de ce personnage, il voulut exploiter à son profit les efforts de valeur et d'intrigue qui lui avaient tant coûté. Bouzian et ses sept fils furent pendus par son ordre, au moyen de la toile de leurs turbans, aux piliers de la galerie du Méchouar. Tous les membres de cette malheureuse famille lui furent amenés et jetés par son ordre dans un étang où, dit Marmol, *il les fit noyer, prenant plaisir à leurs postures et à leurs grimaces.* Cette exécution atroce irrita les habitants contre les Turcs, et leur fit regretter les princes dont les crimes non moins révoltants avaient amené la chute. Le gouverneur d'Oran, sollicité par eux, envoya Martin d'Argote à Tlemcen, où il fut reçu par les Maures. Barberousse, retiré dans le Méchouar, ne put s'y maintenir, faute de vivres, et s'enfuit la nuit par un passage souterrain. Mais, poursuivi par les Espagnols, il sema vainement ses trésors par la route pour arrêter leur course, et périt courageusement sur les bords du Rio-Salado. Bouhamou, replacé sur le trône, se reconnut tributaire des Castillans. Son successeur refusa toute redevance. A sa mort, Khaïreddin-Barberousse fit reconnaître pour roi Hamed, son fils puîné, au détriment d'Abd-Allah, que Charles-Quint fit installer plus tard par le comte d'Alcaudète (1544), gouverneur d'Oran, à la suite de deux expéditions coûteuses à l'Espagne et onéreuses aux Tlemcéniens. Ces derniers chassèrent Abd-Allah, accueillirent Hamed et les Turcs, mais, ne tardant pas à se dégoûter de ces étrangers, ils invoquèrent les Espagnols, qui obligèrent de nouveau les Turcs à évacuer la place. Hamed resta cependant roi. Hussan, son frère, lui succéda sous les auspices des Turcs d'Alger. Ce prince voulut se rendre indépendant de cette tutelle; environné d'intrigues, il se sauva à Oran, où il mourut de la peste. Son fils fut baptisé sous le nom de *Carlos*, et Tlemcen resta au pouvoir des Turcs, malgré les efforts des scheriffs de Fez (1560). 110 ans après, les habitants prirent parti pour eux contre le bey Hussan (1670), qui les vainquit et détruisit la ville presque entièrement, ayant reçu ordre d'Alger d'en finir avec ce foyer d'insurrection qu'il ne parvint pourtant point à éteindre tout à fait.

En décembre 1830, l'empereur de Maroc pensa que le moment était venu de faire valoir ses anciennes prétentions sur cette cité, et s'en empara. Les Coulouglis s'étaient retirés dans le Méchouar et s'y maintinrent pour les Turcs d'abord, et pour les Français ensuite, lorsqu'une solde leur eut été assuré au titre de la France. Les Marocains évacuèrent la ville lorsque Abd-el-Kader, vainqueur de la coalition des tribus, après le traité de février 1834, se présenta dans ses murs. Le maréchal Clauzel, après l'expédition de Mascara, se porta sur Tlemcen, pour en ravitailler la citadelle. Il y entra le 12 janvier 1836, nomma un bey, en conséquence de l'arrêté déjà pris le 8 décembre 1835, et préleva sur les habitants de la ville, par un autre arrêté du 28 février, un emprunt forcé de 150,000 francs, qui ouvrit la porte à bien des désordres, et ne rapporta que 94,000 francs. Le capitaine Cavaignac fut laissé dans cette citadelle avec un bataillon qui prit le nom de *Bataillon de Tlemcen*, et eut à souffrir les plus grandes privations. Le général Bugeaud ravitailla ce point en juillet 1836. Le traité de la Tafna, du 20 mai suivant, l'ayant cédé à Abd-el-Kader, il fut évacué le 12 juillet 1837. L'émir le posséda quatre ans, et en fit sa capitale. Le 30 janvier 1842, à la suite des événements de la guerre renouvelée, Tlemcen fut occupé de nouveau et n'a pas cessé de nous appartenir depuis.

L'enceinte de la ville actuelle n'a pas le tiers du développement des anciens remparts. Autrefois plusieurs murailles isolaient les principaux quartiers de la ville, qui étaient au nombre de quatre, et qui sont aujourd'hui confondus. Le mur d'enceinte est percé de neuf portes.

La ville est mal percée, les rues sont étroites et tortueuses, les maisons fort basses et couvertes en terrasse. Au sud de la ville, il y a une citadelle de forme rectangulaire occupant une superficie de 460 mètres sur 280 environ.

Cette forteresse, si célèbre dans l'histoire sous le nom de *Mechouar*, comprend dans son enceinte une centaine de petites maisons occupées aujourd'hui par les troupes et les divers établissements militaires; on y voit encore une mosquée qui atteste l'ancienne splendeur du palais des rois du *Gharb* (Occident). C'est là le seul reste de cette splendide demeure tant vantée par les écrivains du moyen âge.

Voisine de l'empire du Maroc, dont les frontières ne sont qu'à quelques heures de marche; voisine également du désert, qui n'en est guère plus éloigné, Tlemcen est l'entrepôt naturel et en quelque sorte obligé du commerce de toute cette partie de la province. Sa position, à 48 kilomètres de la mer, augmente encore son importance, parce qu'elle peut écouler ses produits beaucoup plus facilement que les autres villes de l'intérieur.

Tlemcen est aujourd'hui le chef-lieu de la 5e subdivision militaire de la province et la résidence d'un commissaire civil. La milice compte près d'un millier d'hommes. Le culte catholique a un curé et l'islamisme un muphti.

La banlieue de Tlemcen est peut-être la plus pittoresque de toute l'Algérie. A l'est de la ville, on voit un bois magnifique dont la délicieuse situation lui a valu le nom de *bois de Boulogne*. Les autres parties de la ville sont ombragées par une forêt d'oliviers séculaires si épaisse, qu'on estime à 1,500,000 pieds le nombre de ces arbres, sur une superficie de 14 à 16 kilomètres. Tous les environs de Tlemcen sont arrosés par des cours d'eau qui entretiennent, même pendant les plus fortes chaleurs, une fraîcheur qui en rend le climat des plus sains.

L'industrie indigène compte à Tlemcen plusieurs fabriques d'armes, d'ouvrages en fer, de maroquins, de tapis et de diverses étoffes en laine et en coton.

L'industrie européenne y a établi plusieurs moulins à huile, des moulins à farine, une pépinière et plusieurs autres établissements assez importants.

Tous les produits de cette importante cité sont actuellement dirigés sur le littoral et sur Oran, pour l'exportation, par une route qui n'est malheureusement pas toujours accessible aux voitures, et sur laquelle sont échelonnés déjà plusieurs villages et auberges.

On ouvre des routes pour relier Tlemcen aux villes de l'intérieur.

Dans le voisinage de Tlemcen, il y a une petite localité arabe dont la résidence est formellement interdite aux Européens; ce village, situé sur la route de l'aqueduc qui conduit à de magnifiques cascades que le touriste ne doit pas manquer d'aller visiter, ce village, disons-nous, porte le nom du saint marabout Sidi-Bou-Medine, dont le tombeau est renfermé dans une belle mosquée qui a acquis une grande célébrité parmi les fanatiques indigènes.

On trouve aussi dans les environs de Tlemcen le village de Mansourah, construit dans une immense enceinte qui peut avoir 3 kilomètres de circuit, et au milieu de laquelle s'élève une haute et assez jolie tour dont la construction remonterait, s'il faut en croire les traditions, au XIIIe siècle.

L'ancienne mosquée de Mansourah, qui porte le nom de *Sidi-Hassan*, sert aujourd'hui de musée. Par son ornementation intérieure, ce gracieux monument était digne d'une pareille destination. On y remarque déjà plusieurs colonnes, chapiteaux, mosaïques, etc., qu'on a découverts en exécutant des fouilles sur l'emplacement d'une ancienne mosquée dont on reconnaissait parfaitement les traces.

Le district de Tlemcen comprend encore quatre villages, qui sont ceux de:

Hanaya, à 11 kilomètres nord-ouest de Tlemcen, sur la route de cette ville à la mer, au débouché principal de la vallée de la Tafna, vers le sud.

Bréa, à 4 kilomètres nord de Tlemcen; d'abord simple ferme, aujourd'hui village d'une soixantaine de maisons.

Négrier, à 4 kilomètres et demi nord-est de Tlemcen, dans une belle position et dans de très-bonnes conditions d'avenir.

Seysaf, à 4 kilomètres est de Tlemcen, village composé d'une quarantaine de maisons, dont les habitants sont presque tous des anciens militaires.

NEMOURS. — 162 kil. O. d'Oran.

Chef-lieu de cercle, dépendant de la subdivision de Tlemcen, dont il n'est éloigné que de 74 kilomètres, et construit à côté des ruines d'un village arabe nommé *Djemmâ-Ghazaouat* (la mosquée des Razzias), qui semble avoir été fondé par les Maures d'Espagne, après leur expulsion par Philippe III.

Ce point fut occupé en 1844, au moment de l'expédition contre le Maroc, et depuis ce moment il a toujours servi au ravitaillement des troupes qui opèrent sur les frontières et dans toute la partie orientale de la province.

A quelques kilomètres de Nemours se trouve le fameux marabout de *Sidi-Brahim*, auquel se rattache un souvenir bien funèbre. A la suite de l'expédition du Dahra, et en représaille de la regrettable exécution militaire dont les grottes du Dahra ont été le théâtre, les Arabes attirèrent, le 22 septembre 1844, le colonel de Montagnac et 350 chasseurs d'Orléans, suivis d'une soixantaine de hussards, dans une embuscade, à 3 kilomètres du marabout de Sidi-Brahim. Ces malheureux furent presque tous victimes de leur courage. Un monument d'une simplicité peu digne de la grandeur de l'héroïsme de nos vaillants soldats recouvre aujourd'hui les restes des victimes de ce désastre.

Nemours est devenu, depuis l'occupation française, un centre commercial d'une assez grande importance; cette ville reçoit tous les produits de la partie orientale de l'Algérie destinés pour l'exportation.

L'administration y a créé plusieurs établissements, et

les particuliers ont élevé quelques constructions assez importantes pour la localité.

SEBDOU. — 153 kil. S -O. d'Oran.

Chef-lieu de cercle dépendant de la subdivision de Tlemcen, qui se trouve à 37 kilomètres dans le nord, et fondé sur l'emplacement d'un ancien fort construit par Abd-el-Kader.

Le voisinage de belles forêts, le sol, les eaux et un marché arabe très-important invitent les colons à venir s'installer sur ce point.

LELLA-MAGHRNIA. — 164 kil. S.-O. d'Oran.

Chef-lieu de cercle dépendant également de la subdivision de Tlemcen, dont il est éloigné de 58 kilomètres. La création de ce poste remonte à l'année 1844, au moment de la fameuse expédition du maréchal Bugeaud contre l'empereur du Maroc. Malgré l'importance qu'il n'avait pas tardé à acquérir, le poste de Lella-Maghrnia fut pour ainsi dire abandonné après la bataille d'Isly.

L'insalubrité a jusqu'ici éloigné les colons de ce point, et cependant il n'est peut-être pas dans toute la province une localité qui offre plus de ressources. Les eaux sont abondantes, la terre de bonne qualité, et les forêts des environs sont si riches, qu'elles suffiraient à elles seules pour assurer la prospérité d'une population laborieuse.

Des inscriptions et des restes de murailles attestent que Lella-Maghrnia est construit sur l'emplacement d'une ancienne station du peuple-roi.

MOSTAGANEM. — 76 kil. E. d'Oran.

L'hôtel *de la Régence* est le plus recommandable.

Chef-lieu de la 2ᵉ subdivision militaire et résidence d'un sous-préfet.

« Mostaganem, dit M. Victor Bérard, était dans l'antiquité une agrégation de villages nommée *Cartenæ*, dont on trouve les traces moins dans les ruines qui couvrent les entours de la ville actuelle que dans leur emplacement sur les flancs d'un ravin que parcourt en serpentant l'*Oued-Safra*. Léon l'Africain dit que ces divers hameaux furent fondés par les Allemands, ce qu'il faudrait entendre d'une restauration de ces centres de population par les Vandales. Youssouf-ben-Taschefyn l'Almoravide, bâtit au milieu de la ville le château que nous appelons la *tour des Cigognes*. Les rois de Tlemcen régnèrent longtemps à Mostaganem et y entretinrent une grande prospérité. Lorsqu'ils commencèrent à déchoir, le pays s'en ressentit. Sidi-Hamed-ben-Youssouf, de Milianah, voulant peindre l'esprit des habitants, uniquement attentifs aux jouissances grossières, a dit qu'ils « se hâtent de relever les talons de leurs pantoufles pour courir plus vite après un bon morceau ». Kaïreddin-Barberousse s'empara de Mostaganem en 1516 ; il en agrandit l'enceinte et la fortifia. *Matamore*, espèce de faubourg de l'autre côté du ravin, sur la rive droite de l'oued Safra, fut entouré d'un mur, et bientôt 20,000 habitants jouirent sur ce point de tout le bien-être qu'amène un grand mouvement commercial. Les Maures fugitifs d'Espagne vinrent y tenter de larges exploitations agricoles et transplanter dans ces vallées fertiles la culture du coton.

» En 1558, le vieux comte d'Alcaudète parut devant Mostaganem, mais Hassan-Pacha, fils de Barberousse, l'obligea à lever le siége. Le général chrétien se retira à Mazagran, situé à une lieue de là, vers le N.-O., et manquant de munition, fit démolir un portail antique en marbre qui y existait, pour en faire quatorze boulets, et revint à la charge aux pieds des murs de Mostaganem. Vigoureusement repoussés, les Espagnols se mirent en déroute et foulèrent aux pieds le corps du vieux comte, tombé de cheval en cherchant à s'opposer à leur fuite. L'incurie des chefs turcs, et plus que toute autre cause funeste la présence des milices qui entourèrent longtemps les beys de Mazouna réfugiés dans la ville, contribuèrent à écarter les habitants paisibles et laborieux de ce centre industriel, véritablement favorisé de la nature. En 1792, le bey ayant repris possession d'Oran, évacué par les Espagnols, les habitants de Mostaganem furent transplantés dans cette capitale pour la repeupler, au détriment de leur ville natale. »

En 1830, le commandement de Mostaganem ayant été donné au kaïd Ibrahim, les tribus environnantes refusèrent de reconnaître son autorité, pillèrent les récoltes et détruisirent les maisons de plaisance qui ornaient les abords de la ville. Les combats acharnés que les Turcs livrèrent aux Arabes finirent par amener l'émigration totale de tous les Maures. En 1832, Ibrahim tenant la ville avec les Coulouglis, accepta une solde de la France, à la condition de nous conserver ce poste : il nous tint parole au delà même de ses engagements, car pendant bien longtemps il prit sur sa fortune particulière, il vendit même les bijoux de sa femme et de sa fille pour payer les troupes indigènes qu'il avait enrôlées pour le compte de la France. Ce n'est qu'en 1854 que le gouvernement a restitué à ce vaillant et fidèle serviteur les avances qu'il avait faites à sa nouvelle patrie (1). Le 23 juillet 1833, le général Desmichels vint, avec la frégate la *Victoire* et 1,400 hommes, occuper Matamore, et ramena les Coulouglis à Oran. Mais à peine était-il parti, qu'Abd-el-Kader assiégea la place et y maintint un espèce de blocus. Par

---

(1) C'est du kaïd Ibrahim, plus tard bey de Mostaganem, dont nous avons déjà parlé page 37 et suivantes.

suite du traité du 26 février 1834, un consul de l'émir fut agréé pour résider dans la ville, qui fut conservée à la France par le traité de la Tafna. L'arrêté du 8 décembre 1835 y institua un bey; celui du 8 mai 1841, en y créant un commissaire civil, en fit un chef-lieu de district, et l'arrêté du 9 août de la même année créa au bey un entourage de khalifas, d'aghas, de hakems et de kaïds. La délimitation du territoire fut fixée par l'arrêté du 18 juillet 1845.

Située sur le bord de la mer, la ville de Mostaganem doit sa prospérité et son importance à sa position qui en fait le débouché naturel de toute la partie orientale de la province d'Oran. Son port, quelque mauvais qu'il soit, est néanmoins très-fréquenté; l'accès et le mouillage ne sont praticables que par les temps les plus calmes, et dès que l'un des vents du N., N.-E., N.-O., ou O. commencent à souffler, les navires sont obligés de désemparer, de se maintenir au large ou bien d'aller chercher un refuge à Arzew ou à Alger, selon la direction du vent.

Dans aucune localité de la province l'agriculture ne s'est développée avec plus d'énergie. Un grand nombre de colons ont exécuté des travaux agricoles qui, sous ce rapport, ont placé cette ville au premier rang parmi toutes celles de l'Algérie.

« Dans cette ville, dit M. Jules Duval, l'essor de l'agriculture s'appuie sur un mouvement commercial fort important, qu'alimentent de près des marchés très-fréquentés, et de loin les riches plaines et vallées de l'Habra, de la Macta, du Sig, du Chelif, et les massifs montagneux qui, de ces bas-fonds, se relèvent vers Mascara et Tiaret. Grains, laines, peaux brutes ou préparées, fruits secs (figues surtout et raisins renommés), sont les principaux objets d'exportation : la tannerie, la maroquinerie, l'orfévrerie, la sparterie, en un mot toutes les industries indigènes que l'on peut voir réunies dans une rue peuplée de Juifs et de Maures, soutiennent sous les Français leur antique réputation. La minoterie y constitue une industrie nouvelle exercée par des moulins à eau et des moulins à vent, qui ont jusqu'à ce jour alimenté, outre la ville, toutes les colonies de la circonscription. Les briqueteries, les fours à chaux, bordent les environs de la ville. »

C'est cette importance commerciale et agricole qui a valu à Mostaganem la fondation de toutes les institutions qui caractérisent les grandes villes. Et cette importance ne faisant que prendre chaque année un plus grand développement, ce n'est pas sans raison qu'Oran voit d'un œil jaloux, dans sa voisine, une rivale qui finira probablement par l'éclipser.

Mostaganem est peut-être la ville de l'Algérie où on vit le mieux et où on s'amuse le plus; n'est-ce pas là le meilleur signe de l'aisance de ses habitants.

La ville se divise en deux parties, séparées par le ruisseau d'Aïn-Safra. Celle située sur la rive droite porte le nom de *Matamore;* elle est essentiellement militaire; on y voit un magnifique hôpital. La ville proprement dite se trouve sur la rive gauche, et comme la plupart de celles de l'Algérie, elle est moitié arabe, moitié française. Cette partie est décorée, dans son quartier supérieur (la ville nouvelle), de belles et larges rues, parmi lesquelles on remarque : la *rue Royale*, toute bordée de maisons à arcades, le *passage d'Aumale*, la *Grande-Rue*, la *rue de Tlemcen*, la *rue du Faubourg*, ainsi que celle de *Matamore*. Les places sont belles et spacieuses; celle de la *Halle* est entourée de maisons uniformes à arcades et galeries. En général les maisons particulières sont construites avec goût et élégance; quelques-unes méritent d'être distinguées. Il y a également dans cette partie de la ville plusieurs édifices publics, tels que église, mairie, théâtre, etc.

Ce délicieux ensemble de belles rues, d'élégantes maisons et de beaux édifices est dominé par des minarets et des forts sur lesquels des cigognes perchent habituellement, ce qui n'est pas sans donner à la ville un gracieux cachet oriental.

Mostaganem possède une magnifique pépinière et un haras qui est sans contredit le plus bel établissement de ce genre qu'il y ait en Algérie.

La ville arabe est comme toutes les autres, c'est-à-dire un ensemble de maisons qui ne sont rien moins que gracieuses, et de rues sales et tortueuses.

La circonscription de Mostaganem comprend un grand nombre de villages et de colonies agricoles, dont les habitants, stimulés par l'exemple des colons de la banlieue de la ville, ont, à force de travaux et de persévérance, conquis l'aisance; quelques-uns même, la fortune, et ceux-là sont encore en assez grand nombre.

A 250 mètres environ de Mostaganem, on voit le délicieux village arabe de *Tedjdid*. C'est là que résident la plupart des négociants ou propriétaires indigènes de la ville, qui jouissent d'une certaine aisance. Le matin, ils quittent leurs charmantes villas pour aller surveiller leurs affaires, et le soir, ils y reviennent dès que leur présence n'est plus nécessaire à Mostaganem.

Les environs de ce ravissant séjour ont quelque chose de fantastique : on ne voit que bosquets, massifs de fleurs et de verdure, jets d'eau en marbre, et petits ruisseaux dont l'un forme une cascade qui fait l'admiration de tous les étrangers.

VALLÉE DES JARDINS. — 3 kil. 400 m. de Mostaganem.

Magnifique vallée où se trouvent des propriétés agricoles d'une très-grande importance. Il y a une vingtaine d'années, cette vallée était couverte de jardins et de plantations que la guerre a détruits, mais qui, une fois la tranquillité revenue, n'ont pas tardé à reparaître plus florissants peut-être que jamais. Nos colons ont fait des prodiges d'ardeur et d'intelligence; ils sont parvenus en quelques années à rendre à la Vallée des Jardins l'ancienne fertilité qui lui avait valu le nom qu'elle porte.

La route de Mascara à Mostaganem la traverse dans toute sa longueur; elle est sillonnée en outre par plusieurs autres routes, sur les bords desquelles se sont élevés comme par enchantement des hameaux et des fermes; ces diverses routes conduisent aux nombreux villages créés dans la circonscription de Mostaganem.

LES LIBÉRÉS. — 4 kil. E. de Mostaganem.

Ce village, fondé en 1846, a été ainsi nommé parce qu'il a été peuplé dès sa création par des militaires libérés du service. Il est situé à l'extrémité orientale de la magnifique *Vallée des Jardins*, sur un terrain rouge mêlé de sable, ce qui le rend propre surtout à l'arboriculture. Les colons y ont fait de magnifiques plantations d'oliviers et de mûriers, qui dans quelques années donneront de très-beaux résultats; en dehors de cette spécialité déjà très-lucrative, on voit sur le territoire des Libérés des cultures industrielles qui font présager un bel avenir pour ce centre de population qui se trouve à cheval sur la route de *Tounine*.

MAZAGRAN. — 4 kil. S. de Mostaganem.

Village de quatre-vingts maisons environ, fondé à côté et sous la protection du fort dont l'héroïque valeur d'une poignée de Français a immortalisé le nom, et sur l'emplacement d'une ville en ruine occupant le versant d'une colline assez roide. Lorsqu'en 1833 les Français, maîtres de Mostaganem, établirent une garnison à Mazagran, les habitants de cette localité abandonnèrent leurs maisons. Le traité de la Tafna ayant été rompu, c'est contre ce point qu'Abd-el-Kader dirigea ses premières opérations, le 13 décembre 1839. Après une première attaque, le khalifa de l'émir, Mustapha-Ben-Tamy, vint le 22 février 1840, à la tête de plusieurs milliers d'Arabes, pour s'emparer du fort de Mazagran. La garnison de ce réduit, composée de 122 soldats du 1er bataillon d'Afrique, commandés par le brave capitaine Lelièvre, a tenu tête à l'ennemi pendant quatre jours et quatre nuits, et repoussé vigoureusement plusieurs assauts. Malgré leur supériorité numérique, les Arabes furent forcés de se retirer. Ce glorieux fait d'armes est consacré par une colonne monumentale élevée il y a quelques années sur le fort qui en a été le théâtre.

Le situation de Mazagran est charmante et dans des conditions très-avantageuses pour les colons; le territoire est des plus fertiles; les eaux sont abondantes; le climat en est très sain, et une bonne route le met en communication directe avec Mostaganem et les villages environnants. Grâce à cette heureuse situation, ce village est aujourd'hui au premier rang des centres de population de la subdivision. Les plantations sont nombreuses et très-importantes; les grandes propriétés sont presque entièrement défrichées et donnent des produits remarquables.

Nous ne saurions trop engager le touriste à aller visiter quelques-unes de ces fermes; nous lui désignerons surtout celle de M. Combes, qui est aujourd'hui maire du village. Ce colon a fait faire avec ses propres ressources, et sans subvention aucune, des travaux vraiment remarquables tant sous le rapport de leur importance que sous celui de l'intelligence qui a présidé à leur exécution.

Les Mazagranais réclament, dit-on, pour leur joli village, le titre de *Diamant de la province*; on ne saurait le leur refuser.

RIVOLI. — 8 kil. S. de Mostaganem.

Rivoli est une des plus jolies colonies agricoles de 1848; elle est située à l'extrémité occidentale de la Vallée des Jardins, sur la grande route de Mostaganem à Mascara. Cette colonie, composée de soixante-dix maisons environ, ayant chacune un puits, est sans contredit, après Mazagran, le centre agricole le plus prospère de la subdivision. Rivoli étant aujourd'hui un territoire civil, sa commune est administrée par le maire de Mazagran; mais pendant la période militaire des colonies agricoles, Rivoli était le chef-lieu d'une direction qui comprenait Aïn-Nouissy, Aboukir, Si-Chérif et Bled-Touaria.

Le voisinage de la riche plaine de l'Habra n'a pas été d'une faible ressource pour les colons de Rivoli, pendant les premières années de leur installation. Les travaux de défrichement, rendus pénibles et lents par l'extraction des palmiers nains qui couvrent tout ce territoire, n'auraient pas permis aux colons, malgré toute leur ardeur, de trouver dans leur concession des moyens suffisants d'existence pour leur famille; la plaine de l'Habra leur fut alors d'un bien grand secours, ils y récoltèrent pendant les premières années une moyenne de 25,000 quintaux de foin, que l'administration leur acheta.

Maintenant les défrichements et les cultures sont très-avancés; les cultures industrielles se font déjà remarquer; les plantations publiques ainsi que celles des particuliers ombragent le sol. Les colons ont suppléé à l'absence d'eau courante par des puits; il y en a un dans chacune des maisons de la ville, et dans presque toutes les concessions, il y a une noria qui suffit aux irrigations. Tous les puits ont de 4 à 5 mètres de profondeur; quelques-uns même n'ont pas plus de 3 mètres.

Parmi les colons de Rivoli, il en est quatre ou cinq surtout qui se sont distingués, et ce n'est pas sans intérêt qu'on visite leurs propriétés. De ce nombre, nous citerons principalement M. Bordas, qui a exécuté des travaux considérables, et M. Blou, dont la propriété est en quelque sorte littéralement couverte par les cultures de tabac et de plantes industrielles : 25,000 pieds de vignes, 500 arbres fruitiers, 100 caroubiers et 200 caféiers; le tout d'un grand rapport.

OURÉA. — 7 kil. S.-O. de Mostaganem.

Hameau composé d'une dizaine de maisons bâties sur la route d'Oran à Mostaganem, entre cette dernière ville et le village de la Stidia. La construction de ce centre de colonisation a été déterminée par la présence sur ce territoire d'une source abondante. Grâce à elle, les colons cultivent avec succès les céréales et les légumes.

STIDIA. — 14 kil. S.-O. de Mostaganem.

Village fondé en 1846, sur la route d'Oran à Mostaganem, pour recevoir des émigrants prussiens.

« Ce village, dit M. Jules Duval, a traversé toutes les phases des colonies naissantes, à partir de la plus dure misère jusqu'à l'aisance. Pendant longtemps, les familles ont passé les nuits à défricher pour aller le lendemain vendre le bois à Mostaganem, et acheter les quinze sous de pain qui devaient les faire vivre le jour, et elles recommençaient la nuit suivante jusqu'à extinction. Ainsi ont fait, du plus au moins, la presque totalité des colons algériens, soldats du travail, non moins dignes d'honneur que les soldats du combat! L'opiniâtre persévérance des Prussiens de la Stidia a reçu enfin sa récompense : presque tout le territoire est défriché; les céréales de toutes les espèces, de belles et nombreuses plantations, de riches jardins entourent leurs maisons; leur bétail se multiplie sur de vastes pâturages; le commerce des racines et des bois défrichés accroît leurs revenus; munis de quelques épargnes, ils peuvent aborder les cultures spéciales du tabac et du coton. L'industrie naissante y est représentée par un moulin, une fabrique de poterie; des colons ont fait également des essais de distillation, de seigles, de figues, de cactus et de caroubes. »

Ne faut-il pas en effet autant, sinon même plus de courage au colon algérien pour surmonter toutes les phases d'une existence si pleine de péripéties qu'au soldat français pour combattre l'ennemi? Le premier n'a pas de tranquillité, sa vie est une chaîne de privations et de fatigues aussi pénibles au moral qu'au physique, tandis que le second, un gouvernement sage et prévoyant subvient à tous ses besoins, le récompense de son courage et des dangers qu'il court.

AIN-NOUISSY. — 15 kil. S.-O. de Mostaganem.

Colonie agricole de 1848, située au débouché de la route de Mascara, dans la plaine de l'Habra, à 68 kilomètres du chef-lieu de la province. Le voisinage de la plaine de l'Habra a été pour les habitants de cette colonie d'une très-grande ressource; car, de même que les colons de Rivoli, ils ont récolté dans cette plaine des fourrages dont le produit de la vente a suffi à l'amélioration de leur position pendant les premiers travaux de défrichement.

Moins heureux que les colons de Rivoli, les habitants d'Aïn-Nouissy ne sont pas favorisés sous le rapport de l'eau et de la nature du terrain. Jusqu'à présent la culture des céréales et l'élève des bestiaux constituent leur seule industrie.

ABOUKIR. — 12 kil. S.-O. de Mostaganem.

Colonie agricole de 1848, créée au lieu dit les *Trois Marabouts*, sur la route de Mascara. Le territoire d'Aboukir est favorable à toutes les cultures; les eaux sont assez abondantes pour suffire aux irrigations; il y a même aux environs une chute d'eau, qui pourrait à peu de frais être utilisée pour un moulin. Quelques colons se sont distingués; ils ont fait de magnifiques plantations; il y en a un entre autres dont la propriété est couverte de vignes et de mûriers. On remarque également des cultures de plantes industrielles qui donnent à leurs propriétaires de très-beaux résultats.

C'est à Aboukir qu'un colon a eu l'heureuse idée de faire, avec les fruits du pays (figues douces, figues de Barbarie et caroubes), une boisson devenue populaire dans toute la subdivision. On élève beaucoup de volaille et de bestiaux; un colon fait même avec la France, l'Angleterre et la Belgique un grand commerce de tortues.

On ne doit pas visiter cette intéressante colonie sans aller voir, à très-peu de distance du village, une magnifique grotte, remarquable par sa situation pittoresque et ses stalactites.

La colonie d'Aboukir est une des plus importantes de la circonscription de Mostaganem; elle compte près de cent maisons.

AIN-SI CHÉRIF. — 13 kil. S. de Mostaganem.

Cette colonie, désignée également sous les noms de *Si-Cherif* et *Assi-Cherif*, par abréviation de son véritable nom, est située à une courte distance de la plaine de l'Habra, sur un territoire couvert de palmiers nains, ce qui en rend le défrichement on ne peut plus pénible et difficile pour les colons. L'absence presque totale d'eau empêchera ce village de prendre un grand développement. L'administration s'occupe bien de la construction d'un aqueduc pour amener au village, à travers les ravins qui l'entourent, l'eau d'une source située dans la gorge de Si-Cherif; mais les habitants n'osent fonder là-dessus de grandes espérances, car ils pensent avec raison que l'eau de cette source ne suffira jamais à l'irrigation de leur territoire. Les colons ne peuvent guère s'occuper que de la culture des céréales, et les résultats obtenus jusqu'à ce jour sont encore à peu près nuls. Quelques-uns ont bien fait des essais de tabac et de coton sans irrigation, mais le résultat n'a pas été assez bon pour qu'ils persistent dans cette voie. Il y avait beaucoup plus de peine et de temps perdu que de profit.

BLED-TOUARIA. — 17 kil. S. de Mostaganem.

Colonie agricole encore à l'état naissant bien que sa fondation remonte à l'année 1849; ce territoire est couvert de palmiers nains, mais la nature du terrain étant sablonneuse, son extraction est beaucoup moins facile que partout ailleurs.

On trouve dans les environs de cette localité des carrières d'albâtre, de pierre de taille et de plâtre susceptibles d'exploitation.

Comme dans presque toutes les colonies naissantes, les colons font du charbon avec les broussailles provenant des défrichements, et le produit de cette industrie leur permet d'attendre des temps meilleurs.

Une route empierrée relie la colonie de Bled-Touaria à celle d'Aboukir, et par ce point elle communique avec le chef-lieu de la subdivision.

TOUNINE. — 8 kil. S.-E. de Mostaganem.

Colonie agricole fondée en 1848, sur la route de Mostaganem au Chelif par *Bel-Assel*, tête de la route projetée de Mostaganem à Alger.

Une soixantaine de familles environ habitent ce centre agricole, et toutes commencent à jouir des fruits des travaux qu'elles ont exécutés pendant les premières années de leur installation. Le voisinage du Chelif a été d'une bien grande ressource pour ces colons; ils ont récolté sur ses bords des fourrages que l'administration leur a achetés, et avec l'argent qu'ils en ont retiré ils ont fait sur leurs concessions des plantations assez importantes. La culture des céréales est dominante, les culture industrielles commencent à se distinguer. Un colon a fondé une briqueterie dont les produits sont très-estimés; un autre a établi un Tivoli fréquenté pendant la belle saison, non-seulement par les habitants de Tounine, mais encore par ceux des villages environnants; on y voit même certains jours des jeunes gens de Mostaganem.

Dans la période du régime militaire, Tounine était le chef-lieu d'une circonscription qui comprenait les colonies de *Aïn-Boudinar* et de *Karouba*.

AIN-BOUDINAR. — 12 kil. S.-E. de Mostaganem.

Colonie agricole fondée en 1849, sur une colline qui domine la route du Chelif.

Aïn-Boudinar est reliée à la colonie de Tounine par une route bordée, dans tout son parcours, par les cultures des colons de ces deux localités. On remarque déjà sur le territoire de cette colonie des plantations d'arbres magnifiques et des jardins bien arrosés. Les colons s'occupent beaucoup des grandes cultures, ainsi que de celle des plantes industrielles. Les pentes des collines qui font face au village sont couvertes de vignes.

KAROUBA. — 4 kil. E. de Mostaganem.

Karouba est peut-être de toutes les colonies agricoles de 1848 celle qui est placée dans les plus mauvaises conditions. Son territoire, de mauvaise qualité, n'est guère propre qu'à la culture du seigle. Il n'y a presque point d'eau.

Malgré les plantations faites par la compagnie des planteurs militaires, et malgré le voisinage de Mostaganem, avec lequel il communique par une bonne route, ce centre de population ne sera jamais bien florissant.

AIN-TÉDELÈS. — 20 kil. E. de Mostaganem.

Colonie agricole de 1848, à cheval sur la route de Mostaganem au Chelif et située sur un plateau d'une fertilité remarquable.

Aïn-Tédelès est une des colonies les plus importantes de la province. Le village est bâti et entretenu avec beaucoup de luxe, ses rues sont larges et droites, bordées de trottoirs et d'arbres qui donnent déjà un ombrage délicieux.

Les colons ont fait à Aïn-Tédelès des plantations considérables d'arbres fruitiers d'Europe et d'Afrique; il en est un qui a même créé, dans un but de spéculation, une pépinière qui n'est pas moins remarquable que celle fondée par l'administration dans un magnifique ravin, au fond duquel coule un petit ruisseau dont les eaux ne tarissent jamais.

Plus de 1,500 hectares sont déjà complétement défrichés et ensemencés, la grande culture et la culture des plantes industrielles réussissent également très-bien, et donnent aujourd'hui à la population de ce centre agricole une aisance qui atteindra bientôt des proportions voisines de la fortune.

Bien que la nature ait doté le territoire d'Aïn-Tédelès

d'une quantité d'eau suffisante pour les besoins de la population et pour les irrigations, il est question d'établir sur le Chélif un barrage qui accroîtra encore la fertilité du sol. — Sous le régime militaire, Aïn-Tédelès était le chef-lieu d'une circonscription qui comprenait les colonies de *Souk-el-Mitou* et du *Pont-du-Chélif*.

SOUK-EL-MITOU.

Colonie agricole de 1848, bâtie sur les collines qui se terminent en face du Chélif (rive gauche) vers lequel on descend par un magnifique ravin qui offre un des sites les plus remarquables de la contrée. Une source qui s'échappe avec abondance des flancs du rocher de ce ravin forme de délicieuses cascades et met en mouvement un moulin à deux tournants. Ces eaux arrosent en outre à travers le ravin des jardins remarquables par leur fertilité.

Deux pépinières, l'une publique, l'autre particulière, fournissent à la colonie des arbres de toutes sortes. Jusqu'à présent on ne voit guère dans les concessions des colons que des arbres fruitiers, parmi lesquels il faut citer les pêchers, dont les fruits ont acquis aujourd'hui une réputation européenne. La grande culture et la culture des céréales sont exploitées sur une grande échelle, mais c'est la culture des plantes industrielles et de luxe qui domine; les fleurs même sont l'objet de grandes spéculations.

L'administration vient de convertir en prairie un vaste marais situé dans la partie inférieure du village; par ce moyen, les colons récolteront cette année, à leur porte, les foins qu'ils étaient obligés auparavant d'aller chercher sur la rive opposée du Chélif; ils pourront également s'y livrer à l'élève des bestiaux.

Favorisée par un concours rare d'heureuses circonstances, dont elle a su tirer parti par le travail, la population de Souk-el-Mitou a acquis une aisance voisine de la fortune. Elle réclame aujourd'hui pour sa colonie le titre de *Reine des colonies agricoles.*

L'emplacement sur lequel est construit le village de Souk-el-Mitou, a dû être occupé dans l'antiquité par une colonie romaine; c'est du moins ce qu'accusent les ruines d'un fort, et les traditions des indigènes. Depuis la domination des Turcs, il y a en cet endroit un marché considérable; c'est là qu'une fois par semaine se donnent rendez-vous les négociants de Mostaganem et des villages voisins, ainsi que les Arabes du Chélif.

PONT-DU-CHÉLIF. — 20 kil. E. de Mostaganem.

Colonie agricole construite en 1848, sur la rive gauche du Chélif. Elle tire son nom d'un pont qui avait été construit sur ce fleuve par des Espagnols captifs des Turcs, et qui a été rebâti depuis l'occupation française avec le concours des Arabes. Les savants prétendent que cette colonie est située sur l'emplacement du *Quiza municipium.*

Les maisons construites pour recevoir des colons parisiens, n'ont servi jusqu'à présent qu'aux transportés politiques de 1852. Ceux-ci partis, elles sont restées libres. On s'est bien proposé de les peupler d'Arabes, mais comme on exige d'eux des conditions de stabilité auxquelles ils ne sont pas habitués, ils ne peuvent se décider à répondre favorablement aux vœux de l'administration.

En attendant, ces maisons commencent à tomber en ruines.

AMMI-MOUSSA. — 60 kil. S.-E. environ de Mostaganem.

Poste militaire situé au milieu des montagnes et pour surveiller les mouvements des tribus de l'Ouarensenis. La position de ce poste, sur un territoire fertile, appela l'attention des colons, mais jusqu'à présent sa fonction est purement stratégique. Il faut espérer qu'il n'en sera pas longtemps ainsi, car on ne saurait priver la colonisation d'un jalon si précieux.

HAMEAUX ARABES DE LA SUBDIVISION.

Depuis quelques années on a vu s'élever dans la subdivision de Mostaganem un grand nombre de fermes ou plutôt de hameaux construits par les Arabes, enclavés pour ainsi dire en territoire civil au milieu des colonies agricoles créés en 1848 et 1849. En concédant aux Arabes un lot de terrain, l'administration a exigé d'eux, dans des proportions en rapport avec leurs mœurs et leurs fortunes, bien entendu, ce qu'elle exige des colons européens qui manifestent au gouvernement l'intention de se fixer en Algérie. C'est là un puissant moyen de colonisation et de civilisation en même temps. Les Arabes, ainsi placés au milieu des colons européens, les imitent en tout, aussi bien dans les défrichements, les plantations et les irrigations que dans les constructions.

Ces hameaux sont nombreux; ils portent pour la plupart le nom du territoire sur lequel ils sont construits; mais jusqu'à présent ils sont si peu importants que leurs noms nous échappent.

SIDI-BEL-ABBÈS. — 82 kil. S. d'Oran.

Chef-lieu de la 3ᵉ subdivision militaire de la province d'Oran, situé sur la route de Tlemcen à Mascara, à égale distance de ces deux villes et d'Oran.

Sidi-Bel-Abbès est une ville entièrement française. En 1843, il n'y avait encore sur son emplacement qu'une redoute qui avait été construite pour protéger la route centrale de la province et pour surveiller les mouvements des tribus voisines; aujourd'hui, c'est une ville de second ordre, qui n'a à envier à ses rivales que les institutions civiles.

La ville, bâtie sur les plans de M. Prudhon, officier supérieur du génie, est partagée en deux quartiers bien distincts; et évidemment comme presque partout en Algérie, cette division a été faite pour séparer le quartier militaire du quartier civil.

En France, en Europe même, toute ville de guerre renferme dans son enceinte un arsenal, des casernes, des hôpitaux, des magasins pour les subsistances militaires; mais tous ces établissements sont, par mesure de prudence, dispersés dans la ville et construits au milieu des maisons particulières. Si l'Arabe était un ennemi plus redoutable, s'il avait en son pouvoir les moyens de faire le siége en règle d'une ville algérienne, d'une ville moderne bien entendu, les assiégés ne tarderaient pas à être forcés de capituler. En effet, tous les établissements militaires, y compris l'arsenal, étant réunis et ne formant qu'un seul groupe isolé du reste de la ville, il est certain que tous les efforts de l'ennemi seraient dirigés contre cette partie; et, ces constructions n'offrant pas toujours les conditions de solidité voulues pour résister aux boulets et encore moins aux bombes, il est évident qu'elles ne pourraient résister longtemps à un bombardement. En quelques heures, le quartier militaire ne serait plus qu'un monceau de cendres, et alors on serait bien obligé de se rendre à discrétion.

Heureusement pour beaucoup de villes algériennes que les Arabes ne sont pas à craindre, surtout en matière de siége.

Revenons à Sidi-Bel-Abbès. Cette ville, avons-nous dit, est entièrement moderne et construite sur les plans de M. Prudhon. Le quartier militaire présente un ensemble de vastes et beaux bâtiments, et le quartier civil rappelle les villes modernes de France, tant par l'élégance des maisons qui se sont élevées comme par enchantement, que par la régularité de ses rues, qui sont larges, droites, bien alignées, bordées de trottoirs et d'arbres, et continuellement rafraîchies par l'eau des nombreuses fontaines qui décorent les places.

Quatre portes, orientées sur les quatre points cardinaux, ouvrent au nord, sur la route d'Oran; à l'est, sur la route de Mascara; au sud, sur celle de Daïa et du Sahara; et à l'ouest, sur celle de Tlemcen. Ces routes, sauf celle d'Oran, sont malheureusement encore bien imparfaites.

Au sud, sous les murs de la ville, la légion étrangère avait établi une ferme militaire, qui est devenue aujourd'hui une magnifique pépinière, avec un parc qui fait l'admiration des touristes. Sur les autres côtés de la ville, on voit de belles propriétés particulières, sur lesquelles il y a des plantations assez considérables d'arbres fruitiers et de luxe. Cette enceinte de pépinières et de jardins, jointe aux bordures des rues de l'intérieur, donnent de loin à Sidi-Bel-Abbès l'aspect d'une ville perdue dans une corbeille de verdure.

Comme position militaire, Sidi-Bel-Abbès couvre Oran et surveille les populations du sud, de l'est et de l'ouest de la province. Comme fonction civile, Sidi-Bel-Abbès est le centre de la colonisation du vaste bassin de la Mekera et l'entrepôt commercial de tous les centres de population qui ne tarderont pas à le couvrir. Dans l'avenir, Sidi-Bel-Abbès pourrait même devenir le principal marché d'approvisionnement pour l'exportation par les ports d'Oran, Arzew et même de Mostaganem.

Sidi-Bel-Abbès, mieux encore que Blidah dans la province d'Alger, est appelé à devenir la capitale civile et militaire de la province de l'Ouest.

Aujourd'hui Sidi-Bel-Abbès est, après Mostaganem, la ville la plus importante de la province, et cependant l'autorité civile est encore entre les mains d'un officier de l'armée. La population réclame une administration municipale; on ne tardera probablement pas à la lui accorder.

Nous avons bien souvent, dans le cours de cet ouvrage, attaqué le système des créations militaires en Algérie, et cherché à en signaler les erreurs aussi bien que les abus; mais nous serions certainement taxés de partialité si nous ne disions pas que Sidi-Bel-Abbès fait exception. Cette localité a été assez heureuse pour rencontrer dans tous ses commandants militaires des administrateurs *civils* pleins de tact et d'impartialité.

AIN-TEMOUCHEN. — 70 kil. S.-O. d'Oran.

Hameau d'une douzaine de maisons, situé sur la route d'Oran à Tlemcen, à proximité de la ville de Sidi-Bel-Abbès de laquelle il dépend, et sur l'emplacement d'un ancien camp.

L'heureuse situation de ce centre de population sur une route très-fréquentée, l'excellente qualité du terrain, le voisinage d'une forêt susceptible d'exploitation et les abondantes ressources qu'offre le sol en matériaux de construction, promettent aux habitants d'Aïn-Temouchen un brillant avenir.

Déjà un chef arabe a donné à nos colons l'exemple du travail; il a construit, aux environs du hameau, une belle maison avec un moulin à vent, et fait exécuter des défrichements et des plantations assez considérables. Après lui, un colon européen a profité d'un ruisseau pour établir un moulin à eau. Tels sont après trois années d'existence les éléments de prospérité de ce centre de population.

Une fois par semaine (le jeudi), les Arabes tiennent à Aïn-Temouchen un marché très-fréquenté.

Les Romains avaient, dans l'antiquité, fondé en cet endroit la colonie de *Timici*, dont le nom se retrouve presque dans celui de *Temouchen*, que les Arabes ont donné au territoire.

FRENDA. — 80 kil. environ S.-O. d'Oran.

En 1853, il n'y avait encore à Frenda que quatre ou cinq colons, et nous ignorons si aujourd'hui il y en a beaucoup plus. Ce centre agricole ne deviendra jamais bien important, car il est placé dans de bien mauvaises conditions. Non-seulement il est privé d'eau et de bois, mais encore il reçoit les exhalaisons miasmatiques du *Sarno*, ce qui en rend le climat on ne peut plus malsain.

DAIA. — 153 kil. S. d'Oran.

Chef-lieu de cercle dépendant de la subdivision de Sidi-Bel-Abbès, et situé dans un pays fertile, boisé et bien arrosé.

Occupé au commencement de 1845, pour servir d'avant-poste militaire, Daïa n'a pas tardé à être envahi par un assez grand nombre de ces industriels, qui en Afrique ont toujours été les pionniers de la colonisation. D'abord, cabaretiers, cafetiers, débitants de vin ou de tabac, ils finissent toujours par demander une petite concession, et ne pouvant consacrer leur temps à deux occupations si différentes, le commerce du détail et le travail des champs, la plupart finissent toujours par renoncer au premier, et devenir ainsi des *colons sérieux*. Les bénéfices réalisés dans le commerce sont employés à la construction d'une petite maison et aux défrichements, et au bout de deux ou trois années, ils commencent à respirer l'aisance et le bonheur.

C'est ainsi qu'ont fait presque tous les habitants de Daïa. Aujourd'hui, ils réclament à grands cris une route qui les mette en communication directe avec Sidi-Bel-Abbès, afin de pouvoir porter leurs récoltes sur les marchés de cette ville.

SIDI-LAHSSEN. — 165 kil. S.-O. d'Oran.

Hameau encore à l'état croissant, situé sur la route de Tlemcen, sur un territoire de mauvaise qualité et presque complétement dépourvu d'eau. Il n'y a qu'un puits, et encore il est très-profond et l'eau en est saumâtre.

Nous doutons que ce centre de population prenne jamais un plus grand développement.

SIDI-BRAHIM.

Centre de population de création toute récente, mais appelé à un grand avenir par sa position sur la route rectifiée d'Oran, et au milieu de terres fertiles arrosées par d'anciens barrages arabes. Déjà plusieurs fermes se sont élevées sur son territoire, et les propriétaires ont exécuté des plantations et des défrichements assez considérables.

Sidi-Brahim dépend de la subdivision de Sidi-Bel-Abbès.

La route de Sidi-Bel-Abbès au Tlelat est parsemée de fermes et d'auberges, qui sont autant de stations pour les voyageurs.

Ces maisons isolées, jetées çà et là au milieu d'un territoire fertile, sont autant de jalons pour la colonisation. Déjà sur trois points différents de cette route, aux TREMBLES, aux LAURIERS-ROSES et aux OULED-ALI, on voit les colons se livrer avec ardeur aux travaux de défrichements. Des plantations d'arbres ont été faites avec intelligence, et autour des habitations ils se livrent même à la culture des céréales et de quelques plantes industrielles.

Aux *Ouled-Ali*, un colon a utilisé un cours d'eau assez rapide qui se jette dans la Mékera, pour construire un moulin. Les défrichements effectués pendant ces dernières années tout le long de cette belle route, permettront bientôt aux colons de récolter une quantité de blé assez considérable pour alimenter le moulin des Ouled-Ali.

Aux *Trembles*, on a jeté sur la Mékera un pont pour faciliter la circulation des voitures sur la route de Sidi-Bel-Abbès au Tlelat.

La ferme-auberge, dite des *Lauriers-roses*, comprend une maison d'habitation autour de laquelle le propriétaire a fait quelques plantations et des défrichements pour la culture des céréales.

Tous ces centres de population sont appelés à jouer dans quelques années un beau rôle dans l'histoire de la colonisation.

Il y a bien encore dans la province d'Oran, une foule de fermes, hameaux ou villages de création naissante, dont nous n'avons pas parlé; mais ils sont pour le moment encore si peu importants que leurs noms nous échappent; nous réservons leur description pour une prochaine édition.

C'est dans la province d'Oran que les Arabes se sont le mieux *façonnés* à la colonisation européenne. Il en est un grand nombre dans chaque subdivision, qui ont exécuté, sous la direction des agents du gouvernement, des travaux de construction, de défrichement, des cultures et des plantations d'arbres, qui mériteraient à plusieurs titres d'être mentionnés dans cet itinéraire; mais les documents officiels ne fournissent encore à leur égard aucun renseignement; et si nous en connaissons l'existence, ce n'est que par les rapports des personnes qui ont été à même de les voir.

FIN DE L'ITINÉRAIRE.

RÉSUMÉ

DE

L'HISTOIRE DES GUERRES D'AFRIQUE.

Plusieurs ouvrages relatifs à l'Algérie ont donné sur les motifs qui ont poussé la France à faire cette conquête, des détails très-inexacts. Nous rappellerons ici les principales circonstances qui ont forcé le gouvernement de Charles X de rompre avec la régence d'Alger, et qui ont déterminé ensuite l'envoi d'une expédition sur les côtes d'Afrique.

La France avait recouvré, en 1817, les établissements qu'elle possédait depuis quatre siècles sur la côte d'Afrique (1). La situation avantageuse de ces possessions, leur richesse en grains, bestiaux, laines, cire, miel, etc., les facilités qu'elles offraient pour répandre nos marchandises dans l'intérieur de l'Afrique, et l'abondance des produits de la pêche du corail sur cette côte, avaient procuré de grands avantages aux compagnies qui les exploitaient avant la révolution de 1793. Mais, depuis 1817, l'instabilité de nos relations avec la régence d'Alger, leur caractère mal assuré et précaire; enfin le dessein hautement avoué par le dey de nous dépouiller de nos domaines sur le sol de l'Afrique, ont empêché les négociants français d'y retourner et d'y former des établissements qui ne pouvaient subsister sans être soutenus par la confiance. Cet état de choses doit être considéré comme un des premiers griefs de la France contre Alger, puisque les mauvaises dispositions du dey contribuaient d'une manière directe à empêcher une ancienne possession française de reprendre la valeur qu'elle avait eue si longtemps pour la France.

Dans l'audience où le dey insulta notre consul, il lui déclara publiquement « qu'il ne voulait plus permettre qu'il y eût un seul » canon français sur le territoire d'Alger, et qu'il ne nous y recon- » naissait plus que les droits généraux dont jouissaient les autres » nations. » Ce sont les propres expressions qu'il employa, et on verra tout à l'heure qu'il fit aussitôt après raser les forts appartenant

---

(1) L'établissement des Français sur la côte d'Afrique remonte à l'année 1450; ils acquirent des Arabes, à cette époque, moyennant certaines redevances, une étendue de côtes que l'on désignait sous le nom de *concessions d'Afrique*. Les droits de propriété avaient été reconnus par plusieurs sultans, et nommément par Sélim Ier, en 1518, et par Achmet, en 1692. Le dey qui régnait à Alger, en 1694, la reconnut cette même année par un traité qui a été renouvelé en 1801 et en 1817.

à la France et détruire les établissements de commerce fondés sous leur protection.

A la possession d'un territoire assez considérable se joignait, pour la France, le privilége exclusif de la pêche du corail sur une étendue d'environ soixante lieues de côtes, droit également reconnu par les traités avec la Porte et avec la régence d'Alger. Ces traités stipulaient que la France payerait pour ce privilége une redevance annuelle qui, fixée originairement à 17,000 fr., avait été portée à 60,000 fr. lorsque ce privilége fut rendu en 1817. Mais deux ans étaient à peine écoulés, que le dey déclara inopinément à la France qu'elle avait à choisir entre renoncer au privilége, ou lui payer annuellement 200,000 fr. L'intérêt du commerce fit consentir le gouvernement à cette augmentation de charges; et cependant, malgré l'exactitude avec laquelle la France acquitta ce droit, le dey fit publier en 1826 un manifeste qui permettait à toutes les nations la pêche du corail sur les côtes de la régence d'Alger, mesure qui nous privait d'un privilége dont le dey voulait cependant continuer à recevoir le prix.

A ces griefs généraux se joignent une foule d'offenses particulières; nous ne parlerons ici que des principales et de celles qui sont postérieures à la restauration.

En 1814, le dey intima au consul général, M. Dubois-Thainville, l'ordre d'arrêter définitivement les comptes de plusieurs sujets algériens, créanciers de la France; et comme le consul représentait qu'il ne pouvait le faire sans y être autorisé par son gouvernement, le dey le renvoya immédiatement d'Alger. Les événements des cent jours forcèrent la France à dissimuler cet outrage, et un nouveau consul fut envoyé en 1816; mais le dey ne consentit à l'admettre que moyennant le payement préalable d'une somme de 100,000 fr. à titre de présent gratuit.

En 1818, le brick français le *Fortuné* fut attaqué et pillé par les habitants du territoire de Bone, sans que l'on pût obtenir du dey aucune réparation.

En 1819, le dey répondit à la sommation collective de l'amiral français Jurien et de l'amiral anglais Freemantle, qui venaient, par suite des résolutions arrêtées au congrès d'Aix-la-Chapelle, l'inviter à renoncer à la piraterie, qu'il prétendait se réserver le droit de mettre en esclavage les sujets de toutes les puissances qui n'auraient pas de traité avec lui, et qui n'entretiendraient pas dans ses États de consuls par les mains de qui des redevances ou tributs lui seraient payés.

En 1825, malgré la teneur expresse des traités et sous prétexte de contrebande, le dey fit forcer et visiter la maison de l'agent consulaire français à Bone. Le résultat de cette visite prouva la fausseté de l'accusation, et cependant le dey ne nous donna aucune satisfaction de cette offense.

Les droits qui doivent être perçus pour nos marchandises dans les ports de la régence, sont déterminés par des traités; en 1825, le dey exigea arbitrairement de nos négociants à Bone des droits beaucoup au-dessus de ce tarif.

A l'exemple de ce que d'autres grandes puissances avaient fait pour plusieurs Etats, la France accorda, en 1825, sa protection au pavillon romain. Les deys d'Alger et de Tripoli et le bey de Tunis reconnurent successivement que cette mesure était justifiée par les rapports qui nous unissent au chef de notre religion, et ils s'engagèrent solennellement à respecter, à l'égal du nôtre, le pavillon romain. Mais dix-huit mois après avoir souscrit à cet engagement, le dey d'Alger fit arrêter et confisquer deux bâtiments romains. Le prix de ces navires et de leur chargement fut partagé entre le dey et les corsaires capteurs, et nos réclamations ne purent obtenir que la mise en liberté des équipages.

Les violations de nos traités devinrent de plus en plus fréquentes dans les années 1826 et 1827, l'audace du dey s'accroissant par l'impunité. On le vit alors refuser positivement de reconnaître nos capitulations avec la Porte. Ce fut aussi à cette époque que les Algériens commencèrent à exiger des capitaines de nos navires marchands qu'ils rencontraient en mer de venir sur leur bord pour la vérification de leurs expéditions, ce qui était directement contraire à nos traités de 1719 : il arriva que tandis que le capitaine du bâtiment français *la Conception* faisait vérifier ses papiers à bord d'un armement algérien, son propre navire reçut la visite d'hommes détachés par le corsaire, qui enlevèrent des caisses, de l'argent, et les autres objets qu'ils trouvèrent à leur convenance.

Mais indépendamment de ces griefs multipliés, l'insolence et la mauvaise foi du dey, dans l'affaire des juifs algériens Bacri et Busnach ne laissèrent bientôt plus à S. M. Charles X d'autre parti à prendre que celui auquel elle s'est déterminée en déclarant la guerre à cette régence. Des fournitures faites sous le consulat et l'empire avaient constitué les sieurs Bacri et Busnach créanciers sur le trésor d'une somme qui n'était point liquidée à l'époque de la restauration. Une transaction passée entre les commissaires du roi et le fondé de pouvoir des intéressés le 28 octobre 1819, et approuvée par le roi de France et par le dey d'Alger, régla définitivement cette créance à 7 millions, qui durent être payés par douzièmes à compter du 1er mars 1820. Mais il fut expressément stipulé (art. 4) que les sujets français qui auraient eux-mêmes des réclamations à faire valoir contre les sieurs Bacri et Busnach, pourraient mettre opposition au payement, et qu'une somme égale au montant de leurs réclamations serait tenue en réserve jusqu'à ce que les tribunaux français eussent prononcé sur le mérite de leurs titres de créance.

Conformément à cette disposition, les sujets français furent invités à produire leurs réclamations, et la somme s'en étant élevée à environ 2,500,000 fr., le trésor royal paya aux sieurs Bacri et Busnach 4,500,000 fr. qui restaient sur le total du montant reconnu de la dette, et il versa l'autre partie à la caisse des dépôts et consignations.

Cette mesure n'était que l'exécution littérale de la convention du 28 octobre. Mais le dey ne tarda pas à prétendre que les tribunaux français ne jugeaient pas assez vite, qu'il fallait que le gouvernement intervînt pour hâter leur action, et enfin que le trésor royal devait lui remettre à lui-même la somme contestée, ajoutant que les sujets français viendraient ensuite à Alger pour faire valoir devant lui leurs réclamations.

De telles prétentions étaient contraires à la convention du 28 octobre : elles l'étaient aussi à la dignité du gouvernement français, qui n'aurait pas pu même y consentir sans dépasser ses pouvoirs, puisqu'il n'était pas maître d'intervenir dans des débats judiciaires, et de transférer à d'autres l'examen de causes dont les tribunaux étaient seuls désormais appelés à connaître. Ces explications furent données à diverses reprises au chef de la régence qui n'en tint aucun compte, et qui persista à demander, comme condition du maintien de ses relations avec la France, le payement immédiat de la somme entière de 7 millions. Dans une lettre qu'il adressa lui-même au ministre des affaires étrangères, cette alternative était posée d'une manière si hautaine que M. le baron de Damas ne crut pas devoir y répondre directement, et qu'il se borna à transmettre un nouvel exposé de l'affaire au consul général du roi à Alger, en lui prescrivant de s'en expliquer verbalement avec le dey. M. Deval n'avait pas encore reçu cette lettre quand il se présenta, suivant l'usage, au palais du dey, la veille des fêtes musulmanes. Ce prince ayant demandé au consul général s'il n'était pas chargé de lui remettre une réponse à sa lettre, et celui-ci ayant répondu négativement, il porta subitement à M Deval plusieurs coups d'un chasse-mouche qu'il tenait à la main, en lui ordonnant de sortir de sa présence.

Après un tel excès, commis publiquement sur le représentant de la France, le gouvernement français ne pouvait plus prendre conseil que de sa dignité offensée. Cet outrage comblait la mesure des procédés injurieux de la régence. Tout rapport était devenu impossible entre la France et elle, avant qu'une réparation éclatante n'eût vengé l'honneur national. M. le baron de Damas prescrivit au consul général de la demander, ou d'abandonner immédiatement Alger. Cette réparation fut refusée, et M. Deval avait à peine quitté la ville que le dey envoya l'ordre au bey de Constantine de détruire par le fer et le feu les établissements français; cet ordre fut promptement exécuté, et le fort de Lacalle fut ruiné de fond en comble.

Charles X envoya devant Alger une division de vaisseaux, avec ordre de maintenir un blocus rigoureux. Les résultats de cette mesure, prolongée pendant trois ans, n'ont pas répondu, malgré le zèle et le courage de nos marins, aux espérances qu'elle avait fait concevoir : le blocus a coûté à la France plus de 20 millions, sans avoir causé à l'ennemi un dommage assez réel pour le déterminer à nous donner les satisfactions convenables et à nous demander la paix.

Il importait à la dignité de la France et aux intérêts des sujets français engagés dans des transactions commerciales avec le nord de l'Afrique, et dont les bâtiments étaient sans cesse menacés par les corsaires de la régence d'Alger, que l'on adoptât un système nouveau, plus énergique et plus décisif; néanmoins le gouvernement français, voulant ne porter la guerre sur le territoire algérien que lorsqu'elle serait reconnue inévitable, se détermina à faire encore une tentative auprès du dey. Dans le courant de juillet 1829, M. le capitaine de vaisseau de la Bretonnière fut envoyé à Alger, avec ordre d'entamer une négociation, si la régence paraissait disposée à faire droit à nos justes griefs. Cette tentative, qui faisait si noblement ressortir la modération de la France, échoua contre l'opiniâtreté du dey, et un dernier outrage à notre pavillon, une dernière violation des droits les plus sacrés chez tous les peuples, vint mettre le comble aux attentats de la régence, et rendre désormais toute conciliation incompatible avec l'honneur national. Au moment où M. de la Bretonnière sortait du port d'Alger, une décharge générale de toutes les batteries voisines fut faite sur le bâtiment parlementaire, qui fut atteint par 80 boulets. Le feu ne cessa que lorsque le vaisseau se trouva entièrement hors de portée.

Tel est l'exposé succinct des griefs dont Charles X a tiré vengeance : violation des principes du droit des gens; infraction aux traités et aux conventions; exactions arbitraires; prétentions insolentes opposées aux lois françaises et préjudiciables aux droits des sujets français; pillage de nos bâtiments; violation du domicile de nos agents diplomatiques; insulte publique faite à notre consul; attaque dirigée contre le pavillon parlementaire; le dey semblait avoir tout épuisé pour rendre la guerre inévitable et pour animer le courage des soldats français, auxquels était réservée la noble mission de venger la dignité de la France et de délivrer l'Europe entière du triple fléau que les puissances chrétiennes ont enduré trop longtemps : l'esclavage de leurs sujets, les tributs que le dey exigeait d'elles, et la piraterie, qui ôtait toute sécurité aux côtes de la Méditerranée (1).

Nous ne saurions terminer ce rapide aperçu sans donner une énumération des tributs que les puissances chrétiennes payaient au dey d'Alger avant la conquête.

Le royaume des Deux-Siciles payait annuellement un tribut de............	24,000	piastres fortes
et était tenu en outre de faire des présents consulaires pour une valeur de.......	20,000	» »
A reporter.	44,000	piastres fortes

---

(1) L'empereur Napoléon Ier avait eu la pensée de faire la conquête de l'Algérie. D'après une clause secrète du traité de Tilsit, il était convenu entre Napoléon et le czar Nicolas, que la France s'emparerait des états barbaresques, et qu'elle donnerait ce territoire en apanage aux rois dépossédés de l'Europe.

Report.	44,000 piastres fortes
La Toscane, par suite d'un traité conclu en 1823, n'était soumise à aucun tribut, mais à un présent consulaire de.	25,000 » »
La Sardaigne, grâce à la médiation de l'Angleterre, était exempte de tout tribut; mais à chaque changement de consul elle payait 50,000 piastres fortes. Pendant les dix dernières années il y a eu quatre consuls, ce qui porte sa redevance à une somme annuelle de.	20,000 » »
Le Portugal avait conclu un traité aux mêmes conditions que la Sicile, soit 24,000 piastres fortes comme tribut, et 20,000 à titre de présents, ensemble.	44,000 » »
L'Espagne n'était soumise à aucun tribut, mais à chaque changement de consul elle donnait au dey un présent de 20,000 piastres fortes. Dans les dix dernières années il y a eu trois consuls, soit 60,000 piastres fortes, ce qui porte la redevance annuelle à.	6,000 » »
L'Angleterre, malgré les conditions dictées sous le canon de lord Exmouth, payait un présent consulaire, estimé par an à.	3,000 » »
Il en était de même pour les États-Unis. .	3,000 » »
Le Hanovre et la Brême ont payé pendant les dix dernières années des présents consulaires, estimés par an à.	10,000 » »
La Suède et le Danemark payaient annuellement un tribut, consistant en munitions de mer et matériaux de guerre, pour une valeur approximative de.	4,000 » »
Ensemble les puissances chrétiennes, la France exceptée, payaient au dey d'Alger un tribut annuel de.	159,000 piastres fortes.

Soit 858,600 francs.

Outre cela ces États payaient à la rénovation des traités, c'est-à-dire de dix en dix années, un présent de 1,000 piastres fortes; de plus, leurs consuls en entrant en fonctions étaient obligés de faire des cadeaux au dey.

Il faut remarquer encore que le gouvernement algérien, pour se dédommager des concessions qu'il avait dû faire à quelques États d'un rang secondaire, s'étudiait à amener de temps en temps des différends et des contestations avec eux. Il en résultait toujours une nouvelle transaction qui nécessitait de nouveaux présents ou un changement de consul, ce qui revenait au même.

Lorsque l'expédition d'Alger fut décidée, le gouvernement rencontra une très-forte opposition, surtout dans la presse parisienne. Les journaux parlaient, sans connaissance de cause, des difficultés que présentait cette expédition, des dangers qu'elle préparait à nos marins et à nos soldats. Une feuille départementale éleva seule la voix pour réfuter toutes ces allégations mensongères, et sa réfutation, nette et précise, devint une prédiction; tout ce qu'elle a annoncé est arrivé. Ce journal existe encore aujourd'hui, et nous sommes heureux de pouvoir dire qu'il est toujours ce qu'il était en 1830, c'est-à-dire sincère et bien renseigné. C'est du *Sémaphore* de Marseille dont nous voulons parler.

La guerre résolue, une armée fut réunie à Toulon; le 15 mai elle était entièrement embarquée, et cependant le départ n'eut lieu que dix jours après, le 25 dans l'après-midi.

Après quelques jours de traversée, la flotte française se trouvait à une faible distance d'Alger, lorsqu'une tempête la dispersa. Elle vint se rallier à Palma, et dès que le temps le permit, elle reprit la mer. Le 13 juin elle arriva devant Alger, et toute la flotte, sur une seule ligne, défila devant la ville et longea la côte à une portée de canon, depuis le cap Caxine jusqu'à Torre-Chicca (Sidi-Ferruch), où elle mouilla le même jour à midi. On ne commença pas de suite le débarquement, mais on travailla sans relâche aux préparatifs préliminaires, afin qu'au moment où serait donné le signal d'aller à la côte, tout marchât en ordre de manière à se soutenir mutuellement.

C'est le 14, à trois heures du matin, qu'on a pu être témoin de ce que les soldats français éprouvent au moment du danger. L'enthousiasme était à son comble; les officiers avaient toutes les peines à contenir l'ardeur générale. Quinze heures suffirent pour opérer le débarquement de toute l'armée avec une partie de son artillerie. Dès qu'elle eut touché terre, la première division occupa les hauteurs qui dominent la plage, afin de protéger l'opération; elle n'avait pas encore abordé le rivage, que déjà un matelot s'était précipité dans les flots et était allé planter sur une redoute démantelée par le feu de quelques petits navires, le drapeau blanc, qui fut salué par les plus vives acclamations des soldats témoins du courage de l'héroïque marin.

L'ennemi, chassé de la plage, s'était concentré dans la plaine de Staouëli. Les contingents fournis par le bey de Constantine et celui de Tittery vinrent grossir l'armée algérienne, dont l'effectif s'élevait, le 18, à 45,000 hommes environ. L'agha d'Alger, qui se trouvait à la tête de cette armée, voyant nos troupes dans l'inaction, crut le moment favorable pour les attaquer. Des batteries élevées en toute hâte par ses ordres avaient révélé son projet au général en chef, M. de Bourmont, qui prit aussitôt ses dispositions. Le 19 au matin, l'ennemi s'avança sur une ligne beaucoup plus étendue que le front de nos dispositions, mais ce fut principalement contre les brigades Clouet et Achard que se dirigèrent ses plus grands efforts. Son attaque se fit avec beaucoup de résolution, plusieurs janissaires même, emportés par leur ardeur, pénétrèrent jusque dans les retranchements qui couvraient le front de nos bataillons, et y trouvèrent la mort. Repoussé sur presque toute la ligne, l'ennemi commençait à faiblir, lorsque nos troupes reçurent l'ordre de prendre l'offensive et d'attaquer le camp et les batteries algériennes.

Il serait difficile d'exprimer l'enthousiasme que fit éclater l'armée lorsqu'elle reçut cet ordre. La marche se fit avec une rapidité extraordinaire. Malgré la difficulté du terrain, l'artillerie fut toujours en première ligne, et son extrême mobilité contribua puissamment à l'épouvante de l'armée ennemie, qui fut mise en déroute complète. Le camp des Algériens tomba en notre pouvoir; 400 tentes y étaient dressées; dans le nombre on remarquait celles de l'agha d'Alger et des beys de Constantine et de Tittery, qui étaient toutes trois d'une grande magnificence. On trouva aussi dans ce camp une quantité considérable de poudre et de projectiles; des magasins de subsistances bien approvisionnés; plusieurs troupeaux de moutons et une centaine de chameaux, qui nous furent d'un grand secours pour les transports.

Après ce combat, il y eut à *Sidi-Khalef* une nouvelle affaire, de laquelle l'armée française sortit encore couverte de gloire, et jusqu'à son arrivée sous les murs d'Alger, il n'y eut plus que des escarmouches ou des affaires d'avant-postes.

Après avoir fait établir à Sidi-Ferruch de grands ouvrages, et plusieurs redoutes à l'une desquelles on donna son nom, le général Valazé, commandant le génie, ouvrit, à mesure que l'armée avançait, une route pour permettre aux voitures de transporter, de la réserve de Sidi-Ferruch, les approvisionnements nécessaires. La prodigieuse activité de cet habile général fut d'un grand secours à notre armée, qui, par ce moyen, ne s'aperçut pas un seul instant de son isolement dans un pays ennemi.

Alger était complétement investi dès le 28 juin, et cependant l'ouverture du feu contre la ville, et surtout contre le *château de l'Empereur* qui la commande, fut différée jusqu'au 4 juillet, afin que toutes les batteries de siége pussent tirer à la fois. Dans la nuit du 29 juin, le général Valazé, s'exposant aux plus grands dangers, traça les premiers ouvrages à 250 mètres environ du château de l'Empereur; les soldats, imitant le noble exemple de ce général, se mirent aussitôt à l'œuvre, et leur ardeur ne se ralentit pas jusqu'au 4 juillet à une heure du matin, alors que tout fut terminé. Trois heures après, une fusée donna le signal du bombardement, et le feu commença.

Le château de l'Empereur ayant sauté par suite de l'explosion de la poudrière qu'il renfermait, le dey d'Alger, déjà découragé par les défaites successives depuis le jour du débarquement, céda aux conseils de la prudence et aux insinuations du consul d'Angleterre, et demanda à capituler. Après deux pourparlers assez longs et surtout très-difficiles, il signa la convention suivante le 5 juillet de très-bonne heure :

« Le fort de la Casbah, tous les autres forts qui dépendent d'Alger, et le port de cette ville, seront livrés aux troupes françaises ce matin à dix heures (heure française).

» Le général en chef de l'armée française s'engage envers Son Altesse le dey d'Alger à lui laisser sa liberté et la possession de toutes ses richesses personnelles.

» Le dey sera libre de se retirer avec sa famille et ses richesses particulières dans le lieu qu'il fixera; et, tant qu'il restera à Alger, il y sera, lui et sa famille, sous la protection du général en chef de l'armée française. Une garde garantira sa personne et celle de sa famille.

» Le général en chef assure à tous les soldats de la milice la même protection.

» L'exercice de la religion mahométane restera libre. La liberté des habitants de toutes les classes, leur religion, leurs propriétés, leur commerce et leur industrie ne recevront aucune atteinte; leurs femmes seront respectées.

» Le général en chef en prend l'engagement sur l'honneur.

» L'échange de cette convention sera fait avant dix heures ce matin, et les troupes françaises entreront aussitôt après dans la Casbah, et successivement dans tous les forts de la ville et de la marine.

» Fait au camp français sous les murs d'Alger, le 5 juillet au matin.

» *Signé* DE BOURMONT.   *Signé* HUSSEIN-DEY. »

Cette convention échangée, la prise de possession d'Alger ne présenta aucun incident remarquable. Le dey a dit depuis, à Paris, que ce qu'il y avait eu de plus surprenant pour lui et les siens, après la conquête, c'était la générosité des Français. M. de Bourmont était loin de prévoir qu'un autre gouvernement allait mettre à profit la brillante conquête qui venait de lui valoir le bâton de maréchal, lorsque la nouvelle de la révolution de juillet vint le surprendre et faire évanouir ses projets. Il attendit avec beaucoup de dignité l'arrivée de son successeur, lui remit le commandement de l'armée, et quitta Alger le 8 septembre. Le gouvernement, en oubliant si tôt les services de l'habile guerrier, ne se montra pas généreux. On a de la peine à croire qu'en Algérie il n'y ait pas une ville, pas un village, pas un quartier, pas une place, pas même une rue qui porte le nom du maréchal à qui la France doit cependant une si belle conquête. Ce n'est pas là un simple oubli, c'est de l'ingratitude, c'est une faute qu'un gouvernement sage et équitable doit réparer.

La capitulation du 5 juillet 1830, en consacrant, après trois siècles de durée, la destruction du gouvernement algérien, n'avait donné à la France qu'une seule ville. Hors de l'espace occupé par les troupes victorieuses autour de la capitale conquise, il ne restait plus de domination reconnue. Le pouvoir ancien, qui comprimait, par un ensemble de moyens violents, des populations sans homogénéité, une fois brisé, les liens, souvent méconnus, qui unissaient à Alger les populations de l'intérieur, furent rompus d'un seul coup. Tous ceux qui se trouvaient ou se voyaient en position de profiter de la désorganisation du pays se hâtèrent de lever la tête. Comme d'ailleurs la haine du nom chrétien existait bien plus vive encore dans les campagnes que dans les villes, les dissensions élevées entre les indigènes influents, qui, après la chute de Hussein-Dey, songèrent à s'emparer d'une autorité délaissée en apparence, n'empêchèrent pas que tous ne fussent prêts à combattre et à se réunir, au besoin, contre la France étrangère et infidèle.

Cette disposition des esprits apparut dès les premiers jours de l'occupation. Le commandant en chef ayant cru pouvoir s'avancer vers Blidah avec un corps de 1,200 hommes, ne put qu'imparfaitement atteindre le but qu'il s'était proposé. Aux portes mêmes d'Alger les tribus s'étaient déjà soulevées contre nous; la guerre ne faisait ainsi que commencer, et il s'agissait de la faire même pour se maintenir.

Au mois d'août 1830, le commandement en chef de l'armée fut donné au général Clauzel.

Dans le mois de novembre, ce général, à la tête d'une colonne, marche sur Médéah, capitale du beylik de Tittery, et se rend maître de cette ville. Le bey, Bou-Mezrag, est amené prisonnier à Alger, où la générosité française lui fit grâce. En remplacement de Bou-Mezrag, le général Clauzel investit du pouvoir et du titre de bey un Maure algérien, Mustapha-ben-Omar, à qui il laissa, pour le soutenir, 1,200 hommes de troupes françaises.

La nouvelle de la prise d'Alger avait été, pour le beylik d'Oran, le signal d'une insurrection générale des populations arabes contre les Turcs. Le bey se jeta alors dans les bras de la France. Avancé en âge, fatigué du pouvoir, il ne demandait qu'une retraite où il pût jouir en paix des richesses qu'il avait amassées. Dès le mois de novembre le fort de Mers-el-Kebir fut occupé par les troupes françaises; le 10 décembre suivant la ville elle-même reçut une garnison.

Des conventions provisoires ayant été arrêtées avec le bey de Tunis, Khan-ed-Din vint, au nom de ce souverain, avec quelques faibles troupes prendre possession du beylik d'Oran. Ce gouvernement éphémère se montra dès l'abord dépourvu d'intelligence et de moyens d'actions; aussi languit-il quelques mois, et lorsque la sanction fut refusée au traité qui avait appelé les Tunisiens à Oran, on le laissa partir sans de grands regrets.

1831.

Le général Berthezène vint, au mois de février 1831, remplacer le général Clauzel.

Dans le mois de juin, un corps de 4,500 hommes marcha sur Médéah, pour dégager le bey Mustapha-Ben-Omar, qui se voyait assiégé dans sa maison par le fils de celui dont il avait pris la place. Cette opération fut difficile et pleine de périls; néanmoins on réussit à ramener sain et sauf à Alger le bey Mustapha.

Lorsque le lieutenant du bey de Tunis s'éloigna d'Oran, le commandement du territoire de cette ville fut donné au général Boyer. Ce général s'occupa immédiatement d'ouvrir des relations avec les garnisons turques ou coulouglis éparses dans la province. A la suite de la prise d'Alger et d'Oran, ces débris des vieilles milices, sentant le besoin de se réunir, s'étaient successivement concentrées dans les trois villes de Mostaganem, de Tlemcen et de Mascara, et s'y défendaient contre les Arabes des environs. La garnison de Mascara, serrée de près et dépourvue de vivres, d'ailleurs en proie à des tentatives de séduction si faciles dans des situations désespérées, se confia aux promesses qui lui étaient faites et livra la ville aux Arabes. Tous les habitants furent massacrés, et dès ce moment Mascara devint une place de guerre, un centre d'action contre les forces françaises.

Le même sort menaçait les milices de Mostaganem et de Tlemcen. A cette crainte, qui les maintenait dans nos intérêts, le général, pour les encourager dans la lutte qu'elles soutenaient, ajouta une solde mensuelle. Avec cet unique secours elles continuèrent la résistance.

Des rapports furent également établis avec Arzew. Grâce au concours du cadi de cette ville et à la protection d'un bâtiment de l'État en station dans ce port, les garnisons d'Oran et de Mers-el-Kebir purent se procurer des blés, des fourrages et des bestiaux : ressources d'autant plus précieuses que la présence des tribus hostiles aux portes d'Oran interceptait les communications avec l'intérieur.

Alger est de nouveau menacé par une agitation. Plusieurs chefs puissants se sont confédérés pour expulser les Français de la régence. A leur tête se trouvait *Sidi Sadi*, Maure algérien, qui, en revenant de la Mecque, était allé voir à Livourne le dey Hussein, et avait concerté avec ce pacha dépossédé un plan de soulèvement général qui devait amener l'expulsion complète des Français de l'Algérie.

Heureusement pour nous les confédérés ne mirent aucun ensemble dans leurs opérations. Les contingents, qui devaient être réunis pour attaquer tous en même temps, n'arrivèrent que l'un après l'autre ; le général Berthezène put les battre séparément au gué de l'Arrach et à la ferme modèle. La coalition, qui s'était annoncée si formidable, ne tarda pas à se dissoudre.

Dans le mois de novembre le duc de Rovigo succéda au général Berthezène dans le commandement de l'armée d'Afrique.

Il n'y eut rien de saillant jusqu'à la fin de l'année.

1832.

La destruction de la tribu d'*El-Ouffia* vint rallumer la guerre et fournir un nouvel aliment aux haines nationales. Des envoyés du cheik El-Farhat, ennemi constant de El-Hadj-Ahmed, bey de Constantine, étaient venus apporter à Alger, de la part de leur maître, l'assurance de son dévouement, et exprimer son idée de participer à l'expédition qu'il croyait dès lors projetée contre Constantine. Ces députés partirent d'Alger chargés de présents ; mais arrivés sur le territoire de la tribu d'El-Ouffia, ils furent complétement dépouillés par des Arabes inconnus.

Dès le lendemain la tribu d'El-Ouffia fut frappée d'exécution militaire, son chef, fait prisonnier, fut amené à Alger, mis en jugement, condamné à mort et exécuté. A la suite de cet acte de rigueur une nouvelle coalition se forma contre nous.

Sidi-Sadi recommença ses provocations. Des prophéties circulèrent, annonçant la prochaine retraite des Français. Ce nouveau soulèvement n'eut pas un meilleur sort que celui de l'année précédente ; les rassemblements formés au pied de l'Atlas furent promptement dissipés.

Bône, occupée une première fois en 1830 par le maréchal de Bourmont, avait été évacuée précipitamment lorsque la nouvelle de la révolution de juillet était parvenue en Afrique. Les habitants, restés maîtres de la ville, se gardèrent bien de se remettre sous la tutelle du bey Hadj-Ahmed, dont ils redoutaient justement les rapines et la férocité. Celui-ci, désireux d'avoir un port pour l'écoulement des produits de son beylik, dirigea tous ses efforts de ce côté. Un officier français, à la tête de 120 soldats, fut envoyé au secours des Bônois ; trahi par un intrigant, cet officier fut tué au moment où il essayait de se rembarquer après avoir épuisé tous les moyens d'accomplir sa mission. De nouveaux secours qui arrivaient d'Alger ne purent rétablir les choses, et Bône ne resta pas encore cette fois au pouvoir de la France.

Les Bônois demandaient à grands cris des secours à la France ; le duc de Rovigo, attendant la saison favorable, confia au capitaine d'artillerie d'Armandy et au capitaine de chasseurs algériens Yousouf, la mission d'aller aider les assiégés de leurs conseils, entretenir leurs bonnes dispositions, et les encourager à persévérer dans la résistance. Cependant le 5 mars Bône fut forcée d'ouvrir ses portes aux troupes du bey de Constantine, et subit dans toute leur horreur les calamités de la guerre. La ville prise fut pillée, dévastée, la population massacrée, dispersée ou déportée dans l'intérieur. Ibrahim seul, se maintenait encore dans la casbah, et au moment où il allait l'abandonner, les capitaines d'Armandy et Yousouf eurent l'audace de s'y jeter de nuit avec une trentaine d'hommes et d'y arborer le pavillon tricolore, qui n'a cessé d'y flotter depuis. Le général en chef, instruit de ce hardi coup de main, se hâta d'y envoyer un bataillon d'infanterie.

Bientôt le gouvernement dirigea, sur ce premier point de l'occupation dans la province de l'est, un corps de 3,000 hommes, qui, parti de Toulon sous le commandement du général Monk-d'Uzer, prit possession de la ville abandonnée à la fois par ses oppresseurs et par ses habitants.

La ville n'offrait qu'un monceau de décombres ; la citadelle seule était à l'abri d'une surprise. Dans cette partie de la régence, si longtemps en relations avec la compagnie des concessions d'Afrique, l'arrivée des troupes françaises produisit une impression profonde sur le plus grand nombre des tribus du voisinage.

Il ne se passa plus rien de bien important pendant le reste de l'année.

1833.

Au commencement de l'année 1833, l'armée comptait 23,500 hommes et 1,800 chevaux. L'occupation embrassait alors : à Alger, la ville et la banlieue ; à Oran, la ville, le fort de Mers-el-Kebir, et environ une lieue de rayon autour de la ville ; Tlemcen et Mostaganem continuaient d'être occupées par les Turcs et les Koulouglis, qui étaient d'intelligence avec nous. Ceux de Mostaganem recevaient même une solde régulière ; à Bône, l'établissement s'étendait à peine au dehors des murailles, à quelques portées de canon.

Depuis que, par le hardi coup de main des deux officiers français, Bône lui avait échappé sans retour, Hadj-Ahmed convoitait Bougie, dont il aurait fait volontiers son port. Il songeait aussi à s'étendre vers le sud et se flattait d'entrer aisément à Médéah, déchirée par les factions. Cette espérance fut encore déçue : il fut battu par les habitants et les tribus du territoire de Médéah réunis, et mis hors d'état de recommencer de longtemps les hostilités.

Le général Boyer, après d'assez fréquents combats contre les Arabes, venait de remettre le commandement d'Oran au général Desmichels. L'empereur du Maroc, après avoir tenté vainement de soumettre à sa domination la plus faible partie de la province, se détermina à rester tranquille dans ses États.

La guerre continuait entre les Koulouglis et les Hadars de Tlemcen, les uns toujours renfermés dans le Méchouar, les autres n'osant essayer de les y forcer. Dans le reste du pays, le départ des troupes marocaines n'avait pas fait trêve aux hostilités des Arabes contre nous. L'influence de leurs marabouts s'employait, avec une active patience, à étouffer entre les tribus tout germe de dissentiment et à unir tous leurs efforts pour briser le joug de l'étranger. Parmi ces hommes religieux, dont la dangereuse inimitié entretenait la lutte et prêchait la sainte ligue contre les chrétiens, le plus influent était ce Mahi-Eddin, père d'Abd-el-Kader, qui, dédaignant pour lui-même le pouvoir qu'on voulait lui déférer, signalait de son vivant son fils à la confiance des Arabes. Après la mort de Mahi-Eddin, Abd-el-Kader hérita du renom de piété qui avait fait toute sa force, et du premier rang parmi les siens. Reconnu par les Arabes bey de Tlemcen, il leva des contributions, appela à lui les Arabes des alentours, et marcha sur Mostaganem. Déjà ses partisans avaient enlevé Arzew ; lorsque le général Desmichels craignant de perdre aussi Mostaganem, prit possession de cette ville et repoussa avec quelque succès les attaques du jeune émir. Abd-el-Kader tenta encore une fois la fortune des armes ; mais dans les deux combats qui eurent lieu à Aïn-Beïda le 1er octobre, et à Tamezouni le 3 décembre, ses efforts vinrent encore se briser contre l'invincibilité de notre armée.

Dans les provinces de l'Est, le bey Hadj-Ahmed cherchait toujours à nous inquiéter; et dans le mois d'août, on apprit qu'il s'avançait vers Bougie, dont la possession pouvait le dédommager de la perte de Bône. Il espérait d'ailleurs pouvoir étendre de là son action sur la partie orientale de la province d'Alger, réchauffer la haine de nos ennemis et nous en susciter de nouveaux. Dès lors la prise de Bougie fut résolue. Le 23 septembre, une expédition, sous le commandement du général Trézel, mit à la voile, et le 29, après une attaque vigoureuse et une assez vive résistance, Bougie devint une ville française.

Vers la fin de l'année, le général Desmichels, quoique victorieux à Temezouat, n'en négocia pas moins la paix avec l'émir, et après de nombreuses communications, un traité de paix était signé le 26 février 1834.

1834.

L'importance du traité conclu entre le général commandant les troupes françaises dans la province d'Oran et l'émir Abd-el-Kader, exige que ce document trouve ici sa place.

Article 1er. A dater de ce jour (26 février 1834), les hostilités entre les Arabes et les Français cesseront.

Le général commandant les troupes françaises et l'émir ne négligeront rien pour faire régner l'union et l'amitié qui doivent exister entre deux peuples que Dieu a destinés à vivre sous la même domination. A cet effet, des représentants de l'émir résideront à Oran, Mostaganem et Arzew; de même que, pour prévenir toute collision entre les Français et les Arabes, des officiers français résideront à Mascara.

Art. 2. La religion et les usages musulmans seront respectés et protégés.

Art. 3. Les prisonniers seront immédiatement rendus de part et d'autre.

Art. 4. La liberté du commerce sera pleine et entière.

Art. 5. Les militaires de l'armée française qui abandonneraient leurs drapeaux seront ramenés par les Arabes; de même, les malfaiteurs arabes qui, pour se soustraire à un châtiment mérité, fuiraient leurs tribus et viendraient chercher un refuge auprès des Français, seront immédiatement remis aux représentants de l'émir résidant dans les villes maritimes occupées par les Français.

Art. 6. Tout Européen qui serait dans le cas de voyager dans l'intérieur, sera muni d'un passeport visé par le représentant de l'émir à Oran, et approuvé par le général commandant.

Les premiers effets de ce traité, approuvé par le gouvernement français comme convention préliminaire que d'autres arrangements devaient compléter, furent de ramener l'abondance sur les marchés d'Oran; les Européens purent voyager avec sécurité dans le centre de la province.

Si, d'une part, la cessation des hostilités permettait à Abd-el-Kader de tourner ses efforts contre ses rivaux, de l'autre, elle donnait à la France le temps de s'affermir sur tous les points occupés.

Le 22 juillet 1834, une ordonnance royale constitua sur d'autres bases le gouvernement et l'administration *des possessions françaises dans le nord de l'Afrique,* dénomination nouvelle qui, à défaut de la brièveté, avait du moins le mérite de définir à quel titre l'ancienne régence était occupée par la France.

Le gouvernement ne fut plus la conséquence du commandement militaire, mais il le domina. Sous les ordres du gouverneur général, il y eut un lieutenant général commandant les troupes, et les services divers reçurent des chefs spéciaux. Le général Drouet d'Erlon fut nommé gouverneur général. Le premier acte du nouveau gouvernement fut la création du corps de cavalerie indigène connu sous le nom de spahis; le second fut la fondation du camp de Bouffarick (camp d'Erlon).

Ainsi se termina l'année 1834.

1835.

Les bons rapports qui avaient été établis avec les indigènes durèrent jusqu'à la fin de 1834. Les habitants de Médéah, menacés d'un côté par le bey de Constantine, de l'autre pressés par les sollicitations d'Abd-el-Kader, qui voulait venir dans leur ville pour pacifier, disait-il, le pays, envoyèrent des députés au gouverneur général pour lui demander l'autorisation d'accueillir Abd-el-Kader, et de reconnaître un hakem qui serait nommé par l'émir; en cas de refus, ils suppliaient le général en chef de pourvoir lui-même à l'administration et à la défense de leur ville.

En réponse à cette demande, le gouverneur général fit défendre à Abd-el-Kader de sortir de la province d'Oran, et aux habitants de Médéah de le recevoir; il ne put néanmoins leur donner le chef qu'ils lui demandaient en cas de refus, parce qu'il eût fallu envoyer des troupes pour lui prêter assistance, et que les forces alors disponibles étaient trop faibles pour permettre une expédition de cette nature.

Pendant ce temps, le général Desmichels, commandant la province d'Oran, était remplacé par le général Trézel, qui avait pour mission d'entretenir les rapports pacifiques établis avec Abd-el-Kader. Ainsi, d'un côté, on ménageait l'émir, de l'autre on le provoquait; mais hâtons-nous de dire que le gouvernement français refusa de sanctionner quelques-uns des actes du gouverneur général.

Médéah appela l'émir. Celui-ci s'y rendit et répondit complétement aux vœux des habitants de cette ville en les délivrant des attaques continuelles dont ils étaient l'objet de la part de Hadj-Hamed, bey de Constantine. Peu après Abd-el-Kader retourna dans la province d'Oran.

Un chef de tribu du Sahara, *Hadj-Moussa-el-Dackaoui*, exagérant les vœux fanatiques et les espérances déjà tant de fois trompées de ses coreligionnaires, profita du dernier traité de paix conclu avec le général Desmichels et Abd-el-Kader pour exciter les populations à la guerre contre l'émir et les Français. Il s'avança vers Médéah, suivi de 2,000 Arabes, et força les habitants à lui livrer leur ville; ensuite il se dirigea vers Milianah; mais Abd-el-Kader vint à sa rencontre, après avoir châtié quelques tribus dont le zèle excessif lui faisait un crime de la paix avec les chrétiens. Sur son chemin, il reçut la soumission de Milianah et les protestations de dévouement de *Hadj-el-Seghir* (Ali-Embarek), notre ancien aga, à qui il confia le commandement d'une partie de ses troupes. Moussa fut défait dans une première rencontre et reprit le chemin du désert. Abd-el-Kader entra dans Médéah en triomphateur, y donna le gouvernement de la ville et du pays environnant à Hadj-el-Seghir, et choisit, pour commander à Milianah, un autre ennemi déclaré de la France, *Mohamed-el-Barkani*; il institua même quelques kaïds jusque dans les outhans de la Mitidja.

Aux représentations qui lui furent faites sur l'extension donnée à son autorité hors du territoire pour lequel le traité avait été fait, Abd-el-Kader répondit en protestant de ses bonnes intentions et de son désir de vivre en paix avec la France; puis il retourna à Mascara, recevant sur son passage les envoyés et les hommages des populations.

D'autres conditions de la convention du 26 février n'ayant pas mieux été exécutées, le gouverneur général crut devoir prendre des mesures vigoureuses, surtout pour contenir l'émir, qui se préparait à commercer avec l'étranger par l'embouchure de la Tafna et à recevoir de lui des munitions de guerre. Une rupture entre Abd-el-Kader et la France parut dès lors inévitable, et de part et d'autre on se prépara à la guerre.

Les tribus des environs d'Oran ayant reçu de l'émir l'ordre d'abandonner leurs territoires et de se réfugier dans l'intérieur, s'adressèrent au général Trézel commandant la province, pour réclamer la protection de la France. Ces tribus nous ont toujours été fidèles, et dans aucune circonstance elles n'ont pris les armes contre nous.

Le général Trézel, jugeant que l'honneur ne lui permettait pas d'abandonner ces alliés, signifia à l'émir qu'il eût à respecter nos amis et le pays couvert par leurs tentes; en même temps il rassembla les forces dont il pouvait disposer, et se porta en avant du territoire qu'il fallait couvrir. Cette démonstration fut le signal du renouvellement des hostilités. Après une suite de combats sans résultats, mais peut-être pas sans gloire, le général Trézel, ne pouvant plus tenir la campagne, fut obligé de battre en retraite; il ne trouva pas libres les chemins d'Oran, et dans une retraite difficile, à travers les bois et les défilés qui avoisinent le cours d'eau formé par la réunion du Sig et de l'Habrah (la Macta), il éprouva des pertes sensibles avant de pouvoir gagner Arzew.

L'échec essuyé par la colonne française aux prises avec un ennemi supérieur en nombre et commandé par Abd-el-Kader, avait une immense portée : il ébranlait, dans l'esprit des indigènes, la conviction de notre supériorité; il compromettait notre ascendant moral. Dans les idées arabes, comme au surplus dans les nôtres, le malheur à la guerre reste souvent un affront.

Le gouvernement, d'accord avec le sentiment national, résolut dès lors de prendre une éclatante revanche.

Le 5 juillet, le maréchal Clauzel succéda au général d'Erlon dans le gouvernement de l'Algérie.

A la suite du succès remporté à la Macta par Abd-el-Kader, le fanatisme des populations musulmanes s'était réveillé, et, sous le titre de prince des fidèles ou de protecteur de la religion, l'émir avait été reçu partout avec enthousiasme. De Médéah à Tlemcen, les villes et les tribus semblaient ne plus vouloir reconnaître d'autre chef; Blidah elle-même accepta le *hakem* (gouverneur de la ville) qu'il envoya.

Abd-el-Kader voyait s'affermir sa puissance aux dépens de l'influence décroissante des deux seuls partis qui pussent encore songer sérieusement à lui tenir tête : l'ancien parti français battu à la Macta, le parti de Hadj-Ahmed, bey de Constantine, battu à Médéah. L'émir profita de la situation; il concentra toutes les forces éparses jusque-là; par lui et en lui, en un mot, revivait l'ancienne nationalité arabe.

Dans cette situation, la France ne devait rien négliger pour assurer le succès de ses armes; aussi songea-t-elle à miner la puissance de l'émir au cœur même du pays où elle avait pris naissance : l'armée se prépara à une expédition contre Mascara.

Abd-el-Kader, jugeant de la grandeur du péril par les préparatifs des Français, se mit promptement en mesure d'opposer une vive résistance. Il appela à lui la nation arabe, et sa voix fut entendue dans les trois provinces; mais la promptitude de nos opérations ne lui permit pas de réunir tous ses contingents.

Les préparatifs terminés, l'armée française, forte d'environ 8,000 hommes, se mit en mouvement le 26 novembre. L'émir, de son camp sur l'Habra, où il avait 15,000 hommes environ, ne put livrer que quelques engagements malheureux.

L'armée, ayant dans ses rangs S. A. R. Mgr. le duc d'Orléans, entra le 5 décembre dans Mascara, qu'elle trouva abandonnée par les Arabes, sur l'ordre d'Abd-el-Kader. La ville n'offrant aucune ressource pour la subsistance de nos troupes, l'abandon en fut décidé; on s'en éloigna le 8 décembre, c'est-à-dire trois jours après l'occupation.

Après quelques jours de repos, l'armée marcha sur Tlemcen, dont elle s'empara facilement.

Notre domination s'étendait de jour en jour; mais le pays était loin d'être pacifié. Le fanatisme poussait continuellement les tribus à la révolte. Pour nous résumer, *le feu était aux quatre coins de l'Algérie.*

1836.

Pendant les premiers mois de l'année 1836, on voit la défection de Médéah, ou, pour être plus exact, la trahison des Maures de cette ville, tandis que les tribus kabyles de l'est d'Alger résistaient vivement à toutes les démarches des agents de l'émir, qui voulaient les pousser à des attaques contre les Arabes non alliés. Dans le mois de mars, une colonne française fit une excursion dans la vallée du Chélif, et le mois suivant le gouverneur général décida l'établissement d'un camp sur la *Tafna*, à l'embouchure de cette rivière, afin de procurer à la garnison française de Tlemcen une communication plus prompte avec la mer. Le général d'Arlanges, qui s'y rendit avec 3,000 hommes pour protéger les ouvrages, eut à soutenir pendant sa marche un combat dans lequel l'ennemi essuya des pertes considérables. Les travaux du camp, commencés avec ardeur, faisaient de rapides progrès. Avant de se hasarder sur la route de Tlemcen, dont la garnison attendait son arrivée, le général d'Arlanges, informé qu'un rassemblement considérable, composé en partie de Marocains, se disposait à lui disputer le passage, voulut aller reconnaître l'ennemi. Il le rencontra à deux lieues du camp, au nombre d'environ 10,000 hommes. Les troupes françaises, assaillies avec une fureur peu commune, opposèrent une résistance héroïque et rentrèrent dans leurs retranchements sans que leur faible colonne eût été rompue. Le général d'Arlanges, blessé lui-même dans cette occasion, se hâta de faire connaître les difficultés de la situation et demanda des secours.

A peine la nouvelle de ce combat si inégal était-elle parvenue en France, qu'un renfort de 4,500 hommes était envoyé sur la plage de la Tafna pour dégager les troupes du général d'Arlanges. Le général Bugeaud prit le commandement de cette division.

Le général Bugeaud rencontra plusieurs fois l'ennemi, qu'il repoussa aisément, et auquel il fit éprouver d'assez grandes pertes. Le 9 juillet il fut attaqué par Abd-el-Kader, au passage de la *Sickak*; mais il le mit en complète déroute après un combat de plusieurs heures. Après cette défaite, l'émir s'empressa de regagner Mascara avec les débris de son armée.

Aucun événement de quelque importance ne signale, du côté d'Oran, le reste de l'année 1836. Il n'en fut pas ainsi dans la province de Constantine.

Dans les premiers mois de 1836, la domination française avait, autour et en avant de Bône, fait des progrès réels. Au commencement de mars, elle parut au maréchal Clauzel s'être assez étendue pour qu'il y eût lieu de nommer un bey français de Constantine. Le chef d'escadron Yousouf fut appelé par le gouverneur général à occuper ce poste éminent.

Les pouvoirs du nouveau bey ne furent pas et ne pouvaient être bien définis. L'institution de ce gouverneur de province représentait, aux yeux des Arabes, une autorité presque sans limites, et comportait des priviléges excessifs, tandis que la France n'avait qu'à désigner une portion plus ou moins grande des droits dont, pour elle-même, elle n'eût pas dû répudier l'exercice.

En laissant au bey français de Constantine le soin de se faire reconnaître par ceux qui se déclareraient ses partisans et de s'imposer par les armes à ses adversaires, on s'épargnait peut-être quelques-uns des embarras de la protection; mais on avait à tolérer des actes qui, autorisés par le droit public du pays, ne pouvaient être avoués par le nôtre.

Depuis cinq années, les Arabes de la province s'étonnaient que la France laissât le bey El-Hadj-Ahmed exercer en paix un pouvoir qui aurait dû finir avec le règne du pacha d'Alger. Dès 1832, plusieurs chefs puissants du Sahara étaient venus nous offrir de prendre part au renversement de ce cruel despote, et bon nombre de tribus, exaspérées par les exactions du bey, demandaient vengeance. On pouvait donc espérer l'assistance de plusieurs tribus, la neutralité ou l'indifférence des autres. Aussi le maréchal Clauzel se détermina-t-il à faire l'expédition de Constantine. Les forces dont il pouvait disposer lui paraissaient devoir suffire; il croyait le succès assuré, tant par les bonnes dispositions des populations que par la faiblesse présumée de la résistance. D'un autre côté, l'obéissance, la soumission du pays étaient promises à la condition que nous ne resterions pas toujours attachés au rivage, afin de ne pas nous trouver, par suite de l'éloignement de nos alliés de l'intérieur, dans l'impossibilité de les protéger avec efficacité.

Le gouvernement, qui n'était pas encore en mesure de bien juger de l'état des choses, retenu par la crainte de donner à l'occupation une trop grande extension, n'osait prescrire des opérations militaires de cette importance; mais les instances du gouverneur général étant de plus en plus pressantes, l'autorisation d'agir fut enfin accordée.

Le corps expéditionnaire, fort de 9,137 hommes, s'ébranla le 8 novembre; le 15, il était à Guelma; le 21, l'armée prit position sous les murs de Constantine.

La saison avait été mal choisie; l'hiver qu'on avait trouvé si doux en Afrique, s'était annoncé tout à coup avec des rigueurs inaccoutumés. Un froid humide et vif éclaircissait chaque jour le nombre de nos soldats, en même temps que s'amoindrissaient, sous l'influence des mêmes causes, les autres moyens d'assurer le succès. L'armée, après d'incroyables fatigues et des souffrances inouïes, était arrivée considérablement affaiblie, avec un matériel de guerre et des approvisionnements insuffisants; aussi ne put-elle tenir longtemps le siége. Après quelques jours, pendant lesquels la valeur de nos troupes lutta avec énergie contre les éléments, le maréchal Clauzel ayant totalement perdu l'espoir de réduire la ville, ordonna la retraite. Elle se fit en assez bon ordre, et grâce à l'habileté et à la valeur du commandant Changarnier, qui se trouvait à l'arrière-garde, l'armée, toujours maîtresse de ses mouvements, atteignit Bône.

On pouvait craindre que l'issue de cette expédition n'exerçât une fâcheuse influence sur nos relations avec les tribus des autres provinces; mais les bonnes dispositions prises par le général Rapatel, qui remplissait par intérim les fonctions de gouverneur général, en imposèrent à la population arabe.

Les hostilités semblaient suspendues dans toute l'Algérie, ou du moins ne se manifestaient que par des agressions isolées, lorsque le général Damrémont fut appelé aux fonctions de gouverneur général.

1837.

La situation de nos affaires exigeait impérieusement qu'on prît un parti décisif. Dans l'ouest, l'émir Abd-el-Kader, vaincu à la Sickak, n'était pas soumis, et il se préparait même activement à soutenir la grande lutte de dix ans. Les événements dont la province de Constantine avaient été le théâtre l'année précédente ne permettaient pas d'espérer de ce côté des arrangements favorables avant que nos armes eussent reconquis la prépondérance qui leur devait appartenir. En présence d'une pareille situation, le gouvernement n'hésita plus un seul instant. Il comprit que, pour avoir la paix, il fallait l'acheter par la force des armes, et se préparer alors sur tous les points à la guerre, en prescrivant toutefois l'emploi prudent et sage de tous les moyens qui pourraient sans combat procurer la pacification du pays.

La direction des opérations militaires éventuelles resta entre les mains du gouverneur général.

Le général Bugeaud fut appelé de nouveau au commandement de la division d'Oran, pour y recommencer la guerre s'il n'arrivait à conclure la paix avec l'émir Abd-el-Kader.

Le 27 avril, les opérations commencèrent dans la province d'Alger, par une reconnaissance de Blidah, Coléah, la Chiffa et du cours du Mazafran. Pendant cette campagne, le général Damrémont, gouverneur général, à la tête d'une colonne de 7,000 hommes environ, chassa de la plaine de la Mitidja les Hadjoutes qui la dévastaient. Il se rapprochait ainsi de Milianah, où il se disposait à entrer lorsqu'il reçut la nouvelle de la convention qui venait d'être conclue sur la plage de la Tafna.

Le général Bugeaud, prêt à marcher contre l'ennemi, allait commencer la guerre de dévastation dont il avait menacé les Arabes, lorsque Abd-el-Kader demanda à traiter, offrant pour première condition de reconnaître la souveraineté de la France. Sur cette base, les conférences furent acceptées, et produisirent, le 30 mai, la convention ci-après :

Entre le lieutenant général Bugeaud, commandant les troupes françaises dans la province d'Oran, et l'émir Abd-el-Kader, il a été convenu :

Art. 1er. L'émir Abd-el-Kader reconnaît la souveraineté de la France en Afrique.

Art. 2. La France se réserve dans la province d'Oran : Mostaganem, Mazagran et leurs territoires ; Oran, Arzew ; plus un territoire ainsi délimité : à l'est, par la rivière de la Macta et le marais d'où elle sort ; au sud, une ligne partant du marais ci-dessus mentionné, passant par le bord sud du lac Sebgha et se prolongeant jusqu'à l'Oued-Malad (Rio-Salado), dans la direction de Sidi-Saïd ; et de cette rivière jusqu'à la mer, de manière que tout le terrain compris dans ce périmètre soit territoire français.

Dans la province d'Alger : Alger, le Sahel, la plaine de la Mitidja, bornée à l'est jusqu'à l'Oued-Khadra et au delà ; au sud, par la première crête de la première chaîne du petit Atlas jusqu'à la Chiffa, en y comprenant Blidah et son territoire ; à l'ouest par la Chiffa jusqu'au coude du Mazafran, et de là, par une ligne droite jusqu'à la mer, renfermant Coléah et son territoire, de manière que tout le terrain compris dans ce périmètre soit territoire français.

Art. 3. L'émir administrera la province d'Oran, celle de Titery et la partie de celle d'Alger qui n'est pas comprise, à l'ouest, dans les limites indiquées à l'art. 2.

Il ne pourra pénétrer dans aucune autre partie de la régence.

Art. 4. L'émir n'aura aucune autorité sur les musulmans qui voudront habiter sur le territoire réservé à la France ; mais ceux-ci resteront libres d'aller vivre sur le territoire dont l'émir a l'administration, comme les habitants du territoire de l'émir pourront venir s'établir sur le territoire français.

Art. 5. Les Arabes vivant sur le territoire français exerceront librement leur religion. Ils pourront y bâtir des mosquées et suivre en tout point leur discipline religieuse, sous l'autorité de leurs chefs spirituels.

Art. 6. L'émir donnera à l'armée française 30,000 fanègues (d'Oran) de froment, 30,000 fanègues (d'Oran) d'orge, 5,000 bœufs.

La livraison de ces denrées se fera à Oran par tiers ; la première aura lieu du 1er au 15 septembre 1837, et les deux autres de deux mois en deux mois.

Art. 7. L'émir achètera en France la poudre, le soufre et les armes dont il aura besoin.

Art. 8. Les couloughis qui voudront rester à Tlemsen, ou ailleurs, y posséderont librement leurs propriétés et y seront traités comme les hadars. Ceux qui voudront se retirer sur le territoire français pourront vendre ou affermer librement leurs propriétés.

Art. 9. La France cède à l'émir : Rachgoun, Tlemsen, le Méchouar et les canons qui étaient anciennement dans cette dernière citadelle. L'émir s'oblige à faire transporter à Oran tous les effets, ainsi que les munitions de guerre et de bouche de la garnison de Tlemcen.

Art. 10. Le commerce sera libre entre les Arabes et les Français, qui pourront s'établir réciproquement sur l'un ou l'autre territoire.

Art. 11. Les Français seront respectés chez les Arabes comme les Arabes chez les Français.

Les fermes et les propriétés que les sujets français auront acquises ou acquerront sur le territoire arabe leur seront garanties ; ils en jouiront librement, et l'émir s'oblige à leur rembourser les dommages que les Arabes leur feraient éprouver.

Art. 12. Les criminels des deux territoires seront réciproquement rendus.

Art. 13. L'émir s'engage à ne concéder aucun point du littoral à une puissance quelconque sans l'autorisation de la France.

Art. 14. Le commerce de la régence ne pourra se faire que dans les ports occupés par la France.

Art. 15. La France pourra entretenir des agents auprès de l'émir et dans les villes soumises à son administration, soit pour servir d'intermédiaires auprès de lui aux sujets français pour les contestations commerciales ou autres qu'ils pourraient avoir avec les Arabes.

L'émir jouira de la même faculté dans les villes et ports français.

Cette convention, en pacifiant les provinces d'Oran et d'Alger, laissait le gouvernement français libre de porter son attention tout entière sur la province de Constantine, où nous avions à rétablir l'ascendant français compromis par l'issue de la dernière campagne. Le choc, devenu inévitable, devait être cette fois décisif ; rien ne fut épargné pour en assurer le succès.

Bône et les camps qui se multipliaient sur la route de Constantine se remplissaient de troupes, d'artillerie, de munitions et d'approvisionnements.

Ahmed-Bey, que ces préparatifs alarmaient justement, fit pressentir les dispositions du gouverneur général à des arrangements pacifiques. Les envoyés reçurent communication des conditions sans lesquelles aucune proposition ne serait écoutée. On put un moment espérer d'en finir sans recourir aux armes.

Cependant pour ne pas laisser à Hadj-Ahmed l'espoir qu'il nourrissait peut-être de gagner du temps et d'échapper cette fois encore au péril dont il se sentait menacé, le général Damrémont résolut de se rapprocher de Constantine, en occupant fortement la position favorable de Médjez-Amar, destinée à devenir le point de départ des opérations ultérieures : un vaste camp y fut tracé et devint bientôt une immense place d'armes (1).

---

(1) Voir page 188.

Les négociations traînaient en longueur, mais nos préparatifs n'étaient point ralentis. Nous nous montrions disposés à la paix sans cesser de nous occuper de la guerre. L'ennemi lui-même dirigeait de fréquentes attaques contre nos postes, mais se voyait constamment repoussé. Le 20 septembre, Hadj-Amed en personne, à la tête de 10.000 hommes, espéra de surprendre le camp de Medjez-Amar, sur lequel les Arabes se précipitèrent avec fureur. Les troupes régulières du bey, infanterie et cavalerie, furent engagées dans cette affaire. Cette nuée de combattants en désordre fut repoussée avec des pertes considérables. Ce fut le dernier effort de Hadj-Ahmed, qui ne parut plus devant nos troupes. Il n'est même pas rentré dans sa capitale, dont il confia la défense à l'un de ses lieutenants.

La pacification était devenue impossible : l'ordre de marcher en avant fut donné.

Partie de Medjez-Amar le 1ᵉʳ octobre, l'armée, forte d'environ 10,000 hommes, arriva le 6 devant Constantine. A l'avant-garde marchait le second des fils du roi Louis-Philippe. Comme l'année précédente, ce prince avait voulu, cette fois encore, partager les périls de nos soldats.

Le 13, après sept jours de siége, la ville était prise de vive force; le drapeau français flottait sur ses murailles, glorieux dédommagement des malheurs de l'année précédente, des fatigues, des souffrances que la campagne venait de nous coûter encore.

La victoire dut être achetée par des pertes douloureuses. Le général en chef l'avait déjà payée de sa vie. Une foule de braves trouvèrent une mort glorieuse sur l'étroit champ de bataille que l'artillerie leur avait ouvert.

Après la mort du général Damrémont, le commandement passa entre les mains du général Valée, qui ne tarda pas à être appelé au gouvernement général de la colonie.

Constantine tombée en notre pouvoir, le gouvernement du bey Ahmed a été tout d'un coup détruit. Abandonné de la meilleure partie de ses troupes, repoussé par les tribus qui pouvaient, sans crainte maintenant, se dérober à sa domination cruelle, cet ancien lieutenant du dey Hussein se dirigea en fugitif vers le sud, où il rencontra encore des ennemis personnels qui ne lui permirent pas de compter sur un asile assuré. Sa milice demanda l'honneur de servir sous nos drapeaux.

Le but que se proposait le gouvernement a été ainsi atteint aux deux extrémités de l'Algérie dans le cours d'une seule année. Dans l'est, aucune puissance ennemie ne s'élève plus en face ni à côté de nous, et la paix est rétablie dans le pays. Dans l'ouest, nous n'avons posé les armes qu'après avoir solennellement fait reconnaître la souveraineté de la France, de laquelle émane le seul pouvoir qui ait droit au commandement dans le territoire que nous ne devons pas administrer directement.

1838.

La chute de Constantine venait d'achever la ruine de l'ancien gouvernement de la régence. A la possession de cette importante ville semblaient attachées l'influence et la domination sur la province tout entière.

Le bey Ahmed avait dominé par la terreur, et le peuple, fatigué de son joug cruel, voyait presque en nous des libérateurs. Un chef renommé du désert, à qui sa haine contre Ahmed avait fait faire des vœux pour le succès de nos armes, vint adresser ses félicitations au général en chef, qui lui promit un commandement important dans le sud de la province, si la fidélité dont il apportait les assurances ne se démentait pas.

Au nombre des instructions importantes que le gouvernement adressa au général Valée avec son bâton de maréchal, fut la recommandation d'étudier, aussitôt que le permettraient les circonstances, la route qui, sous les Romains, conduisait de Constantine à la rade de Stora, dans le but d'assurer à la nouvelle conquête des communications plus promptes et plus faciles avec la mer et un port de plus à la France. Au mois de janvier 1838, le général Négrier faisait reconnaître la route indiquée, et partout sur son passage il trouva les Arabes paisibles, livrés aux travaux de leurs champs.

La plus grande partie des tribus de l'ancien beylik vinrent demander l'*aman* (amitié et protection). Presque tous les anciens chefs furent conservés et reçurent du général français, avec le burnous rouge, signe de leur dignité, l'investiture au nom de la France.

Le kaïd de Milah était du nombre des chefs indigènes qui avaient fait leur soumission. Dès le 17 janvier, le ministre avait autorisé l'occupation de cette petite ville, qui, placée à douze lieues de Constantine, sur la route du port de Djigelly, commande également celle qui s'ouvre sur les plaines de la Medjana, pour aboutir directement aux limites de la province d'Alger. Les anciennes voies romaines, dont on a retrouvé les traces, faisaient connaître le parti que les vainqueurs du monde avaient dû tirer de cette position. Une colonne française put, sans rencontrer de résistance, s'avancer jusqu'à Milah; elle trouva la ville en assez bon état, fermée d'une muraille construite avec des ruines romaines et entourée de jardins. Le kaïd reçut l'investiture. Milah est aujourd'hui un poste important (1), où de nombreux approvisionnements peuvent être réunis, et qui est et sera toujours pris comme base d'opérations toutes les fois que les intérêts de notre politique exigeront notre intervention dans la Kabylie.

La colonne du général Négrier, qui était arrivée sans encombre jusqu'aux ruines de Russicada, sur le bord de la mer, fut harcelée par les Kabyles à son retour à Constantine.

---

(1) Voir page 179.

Le commandant de Medjez-Amar ayant dirigé, sans ordre, une reconnaissance sur le pays de Guerfa, dans le but de vérifier l'existence de mines anciennement exploitées, fut vivement attaqué par les Arabes du pays des Arachnas et perdit quelques hommes dans sa retraite difficile. Après avoir retiré à cet officier le commandement dont il avait abusé, en s'exposant à une agression qui pouvait avoir les plus graves conséquences, le gouverneur général ordonna au général Négrier d'aller châtier cette tribu, ce dont le général s'acquitta fort bien.

L'ex-bey de Constantine, Ahmed, essaya bien de contester par les armes une domination qui chaque jour s'étendait et s'affermissait ; mais toutes ses tentatives avortèrent en présence des mesures habiles qu'avait prises le général Négrier.

Vers le même temps (mai 1838) se complétait l'occupation de la Calle, où un régiment de spahis s'était établi en 1836. Ce port (1) était déjà très-fréquenté par les nombreux corailleurs qui affluent de l'Italie. Cette position observait de plus près les mouvements de la régence de Tunis, et veillait à la sûreté de cette frontière. De là, enfin, on pouvait maintenir dans la soumission les tribus fixées dans le cercle et porter la plus utile assistance au poste de Guelma. Un escadron de cavalerie indigène y fut envoyé avec quelques troupes françaises. On entreprit la réparation des anciens ouvrages de défense détruits en partie en 1827 par les ordres d'Hussein, dey d'Alger. Les bâtiments commencèrent à se relever de leurs ruines, et l'action de l'établissement restauré ne tarda pas à se faire sentir.

Dans les provinces du centre et de l'ouest, la guerre avait cessé à la suite de la convention de la Tafna. Cependant Abd-el-Kader, au point de vue du gouvernement français, ne se rendait pas suffisamment compte des obligations qu'il venait de contracter ; et les chefs qui avaient accepté son commandement et qui, par leur position, étaient en rapport avec nous, n'ayant que des notions très-imparfaites sur leurs devoirs politiques, il était difficile d'espérer une paix de longue durée, alors surtout qu'on ne cherchait qu'une occasion pour rompre le traité et recommencer la guerre d'envahissement qui dure encore aujourd'hui.

Abd-el-Kader, vers le mois de décembre 1837, vint placer son camp dans l'outhan d'Ouannougha, au voisinage de Hamza et des limites de la province de Constantine. Là, il reçut l'adhésion et l'hommage non-seulement des chefs sur lesquels le commandement lui avait été donné, mais encore de ceux des tribus établies à l'est, de l'autre côté des montagnes. Des agents, qu'au moins il ne désavouait pas, jetaient l'incertitude parmi les Arabes qui reconnaissaient déjà ou se préparaient à reconnaître l'autorité de la France. L'alarme s'étendit même jusqu'aux extrémités orientales de la Mitidja soumise.

---

(1) Voir page 192.

Il importait d'en faire cesser les causes. Un camp de 2,500 hommes fut établi sur le haut Khamis pour observer les mouvements de l'émir ; mais Abd-el-Kader s'étant dirigé, peu de jours après, vers Médéah, les troupes françaises, après l'avoir observé et suivi le long du pied de l'Atlas, rentrèrent dans les positions qu'elles occupaient auparavant.

Le gouverneur général apprenait en même temps qu'un chef de la Medjana, Ben-Salem, appartenant à l'une des puissantes familles qui depuis longtemps se disputaient le pouvoir dans cette partie occidentale de la province de Constantine, avait reçu de l'émir le titre de bey, et s'était placé sous sa dépendance. Cet événement éveilla les susceptibilités du gouverneur général, qui se mit alors en relation avec les rivaux et compétiteurs de Ben-Salem, dans le but de les soutenir secrètement dans leurs guerres de rivalité.

Pendant son séjour à Médéah, l'émir instituait encore un kaïd dans l'Outhan du Sebaou, qui s'étend à l'est, entre l'Oued-Kaddara et les montagnes.

De tels faits, qui pouvaient se renouveler, rendaient nécessaire une prompte solution sur la question des limites. Pressé de s'expliquer, l'émir, dans une première conférence, déclarait qu'il ne pouvait admettre le sens que la France entendait donner et maintenir à l'art. 2 du traité du 30 mai ; puis, au moment où les intentions formelles du gouvernement du roi lui étaient notifiées, il demandait seulement (19 avril) qu'on attendît le retour de son envoyé, Mouloud-Ben-Arrach, alors en France, où il était venu (20 février) offrir au roi des présents selon l'usage de l'Orient. Ce messager, décoré du titre de khalifa, porteur de pouvoirs fort étendus pour le règlement de toutes les difficultés, ayant manifesté à Paris même, le désir d'être admis à discuter les bases de la convention interprétative qu'il s'agissait de conclure, reçut l'invitation d'en conférer, à son retour à Alger, avec le gouverneur général, auquel des instructions furent transmises à ce sujet.

Arrivé à Alger le 28 juin, Mouloud-Ben-Arrach signait, six jours après, un acte additionnel qui réglait les seuls points sur lesquels des stipulations écrites étaient indispensables ; sur les autres, on n'insista pas, parce que l'inexécution ou l'inintelligence du traité du 30 mai devait amener le renouvellement des hostilités. On dit simplement au khalifa plénipotentiaire que, pour l'interprétation des autres points du traité, on se fiait à la bonne foi de l'émir.

Abd-el-Kader eut un moment, dans le mois d'avril, l'intention de marcher contre l'ancien dey Ahmed, qui s'approchait des limites de l'ancienne province de Tittery ; mais il fut retenu par le traité qu'il avait signé et qui lui défendait de sortir de son territoire.

Le mois suivant, l'émir se dirigea vers Tegdempt, où il avait eu quelque temps la pensée de fixer sa principale résidence, et où se faisaient à ce moment les préparatifs d'une expédition qu'il projetait du côté du désert. Le marabout Tedjini, dont la famille tenait la ville d'Aïn-Madhy, avait refusé de faire acte d'obéissance à l'émir et de payer un tribut; irrité de ce refus, Abd-el-Kader se mit en marche vers la fin de mai pour aller faire le siége de cette ville.

Ses préparatifs, malgré leur importance relative, se trouvaient insuffisants pour obtenir la prompte reddition d'une place, défendue autant par la difficulté d'arriver jusque sous ses murailles que par des ouvrages de fortification élevés au commencement de ce siècle. Le siége traîna par conséquent en longueur, et obligea Abd-el-Kader à camper pendant plusieurs mois dans une région totalement inconnue et très-éloignée du siége de son gouvernement, où cependant sa présence eût été bien nécessaire.

Le traité du 20 mai avait réservé à l'administration française les villes de Koleah, Blidah et leurs territoires; le moment était venu de les occuper. Le maréchal Valée effectue d'abord l'occupation de Koleah, et porte en même temps sur le haut Khamis des forces assez imposantes. Ces dispositions étaient prises pour assurer à tout événement la paix de Blidah.

Le 3 mai, l'armée était devant Blidah. A l'entrée des beaux jardins dont la ville est environnée, le maréchal Valée trouva le hakem de la ville avec les ulémas, les notables et le kaïd des Beni-Salah, auxquels il donna l'assurance qu'il ne serait fait aucun mal aux habitants. Il confirma dans leurs fonctions les autorités de la ville, et s'occupa de choisir l'assiette des camps fortifiés qui devaient couvrir cette position importante.

L'occupation de Blidah, consommée sans coup férir, nous rendait maîtres des chemins qui de ce point central conduisent à Médéah par les gorges de la Chiffa, et dans toutes les directions, vers l'est et l'ouest de la plaine.

La situation de l'Algérie était à la fin de l'année calme partout, et les agressions des indigènes ne se bornaient plus qu'à des attaques individuelles, ou par bandes de malfaiteurs qu'on réprimait aisément.

Le gouverneur général profita de cette tranquillité pour organiser l'administration de la province de Constantine.

Après les reconnaissances effectuées en janvier et avril précédents, le chemin de Stora était ouvert à l'armée; les camps de Smendou et de l'Arrouch étaient occupés et fortifiés. La tête de la route de Constantine ne se trouvait plus qu'à 9 lieues de la mer, et s'en rapprochait chaque jour.

Le 6 octobre 4,000 hommes étaient réunis au camp de l'Arrouch. Ils en partirent le lendemain, et le même jour allèrent camper sur les ruines de Russicada. Aucune résistance n'avait été opposée; seulement, dans la nuit, quelques coups de fusil tirés sur les avant-postes protestèrent contre une prise de possession à laquelle les Kabyles devaient bientôt se résigner. Mais le 8, un convoi de mulets arabes, escorté par des milices turques à notre service, ayant été, dans un étroit défilé, attaqué avec quelque avantage, les montagnards, encouragés par ce facile succès, dirigèrent dans la nuit suivante une nouvelle attaque contre le camp de l'Arrouch qu'ils savaient n'être plus gardé, depuis le départ de l'armée pour Stora, que par des Turcs. Ceux-ci opposèrent une si énergique défense que les assaillants, ayant éprouvé des pertes considérables, firent connaître au commandant du camp leur intention de rester désormais tranquilles.

L'armée travailla sans relâche à fortifier la position qu'elle venait d'occuper. Le sol, jonché de ruines romaines, lui fournit les premiers matériaux, et des pierres taillées depuis vingt siècles revêtirent des murailles toutes neuves. La ville reçut le nom de Philippeville (1).

Avant de quitter la province de Constantine, le gouverneur général faisait occuper définitivement Milah et commencer la route qui de cette ville se dirigeait sur Sétif par Djémilah, nous ouvrait la plaine de la Medjana, où le drapeau français, sans s'être encore montré, comptait déjà d'utiles auxiliaires. On allait ainsi franchir une partie de la distance de Constantine à Djidjelly, et faciliter l'occupation éventuelle de ce port.

De retour à Alger aux premiers jours de novembre, le maréchal Valée demanda et obtint l'autorisation d'aller prendre possession du fort de Hamza. En même temps qu'il ordonnait les préparatifs de ce mouvement, et pour compléter la défense de la plaine de la Mitidja et surveiller les mouvements des Hadjoutes, il faisait établir un camp entre Blidah et Coléah, sur les bords de la Chiffa.

Les circonstances semblaient favorables à la facile occupation du fort de Hamza, entreprise en exécution d'une convention récente et qu'on ne croyait pas pouvoir devenir la cause ou l'occasion d'une conflagration générale. L'émir était avec ses meilleures troupes devant Aïn-Madhy qui tenait encore; les populations de l'est n'annonçaient pas de dispositions à une résistance armée, et en laissant dans les camps, dont la ceinture protège le territoire d'Alger, des garnisons respectables, on pouvait réunir assez de forces pour être, dans tous les cas, assuré du succès.

Une route dite *soltania* (royale), ouverte par le dey Omar, conduit au défilé des Bibans, en passant au sud et assez près du fort Hamza. Le corps expéditionnaire allait s'avancer par cette voie que, depuis les Romains, aucune troupe européenne n'avait parcourue, et le signal du départ allait être donné, lorsque, dans la nuit du 4 au 5 décembre, une pluie froide et continue vint rendre tous les chemins impraticables et suspendre indéfiniment l'opération commencée.

Cependant le général Galbois s'acheminait de son côté vers Sétif; là, si le maréchal Valée fût parvenu jusqu'aux Portes-de-Fer, 30 lieues à peine auraient séparé les deux colonnes françaises parties

---

(1) Voir Philippeville, page 193.

des extrémités opposées. Ainsi aurait été presque entièrement reconnue cette ligne de 100 lieues de longueur qui unit les deux principales villes de l'Algérie et traverse l'une des contrées les plus riches de l'ancienne régence.

Le mauvais temps ralentit et contraria aussi la marche de la division de Constantine; les routes, ou plutôt les sentiers étaient défoncés, les torrents gonflés par des pluies incessantes. Il fallut rentrer à Milah, où on attendit quelques jours le retour du beau temps. L'armée en repartit le 11 décembre, et put rejoindre le lendemain Djemilah (autrefois *Culcul colonia* ou *Cuiculum* tout simplement) (1), dont les ruines remarquables attestent l'antique splendeur. Le cinquième jour, elle atteignit Sétif, ancienne capitale des Mauritanies, qui n'était plus aussi qu'un amas de ruines (2). Le pays traversé était difficile, accidenté, mais, particulièrement au voisinage de la ville, fertile et bien cultivé. On était au 15 décembre, et le gouverneur général, qu'on espérait devoir s'avancer jusqu'aux limites des deux provinces, n'avait pu faire parvenir à Sétif la nouvelle des difficultés qui arrêtaient sa marche. Le retour à Constantine fut décidé.

Un demi-bataillon resté à Djemilah s'y était retranché dans les ruines. Les Kabyles tentèrent, dans la nuit du 15 au 16, une attaque fort vive, qui fut vigoureusement repoussée: ces mêmes assaillants, grossis par des renforts accourus des montagnes, vinrent attendre au passage le corps expéditionnaire, et sans réussir à l'inquiéter sérieusement, le suivirent jusqu'à Milah. De là, ils retournèrent sur leurs pas pour aller attaquer de nouveau la garnison de Djemilah, portée à un bataillon entier avec deux obusiers de montagne et quelques cavaliers. Cette garnison eut pendant six jours à se défendre contre plusieurs milliers d'ennemis dont elle était entourée: elle leur fit éprouver de grandes pertes; et, malgré l'acharnement des Kabyles, qui déployèrent dans cette action prolongée une certaine connaissance de la guerre, le bataillon ne se laissa même pas entamer.

Cependant cette troupe courageuse était exposée à des privations cruelles; la situation, déjà périlleuse, pouvait le devenir davantage. Dans cette saison, le ravitaillement fut bientôt reconnu impossible; on craignit de ne pouvoir maintenir les communications; un régiment vint porter à la garnison de Djemilah l'ordre de se rapprocher du Rummel. Averti du départ de Constantine de ces troupes nouvelles, l'ennemi s'éloigna de Djemilah et ne reparut plus. Ce point fut pour le moment abandonné.

Le bruit se répandit bientôt qu'Abd-el-Kader s'était enfin rendu maître d'Aïn-Madhy. Tedjini avait demandé une trêve de quarante

---

(1) Voir Djemilah, page 181.
(2) Voir Sétif, page 180.

jours pour mettre en lieu de sûreté sa famille et ses richesses.

Telle était au 31 décembre 1838, la situation de l'Algérie. Cet état de choses ne dura pas longtemps. Le renouvellement des hostilités sur tous les points de l'Algérie ne devait pas tarder à éclater. On reprochait à Abd-el-Kader des violations de la lettre ou de l'esprit du traité du 30 mai; les unes, les plus graves, devaient être réprimées; les autres n'étaient, à proprement parler, qu'une sorte de représailles qui auraient dû finir avec la cause qui les avait fait naître.

1839.

Les difficultés que l'interprétation du traité de la Tafna avait fait naître paraissaient devoir être aplanies par la convention supplémentaire du 4 juillet 1838; mais cette convention, signée à Alger par le représentant de l'émir, ne fut point ratifiée par ce dernier. Le gouvernement, sans prendre pourtant alors l'initiative d'une rupture, se montra plus que jamais jaloux de sa dignité dans ses rapports avec l'émir, qui du reste n'attendait plus qu'une occasion favorable pour se déclarer hautement notre ennemi. Toutes les mesures nécessaires furent prises pour déjouer toutes les surprises de l'ennemi, et surmonter avec le plus d'avantage possible toutes les difficultés qui devaient naître d'une rupture avec Abd-el-Kader.

Aïn-Madhy s'était rendu à l'émir, mais abandonné de ses habitants et de ses défenseurs. Ce succès, quoique chèrement acheté, gonflait sans doute, à cette époque, les espérances de l'émir. Les nombreux secours qu'il avait reçus de l'empereur du Maroc lui avaient seuls permis, après de longs efforts, de se rendre maître de cette place, d'où devait sortir le marabout Tedjini, rançonné et vaincu, mais le cœur plein de ressentiments qui ne devaient pas tarder à éclater, et qui ont valu à Abd-el-Kader un ennemi inquiétant et de graves embarras de plus.

Pendant presque tout le cours de l'année 1839, la province d'Alger ne fut le théâtre d'aucun événement important; si ce n'est cependant l'alliance que contractèrent nos alliés des tribus de Krachna, Beni-Moussa et Beni-Khelil, pour marcher contre les Hadjoutes, dont les exactions continuelles les fatiguaient. Cette expédition fut favorable à nos alliés; ils battirent les Hadjoutes dans une rencontre qui eut lieu dans la plaine de la Mitidja, et leur enlevèrent des troupeaux.

Dans la province de Constantine, on compléta dès le commencement de l'année le cadre des grandes autorités feudataires, par la nomination de Bou-Aziz Ben-Ganah au poste important de cheik-el-Arab. Cette dignité donna au titulaire l'autorité sur les tribus belliqueuses qui confinent au désert.

Un fait arrivé dans la province de Constantine, au commencement de cette année, vint confirmer d'une manière remarquable l'efficacité des pouvoirs indigènes, et donna la mesure de la confiance que l'on devait avoir dans la nouvelle organisation. Quelques meurtres ayant été commis sur des Français isolés, le général commandant la province ordonna au khalifa Ben-Aïssa de faire rechercher les coupables. Huit Arabes furent arrêtés par les soins de ce chef. Traduits devant un conseil de guerre indigène, composé du khalifa Ben-Aïssa, président; du khalifa de la Medjana et de Ferdjioua, du cheik-el-Arab et du caïd des Aractas, sept des accusés, après avoir présenté publiquement leurs moyens de défense, furent condamnés à la peine capitale. Ce jugement prononcé, le tribunal se rendit en corps auprès du général commandant la province, pour le prier de le sanctionner. L'on vit ainsi pour la première fois des Arabes arrêtés, jugés, condamnés et exécutés par des Arabes, leurs juges naturels, pour assassinats commis sur des chrétiens. Cet événement produisit à Constantine même une vive impression.

L'installation des autorités indigènes se poursuivait généralement avec succès; si parfois le compétiteur de notre choix éprouvait quelques difficultés à faire reconnaître un pouvoir que la multitude des prétendants et les habitudes anarchiques des Arabes rendent toujours précaire, du moins ne laissions-nous pas le champ libre à nos ennemis. Des colonnes étaient envoyées pour faciliter à nos élus leur installation dans le pays qu'ils devaient gouverner.

A la suite des troubles survenus à l'instigation des émissaires de l'ancien bey Ahmed, le cheik des Aractas, Bouagab, fut massacré (mars). Ce chef s'était déjà fait remarquer plusieurs fois par son dévouement à notre cause. Ses enfants et les notables de la tribu demandèrent justice au commandant de la province. Celui-ci, comprenant la nécessité de tirer vengeance de ce meurtre, forma immédiatement un détachement de 1,200 hommes, et y joignit 300 cavaliers indigènes commandés par le kaïd Ali et le cheik-el-Arab, qui voulut s'y trouver en personne. Le douar où Bouagab avait été assassiné fut cerné pendant la nuit. Les coupables, bientôt découverts, furent arrêtés et décapités; le cheval, les armes et les vêtements de Bouagab furent remis à ses fils. 2,500 moutons et 600 bœufs furent pris. La tribu entière fut imposée à 7,000 boudjous, qu'elle paya dans les quarante-huit heures. L'heureux effet de ce prompt châtiment se fit ressentir dans toute la province et intimida le peu de partisans qui restaient encore à Ahmed-Bey.

Dans la province d'Oran, l'absence prolongée d'Abd-el-Kader était loin de produire des résultats favorables à son autorité. De nouveaux besoins l'entraînant sans cesse à de nouvelles exactions, lui aliénaient les plus anciens et les plus dévoués amis. Les embarras se multipliaient et sa puissance s'affaiblissait en voulant s'étendre.

Un instant on a craint des désordres sur nos frontières du Rio-Salado. 22 tribus dépendant du beylik de Tlemsen ayant passé le Rio-Salado et étant venues dresser leurs tentes partie sur notre territoire, partie sur celui des Beni-Amer, le commandant de la province, après avoir protesté contre un pareil acte qui pouvait compromettre l'état de paix, fit partir un détachement de cinq escadrons, qu'il fit soutenir par un bataillon et quatre pièces de canon, pour montrer l'intention formelle de ne pas souffrir la violation du territoire, et alla s'établir lui-même à Misserghin. Cette démonstration suffit pour décider les tribus étrangères à repasser immédiatement sur la rive gauche du Rio-Salado.

Les intrigues que, depuis la conquête de Constantine, Abd-el-Kader n'avait cessé de fomenter dans la partie la plus voisine de la province, continuaient d'échouer contre le bon sens des populations et la fermeté de sid El-Mokrani, khalifa de la Medjana, investi par la France. Le gouverneur général, voyant bien que la guerre ne devait pas tarder à éclater sur tous les points, choisit le territoire de Milah et de Djemilah comme une des bases d'opération contre l'émir. Milah fut en conséquence mis complétement en état de défense, et muni d'approvisionnements et de munitions pour une armée de 3,000 hommes.

Guelma fut également fortifiée et munie d'approvisionnements considérables.

En attendant le signal des hostilités, l'occupation de Djemilah et le mouvement à diriger sur la Medjana, pour y consolider définitivement l'autorité de notre khalifa, parurent devoir être précédés ou du moins accompagnés d'une autre opération, l'occupation de Djigelly. Il importait, au moment où nous allions nous engager dans l'intérieur, de ne pas laisser sur nos flancs, entre nous et la mer, une population insoumise, qui pourrait gêner et inquiéter nos communications. D'ailleurs, la formation d'un établissement définitif à Djigelly se justifiait par la nécessité d'occuper nous-mêmes tous les points importants du littoral.

L'expédition une fois arrêtée, la ville devait être attaquée à la fois par mer et par terre.

Le 12 mai, les troupes destinées à l'attaque par mer, et composées du 1er bataillon de la légion étrangère, de 50 sapeurs du génie et de 4 pièces de canon, quittaient Philippeville et arrivaient le lendemain matin sur la plage de Djigelly, et débarquaient sans résistance. Les habitants, surpris, cherchaient un refuge chez les tribus voisines, et les excitaient à reprendre sur les Français une ville qu'eux-mêmes n'avaient pu défendre. Des travaux de fortifications furent aussitôt entrepris, et les troupes de terre et de mer la pioche dans une main et le fusil dans l'autre rivalisaient de zèle et d'intelligence.

Pendant que l'attaque par mer s'accomplissait, l'autre corps expéditionnaire, retardé dans sa marche par des chemins impraticables, ne pouvait arriver à temps pour l'attaque par terre; au même moment sa présence était réclamée par le khalifa de la Medjana, dont le territoire venait d'être envahi par une armée commandée au nom d'Abd-el-Kader par Abd-el-Salem et le frère de Ben-Ilès. La nouvelle de la prise de Djigelly étant parvenue au commandant du corps expéditionnaire, la colonne, au lieu de continuer sa marche, se dirigea immédiatement sur Djemilah. L'occupation définitive de ce point releva la confiance des tribus de la Medjana, qui, se sentant appuyées, attaquèrent les gens de l'émir, leur firent de nombreux prisonniers, et tuèrent entre autres le frère de Ben-Ilès, dont la tête fut apportée au général français par le fils du khalifa.

Dans la prévision de l'occupation prochaine de Djigelly, le gouverneur général avait ordonné au commandant supérieur du cercle de Bougie de pousser, en avant de sa position, une reconnaissance pour faire diversion et retenir auprès de lui les kabyles de la montagne. Une colonne, composée de 800 hommes environ, quitta Bougie et se dirigea sur le col de Tizi, que depuis longtemps on regardait très-important de reconnaître. L'objet principal de cette reconnaissance étant rempli, la colonne rentra dans Bougie.

Depuis l'expédition d'Aïn-Madhy, les embarras d'Abd-el-Kader semblaient s'accroître : Tedjini, disait-on, organisait des forces régulières ; il était secondé par les Beni-Mzab, anciens ennemis de l'émir, et adressait au gouverneur général des ouvertures indirectes, qui étaient accueillies avec prudence. Enfin, sur les frontières du Maroc, un autre ennemi, musulman aussi, un de ces chefs de partisans que l'humeur anarchique des Arabes suscite et brise si facilement, Mohamed-Ben-Ahmed, gênait ses communications avec le Maroc.

L'émir, prévoyant tous les embarras de la situation, cherchait à se créer des partisans en dehors du territoire dans lequel le traité de la Tafna avait voulu le confiner. Tel du moins paraît avoir été le but de l'excursion hardie qu'il entreprit à cette époque et sur laquelle se porta toute la surveillance du gouverneur général. Dès le mois de mai, Abd-el-Kader, renouvelant l'assurance de ses bonnes intentions et de son désir de conserver la paix, écrivit au gouverneur, pour lui donner avis de la visite qu'il se proposait de faire à de saints marabouts dans le territoire de Zouaoua, où il se rendrait avec quelques cavaliers, seulement comme compagnons et comme société. Fidèle en cette occasion à sa conduite habituelle, l'émir s'abritait sous le marabout. Tout à coup et sans qu'on s'y attendît, l'émir se dirigea vers les montagnes de Bougie et apparut aux environs de cette ville. Cette démarche destinée, dans sa pensée, à constater son influence sur les populations les plus voisines de nous, et son droit sur le territoire, n'eut pas tout le succès qu'il en attendait. Les Kabyles lui prouvèrent qu'ils n'étaient nullement disposés à lui faire le sacrifice de leur indépendance. D'un autre côté, la conduite à la fois prudente et ferme du commandant supérieur de Bougie lui enleva l'espoir de réaliser ses prétentions, et il dut, sur la protestation de celui-ci, faite à la tête de tout ce qu'il avait de troupes disponibles, se retirer sans pousser plus loin son prétendu pèlerinage, qui n'était, comme on l'a vu depuis, qu'une excitation sourde, mais constante, à une guerre prochaine.

Les intrigues toujours plus évidentes du khalifa d'Abd-el-Kader, Abd-el-Salem, rendaient de jour en jour plus nécessaire de fortifier la province de Constantine, pour prévenir les envahissements qui la menaçaient. Tel était le but dans lequel le général Galbois, après avoir mis en état de défense la position de Djemilah, après avoir établi la communication et assuré les approvisionnements, se portait sur Sétif pour y assurer l'autorité du cheik de la Medjana, nommé par la France. Abd-el-Salem se vit obligé de prendre la fuite à la seule approche d'une colonne de cavalerie indigène de 1,000 chevaux, commandée par le khalifa El-Mokrani, et appuyée par trois escadrons de chasseurs français et un de spahis de Constantine.

Pendant que cette colonne chassait Abd-el-Salem de la Medjana, le cheik El-Arab obtenait les mêmes succès sur Bou-Azouz, autre partisan d'Abd-el-Kader, vers le désert. Ces deux actions furent le signal d'une lutte qui devait être bientôt générale.

Après avoir appuyé le mouvement de El-Mokrani, le général Galbois poussa une reconnaissance sur Djigelly, soumit plusieurs tribus, et après avoir obtenu ces résultats, il regagna Constantine, en traversant les tribus dont les dispositions étaient hostiles à notre cause et qu'il ramena à de meilleurs sentiments.

Après son excursion du côté de Bougie, l'émir avait repris la route de Médéah. Il alla s'établir dans une position nommée *Thaza*, à quelque distance au sud de Médéah, et où il essayait depuis quelque temps de créer une ville. Quelle que fut la dissimulation apportée par lui dans ses relations avec le gouverneur général, le désir ou le besoin qu'il éprouvait d'appeler bientôt les Arabes à la guerre le trahissait dans toutes ses mesures. Il était évident pour tous, en effet, que la construction de Thaza se rattachait à un projet d'établir une ligne d'opération derrière les points occupés par la France. C'était aussi dans les mêmes vues qu'il ordonnait à Mustapha-Ben-Tamy et à Bou-Hamedi, les khalifas de Mascara et de Tlemcen, d'agglomérer des populations sur quelques points éloignés de plusieurs marches de ces deux villes qu'il pouvait être contraint d'abandonner.

A tant d'actes qui trahissaient les pensées hostiles de l'émir, se joignaient d'autres causes de méfiance bien plus directes encore. Tout, en un mot, dans les actions de l'émir semblait appeler des représailles jusque-là retardées.

L'état sanitaire de l'armée, exposée aux fatigues et à l'ardeur du climat, ne permit pas de prendre immédiatement une détermination, et pourtant il était urgent de ne pas attendre plus longtemps.

Dans le mois de septembre, on jugea le moment arrivé de reconnaître la partie de la province de Constantine, qui s'étend de la capitale au Biban, et du Biban jusqu'à l'Oued-Kaddara, en passant par le fort de Hamza. S. A. R. le duc d'Orléans vint une seconde fois en Algérie pour s'associer à cette expédition. Après avoir visité une partie du territoire soumis à notre domination, le prince se rendit à Milah, où le gouverneur général avait réuni un corps expéditionnaire composé de troupes de toutes armes. Cette armée, sous les ordres du gouverneur général, fut partagée en deux divisions; le duc d'Orléans prit le commandement de la première. On se mit en marche le 18 octobre.

La colonne arriva à Djemilah le 19 et le 21 au soir à Sétif, où le maréchal fit prendre position sous les murs de l'ancienne forteresse romaine. Le prince royal reçut partout sur son passage les hommages des chefs indigènes soumis ou nommés par la France.

Le 25 octobre, les deux divisions quittèrent le camp de Sétif et vinrent s'établir sur l'Oued-Bousela, position qui domine les routes de Bougie et de Zamourah. De là le corps expéditionnaire se porta rapidement vers Sidi-Embarek.

Après avoir traversé le territoire des Ben-Bou-Khetou et des Beni-Abbas, les deux divisions de l'armée se séparèrent. L'une, sous les ordres du lieutenant général de Galbois, devait rentrer dans la Medjana, pour continuer à occuper la province de Constantine, rallier les Turcs de Zamourah et terminer les travaux nécessaires à l'occupation définitive de Sétif. L'autre, forte de 3,000 hommes sous les ordres du gouverneur général et du prince royal, se dirigea immédiatement vers les Portes-de-Fer. Le 28, à midi, commença le passage de ces redoutables roches que les Turcs n'avaient jamais franchies sans payer des tributs considérables et où jamais n'étaient parvenues les légions romaines. Quatre heures suffirent à peine à cette opération difficile. Après avoir laissé sur les flancs de ces immenses murailles verticales, dressées par la nature à une hauteur de plus de cent pieds, cette simple inscription : ARMÉE FRANÇAISE, 1839, la colonne se dirigea vers le territoire de Beni-Mansour. Le 30 elle se porta sur Hamza. Au moment où l'avant-garde débouchait dans la vallée de Hamza, on aperçut les troupes d'Ahmed-ben-Salem établies sur une crête parallèle à celle que suivait la division. La cavalerie fut immédiatement lancée dans la vallée, mais les cavaliers de Ben-Salem ne l'attendirent pas. On trouva le fort de Hamza complètement abandonné : son occupation paraissant présenter pour le moment plus d'inconvénients que d'avantages, on y renonça, et la colonne reprit sa marche à travers la route construite par les Turcs dans la direction d'Alger. Sur le territoire des Beni-Djaad, les tribus qui habitent cet Outhan, tentèrent un instant de s'opposer à la marche du corps expéditionnaire, mais ne purent l'inquiéter sérieusement. Enfin, le 1er novembre, l'armée passa l'Oued-Kaddara, se mit en communication avec une partie des troupes de la division d'Alger, réunies sur ce point, et vint s'établir sous les canons du camp du Fondouk. Le lendemain les troupes faisaient leur entrée dans Alger. Des fêtes où s'unirent dans un sentiment unanime l'armée et la population de la colonie, scellèrent le pacifique triomphe que venaient de remporter nos armes, et le prince royal, en faisant ses adieux aux braves soldats dont il avait partagé les fatigues, leur promit de ne jamais séparer sa pensée de leur drapeau et de revenir avec empressement au milieu d'eux, si de nouveaux événements l'exigeaient.

Cette promesse devait être bientôt remplie.

Le passage des Bibans fut le signal des hostilités. Abd-el-Kader appelait ouvertement le peuple arabe à la guerre sainte, défendait sous les peines les plus sévères aux tribus soumises à sa domination de commercer avec nous, faisait désarmer les Koulouglis dont la fidélité lui était devenue suspecte, et les dispersait dans ses nouveaux établissements; il faisait transporter aussi dans l'intérieur les populations sur le dévouement desquelles il ne pouvait compter.

C'est dans la province d'Alger qu'eut lieu le premier engagement. Les Hadjoutes passèrent la Chiffa dans les premiers jours d'octobre pour exercer des razias contre la tribu des Beni-Khelil notre alliée. Le commandant du camp français de l'Oued-el-Aleg, sous les yeux duquel se commettaient ces déprédations, n'en put rester impassible témoin. Il chargea vigoureusement les Hadjoutes et les mit en fuite. Ce premier engagement eut lieu le 10 octobre. Un mois après, jour pour jour, ces troupes eurent une seconde affaire avec les Hadjoutes, mais cette fois ce fut un véritable combat. Les gens de la tribu de Bernou, voulant ressaisir les troupeaux devenus la proie des Hadjoutes, étaient tombés dans une embuscade. Le commandant du camp de l'Oued-el-Aleg accourut à leur secours; mais des forces supérieures l'enveloppaient : il tomba lui-même mortellement frappé. Exaspérées de cette perte, nos troupes se précipitent sur l'ennemi, le forcent de repasser la Chiffa et le poursuivent à plus d'un mille au delà de cette rivière.

Les jours suivants furent encore signalés par des attaques et des hostilités partielles. Le 20 novembre, les beys de Milianah et de Médéah avaient passé la Chiffa à la tête de 2 à 3,000 hommes, et s'étaient répandus dans la plaine, guidés à travers nos postes par les Hadjoutes. Le même jour un faible convoi de 30 hommes, parti de Bouffarick pour le camp de l'Oued-el-Aleg, était cerné et massacré par plus de 1,000 Arabes. Enfin le 21, un détachement de 50 hommes était parti du camp de l'Oued-el-Aleg pour Blidah : inquiet sur le sort de ce détachement, qui fut presque immédiatement assailli par des hordes nombreuses d'Arabes, le commandant du camp veut le secourir; mais, coupé par l'ennemi, pressé de toutes parts par une multitude acharnée, il fait former en carré sa petite troupe composée de deux compagnies du 24e de ligne et d'un peloton du 1er chasseur d'Afrique, et commença sa retraite avec un sang-froid et une intrépidité dignes peut-être d'un plus grand théâtre et d'un autre ennemi. Cette retraite dura une heure et demie. Quelques hommes et quelques canonniers, qui étaient restés au camp, protégèrent habilement la rentrée de nos braves soldats.

C'est ainsi qu'Abd-el-Kader déchirait le voile dont il avait couvert jusqu'alors sa véritable pensée et ses secrets desseins; aucune déclaration n'avait précédé la reprise des hostilités, et ce ne fut que par une lettre adressée postérieurement au gouverneur général, qu'il lui annonça le projet arrêté, disait-il, par tous les Musulmans, de recommencer la guerre sainte. Le courage avec lequel nos soldats surpris en supportèrent le premier choc trouva de dignes imitateurs dans les colons, néanmoins la plupart d'entre eux se virent forcés d'abandonner la plaine et de chercher un refuge dans Alger. Les coureurs de l'ennemi pénétrèrent même jusque sur quelques points du massif d'Alger et exercèrent les plus grands ravages.

Une colonne mobile de 400 chevaux, de deux pièces d'artillerie et de 1,500 baïonnettes, se formait à Bouffarik et se préparait à manœuvrer contre les Arabes entre Blidah, Koléah et Bouffarik. Sur la ligne de la Chiffa, la concentration des troupes allait s'opérer. Le camp de l'Oued-el-Aleg et les blokhaus qui l'entourent étaient évacués, ainsi que le camp inférieur de Blidah et les redoutes situées du côté de Bouffarik.

Dans l'est de la plaine de la Mitidja, un mouvement analogue de concentration s'opérait. Le camp de l'Arrach, dont l'approvisionnement pouvait paraître difficile et dangereux, était évacué.

Dès que la première nouvelle de l'agression des Arabes et des malheurs qui en avaient été la suite parvint en France, toutes les mesures nécessaires furent prises pour mettre le gouverneur général en état de reprendre bientôt l'offensive. Des ordres, rapidement expédiés, prescrivirent et hâtèrent la mise en marche et l'embarquement pour l'Algérie d'un nombre de troupes considérable.

Dans les premiers jours de décembre, une colonne formée du 62e de ligne et d'un escadron du 1er de chasseurs, avait rencontré entre le camp de l'Arba et le cours de l'Arrach, un parti de 1,000 à 1,200 chevaux hadjoutes. Nos troupes chargèrent l'ennemi avec une grande ardeur et le culbutèrent après lui avoir fait éprouver des pertes assez considérables. Le 11, il y eut encore un petit engagement entre les Hadjoutes et la garnison du camp de Kara-Mustapha.

Le 14, un convoi parti de Bouffarik pour Blidah est attaqué au delà de Méred par plusieurs bataillons des réguliers de l'émir auxquels s'étaient joints un grand nombre de troupes irrégulières. Une charge du 1er régiment de chasseurs d'Afrique suffit pour culbuter ces troupes indisciplinées dans un ravin, leur faire perdre beaucoup de monde et permettre au convoi de rentrer à Blidah comme s'il n'avait pas été inquiété dans sa marche. Le lendemain matin les Arabes s'étaient établis en avant du camp de Blidah, mais ils ne tardèrent pas à en être délogés.

La province d'Oran devait, à son tour, être agitée par la guerre. Dans les derniers jours du mois d'octobre, une colonne était partie pour aller relever la garnison de Mostaganem. Les habitants de Mazagran craignant à cette époque les razias de l'émir, demandèrent du secours; et c'est alors qu'ils reçurent une garnison qui allait ajouter à notre histoire militaire une de ses plus belles pages. Toutefois, avant la résistance de février 1840, une attaque sérieuse avait déjà donné lieu à une défense, digne prélude de celle qui devait suivre.

Le 15 décembre, les crêtes des mamelons entre Mostaganem et Mazagran se couronnèrent d'Arabes, au nombre de plus de 3,000.

1,800 hommes environ s'étant détachés, commencèrent le feu sur le poste de Mazagran : le sang-froid et l'intrépidité des troupes continrent l'ennemi et lui firent éprouver des pertes considérables. Pendant ce temps le commandant supérieur de Mostaganem était accouru pour les dégager. La milice indigène et les troupes sous ses ordres se conduisirent avec une grande bravoure, et le khalifa d'Abd-el-Kader, Hadj-Mustapha-ben-Thami, qui commandait l'attaque, se retira après avoir perdu beaucoup de monde.

Mais un succès plus important allait être remporté, le 21 décembre, dans la province d'Alger, entre le camp supérieur de Blidah et la Chiffa. Toutes les forces des khalifas de Médéah et de Milianah étaient réunies. L'infanterie régulière de l'émir, soutenue par une cavalerie nombreuse, occupait le ravin de l'Oued-el-Kebir. Le 2e léger, le 23e de ligne, le 1er de chasseurs se précipitent sur elle, gravissent sans tirer un seul coup de fusil la berge opposée du ravin, et atteignent les Arabes qui, effrayés de leur élan, tournèrent le dos au premier choc; toute la ligne de nos troupes les suit la baïonnette dans les reins. La déroute de l'ennemi est complète. Il laisse en notre pouvoir trois drapeaux, une pièce de canon, les caisses des tambours des bataillons réguliers, quatre cents fusils et près de cinq cents cadavres.

Pendant que ces événements se passaient dans la province d'Alger, la province de Constantine continuait à jouir de la plus grande tranquillité, malgré les efforts tentés par Abd-el-Kader pour la troubler.

Abd-el-Kader paraît avoir été plus heureux avec le Maroc, qui est le principal marché où il se procure des munitions de guerre. Il a trouvé un appui, d'une part, dans l'esprit religieux des populations fanatiques de cet empire, que souvent Muley Abd-el-Rahman est lui-même impuissant à contenir; de l'autre, dans la contrebande des côtes qu'il est difficile d'empêcher malgré la surveillance la plus active.

Dans la prévision des revers qui le menacent, aux villes que nous lui avions laissées : Médéah, Milianah, Mascara, Tlemcen, Abd-el-Kader ajouta des établissements nouveaux. Boghar, Thaza, Saïda, Tafraoua, Tagdempt, forment une seconde ligne intérieure le long de laquelle il a concentré ses ressources.

Telle était au 31 décembre 1839 la situation de la colonie.

1840.

La situation que la rupture de l'état de paix faisait à notre domination força le gouvernement à prescrire les mesures nécessaires pour pousser la guerre avec vigueur dès que la saison le permettrait.

Dans la province d'Alger, l'attitude de l'ennemi était menaçante. Tout le territoire était envahi par les Arabes, qui se glissaient même jusqu'au voisinage d'Alger. Nos troupes, en attendant des renforts, ne pouvaient prendre l'offensive; il y avait bien de temps en temps quelques engagements, mais ces rencontres n'étaient pas et ne pouvaient être décisives.

Dans la province d'Oran, les forces que montrait l'ennemi étaient assez considérables pour que de nouvelles troupes dussent être dirigées de ce côté, non pour prendre immédiatement l'offensive, mais pour résister avec succès, dans les positions que nous occupions, à une agression qui, en aucun temps, n'avait été plus vive et plus menaçante.

Dans la province de Constantine, les agents de l'émir avaient pénétré partout, et nos khalifas ne pouvaient, sans assistance, leur disputer le commandement.

C'était donc partout la guerre.

Un tel état de choses détermina le gouverneur général à soumettre au gouvernement un plan de campagne qui obtint une approbation à peu près entière. Le ministre de la guerre pensait qu'on devait faire à l'émir une guerre patiente et opiniâtre, et qu'il était désormais impossible de traiter avec lui.

Dès le mois de janvier, les hostilités commençaient partout. Elles furent d'abord insignifiantes. La plus importante affaire des premiers mois fut celle du 2 février, à Mazagran. Un des lieutenants d'Abd-el-Kader, Mustapha-Ben-Tami, attaqua ce petit poste qui n'était occupé que par 123 hommes de la 10ᵉ compagnie du 1ᵉʳ bataillon d'infanterie légère d'Afrique. Mustapha avait sous ses ordres 10 à 12,000 hommes, dont 4,000 fantassins. Pendant quatre jours entiers, ces forces imposantes enveloppèrent le réduit de Mazagran et le séparèrent entièrement de Mostaganem; la garnison de cette dernière place fit plusieurs sorties qui ne pouvaient produire qu'une diversion momentanée. Le fanatisme des assiégeants, excité par les plus violentes prédications, l'avait été encore, dans cette circonstance extraordinaire, par des promesses de récompense auxquelles les Arabes ne sont jamais insensibles; tout se réunissait donc pour rendre plus critique la position de la garnison de Mazagran. Un premier assaut est repoussé par elle avec une froide intrépidité; un deuxième assaut, tenté le 6 au matin par 2,000 Arabes, n'est pas plus heureux. L'ennemi se retire emportant 5 à 600 tués ou blessés; Mazagran n'a eu que 3 hommes tués et 16 blessés.

Dans la journée du 26 au 27 décembre 1839, des pirates, sortis de Cherchell, s'étant emparés d'un bâtiment de commerce français (1), l'occupation de ce port fut résolue. Le gouverneur général réunit à cet effet à Blidah et à Koleah un corps expéditionnaire, qui se mit en marche le 12 mars. Le 16, on prenait possession de Cherchell, pour ainsi dire, sans coup férir; la ville avait été abandonnée de ses habitants.

---

(1) Voir page 150.

Un événement d'une haute gravité vint révéler dans la province de Constantine les progrès de notre domination. Ainsi que nous l'avons dit déjà, les fonctions de cheik-el-Arab avaient été conférées, en janvier 1839, à Bou-Aziz-Ben-Ganah. Depuis le commencement de la guerre, Abd-el-Kader cherchait à soulever, contre l'autorité de la France, des tribus qui habitent à l'entrée du désert, dans le Djérid; il avait envoyé, dans la direction de Biskara, son khalifa Bou-Azouz, avec un bataillon de réguliers, 800 cavaliers irréguliers et deux pièces de canon. Ben-Ganah, à la nouvelle de l'approche du lieutenant de l'émir, court à sa rencontre; le 24 mars, il le joint et l'attaque avec un tel élan, que 450 réguliers de Bou-Azouz et 60 cavaliers restent sur la place; les deux pièces de canon, trois drapeaux, deux tambours, dix tentes, ainsi que tous les chameaux et mulets tombent au pouvoir de Ben-Ganah. Ainsi, pour la première fois, un chef arabe, institué par nous, marchait seul contre nos ennemis à plus de 80 lieues du siége de notre puissance dans la province.

La prise de possession définitive de Médéah et de Milianah étant résolue, l'armée, forte de 9,000 hommes, se met en marche le 25 avril pour l'effectuer. La colonne d'avant-garde était commandée par S. A. R. monseigneur le duc d'Orléans, arrivé à Alger pour prendre part à cette expédition, avec son frère le duc d'Aumale. Les chefs, revêtus par l'émir du titre de beys des deux villes de Médéah et de Milianah, étaient à la tête des troupes qu'Abd-el-Kader nous opposait, et ce devait être pour eux un notable échec que de ne pouvoir empêcher l'occupation par les Français des deux seules villes qui leur restaient dans les provinces d'Alger et de Titteri. L'ennemi, plusieurs fois aperçu et abordé, parvint toujours à se dérober à notre poursuite; néanmoins, dans la journée du 27, il éprouva des pertes assez considérables, car notre infanterie arrivant au pas de course en même temps que la cavalerie sur les hauteurs de l'Afroun, le culbuta dans la vallée du Bou-Roumi. Le 29, le 17e léger et quelques escadrons le délogèrent d'une forte position dans la gorge de l'Oued-Djer. Mais pendant que le général en chef s'étudiait à atteindre l'ennemi et à rechercher les plus faciles chemins pour passer les montagnes qui séparent la Mitidja de la vallée du Chélif, les Arabes attaquaient Cherchell avec des forces supérieures. Dès le 30, le maréchal Valée avait prescrit un mouvement rétrograde; il atteignit la Chiffa le lendemain; prit position le 2 mai à la ferme de Mouzaïa, et y séjourna jusqu'au 7. Le 9, après une vive action engagée la veille avec les Arabes, qui occupaient les hauteurs de l'Oued el-Hachem, il était retourné à Cherchell, d'où les Arabes venaient de s'éloigner, fatigués de six jours d'inutiles tentatives pour surprendre ou forcer la garnison.

Le corps expéditionnaire, renforcé de 3 bataillons appelés d'Oran, se remettait, le 19, en marche sur Médéah, suivant, pour franchir les montagnes, la seule route pratiquée jusqu'alors. L'ennemi cherchait à inquiéter notre marche, et l'on avait à se défendre de ses attaques en tête et en queue.

Le 12 mai eut lieu le passage du col de Mouzaïa. Ce col se trouve à peu de distance d'un piton élevé qui domine au loin la position. L'occupation de ce piton ayant été reconnue indispensable, monseigneur le duc d'Orléans fut chargé de l'enlever avec sa division. Trois bataillons de la 2e division furent également placés sous les ordres de S. A. R.; le reste de cette division et le 17e léger formèrent une réserve prête à appuyer au besoin les mouvements du prince royal.

Le 12 mai, à quatre heures du matin, le duc d'Orléans commença son mouvement. De tous les points de l'horizon, les bataillons réguliers et de nombreux détachements de Kabyles arrivaient dans les retranchements construits par l'ordre de l'émir; tout annonçait une résistance formidable et désespérée derrière une position rendue presque imprenable par la nature et par l'art. La première colonne fut aussitôt accueillie par une vive fusillade, qui la prenait de front et en flanc. Les Kabyles étaient embusqués derrière des rochers presque à pic ou cachés dans des ravins infranchissables, et ils avaient construit trois retranchements successifs dont les parapets étaient garnis par de nombreux défenseurs. La colonne marcha sur la crête à gauche du piton, sans s'inquiéter de ces retranchements, qui furent débordés et enlevés par les flanqueurs. Elle continua ensuite son mouvement, et elle essuya à demi-portée le feu de trois autres retranchements se dominant entre eux. Deux bataillons et des masses de Kabyles défendaient cette position. Ils dirigèrent un feu extrêmement meurtrier sur nos soldats, qui se précipitèrent sur les retranchements : les redoutes furent enlevées, et les Arabes, malgré une résistance énergique, furent culbutés dans les ravins. Pendant ce temps de très-vifs engagements avaient lieu à l'arrière-garde; mais là encore nos troupes repoussaient l'ennemi avec la plus grande vigueur. A sept heures, nous étions maîtres de toutes les positions. Les quatre jours suivants furent employés à fortifier le col, à rendre praticable la route qui devait conduire l'armée à Médéah.

Cette action, si glorieuse pour nos armes, fut achetée très-cher. Nous eûmes beaucoup de tués et 450 blessés environ qui furent dirigés sur le camp de Mouzaïa, où se trouvaient déjà un bataillon avec 77 blessés, que l'on avait ramenés la veille de Cherchell. Au nombre des blessés du col, il y avait les deux aides de camp du roi, MM. Marbot et de Rumigny, tous les deux généraux de division, ainsi que plusieurs officiers supérieurs. Tous ces blessés eurent beaucoup à souffrir pendant le séjour qu'ils firent dans ce retranchement. En effet, d'un côté, les Arabes cernaient la position et interceptaient très-souvent le cours de l'eau qui servait à approvisionner le camp; et de l'autre, le personnel de santé, sous les ordres de M. Ceccaldi, était insuffisant, ainsi que le matériel de l'ambulance. Le service médical, personnel et matériel avait été calculé pour cinquante malades, et entre blessés et fiévreux, le chiffre s'éleva jusqu'à près de neuf cents.

L'ennemi resta constamment en vue; il fallut, le 16, le chasser du bois des Oliviers, où il s'était établi sur la pente sud. On le vit encore, le 17, prendre position à petite distance de Médéah, dont il ne disputa pourtant pas l'entrée, et que nous trouvâmes complétement évacué. Une garnison de 2,400 hommes fut laissée dans cette ville, d'où le corps expéditionnaire partit le 20. Chassés de la position qu'ils avaient voulu occuper le 17, les Arabes s'étaient portés sur la route de Milianah, prévoyant que l'armée française continuerait ses opérations de ce côté; mais la possibilité d'un retour vers la base des opérations ne leur avait également pas échappé, car on les retrouva au bois des Oliviers, où ils attaquèrent avec fureur l'arrière-garde, à laquelle il fut un moment nécessaire d'envoyer des secours. Le 21, le corps expéditionnaire avait regagné la ferme de Mouzaïa.

Malgré notre démonstration faite vers l'est de la province d'Alger, avant l'entrée en campagne, les troupes de Ben-Salem avaient dans la nuit du 27 au 28 traversé l'Arach, et, au point du jour, quelques-uns de ses cavaliers s'étaient présentés aux environs de Birkadem. Les Arabes, vivement repoussés de tout le Sahel, se dirigèrent sur la Maison-Carrée, pour attaquer les Aribs, nos alliés; mais là encore ils furent forcés de se retirer.

Pour compléter les opérations projetées pendant la campagne du printemps, il restait, après la prise de Médéah, à occuper Milianah, située plus avant à l'ouest dans l'ancienne province de Titteri, et dont la possession devait plus tard faciliter les opérations dans la vallée du Chélif. M. le duc d'Orléans et M. le duc d'Aumale, qui avaient si noblement partagé les fatigues et les périls de l'armée, ne purent prendre part à cette seconde expédition.

Pendant les préparatifs de l'expédition de Milianah, Abd-el-Kader combinait de nouveaux moyens de défense. Ben-Salem, khalifa du Sébaou, dut rester dans l'est d'Alger; El-Berkani, khalifa de Médéah, fut chargé de surveiller la population émigrée de cette ville, et de l'empêcher d'y rentrer. Sidi-Mohamed, bey de Milianah, campa entre cette ville et le Chélif, avec ordre de suivre tous nos mouvements; enfin Mustapha-Ben-Tami, khalifa de Mascara, occupa le pont du Chélif. Tous ces lieutenants de l'émir, ayant chacun, indépendamment d'autres troupes, un bataillon régulier, reçurent pour mission d'empêcher le ravitaillement de Médéah et l'occupation de Milianah.

Dans les premiers jours de juin 10,000 hommes étaient réunis à Blidah. Le 5 juin, la colonne se mit en mouvement, et cette fois elle se dirigea par le territoire des Beni-Ménad, sur le col de Gontas, qu'elle franchit le 7. Le 8, on était en vue de Milianah, d'où s'élevait un nuage de fumée, signe de l'incendie allumé par l'ennemi, mais qui ne fit heureusement que peu de ravages. Toute la cavalerie de l'émir paraissait réunie dans la plaine; elle se retira aux premiers coups de canon, et Milianah fut occupée le soir même. Au bout de trois jours la ville fut mise en état de défense; on y installa une garnison de deux bataillons. Le 12, le corps expéditionnaire commença son mouvement en arrière. Les Arabes, ayant pour auxiliaires les Kabiles de la contrée, ne cessèrent de la suivre et de l'inquiéter dans sa marche. Le 15, on marcha sur le col de Mouzaïa. Les attaques de l'ennemi et principalement des bataillons réguliers d'Abd-el-Kader furent très-vives et l'engagement assez meurtrier. On se battit de part et d'autre avec acharnement; mais l'impétuosité de nos troupes et une artillerie bien dirigée jetèrent à la fin le désordre dans les rangs arabes.

Après avoir ravitaillé les places de Médéah (le 20 juin) et celle de Milianah (le 23 juin), l'armée entra dans ses cantonnements; le 5 juillet la campagne était terminée.

A peine de retour à Alger, le gouverneur général commença les préparatifs pour la campagne d'automne. Au milieu du mois d'août, il avait arrêté et fait approuver des dispositions qui devaient permettre d'employer, l'année suivante, les forces françaises dans toute la longueur de la vallée du Chélif.

Quelques événements d'une certaine importance précédèrent les opérations de cette campagne.

Médéah avait été très-vivement attaquée, dans la nuit du 2 au 3 juillet, par Abd-el-Kader et El-Barkani, que la garnison mit en complète déroute.

Milianah, souvent attaquée aussi jusqu'au 1er août, s'était vaillamment défendue, malgré la maladie qui régnait dans ses murs.

La cavalerie de l'émir s'était montrée de nouveau dans la plaine de la Mitidja à la fin du mois de juillet.

Cherchell avait eu à repousser, les 15 et 16 août, les entreprises d'El-Berkani.

Le camp de Kara-Mustapha, momentanément évacué par mesure de sûreté, avait été le théâtre d'un engagement avec Ben-Salem, dont les troupes furent sabrées et dispersées le 19 septembre.

Le corps destiné à opérer dans la province de Titteri s'ébranla le 26 octobre, et se dirigea sur Médéah, qu'elle atteignit le 29, après une seule rencontre avec les Arabes, au bois des Oliviers. Cet engagement fut sans importance, le terrain et les passages n'étaient point sérieusement disputés.

Toute la campagne fut employée au ravitaillement des différentes places dans lesquelles on avait laissé une garnison. Cette opération s'accomplit sans incident qui mérite d'être remarqué.

Dans la province d'Oran, le général Lamoricière infligea un châtiment rigoureux aux tribus rebelles qui, par leur éloignement de nos ports, se croyaient en sûreté.

La punition des rebelles n'était pas poursuivie avec moins de rigueur dans la province de Constantine.

Le kaïd Messaoud-des-Righa, après avoir reconnu l'autorité française, avait passé à l'ennemi. Les indigènes, rangés sous notre drapeau, ont eux-mêmes puni cette infidélité. Le chef parjure a été complètement ruiné par une razia dirigée contre lui; il n'a pu sauver que sa personne.

Le chef des Béni-Salah de la Montagne avait fait assassiner un de nos officiers, le capitaine Saget. Un tel crime, que la trahison avait préparé, ne pouvait rester impuni. Le commandant de la subdivision de Bône a dirigé, le 22 décembre, une colonne sur le territoire de la tribu coupable. La vengeance a été éclatante. La fortune du principal auteur de l'assassinat a été détruite, l'un des complices tué, d'autres pris et mis en jugement. Un butin considérable a profité aux indigènes qui ont concouru à cet acte d'énergique répression. La tribu châtiée a demandé grâce.

La situation de la province était satisfaisante. Les différents chefs du pays offraient leurs services contre l'émir. La ville d'Aïn-Madhi était retournée en la possession du marabout Tedjini ; Biskara demandait que le Cheik-el-Arab allât, en notre nom, commander dans ses murs. Le chef de Tuggurth envoyait des assurances amicales.

1841.

Une ordonnance royale du 29 décembre 1840 appelait le général Bugeaud aux fonctions de gouverneur général de l'Algérie, en remplacement de M. le maréchal comte Valée. M. le général Bugeaud reçut du gouvernement la mission de poursuivre la destruction de la puissance de l'émir. Dans ce but l'occupation de Mascara avec une force agissante était considérée comme essentielle. Quelques postes peu importants devaient être évacués, afin de concentrer nos forces. Mostaganem fut appelée à devenir la base des opérations dans la province d'Oran.

Le ministre, sans attendre les demandes du nouveau gouverneur, avait pris les mesures nécessaires pour que l'effectif de l'armée fût porté, à l'ouverture de la campagne du printemps, à 73,500 hommes et 13,500 chevaux. Cet effectif devait être encore augmenté pour la campagne d'automne de cinq bataillons.

Dès son arrivée, M. le général Bugeaud, conformément au plan qui avait été arrêté, s'empressa de donner les ordres nécessaires pour l'évacuation, dans la province d'Alger, de tous les postes qui n'étaient pas d'une importance telle, que leur abandon pût produire un fâcheux effet moral.

L'année s'ouvrit sous de favorables auspices.

Dans la province d'Oran une colonne de 4,000 hommes part de cette ville, dans la nuit du 12 au 13 janvier, sous les ordres du commandant de la place et marchant à la rencontre du khalifa d'Abd-el-Kader, Ben-Tamy, elle le contraint à la retraite.

Dans la province de Constantine, la garnison de Djigelly fait payer chèrement aux Kabyles une tentative qu'ils avaient faite contre elle, le 3 février, avec autant de perfidie que d'audace.

Dans la province d'Alger, le ravitaillement de Médéah et de Milianah, dans le mois de mai, fournit à nos troupes l'occasion de châtier quelques tribus et notamment celle de Soumata.

Une fois le ravitaillement de ces deux localités opéré, le général Bugeaud confia au général Baraguay-d'Hilliers le commandement de la division qui devait agir dans le bas Chélif, pendant que lui-même dirigerait l'expédition qui allait se faire dans la province d'Oran.

C'est à cette époque que s'accomplit dans la province d'Alger un événement remarquable. Un échange de prisonniers français et arabes eut lieu, le 19 mai, avec des circonstances propres à en consacrer le souvenir.

Abd-el-Kader, instruit de nos projets, fortifiait considérablement les places de Thaza, Tlemcen et Tagdempt; mais le moment approchait où il allait perdre en peu de jours le fruit des efforts qu'il avait consacrés à leur établissement ou à leur reconstruction.

Une colonne partie de Mostaganem le 18 mai, et commandée par le général Bugeaud en personne, arriva après plusieurs combats d'arrière-garde et de flanc devant Tagdempt; le 25 mai elle en prit possession pendant un combat très-vif entre les zouaves et la cavalerie ennemie qui occupait les hauteurs voisines.

La ville et le fort étaient évacués par les habitants. Quelques maisons, construites en chaume, brûlaient incendiées par les Arabes eux-mêmes; celles en maçonnerie, recouvertes en tuiles, étaient intactes, ainsi que la fabrique d'armes, une scierie et des magasins. L'armée travailla immédiatement à faire sauter le fort. Abd-el-Kader vit le lendemain, des hauteurs où il avait pris position, s'écrouler la citadelle où il avait placé son principal dépôt d'armes et de munitions en tout genre.

La colonne prit aussitôt après la route de Mascara, et pendant toute sa marche elle fut suivie par deux gros corps de cavalerie commandés par Abd-el-Kader lui-même. On fit de vains efforts pour engager un combat sérieux avec l'ennemi.

Le 30, Abd-el-Kader parut sur les hauteurs qui environnent Mascara; il avait été renforcé pendant la nuit par 4,000 chevaux que lui amenait Bou-Hamedi, son khalifa de Tlemcen; mais il évita encore le combat. L'armée prit possession de Mascara; une forte garnison y fut laissée.

A son retour, la colonne expéditionnaire fut attaquée par 5 à 6,000 Arabes au défilé d'Akhet-Khedda. Dans ce combat les pertes furent sensibles des deux côtés.

Le corps expéditionnaire de M. le général Bugeaud se composait de 8,000 hommes de toutes armes. LL. AA. RR. le duc de Nemours et le duc d'Aumale en faisaient partie; le premier commandait la gauche et une portion du centre, le second était à la tête de deux bataillons.

Le duc de Nemours ne termina pas la campagne, il retourna à Paris aussitôt après la prise de Mascara.

Pendant que le général Bugeaud détruisait Tagdempt, prenait Mascara, s'y établissait fortement et revenait à Mostaganem, M. le général Baraguay-d'Hilliers remplissait habilement la tâche qui lui avait été confiée sur le bas Chélif.

La colonne expéditionnaire partie de Blidah s'avança entre la seconde chaîne du petit Atlas et celle du grand Atlas, jusqu'au bord du désert. Sur sa route elle compléta la destruction de Boghar (23 mai) qui avait été commencée la veille par les Arabes, au seul signal de l'approche d'une armée française. Le lendemain la colonne se mit en marche vers le sud. Après avoir parcouru la lisière du désert d'Angad, elle arrive à Thaza, espèce de château fort où l'émir renfermait les prisonniers français. L'incendie de Thaza avait précédé l'arrivée de nos troupes. La pioche et la mine rasèrent le fort de fond en comble. La colonne repassa ensuite dans la plaine du Chélif, châtia la tribu hostile des Ouled-Omrah, et rentra dans ses cantonnements après avoir touché à Médéah et à Milianah.

Dans la province de Constantine Abd-el-Kader avait conservé, du côté de Msilah, à 28 lieues environ S.-O. de Sétif, un reste d'influence. C'est de ce point où il avait établi en dernier lieu son khalifa Hadj-Mohamed qu'il expédiait ses auxiliaires dans la province pour prêcher la guerre sainte et se faire des partisans. Avec les forces qu'il entretenait près de lui, Hadj-Mohamed avait réussi à jeter une telle crainte parmi les populations de la Medjana qu'elles avaient toutes déserté cette plaine et s'étaient retirées dans les montagnes. Il fallait faire enfin cesser cet état de choses.

En conséquence, le lieutenant général Négrier, commandant supérieur de la province, quitta Constantine le 29 mai et se rendit à Msilah à la tête d'une forte colonne. Il fit reconnaître l'autorité de notre khalifa, El-Mokrani, par un grand nombre de tribus, et prit en même temps des dispositions pour empêcher le khalifa d'Abd-el-Kader de venir établir de nouveau dans cette partie le centre de ses intrigues.

Nos affaires ne prenaient pas une tournure moins favorable dans le sud de la province : vers le désert, le cheik El-Arab, ben-Ganah, remportait à la même époque des avantages signalés sur son compétiteur, Farhat-ben-Saïd, l'allié d'Abd-el-Kader. L'émir recevait donc à la fois sur tous les points des coups également sensibles.

La campagne du printemps était terminée ; des combats heureux, l'invasion de pays qui nous étaient inconnus, la destruction de Tagdempt, de Boghar, de Thaza, enfin la prise et l'occupation de Mascara, tels avaient été ses importants résultats.

A la nouvelle de nos succès, les tribus jusqu'alors demeurées les plus fidèles à la cause de l'émir Abd-el-Kader, commencèrent à s'en détacher, et une partie notable de la nombreuse et puissante tribu du Medjehers annonça hautement l'intention de se soumettre à notre autorité.

La campagne d'automne, qui approchait, allait donner encore à toutes ces soumissions un caractère plus prononcé et plus général.

Le gouverneur général était arrivé à Mostaganem le 19 septembre pour diriger cette campagne. Le général Lamoricière, commandant la province, l'y avait précédé avec sa division.

Dès le 21, une colonne, sous les ordres du général Bugeaud, sort de Mostaganem et se dirige vers le Chélif. Cette colonne devait d'abord appuyer le bey de Mostaganem et de Mascara, auquel plusieurs tribus avaient promis de se trouver sur les bords de la Mina pour faire leur soumission. Mais ces tribus, retenues par la présence d'Abd-el-Kader, ne se présentèrent point. Le gouverneur général se décida alors à poursuivre plusieurs de celles qui s'étaient retirées dans les montagnes de Sidi-Yahia, où les Turcs n'avaient jamais osé s'engager. On enleva à l'ennemi 2,000 têtes de bétail et 319 prisonniers; après ce coup de main, la colonne rentra à Mostaganem.

Pendant ce temps-là, une autre colonne, commandée par le général Lamoricière, opérait de nouveau le ravitaillement de Mascara, après un combat vif et meurtrier avec les troupes d'Abd-el-Kader; se portait ensuite dans le sud de Mascara et détruisait le village de la Guetna, berceau de la famille de l'émir. Le fort de Saïda fut également renversé.

Dans le cours de cette expédition, la tribu des Medjehers avait constamment combattu avec nous. Des cavaliers alliés du sud, représentants de six tribus qui avaient fait alliance avec nous, étaient aussi accourus sous notre drapeau.

Le général Lamoricière reçut l'ordre d'établir son quartier général au centre du pays ennemi, à Mascara. Cette attitude, après une campagne qui avait duré cinquante-trois jours, prouva aux Arabes notre résolution d'abattre définitivement la puissance de l'émir et les disposa à se soumettre. Aussi les Douairs, qui avaient fui l'année précédente à l'approche de notre armée, songèrent-ils à se rattacher à la fortune de nos armes; une colonne légère fut chargée de favoriser leur retour.

Dans la province de Titteri, les opérations avaient commencé un peu plus tard que dans celle d'Oran. Le principal but de ces opérations était encore le ravitaillement de Médéah et de Milianah. Cette double opération, conduite par le général Baraguay-d'Hilliers, donna lieu à plusieurs engagements assez sérieux avec l'ennemi, qui perdit beaucoup de monde.

Un compétiteur d'Abd-el-Kader, Sidi-Mohamed-ben-Abdallah-Ould-Sidi-Cheik, s'était présenté et avait aussitôt manifesté des dispositions favorables à notre cause; une colonne partit de Mostaganem le 20 décembre pour l'appuyer. Le chef français M. le colonel Tempoure, et le général Mustapha-ben-Ismaïl, qui faisait partie de cette expédition, reçurent dans leur camp des députations de diverses tribus. Le frère de Sidi-Cheik, marabout vénéré du désert, s'y rendit lui-même, accompagné d'une vingtaine de ses cavaliers. Enfin, une députation vint annoncer l'arrivée de Mohamed-ben-Abdallah, qui désirait vivement une entrevue avec Mustapha-ben-Ismaïl et le chef français.

Cette entrevue solennelle eut lieu sur le sommet d'une montagne, d'où l'on apercevait Tlemcen. Mohamed-ben-Abdallah était accompagné de 250 cavaliers et d'un grand nombre de chefs de tribus parmi lesquels on remarquait ceux des Ouled-Riah, Ouled-Mclouk, Mediouna, Laghouat, Oulhassa, etc.

Une autre colonne, partie de Mostaganem sous les ordres du général Bedeau pour appuyer les mouvements qui avaient lieu au sud-ouest de la province, avait obtenu sur le haut Habra des résultats non moins remarquables. L'importante tribu des Bordjia s'était soumise à ce général et avait amené des troupeaux qui n'étaient pas évalués à moins de 200,000 têtes.

Ces événements, qui se succédaient rapidement, faisaient présager des succès plus décisifs encore.

Telle était la situation au 31 décembre 1841.

1842.

Au commencement de 1842, les provinces d'Alger et de Titteri étaient tranquilles; celle d'Oran était dans une situation satisfaisante; la paix était établie dans celle de Constantine, et un assez grand nombre de tribus, situées à l'ouest de la route de Philippeville, avaient fait leur soumission. En un mot, sur tous les points de l'Algérie, la campagne de 1841 avait amené d'importants résultats; et, d'agresseur qu'il était d'abord, Abd-el-Kader se voyait réduit à se défendre.

Afin de consolider, à l'ouest, notre domination dans les provinces de Titteri et d'Oran, on établit des routes pour assurer nos communications avec Médéah, Milianah, Mascara et Tlemcen.

Dans l'est, l'autorité du khalifa Ben-Salem, nommé par Abd-el-Kader, décroissait chaque jour. Les tribus de son gouvernement entamaient avec Alger des relations commerciales qui furent le prélude de leur soumission.

Sur tous les points, de nombreuses tribus se ralliaient à notre cause. Une petite excursion que fit dans le mois de juin le général Bugeaud avec 3,000 cavaliers arabes, et ses opérations dans l'Atlas, amenèrent la soumission de toute la chaîne depuis Cherchell jusqu'à l'Arrach.

Dans l'ouest de l'Algérie, on se tenait en mesure de réprimer tout mouvement hostile. Abd el-Kader ayant réussi à pénétrer chez les Traras, ne tarda pas à en être délogé par le général Bedeau.

Une campagne de vingt-deux jours, accomplie en mars par la division d'Oran, eut pour résultat la soumission des trois portions de la tribu des Flittas, de la presque totalité des Hachems de l'est et de l'ouest. Les Sid-Ali-bou-Thaleb écrivirent pour demander l'aman; la totalité des Zdamas, les Haouara, les Kallafas et les habitants de Frenda se soumirent.

La fidélité des Hachems ne tarda pas à être mise à l'épreuve. Abd-el-Kader essaya de se montrer sur leur territoire ; il fut reçu par eux à coups de fusil.

Dans la province de Constantine, la tranquillité continuait à régner.

Malgré cette tendance générale à la paix, les opérations militaires ne manquèrent, en 1842, ni d'activité ni d'importance, et c'est surtout au succès de nos armes qu'il faut attribuer les nombreuses soumissions qui furent obtenues.

Nous ne mentionnerons que les principaux faits de guerre.

Dans la province d'Alger proprement dite, la paix et la sécurité étaient parfaites ; mais sur le territoire de Titteri, des attaques vigoureuses eurent lieu contre les Hadjoutes, les Beni-Menad et les Beni-Menasser, que l'on contraignit à se soumettre.

Une colonne, partie de Milianah, se porte, le 6 juin, par les crêtes du Zakkar, sur la tribu du Beni-Menasser, et soutient contre les Kabyles un combat acharné, dans lequel ceux-ci laissent plus de 200 morts sur le terrain.

Devant l'ébranlement occasionné par l'arrivée de la colonne de l'ouest, accompagnée de plus de 2,000 cavaliers de la province d'Oran, les gouvernements des khalifas Embarek et Berkani ne peuvent résister et sont renversés.

Bientôt après, à la suite d'un combat très-vif livré à Aïn-Tlemsil par le colonel Korte, contre les Kabyles, 3,000 prisonniers, 1,300 chameaux, 300 chevaux ou mulets et 15,000 têtes de bétail sont ramenés au camp français.

La colonne aux ordres du colonel Comman, dans l'est de Titteri, pénètre sur le territoire des Beni-Seliman. A son approche, Ben-Salem s'enfuit vers le désert, et son agha Mahi-Eddin se détermine à faire sa soumission avec 600 cavaliers.

Le général Changarnier, parti de l'Oued fodda, en septembre, au secours de notre agha du sud, Ben-Ferhat, soutient près du Khamis, contre 4,000 Kabyles, un combat acharné dans lequel l'ennemi perdit beaucoup de monde.

Au début de la campagne d'automne, une colonne expéditionnaire, dirigée par le gouverneur général, quitte l'Isser et, pénétrant dans le pays qu'administrait Ben-Salem, rase de fond en comble les forts de Bel-Kheroub et d'El-Arib, où cet ancien khalifa avait concentré ses ressources. Toutes les tribus des environs se soumettent à la suite d'un vif combat ; les Beni-Khalfours font aussi leur soumission, et le résultat de cette campagne est la dissolution à peu près complète de l'ancien gouvernement de Ben-Salem.

Abd-el-Kader occupait en novembre, dans l'Ouarensenis, une position qui pouvait devenir menaçante et qu'il fallait à tout prix empêcher de se consolider. Le gouverneur général porte de ce côté les forces disponibles, en prescrivant au général Lamoricière des manœuvres qui devaient faire diversion dans la province d'Oran. Trois colonnes mises en mouvement de Milianah soumettent et frappent d'exécution dix tribus environnantes.

Après des combats heureux contre les Kabyles, les corps expéditionnaires reçoivent la soumission de la ville de Matmata, et détruisent les bourgades de Karnachil et de Haidjail. Les villes de Meknès et Besnès envoient des chevaux de soumission. Les hautes montagnes des Béni-Ouragh, dernier refuge des populations du pays envahi, sont attaquées, enlevées et soumises.

Dans la province de Constantine, dès le mois de janvier, une attaque dirigée contre Msilah, par Ben-Amar, khalifa d'Abd-el-Kader, avait complétement échoué. Une autre attaque des Kabyles des environs de Djigelly, excités par Sid-Zeghdoud, en mars, contre cette ville, resta également sans succès, ainsi que deux tentatives contre les troupes de la garnison de Bougie. Dans la dernière, qui eut lieu au mois d'août, l'ennemi, foudroyé par notre artillerie, se retira avec des pertes considérables.

Le camp de l'Arrouch avait été assailli par d'innombrables Kabyles, une sortie brillante dirigée contre eux par le colonel Lebreton, les dispersa complétement.

Les principaux de la tribu des Nemencha, des Ouled-Yahia-ben-Thaleb, et de la ville de Tebessa ayant envoyé au général Négrier des offres de soumission, en le priant de venir, au nom de la France, établir l'ordre dans leur pays, cet officier général partit, le 27 mai, d'Aïn-Beddouch et arriva le 31, avec sa colonne, à Tebessa dont il prit possession.

Après avoir donné, dans cette ancienne colonie romaine, l'investiture, au nom du gouvernement français à des autorités indigènes, et arrêté l'organisation des tribus dont les chefs étaient venus réclamer son intervention, le général Négrier revint à Constantine, dissipant sur sa route quelques rassemblements qui tentaient de s'opposer à son passage.

C'est surtout dans la province d'Oran, que les événements militaires avaient de l'intérêt en raison de la lutte qui continuait avec le pouvoir expirant d'Abd-el-Kader.

Ould-Sidi-Cheik, marabout qui habitait les bords de la Tafna, repoussa l'autorité de l'émir et demanda notre appui. Le gouverneur général et le colonel Tempoure marchent à son secours. Nos troupes entrent à Tlemsen, s'emparent du fort Sebdou, et, dans une campagne d'environ trois semaines, tout l'Ouest est soumis depuis l'Habra jusqu'à la frontière du Maroc.

Cependant Abd-el-Kader, usant de son influence sur les tribus de la partie limitrophe, parvient à envahir deux fois les environs de Tlemsen avec un corps de 5 à 6000 hommes, mais deux fois il est battu par le général Bedeau, et le Maroc lui refusant des secours, il se voit obligé de regagner par le désert, Takdempt où il avait laissé sa famille et ce qui lui restait d'infanterie régulière.

La guerre continuait sur la rive droite de la Mina, contre la grande tribu où est né Abd-el-Kader. En mars, le général Lamoricière soumet les Hachems de l'ouest. Ceux de l'est suivent d'abord la fortune de l'émir au delà de Takdempt, puis l'abandonnent successivement après l'épuisement de leurs ressources. Ce même général, dans la campagne d'hiver, force à se soumettre la plus grande partie de l'aghalik de Zdama, cimente l'alliance faite avec plusieurs tribus des bords du désert et nous fait un auxiliaire de la grande et puissante tribu nomade des Harar.

Aux environs de Mostaganem, le général d'Arbouville agit sur la rive droite de la basse Mina, et soumet toutes les tribus de la plaine, après avoir fait alliance avec la famille puissante des Ouled-Sidi-el-Aribi, dont le chef avait été mis à mort par les ordres d'Abd-el-Kader.

A Mostaganem, au mois de mai, le gouverneur général rallie 3,000 cavaliers arabes de la basse Mina, des plaines de l'Illil et de l'Habra; organise un convoi de 2,000 bêtes de somme fournies par les tribus alliées, et joignant à ces forces 3,000 hommes d'infanterie, remonte la vallée du Chélif où devait se rendre le général Changarnier venant de Milianah. Pendant sa marche, plusieurs expéditions heureuses amenèrent de nouvelles soumissions. Un grand mouvement est ensuite combiné pour envelopper les tribus de l'Atlas entre Milianah et Médéah. Le général Changarnier pénètre dans la chaîne par l'ouest des Beni-Menasser, tandis que le gouverneur général remontait le Chélif. Le 9 juin, la plus grande partie des populations est enveloppée; le lendemain, toutes les tribus à l'est, jusqu'à l'Isser, à l'ouest, jusqu'à Cherchell et au delà envoient leur soumission, et la sécurité se rétablit dans la plaine et dans tout le cercle des montagnes.

Peu de temps après, le général Changarnier obtient la soumission des tribus composant les Aghaliks des Beni-Zoug-Zoug, des Djendel, des Oulad-Aïad. Dans une de ces excursions, il fond sur la Zmala du khalifa Ben-Allal, lui fait 3,000 prisonniers et lui enlève plus de 30,000 têtes de bétail.

L'Aghalik du sud se trouvait attaqué pendant que le général Changarnier opérait sur l'Oued-Foddha. Ce général, pour aller le secourir, remonte la rivière qui traverse la chaîne de l'Ouarensenis; là, pendant deux jours, 1,200 hommes, luttent avec succès contre 4000 Kabyles sur les terrains les plus difficiles. Le troisième jour, les Français reprennent l'offensive, battent les tribus, font des prisonniers et enlèvent les troupeaux.

Vers le même temps, le général Lamoricière poursuivait jusqu'aux confins du désert, les zmalas d'Abd-el-Kader et de ses khalifas, et engageait avec la cavalerie de l'émir un combat dans lequel il lui tua une centaine de cavaliers et s'empara de cent cinquante chevaux.

A l'approche de l'hiver, Abd-el-Kader s'était jeté dans les montagnes de l'Ouarensenis pour y recruter ses troupes régulières. Le gouverneur général envahit l'Ouarensenis, du côté de Milianah, avec trois colonnes commandées par S. A. R. le duc d'Aumale et les généraux Gentil et Lamoricière. Bientôt toutes les tribus de la chaîne de ces montagnes et de la rive gauche du Chélif sont forcées de faire leur soumission.

Tels sont les événements qui, pendant l'année 1842, ont étendu et consolidé notre domination en Algérie.

1843.

Dès le commencement de janvier 1843, Abd-el-Kader reparaît au milieu des tribus de la vallée du Chélif et parvient à recruter près de 3,000 Kabyles. La marche simultanée de trois colonnes françaises, dont l'une, dirigée par le gouverneur général, pénètre au cœur des tribus insurgées et brûle la ville d'Haïnda, fait promptement échouer cette nouvelle tentative de l'émir. Malgré l'inclémence de la saison, les torrents débordés et les rudes traversées des montagnes, Abd-el-Kader est refoulé dans les monts Gouraïa, et les tribus sont de nouveau ramenées à la soumission. L'une de ces colonnes, commandées par S. A. R. le duc d'Aumale, s'empare du côté de Boghar, du trésor de Ben-Allal-Ould-Sidi-Embarek; la majeure partie de ces richesses fut distribuée aux troupes alliées.

Dans la province de Constantine, où quelques kabyles se montraient encore rebelles à notre domination, le général Baraguay-d'Hilliers dirige contre les tribus de l'Edough une expédition que couronne un succès complet. Sid-Zeghdoud, l'un des plus ardents promoteurs de la guerre, est défait et tué dans le marabout d'Akeïcha, d'où nos troupes enlèvent sept drapeaux sous lesquels combattaient les tribus soumises à l'influence de ce chef redouté. Plus tard, une excursion parmi les tribus des environs de Collo les force à l'obéissance.

Le 14 mai, par une marche rapide et hardie, monseigneur le duc d'Aumale s'empara de la smala d'Abd-el-Kader aux environs de Taguin. Là, 500 cavaliers, commandés par le prince, se précipitent sur environ 5,000 combattants, leur tuent 300 hommes, prennent 4 drapeaux, 1 canon, un immense butin et ramènent près de 4,000 prisonniers. Un si éclatant succès porte le coup le plus funeste à la fortune d'Abd-el-Kader, qui lui-même, en plusieurs rencontres, a été sur le point de tomber entre les mains de nos soldats.

Au mois de juin, une grande opération, conduite avec résolution et un admirable ensemble par le gouverneur général dans l'Ouarensenis, à travers les difficultés que lui opposaient le terrain et le caractère des habitants, soumet tout ce pays à l'obéissance, et procède à son organisation administrative.

Enfin le 11 novembre, dans un brillant combat, près de l'Oued-Malah, le général Tempoure défait les troupes régulières de l'émir commandées par Ben-Allah-Ould-Sidi-Embarek, le plus puissant de ses khalifas. La mort de ce chef et de 400 de ses réguliers affaiblit encore l'influence de l'émir, réduit, depuis lors, à errer avec les débris de la smala sur la frontière du Maroc ou dans le désert.

A la fin de décembre, de nouveaux succès obtenus par les généraux Bedeau et Tempoure, vers la Tafna et vers le Chott, sur les tribus encore dévouées à Abd-el-Kader, viennent rendre plus complète encore l'impuissance où l'émir était déjà de rien entreprendre de sérieux contre notre domination.

La campagne de 1843, dirigés avec autant d'habileté que de courage et de persévérance, a donné d'immenses résultats. Sur tous les points les grands intérêts de la colonisation obtiennent sécurité et protection ; l'agriculture, le commerce, l'industrie se développent rapidement dans nos principaux centres de population.

1844.

La province de Constantine, au commencement de 1844, présentait, dans toute l'étendue du territoire voisin du littoral, un état complet de soumission et de tranquillité; mais dans le sud, le khalifa d'Abd-el-Kader, Mohamed-Seghir, exerçait encore son autorité sur une grande portion du Zâb, notamment sur Biskara et Sidi-Okba. Une partie des montagnes entre le Zâb et le Tell, depuis Bouçada et Msila jusqu'à Tebessa, restait également insoumise.

Arrivé le 5 décembre 1843 à Constantine pour prendre le commandement de la province, monseigneur le duc d'Aumale, tout en donnant à l'organisation de cette contrée une impulsion aussi vive que sagement entendue, arrêta son plan de campagne pour le printemps de 1844, contre les tribus à soumettre.

Aussitôt après l'établissement du centre de ravitaillement à Batna, monseigneur le duc d'Aumale prend le commandement de la colonne destinée à cette expédition. Il s'empare le 4 mars de Biskara, la capitale du Zab. Le khalifa d'Abd-el-Kader l'avait évacuée depuis plusieurs jours. Une compagnie d'indigènes est immédiatement organisée pour occuper la Casbah sous les ordres d'un officier français ; des dispositions sont prises pour le recouvrement d'un impôt de guerre et le prince poursuit le cours de ses opérations. Peu de temps après, le khalifa d'Abd-el-Kader entre par trahison dans la ville de Biskara, mais il est obligé de l'évacuer une seconde fois, le 18 mai, devant 500 chevaux commandés par le prince, qui rétablit l'ordre et ordonna la punition des Arabes coupables d'assassinat sur une partie de la garnison indigène et sur cinq officiers et sous-officiers français.

Avant ce second mouvement sur Biskara, les troupes de l'expédition avaient été concentrées sur Djebel-Ouled-Sultan. Le 24 avril, elles pénètrent dans cette montagne, chassent l'ennemi en lui faisant éprouver de grandes pertes, et arrivent le 1er mai à Bir, position réputée inexpugnable. Peu de jours après, une partie de l'escorte d'Ahmed-Bey est atteinte, il est lui-même forcé de fuir, abandonnant ses richesses, et bientôt toutes les tribus des Ouled-Sultan font leur soumission au prince. 58,000 francs d'impôts rentrent en dix jours.

Plus tard, au mois d'août, une excursion faite par monseigneur le duc d'Aumale dans l'ouest de la province, produit également les résultats les plus favorables. Plusieurs chefs influents des montagnes de Bougie donnent dans cette circonstance des marques d'hommage et de soumission qui, depuis lors, ne se sont pas démenties.

Dans la province d'Alger, les tribus les plus voisines du Sahel consentent volontiers à payer en argent l'impôt qu'elles devaient payer en nature. Cet exemple ne fut pas sans influence sur les autres tribus de la province.

Le gouverneur général, après avoir préparé une expédition qu'il voulait conduire lui-même dans l'est, contre la Kabylie, se rend, le 29 avril, sur les bords de l'Isser. Les tribus hostiles restent sourdes à ses exhortations. Le 2 mai il passe l'Isser, s'établit à Bordj-el-Menaï, et s'empare le lendemain de Dellys, où il installe l'autorité française. Le 12 mai, une première action, glorieuse pour nos armes, a lieu en avant de Dellys. Le 17, un succès plus complet encore est obtenu par nos troupes à Ouarez-ed-Din, contre une immense réunion de Kabyles.

Une partie des tribus du Djerdjera ne tarde pas à faire sa soumission. Le gouverneur général les réorganise en leur donnant des chefs indigènes, et Ben-Zamoun notamment, après avoir combattu contre nous, reçoit, au milieu de ses montagnes, le burnous d'investiture en signe de soumission à la France.

Sur un autre point de la province d'Alger, une autre expédition, conduite avec autant d'habileté que de succès par le général Marey, dans les mois de mai et de juin, déterminait une partie du petit désert à reconnaître notre domination. Nos troupes étaient à peine arrivées à Taguin et à Tedjmout, que le marabout Tedjini envoyait d'Aïn-Madhi sa soumission; et le 25 mai, la colonne expéditionnaire occupait Laghouat. Le khalifa Ahmed-ben-Salem fut installé dans son commandement et reconnu par les chefs secondaires. Enfin, après s'être avancé jusqu'à 120 lieues au sud d'Alger, et à 11 au delà de Laghouat, nos troupes rentraient à Médéah, en traversant un pays soumis à nos armes. Pas un seul coup de fusil ne fut tiré pendant cette longue et intéressante expédition.

Dans la province d'Oran, des événements beaucoup plus importants se préparaient. La cour de Maroc n'avait répondu que par des dénégations et des réponses évasives aux justes réclamations qui lui étaient adressées par notre consul général à Tanger, dans le but d'assurer de ce côté l'inviolabilité du territoire algérien. Nous avions demandé qu'Abd-el-Kader, qui, dès la fin de 1843, s'était réfugié dans les terres du Maroc, fût interné dans l'intérieur de l'empire avec sa famille et ses adhérents, pour y être soumis à une surveillance qui le mît hors d'état de continuer ses intrigues et de réaliser son espoir de parvenir à troubler l'Algérie; aucune solution favorable n'était obtenue.

La crainte de voir l'influence d'Abd-el-Kader peser plus ou moins sur les tribus nouvellement soumises de la province d'Oran, et principalement sur les tribus limitrophes du Maroc, mit le gouverneur général dans la nécessité de renforcer, sur ce point, nos moyens d'action. Un camp fut établi à Lalla-Maghrnia, en face d'Ouchda, lieu de ralliement des troupes marocaines.

Malgré la modération que le gouvernement n'avait cessé de montrer dans ses paroles et dans ses actes, une attaque fut dirigée contre nous par ces troupes indisciplinées, et, le 30 mai, un corps de 12 à 1,500 chevaux vint insulter et provoquer le lieutenant général de Lamoricière sur l'Oued-Mouïla, deux lieues en dedans de nos limites. Cette violation de territoire fut punie par un premier échec, et l'ennemi fut vivement repoussé de l'autre côté de la frontière.

Le gouverneur général était à Dellys lorsque la nouvelle de cette agression lui parvint. Il se dirige aussitôt sur la province d'Oran, après avoir pris des mesures pour augmenter l'effectif des troupes de cette division et demandé deux régiments de renfort, demande à laquelle il fut d'autant plus promptement satisfait, que le gouvernement l'avait prévenue en dirigeant spontanément de France sur Oran deux régiments de cavalerie et un d'infanterie.

Arrivé à Lalla-Maghrnia, le gouverneur général ne tarda pas à reconnaître la nécessité de pousser avec vigueur les opérations militaires. Les événements déjà accomplis avaient rendu cette détermination inévitable. Une entrevue pacifique, convenue entre le maréchal Bugeaud et le commandant des troupes marocaines, se change, le 15 juin, en une attaque perfide de la part de ces derniers, attaque qui devint pour elles l'occasion d'une honteuse défaite. Une nouvelle escarmouche, tentée le 5 juillet, n'obtient pas un résultat plus heureux. Enfin, le théâtre des hostilités est alors, et justement, reporté sur le territoire ennemi, et nos troupes occupent Ouchda. Mais l'occupation permanente de cette ville n'offrant aucun avantage, et pouvant même devenir la cause de grands embarras, l'armée est ramenée dans l'intérieur des limites algériennes.

Cependant les forces marocaines, placées sous les ordres du fils de l'empereur, Mouleï-Abd-er-Rahman, ne cessaient de recevoir des renforts, et une nouvelle agression de leur part était imminente. C'est alors que tout espoir de conserver la paix ayant cessé, la France dut faire éprouver aux Marocains les effets de sa puissance. Le bombardement de Tanger, le 6 août, précède de peu de jours la bataille de l'Isly. Par une marche non moins hardie que savante, et grâce à la valeur éprouvée de nos troupes, 8,500 soldats français dispersent, le 14 août, une innombrable armée ennemie dont les camps couvraient plus d'une lieue d'étendue, et s'emparent de onze pièces de canon, de seize drapeaux, de mille à douze cents tentes, y compris celle du fils de l'empereur et de son parasol de commandement. Le soir du même jour, et sans qu'il eût été possible de se concerter avec l'armée de terre, le prince de Joinville faisait tomber Mogador sous le feu de ses vaisseaux, et achevait de contraindre

Abd-er-Rahman à accepter la paix, dont les conditions ont été réglées par une convention signée le 10 septembre 1844.

A partir de ce moment, le calme, partout rétabli, favorise de plus en plus le progrès de la colonisation ; et, en dehors des territoires civils de Guelma jusqu'à Sétif et Msila, de Boghar jusqu'à Teniet-el-Hâd, Tiaret, Mascara et Tlemsen, la France possède une ligne de points fortifiés protecteurs et garants de notre domination en Algérie.

1845.

Notre conquête, que la victoire d'Isly avait si heureusement étendue dans l'ouest, devait, par la force même des choses, rencontrer, avant de pouvoir se consolider, des obstacles incessants dans la difficulté de donner aux tribus soumises une organisation régulière et acceptée d'un commun accord, et, en même temps, dans les embarras que notre infatigable ennemi Abd-el-Kader, réfugié avec sa deïra sur les frontières du Maroc, cherchait à nous susciter, soit par lui-même, soit par des agents fanatiques jetés au sein des tribus, pour y prêcher, au nom de la religion, la guerre contre les chrétiens. Les résultats de ces sourdes menées ne se firent pas attendre longtemps.

Le 30 janvier au matin, une bande de fanatiques, excités par les prédications d'un marabout des Oulad-Brahim, se présente, sans apparence hostile, au petit poste de Sidi-bel-Abbès. Ces hommes, couverts de haillons, portaient à la main un simple bâton, et ils s'avançaient en récitant des prières. Ils sont introduits sans difficulté ; mais une fois dans le camp, ils tirent tout à coup des armes de dessous leurs burnous, et se précipitent sur nos soldats étonnés d'une attaque si subite et si imprévue. Bientôt, grâce au courage admirable que nos soldats déploient dans cette circonstance critique, et au sang-froid énergique de leurs chefs, ces insensés sont vaincus et exterminés ; ils étaient entrés 58, il n'en sortit pas un seul. Nous avions eu 6 hommes tués et 26 blessés. La tribu à laquelle appartenaient ces fanatiques fut sévèrement châtiée : on lui fit plusieurs prisonniers, dont le plus compromis, jugé par le conseil de guerre d'Oran, fut condamné à mort.

Cette affaire fut le prélude d'autres mouvements dus aux mêmes causes, et qui ne tardèrent pas à éclater à la fois dans plusieurs parties de la province d'Oran.

Du fond de sa retraite, Abd-el-Kader ne cesse de faire circuler des lettres et des émissaires pour préparer les tribus à une insurrection générale.

Bientôt, en effet, l'insurrection éclate, elle s'étend de l'ouest à l'est et gagne le Dahra, où elle s'organise à la voix d'un homme qui se dit chérif, et envoyé de Dieu au milieu des vrais croyants pour combattre à leur tête les infidèles. Il se prétend lui-même invulnérable, et promet à ceux qui se lèvent pour le suivre que les balles ennemies ne pourront les atteindre. Il a avec lui une chèvre qui, dit-il, donne du lait en abondance suffisante pour nourrir tous ceux qui combattront pour la défense de la foi; aussi le surnomme-t-on Bou-Maza (le père de la chèvre). Ce personnage, qui est étranger au pays qu'il essaye de soulever, et qui s'annonce comme venant du Maroc, la terre des vrais croyants et des chérifs, se voit promptement entouré d'un grand nombre de partisans. Aveuglé par ce commencement de succès, il marche sur Orléansville, tombe, en passant, sur la tribu des Sbéah, la pille et tue notre ancien kaïd et son fils. Mais le colonel de Saint-Arnaud, averti à temps, se porte à sa rencontre à la tête d'un détachement français et indigène, l'atteint sur les hauteurs de Djebel-Khemensa, le charge et le met en fuite.

Malgré cet échec, Bou-Maza ne se tient pas pour battu; il parvient à soulever les tribus kabyles à l'est de Ténès, et avec un contingent de 400 hommes, que lui fournissent ces tribus; il envahit, le 20 avril, le petit camp établi dans la gorge, sur la route de Ténès à Orléansville : pille les tentes et incendie les barraques ; mais des secours arrivés de Ténès le mettent en fuite avec sa bande. Le lendemain, il revient avec un nombre de partisans plus considérable, et cherche à reprendre la position qu'il a été forcé d'abandonner la veille; il est énergiquement repoussé. Le 29, les deux tribus qui avaient pris le plus de part à cette audacieuse attaque, viennent demander l'aman au colonel de Saint-Arnaud, qui leur impose une contribution de guerre assez forte.

Presque en même temps, une grande agitation se manifeste dans l'aghalik des Beni-Zougzoug, à l'ouest de Milianah. Presque toutes les tribus de l'Ouarensenis soulevées à la voix du même Bou-Maza, s'insurgent et mettent à mort les chefs que nous leur avions donnés. Le 28 avril, le chérif se porte sur Orléansville, à la tête d'environ 2,000 hommes ; mais il paraît à peine qu'il est vigoureusement repoussé par un bataillon du 64e, qui venait d'arriver le même jour.

Des agressions aussi multipliées appelaient une prompte répression.

Le maréchal Bugeaud entre en campagne ; il se porte sur l'Ouarensenis, et amène, une à une, toutes les tribus à capituler. Il leur impose alors la plus dure des conditions pour ce peuple guerrier, celle de laisser toutes leurs armes entre nos mains.

Pendant que ces événements se passaient dans l'Ouarensenis, le colonel de Saint-Arnaud remportait, le 21 mai, deux avantages signalés sur les révoltés du Dahra ; et le général Bourjolly, de son côté, frappait le pays des Oulad-Riah et des Bourza de mesures de rigueur qui devaient mettre cette contrée hors d'état de nous inquiéter de longtemps.

Le général Marey étouffait en même temps, dans l'est de la province de Titteri, les germes d'insurrections qui faisaient craindre que les tribus de cette partie ne fissent cause commune avec les autres.

Les mouvements insurrectionnels, dont nous venons d'exposer les principales phases dans l'est, n'avaient eu dans l'est aucun retentissement.

Dès le mois de février, quelques razias opérées avec succès par le colonel Herbillon, commandant supérieur de Batna, sur les tribus de l'Aurès, avaient suffi pour amener quelques-unes de ces tribus à faire leur soumission. Le général Bedeau, à la tête d'une colonne, entra dans ce pays, établi son camp à Medina, et reçoit les soumissions de toutes les tribus encore insoumises, à l'exception cependant de celle des Oulad-Ali, qui, malgré les bonnes dispositions qu'elle avait manifestées d'abord, cède tout d'un coup aux conseils fanatiques de quelques marabouts, et prend les armes; mais le général Bedeau, par une course rapide, les joint au petit village d'Aïdoussa. Là les Oulad-Ali sont dispersés après un combat de douze heures, et dans lequel ils éprouvent des pertes considérables; ils capitulent, après avoir vu leurs principaux villages incendiés, et se soumettent à payer une forte contribution de guerre.

Abd-el-Kader qui, par ses lettres et ses émissaires, avait réussi, comme nous venons de le voir, à fomenter de grandes agitations dans le Tell, espérait nous susciter, dans le même temps, de nouveaux et graves embarras dans le sud de Mascara, en entretenant les tribus limitrophes du désert dans des dispositions hostiles contre nous. On comprit dès lors qu'une démonstration énergique était indispensable de ce côté. Une colonne de 2,000 hommes, sous les ordres du colonel Géry, partit de Mascara le 14 avril, et se dirigea vers les tribus des Djebel-Amour. Sa principale mission était de s'emparer des Ksour, de Stitten et de Chellala, qui étaient les lieux ordinaires de dépôt des tribus de cette région.

Le 24 avril, la colonne était en vue de Stitten, qu'elle trouva abandonné; mais un envoyé de la djemmâa (conseil des notables) se présenta annonçant que les habitants étaient disposés à rentrer, ainsi que l'avait exigé le colonel, et que les principaux chefs, en marche pour venir offrir leur soumission, suppliaient les *enfants de la puissance* d'épargner leurs maisons et leurs jardins. Le colonel reçut, dans la journée du 25, le cheval de soumission que vint lui présenter le président de la djemmâa, et imposa la population au payement d'une légère contribution en nature. Le colonel Géry, comprenant que la prise de possession de Stitten ne suffirait pas pour nous garantir la tranquillité de cette région, se détermina à marcher sur Brezina, autre Ksar, situé à 28 lieues au sud du premier. Après cinq journées d'une marche pénible et difficile dans un pays accidenté, la colonne franchit le Bab-el-Sahara (porte de Sahara), entra dans le désert et arriva à l'oasis de Brezina, qu'elle trouva également abandonnée de ses habitants. Une reconnaisance faite dans les environs amena un engagement assez vif avec un groupe de cavaliers massés dans le lit d'un cours d'eau. L'ennemi fut vigoureusement repoussé. Ce brillant avantage nous assura immédiatement la soumission des tribus environnantes. L'effet moral qui en résulta fut très-grand, car cette reconnaissance d'un pays où nous n'avions pas encore paru, en mettant partout en évidence notre modération et notre générosité, prouvait en même temps aux tribus étonnées que nos armes étaient assez puissantes pour pénétrer jusqu'à cette limite, au delà de laquelle il n'y avait plus de refuge possible. La colonne rentrait le 17 mai à Mascara.

Au mois de juin, l'insurrection, à peu près comprimée dans l'Ouarensenis, continuait encore dans le Dahra. Bou-Maza, à tête de 6 à 700 de ses partisans, se disposait à faire irruption sur la smala de Sid-el-Garibi, notre khalifa du Cherk, et la détruire; mais celui-ci, en ayant été instruit, rassembla à la hâte les cavaliers de sa tribu, et marcha contre le chérif. L'attaque fut si vive du côté de nos alliés, que les partisans de Bou-Maza, surpris de tant d'impétuosité, prirent la fuite, et le chérif lui-même ne dut la vie qu'à la vitesse de son cheval. Des drapeaux, des chevaux et des prisonniers furent les trophées de cette action. Dans le même temps trois colonnes commandées par les colonels Saint-Arnaud, Lamirault et Pelissier, obtenaient simultanément d'importants succès : le premier, chez les Achacha et les Beni-Younès; le second, aux environs de Ténès; et le troisième, chez les Beni-Zeltès et les Ouled-Riah. C'est dans cette affaire que la colonne Pelissier usa d'un stratagème que l'on déplore encore. Les opérations de ces trois officiers amenèrent des résultats décisifs.

Ces divers événements, retenant nos troupes dans l'ouest de la province, déterminèrent les partisans de l'émir à attirer ailleurs notre attention. Ses deux khalifas, Ben-Salem et Bel-Kacem-ou-Kaçi, soulèvent quelques tribus de la partie occidentale de la Kabylie, tombent à l'improviste sur nos alliés, font des razias considérables, mettent à mort les chefs nommés par la France et qui n'avaient pas voulu suivre le mouvement insurrectionnel. Des agressions aussi multipliées, contre des tribus récemment soumises et abandonnées à leurs propres forces, étaient de nature à ébranler leur fidélité; aussi le maréchal Bugeaud, comprenant que la présence de troupes françaises était indispensable pour réprimer toutes les tentatives de l'ennemi et raffermir les bonnes dispositions des tribus amies, partit d'Alger le 23 juillet pour Dellys. Quelques jours suffirent au maréchal pour ramener l'ordre. Le 28, la tribu révoltée des Béni-Ouaguenoun venait lui demander grâce et celle des Flissas-el-Bahar sollicitait également l'aman.

La tranquillité rétablie de ce côté, les opérations purent être continuées avec vigueur dans les parties de l'ouest encore en état d'insurrection. Une tentative audacieuse, faite dans la tribu des Beni-Menacer par un nouveau chérif du nom de Mohamed-ben-Ahmed, est habilement déjouée par le chef du bureau arabe de Cherchell, et notre allié, Abd-el-Kader-Ben-Omar, agha des Beni-Menacer. Les révoltés livrent eux-mêmes entre nos mains l'homme à la voix duquel ils s'étaient un instant soulevés.

Bou-Maza avait également reparu dans le sud-ouest d'Alger et avait cherché à soulever une partie des tribus du Djebel-Dira; mais cette tentative échouait devant les mesures énergiques prises par le général Marey.

Ainsi, au commencement de septembre, la plupart des tribus révoltées étaient rentrées dans l'ordre; toutefois, les principaux instigateurs de ces troubles n'ayant pu être atteints, il était facile de prévoir que de nouvelles tentatives d'insurrection auraient lieu.

En effet, le 22 septembre, le massacre de la garnison de Djemma-Ghazaouat, au marabout de Sidi-Brahim (1), fut le signal d'une nouvelle levée de boucliers. Cette fois, Abd-el-Kader lui-même avait envahi notre territoire. La défection se propagea dans les tribus de la subdivision de Tlemcen avec une extrême rapidité. En quelques jours, la majeure partie des tribus avait abandonné notre territoire pour aller se grouper autour de la Deïra de l'émir.

Cette fièvre d'insurrection fut contagieuse; elle eut bientôt envahi les subdivisions de Mascara, de Mostaganem, d'Oran même, d'Orléansville et de Milianah.

Les troupes entrèrent aussitôt en campagne, et les résultats de leurs nouvelles opérations, dirigées simultanément sur tous les points où la révolte s'était organisée avec le plus d'audace, furent prompts et décisifs. En effet, dès le commencement de novembre, le général de Lamoricière avait battu et soumis les Trara et les Ghossel; la tribu des Oulad-Amar, à la suite d'une razia où elle avait perdu beaucoup de monde, vient se mettre à la discrétion du gouverneur général. D'autres tribus effrayées suivent bientôt cet exemple; une grande fraction des Medjaher demande l'aman. Les Beni-Chouguen eux-mêmes, qui, les premiers, avaient levé l'étendard de la révolte, rentrent sous notre obéissance, et se soumettent à verser une somme de 125,000 francs pour indemniser de leurs pertes les propriétaires d'un convoi civil qu'ils avaient enlevé deux mois auparavant.

Dans la province de Titteri, l'insurrection avait cherché à gagner le sud-ouest de la province de Constantine. Un chérif, prenant aussi le nom de Bou-Maza, s'était présenté dans le Houdna; il y avait institué deux khalifas appartenant tous deux à la grande tribu des Ouled-Derradj. Cet aventurier était parvenu à soulever quelques fractions de tribus importantes, lorsque le colonel Herbillon, à la tête de 600 hommes, appuyés par deux goums alliés, vint rétablir l'ordre. La présence de nos troupes a suffi pour mettre en fuite ce nouveau chérif.

A la fin de décembre, les opérations militaires continuaient avec la même activité sur tous les points.

---

(1) Voir page 232.

1846.

Dès le mois de décembre 1845, le dévouement et la persévérance de l'armée, dans une série d'opérations rapides et pénibles, avaient arrêté le progrès de l'insurrection fomentée par Abd-el-Kader.

L'émir, chassé du Tell par nos troupes aidées des tribus qui avaient fait leur soumission, traversa à la hâte le pays des Flittas et se retira dans le sud-ouest de la province d'Oran. Les grandes tribus du désert lui fournirent quelques approvisionnements, les unes de force, les autres séduites par l'appât de razias productives que l'émir promettait d'entreprendre sur les populations du Tell.

Pendant ce temps, nous profitions du retour de la tranquillité pour procéder à la réorganisation du gouvernement des indigènes, et rendre impossibles de nouvelles révoltes. La subdivision de Mascara (province d'Oran) reçut la première d'importants changements dans son administration.

La province d'Alger ainsi que celle de Constantine étaient parfaitement calmes; si une tribu se soulevait, la présence de quelques hommes de nos troupes suffisait pour les mettre en déroute. Le calme renaissait partout avec des garanties meilleures.

Dans la subdivision d'Orléansville, Bou-Maza, tant de fois vaincu et mis en fuite, faisait de nouveaux efforts pour troubler la paix. Il réunit dans le Dahra le contingent des tribus les plus fanatiques et les plus turbulentes, et osa se montrer dans des parties du pays plus accessibles. Le 29 janvier 1846, après avoir enlevé quelques bestiaux à des tribus soumises, il se présenta devant une de nos colonnes à Tedjna, non loin de Ténès. Vigoureusement abordé par nos troupes, la bande qu'il conduisait prit aussitôt la fuite en laissant sur le terrain 30 cadavres. Trois des principaux partisans de Bou-Maza furent au nombre des morts.

Abd-el-Kader ne pouvait pas se maintenir longtemps dans le sud de la province d'Oran où il était allé se réfugier, parce que les ressources des tribus étaient très-limitées et que l'entrée du Tell lui était exactement fermée. Il traversa rapidement le Djebel-Amour et les Oulad-Naïl, parmi lesquels il comptait de nombreux amis, et vint tomber sur les tribus du petit désert de la subdivision de Médéah, qui, avec la circonspection ordinaire des Arabes, hésitaient à se prononcer. Elles ne nous avaient pas encore trahis, mais elles n'avaient plus de rapports réguliers avec l'autorité française. En les frappant à l'improviste, Abd-el-Kader les entraîna dans son parti.

A la suite de ce coup de main, l'émir vit grossir considérablement sa troupe. Enhardi par le succès, suivi de la cavalerie des tribus qu'il avait frappées et de celles qu'il avait intimidées, il se porta, par une marche rapide, dans la vallée de l'Isser, où il fut rejoint par son khalifa Ben-Salem. En un jour, toutes les tribus de la vallée furent enlevées et perdirent un butin considérable; mais une de nos colonnes qui gardait les abords de la Mitidja, du côté de l'est, avertie de ce qui se passait, marcha à l'ennemi, le surprit dans son camp, le mit en déroute et le força à abandonner les prises qu'il avait faites sur l'Isser. 17 chameaux, 98 chevaux, 22 mulets, 800 bœufs, 1,200 moutons et 500 fusils restaient entre nos mains; l'ennemi perdit en outre trois drapeaux et plus de 60 tués. Cette brillante affaire produisit un effet moral très-grand sur toutes les tribus de l'est.

Poursuivi par le gouverneur général lui-même, qui, au premier bruit du danger, était accouru dans cette partie du pays, l'émir fut obligé d'évacuer les vallées accessibles, et il se réfugia sur les pentes sud du Djerdjera, chez les Beni-Iala (tribu kabyle). Ces populations étaient travaillées depuis longtemps par ses émissaires; elles avaient toujours résisté énergiquement à nos troupes lorsqu'on avait voulu pénétrer sur leur territoire. Abd-el-Kader, trompé par l'accueil bienveillant qu'il recevait de ces fiers montagnards, put croire un instant qu'il trouverait en eux de nouveaux et puissants auxiliaires pour nous faire la guerre.

Afin de sonder les dispositions des Kabyles, il convoqua une grande assemblée à Bordj-el-Boghni. Plusieurs milliers d'hommes armés, conduits par leurs cheikhs, se réunirent sur ce point le 27 février. Malgré son éloquence religieuse et son habileté, l'émir ne put rien obtenir d'eux.

Après cette défaite morale, Abd-el-Kader, n'espérant plus le concours de ces montagnards pour soutenir une guerre sérieuse, rallia les goums arabes qui, après l'enlèvement de son camp sur l'Isser, lui étaient restés fidèles. Il traversa, par une marche des plus hardies, le territoire de la subdivision de Médéah; déroba son mouvement aux colonnes françaises chargées de protéger le pays; passa à une portée de canon du poste de Boghar, et vint enlever la tribu du Douair, établie à une très-petite distance d'un camp français. En un jour et deux nuits, il avait parcouru avec son armée plus de 200 kilomètres.

Son audace ne lui réussit cependant pas mieux cette fois que dans la vallée de l'Isser. A la première nouvelle de ce hardi coup de main, nos troupes prirent les armes et se mirent à sa poursuite. Elles l'atteignirent le même jour à Ben-Nahar, dans le Djebel-Sahari. Il tenta en vain une résistance désespérée; ses réguliers urent bientôt mis en fuite : 110 d'entre eux restèrent sur la place, ainsi que 4 aghas et 1 khalifa; nos alliés reprirent, à la suite de cette affaire, tout ce qu'ils avaient perdu. Cette affaire eu lieu le 7 mars 1846.

L'émir n'était pas encore remis de l'échec qu'il venait d'essuyer et s'efforçait de recruter de nouveaux combattants chez les Ouled-Naïl, lorsqu'il fut surpris le 13 par la colonne légère qui suivait ses mouvements. Un grand nombre de ses réguliers furent tués ou faits prisonniers; ses propres bagages, ses drapeaux et un convoi de 800 mulets tombèrent entre nos mains. Il fut poursuivi le sabre dans les reins jusque sous les murs de Bouçada. C'est pendant cette déroute qu'on a supposé qu'Abd-el-Kader avait donné l'ordre d'assassiner le lieutenant Lacotte et l'interprète Levy, ses prisonniers, qui allaient lui être arrachés. Chacun d'eux fut blessé de trois coups de feu. Levy succomba quelques heures après, au milieu de nos soldats, et le lieutenant Lacotte survécut encore deux mois à ses blessures. On a reconnu plus tard qu'Abd-el-Kader était complétement étranger à ce lâche assassinat.

Les combats des 7 et 13 mars produisirent les meilleurs effets. Les tribus de la lisière du Tell, qui avaient émigré dans le petit désert, se hâtèrent de revenir sur leur territoire; les Aribs de Hamza se soumirent à discrétion et payèrent une contribution de 40 chevaux de guerre. Tout le pays dans l'est d'Alger, sur le bas Isser et dans les environs de Dellys, fut réorganisé.

Sur les autres points de la province, les affaires n'étaient pas dans une situation moins satisfaisante. Bou-Maza, traqué par les colonnes des subdivisions d'Orléansville et de Mostaganem, avait été obligé de quitter le Dahra, et s'était dirigé vers les montagnes situées à l'ouest de la chaîne de l'Ouarensenis. Hadj-Seghir, un des khalifas d'Abd-el-Kader, se maintenait encore dans les parties les plus difficiles de ces montagnes; la mauvaise saison et des intérêts plus pressants n'avaient pas permis de l'y attaquer sérieusement.

Pendant que l'attention était pour ainsi dire absorbée par les dernières tentatives que faisait l'émir chez les Ouled-Naïl, on apprit tout à coup qu'un nouveau sultan s'était proclamé au milieu des tribus algériennes et marocaines, sur notre frontière de l'ouest. Vers le 20 mars, cet agitateur, du nom d'Essid-el-Fadel, pénétra sur le territoire de la subdivision de Tlemcen, traînant à sa suite des cavaliers de quelques-unes de nos tribus émigrées et des Angad du Maroc. Il s'annonçait comme tout à fait étranger à la cause d'Abd-el-Kader, et c'était à son profit personnel qu'il voulait chasser les Français de l'Algérie.

Ce fanatique était animé d'une telle confiance, que le 24 mars il se mit en marche pour faire son entrée à Tlemcen. A la nouvelle de ce mouvement, nos troupes sortirent le même jour de Tlemcen et rencontrèrent l'armée du nouveau sultan à 12 kilomètres de la ville, auprès du plateau de Terni. La cavalerie ennemie était forte de 800 chevaux et soutenue par environ 1,200 fantassins. Le combat s'engagea rapidement et ne fut pas longtemps douteux; les troupes d'El-Fadel, enfoncées, dispersées, laissèrent 80 cadavres sur le terrain; sept drapeaux furent enlevés par notre cavalerie. Cette journée suffit pour renverser le prestige et la puissance de ce nouveau sultan; et on ne sait ce qui doit le plus étonner des incroyables promesses par lesquelles ces agitateurs soulèvent les Arabes, ou de la crédulité de ces malheureuses populations.

Malgré cette échauffourée, nos affaires étaient en progrès dans toutes les subdivisions de la province d'Oran. L'ordre se consolidait partout de plus en plus. Les tribus demandaient la paix, à l'est, au sud et à l'ouest. Les communications se rétablissaient. Les Harars, puissante tribu du petit désert, rejetés au delà du Chott, étaient réduits à accepter nos conditions, et se soumettaient à payer une amende de 200 à 300 francs par tente.

Les tentatives faites au nom de la religion dans la province de Constantine furent impuissantes à troubler la tranquillité; sur plusieurs points, les tribus qui avaient résisté jusqu'alors à toutes les suggestions de nos ennemis politiques, poursuivirent elles-mêmes et contribuèrent à chasser les prédicateurs de guerre sainte. Les fanatiques furent obligés de recourir à l'assassinat individuel : nous perdîmes ainsi plusieurs fonctionnaires indigènes qui s'étaient signalés par leur zèle et par leur dévouement.

Cependant, dans les montagnes comprises entre les plateaux de Sétif à la mer, deux chérifs venus du Djerdjera, s'adressant à des populations qui n'avaient pas encore reconnu notre domination, réussirent à insurger la plupart de ces tribus kabyles. Les efforts qu'ils firent pour propager l'insurrection dans les plaines échouèrent complétement. Au sud de Sétif, les montagnards de la chaîne du Bou-Thaleb n'étaient pas encore entièrement remis de l'agitation causée par le chérif Sy-Sâad. Un autre chérif produisait quelques troubles parmi les tribus kabyles, entre Collo et Philippeville; mais dans aucune de ces contrées nos établissements n'étaient attaqués. Le voisinage de ces foyers de désordre était dangereux, mais l'émotion n'avait pas gagné les tribus soumises.

Nos colonnes poursuivaient avec vigueur leurs opérations au milieu des Ouled-Naïl. Abd-el-Kader, considérablement affaibli par suite des pertes essuyées dans les deux derniers combats, se tenait hors de la portée de nos coups. Il voyait chaque jour nos troupes atteindre quelque fraction des Ouled-Naïl et leur enlever des troupeaux importants. Cette immense tribu ne pouvant se soustraire à notre colonne, fatiguée de fuir, perdait de plus en plus confiance dans les promesses de l'émir, qui annonçait que les cavaliers des Hachems et des Beni-Amer allaient arriver incessamment de la Deïra, sous la conduite de Bou-Hamedi.

Dans le petit désert, auprès du Djebel-Sahari, les Mouïadats, naguère attachés à la cause de l'émir, étaient surpris par nos troupes : 500 moutons, 350 bœufs et 250 chameaux, restaient en notre pouvoir, et la tribu entière faisait aussitôt sa soumission.

Le calme étant rétabli dans la plus grande partie de la province d'Alger, le gouverneur général prépara une expédition pour détruire dans l'Ouarensenis la puissance d'El-Hadj-Seghir. La direction de cette opération fut confiée à S. A. R. monseigneur le duc d'Aumale. Elle réussit à désorganiser complétement le pouvoir que le lieutenant de l'émir s'était créé. Les montagnards étaient las de la guerre, et on pouvait prévoir qu'ils se soumettraient dès qu'une colonne française ferait au milieu d'eux un séjour prolongé.

Bou-Maza fut de nouveau atteint par les troupes de la subdivision d'Orléansville. Blessé au bras, ayant vu tuer sous ses yeux un de ses principaux lieutenants, cet agitateur perdait son crédit sur les populations même les plus crédules. Une partie seulement du bas Dahra résistait à nos armes.

La Deïra de l'émir, toujours campée sur la rive gauche de la Moulouïa, était, de notre part, l'objet d'une surveillance incessante. On apprit bientôt que, loin d'obéir aux ordres de l'émir, qui les appelait dans l'est, les Beni-Amer et les Hachem, au nombre de 25,000 âmes, dont 700 cavaliers, avaient quitté la deïra pour aller, avec l'autorisation de l'empereur du Maroc, s'établir aux environs de Fez. Cette défection porta l'épouvante parmi les partisans d'Abd-el-Kader; ils y virent le principe d'une dissolution menaçante; la protection accordée aux fugitifs par l'empereur Abd-er-Rahman leur fit craindre des entreprises plus sérieuses de la part de ce souverain, soit pour les forcer à se retirer dans le désert, soit pour leur enlever de vive force les prisonniers français retenus dans la Deïra.

Le 1er mai, S. A. R. monseigneur le duc d'Aumale rejoignit la colonne du sud au centre du pays des Ouled-Naïl; quelques jours après, tous les chefs de cette importante tribu venaient faire acte de soumission, et commençaient la perception des amendes considérables imposées en punition de leur rébellion. Déjà la ville de Boucâda et les Ouled-Naïl de l'est avaient été rudement châtiés et étaient rentrés dans le devoir.

Abd-el-Kader, menacé par ces succès, et ne recevant aucun renfort, voyait se réduire chaque jour le nombre de ses adhérents. Pour échapper à nos coups, il s'était retiré dans le Djebel-Amour. La soumission des Ouled-Naïl achevée, cette retraite n'était plus sûre pour lui; déjà nos troupes étaient en mouvement pour l'y attaquer. Il se hâta de quitter ces montagnes et se dirigea vers le sud-ouest, dans l'Oued-Sidi-Nasser. Après son départ, les tribus du Djebel-Amour ne voulurent pas attendre que la colonne française eût pénétré sur leur territoire, elles s'empressèrent de se soumettre, et, dans l'espace de trois jours seulement, acquittèrent une contribution de guerre de 3,000 bœufs et de 7.000 moutons. Ce groupe de tribus peut mettre sous les armes 2.000 fantassins et 350 cavaliers.

Le retour du beau temps permit de diriger une nouvelle expédition dans l'Ouarensenis; M. le maréchal duc d'Isly la commandait en personne. Les montagnards n'opposèrent aucune résistance, et dès qu'ils furent convaincus que la colonne ne quitterait leur pays qu'après avoir obtenu leur soumission, ils vinrent tous successivement implorer le pardon et se mettre à notre discrétion. Bou-Maza et El-Hadj-Seghir s'enfuirent honteusement et rejoignirent l'émir dans l'Oued-Sidi-Nasser.

Les efforts combinés des commandants supérieurs des deux subdivisions de Mostaganem et d'Orléansville triomphèrent enfin de l'opiniâtre résistance du Dahra. Là, comme dans l'Ouarensenis, les tribus livrèrent leurs fusils et furent mises dans l'impuissance de pouvoir recommencer la lutte.

Dans l'est de la subdivision de Médéah, des tribus importantes, habitant la chaîne de l'Ouennougha, qui sépare la province d'Alger de celle de Constantine, restaient insoumises. Elles avaient livré passage à Abd-el-Kader lorsqu'il se rendait dans le Djerdjera ; elles commandaient, pour ainsi dire, la communication entre nos deux provinces : il était nécessaire de les châtier, de les forcer à reconnaître l'autorité française. Le gouverneur général confia cette mission à monseigneur le duc d'Aumale. S. A. R. devait en même temps étudier le pays pour déterminer l'emplacement d'un nouveau poste qui, placé entre Médéah et Sétif, servirait de point d'appui aux opérations militaires, rendrait plus facile, au besoin, la répression des soulèvements dans une grande étendue de territoire, et contiendrait les Kabyles dans leurs montagnes. Sur ce point aussi, un petit nombre de jours suffit pour faire accepter notre domination. Monseigneur le duc d'Aumale rentra à Alger après avoir obtenu la soumission de tout le Ksenna et réorganisé l'administration des tribus de Médéah, laissant à Sour-el-Ghozlan les troupes qui devaient faire les premiers travaux d'établissement du nouveau poste (aujourd'hui Aumale).

Dans la province de Constantine, nos succès n'étaient pas moins remarquables. Une faible colonne, envoyée dans les montagnes du Bou-Thaleb, obtenait les résultats les plus satisfaisants, faisait disparaître les dernières traces du passage du schérif Sy-Sàad, et rétablissait, dans cette partie de la subdivision de Sétif, l'ordre et la confiance.

La retraite d'Abd-el-Kader par la vallée de Sidi-Nasser, son arrivée à Stitten, ralentit un peu, sans cependant l'arrêter, la soumission des tribus du sud de la province d'Oran. Les Harars acquittaient la contribution considérable qui leur avait été imposée ; les diverses fractions des tribus du Tell, émigrées au sud, rentraient sur leur territoire.

Depuis quelques mois, les tribus marocaines s'étaient fait une habitude de l'impunité. Non-seulement elles comptaient toujours des cavaliers dans les bandes de pillards qui venaient exercer leurs rapines bien avant sur notre territoire, mais elles avaient encore figuré pour des contingents considérables dans l'échauffourée excitée par le sultan Essid-el-Fadel, et s'étaient avancées avec lui jusqu'à moins de 15 lieues de Tlemcen. Les autorités marocaines étaient trop peu obéies des tribus de la frontière, et ne pouvaient pas nous donner satisfaction pour ces violations de notre territoire, il fallait obtenir nous-mêmes une réparation indispensable pour nos justes griefs. Cette opération délicate fut conduite avec un plein succès : une de nos colonnes franchit la frontière et surprit les tribus marocaines dont nous avions à nous plaindre. Elle enleva 700 bœufs, 2,000 têtes de menu bétail, 300 bêtes de somme et 30 chameaux aux Ouled-Riah, Ouled-Siri-Medjred, Beni-Oumid (tribus algériennes émigrées), et aux Ouled-Ali-Ben-Tala, Ouled-Azouz et Beni-Hamlit (tribus marocaines agressives). Ce coup de main impressionna fortement les populations de la frontière; il rendit la confiance à nos tribus, qui se sentirent protégées, et favorisa la rentrée des émigrés sur le territoire algérien.

Ainsi se trouvaient éteints les derniers foyers de l'insurrection générale de 1845. Toutes les tribus rebelles avaient été frappées et étaient venues implorer le pardon, acceptant les conditions qui leur étaient imposées. On peut dire qu'à l'issue de cette longue et difficile lutte, la France apparaissait aux indigènes plus grande, plus puissante, plus redoutable qu'avant. Nos ennemis les plus ardents et les plus fanatiques avaient péri dans la lutte, ainsi que quelques-uns des chefs les plus importants qui avaient accompagné Abd-el-Kader dans l'est.

La satisfaction qu'inspirait en France et en Algérie la situation favorable de nos affaires fut troublée par un déplorable incident, le massacre des prisonniers français détenus à la Deïra de l'émir. Le premier bruit de cette affreuse catastrophe fut porté à Oran par une balancelle partie de Djemmâa-Ghazouet le 9 mai. Les renseignements circonstanciés recueillis à proximité de la frontière permirent d'apprécier les causes de ce funeste événement. On reconnut bientôt qu'il était le résultat de la double crise que venait de traverser la puissance d'Abd-el-Kader. Obligé de fuir sans cesse devant nos troupes, attendant en vain les secours qu'il avait réclamés de la Deïra; surpris par la défection inattendue des Beni-Amer et des Hachems, désespérant de voir accepter par la France une négociation officielle et publiquement avouée pour l'échange des prisonniers, resserré chaque jour dans un cercle plus étroit, pressé par la disette et les besoins de toutes sortes, l'émir se laissa arracher l'ordre barbare de massacrer nos prisonniers. Cette odieuse boucherie s'accomplit de nuit, sur les bords de la Moulouïa, où la Deïra était encore établie. Onze personnes, la plupart officiers, furent épargnées; quelques soldats parvinrent à se sauver et se réfugièrent dans les douars des Beni-Tenassen, tribu marocaine (1).

Cet acte cruel n'apporta aucune amélioration à la situation de la Deïra. Elle ne se composait plus que de la famille d'Abd-el-Kader et d'un certain nombre de tentes des Hachems; elle comptait environ une centaine de cavaliers et 400 fantassins; les principaux chefs, tels que Ben-Arach et Bou-Hamedi, s'étaient volontairement retirés dans les villes intérieures du Maroc. Mustapha-Ben-Tami, oncle de l'émir, avait le commandement de ces débris de la puissance de son neveu.

---

(1) Il est aujourd'hui certain, ainsi que nous l'avons dit déjà, qu'Abd-el-Kader était complètement étranger au massacre des prisonniers de la Deïra.

Abd-el-Kader lui-même, ayant autour de lui à peu près 200 cavaliers, s'enfonçait de plus en plus dans le sud-ouest, poursuivi par une colonne française. A plusieurs reprises, nos soldats le forcèrent d'abandonner précipitamment le gîte où il était arrivé à peine depuis quelques heures ; il fut rejeté ainsi jusqu'à la frontière du Maroc, à la hauteur de l'oasis de Figuiez.

Notre marche rapide dans cette zone reculée amena la soumission de quelques tribus nomades de la province d'Oran.

A l'est de nos possessions, deux foyers de désordre restaient encore à étouffer : l'un au nord de Sétif, l'autre vers la frontière de Tunis. Des opérations dirigées contre les deux chérifs établis dans les montagnes, situées au nord de Sétif, eurent promptement une issue très-satisfaisante. Ces Kabiles turbulents, battus dans plusieurs rencontres, furent enfin réduits à l'obéissance, et les chérifs évacuèrent leur territoire.

Plusieurs autres événements se sont passés sur la frontière de Tunis. Le plus important de tous est celui qui a été provoqué par le massacre d'un convoi de malades dirigé sur Guelma. Le châtiment infligé par nos troupes à la tribu sur le territoire de laquelle ce crime avait été commis fut aussi terrible, peut-être, que le crime lui-même.

Ces divers événements ne donnèrent toutefois aucune inquiétude sur la tranquillité générale de la province de Constantine.

En abandonnant les bords de la Moulouïa, Abd-el-Kader établit sa Deïra à Aïn-Zohra, à 72 kilomètres environ de la ville de Thaza ; il employait toute son habileté et son énergie à rétablir sa cavalerie et à se créer de nouvelles ressources. Les troupes de la subdivision de Tlemcen, échelonnées sur la frontière, surveillaient ses mouvements, et on était prêt à repousser victorieusement toute nouvelle agression de sa part.

Au même moment eut lieu une tentative de trouble dans le Dahra et sur le Kiou, mais elle fut vite réprimée.

La province de Constantine, qui était calme depuis deux mois, fut tout à coup le théâtre d'un événement fâcheux, le meurtre d'un de nos kaïds, dans les montagnes situées entre la route de Bône et Philippeville. Cet assassinat fit infliger par nos troupes un châtiment sévère à la tribu chez laquelle le crime avait été commis. Cette expédition amena l'arrestation des coupables, et la tribu paya une amende de 55,000 francs.

Dans les premiers jours du mois d'octobre, Djelloul, cheikh du Djebel-Amour, vint à Alger avec une suite nombreuse pour recevoir l'investiture. La soumission de ce chef renommé, qui n'avait jamais voulu accepter de rapport direct avec les autorités françaises, et qui se rendait d'un pays aussi éloigné au siége de notre gouvernement, fut pour les tribus du Tell et du désert un fait éclatant. Cette démarche nous assura le concours de ce chef actif et redouté, qui dispose, presque en maître souverain, de toutes les populations de ces montagnes.

A Bougie, un engagement très-vif eut lieu, le 19 octobre, entre la garnison et la tribu kabyle de Mzaïa. Ce combat, terminé à notre avantage, détermina un commencement de relations entre les autorités de cette ville et quelques chefs importants des tribus voisines.

Bou-Maza, rentré à la Deïra avec El Hadj-Seghir, se lassa des lenteurs et des atermoiements qu'Abd-el-Kader opposait sans cesse à ses projets d'agression contre les Français, il quitta la Deïra et se rapprocha de la frontière pour essayer sa puissance sur les tribus limitrophes. Il répandit un grand nombre de lettres dans les populations algériennes les plus voisines, il convoqua des assemblées et fit des prédications au milieu des tribus marocaines; mais, d'un côté comme de l'autre, ses efforts échouèrent. Forcé de reconnaître son impuissance, il crut en avoir trouvé la cause dans des menées entreprises par Abd-el-Kader, qu'il jugeait jaloux de sa renommée et de son courage. Sa méfiance excitée, le désaccord devint plus profond entre l'émir et lui, et à la suite d'assez violentes querelles, il jugea prudent, dans l'intérêt de sa sûreté, de s'enfuir de la Deïra. Suivi de 40 cavaliers seulement, il se dirigea sur Stitten, annonçant l'intention de gagner l'est.

A peu près à cette même époque, on obtint la délivrance des onze prisonniers français moyennant une rançon de 33,000 francs.

Après avoir quitté la Deïra, Bou-Maza traversa Stitten. Cette localité ne lui offrant aucune ressource, il ne s'y arrêta que peu de jours. Il sonda en vain les dispositions des tribus nomades de l'ouest, il les trouva toutes lasses de la guerre. Le Djebel-Amour ne lui fut pas plus hospitalier. Vivement poursuivi par la cavalerie légère de Djelloul, plusieurs de ses partisans furent tués. Il fut mieux accueilli chez les Oulad-Naïl, mais il ne voulut s'arrêter que dans la partie où la puissance de nos armes ne s'était pas encore fait sentir.

L'année se termina sans incident remarquable.

1847.

Les relations nouées avec les chefs des tribus voisines de Bougie, à la suite du combat du 19 octobre, hâtèrent la manifestation de dispositions tout à fait inespérées chez les Kabiles de Bougie et de Sétif. Sur ces deux points, les montagnards, fatigués d'un état d'hostilité qui rendait tout commerce impossible; frappés des succès obtenus par nous sur l'insurrection générale; prévoyant pour leur pays les dangers d'une guerre de conquête, sont venus d'eux-mêmes se ranger sous notre domination.

Par suite de ces soumissions, les tribus des Mzaïa, des Beni-bou-Messaoud et des Beni-Mimoun, situées à proximité de la ville, sont placées sous la surveillance directe du commandant supérieur de Bougie. Ces premières soumissions ont déterminé Mohammed-ou-

Amezian, le chef de la résistance que nous avions rencontrée, à envoyer ses plus proches parents vers les autorités françaises. « Las de la guerre et convaincus, ont-ils dit, que l'heure indiquée par Dieu pour la soumission de notre pays et de notre race est arrivée, nous ne pouvons qu'obéir aux décrets du Tout-Puissant. » Treize grandes tribus se sont associées à la démarche de Mohammed-ou-Amezian. Elles ont été organisées en trois kaïdats indépendants les uns des autres, et relevant de l'autorité française. Ces tribus sont établies dans la rivière de Bougie, en remontant vers le pays des Ouled-el-Khalf, qui, depuis longtemps, ont fait leur soumission à Sétif. Ainsi se trouve ouverte la communication directe entre Bougie et Sétif.

La solution pacifique de l'importante question de la Kabilie semble recevoir une confirmation définitive par la soumission de Sy-Ahmed-ben-Taïeb ben-Salem, ancien khalifa de l'émir. Ce chef, qui exerce une influence incontestée dans la plus grande partie du Djurdjura, s'est rendu le 27 février au nouveau poste d'Aumale, et a reconnu l'autorité française par cette démarche significative. M. le maréchal duc d'Isly a reçu sa soumission. Le Kabile Bel-Kassem-ou-Kassi, qui s'était fait un nom pendant la dernière insurrection, des personnages importants réfugiés dans la Kabilie, et tous les chefs notables de la vallée du Sabaou et des revers ouest et sud du Djurdjura, ont suivi l'exemple de Ben-Salem. Ces heureux événements sont des gages nouveaux pour l'affermissement de la sécurité dont jouit la partie orientale de la province d'Alger.

Cette sécurité semble un instant sur le point d'être troublée; une fraction de la tribu des Mzaïa, très-hostile aux tendances pacifiques des tribus des environs de Bougie, massacre quatre Kabyles, pour les punir d'avoir paru au marché de Bougie et intimider ainsi les tribus voisines. Le commandant de Bougie ne tarde pas à tirer vengeance de ce guet-apens. Une colonne de 600 hommes sort de la ville pendant la nuit, attaque avec impétuosité le village d'El-Habel, habité par la tribu coupable; celle-ci perd beaucoup de monde; ses habitations sont dévastées.

Bou-Maza, après avoir quitté furtivement la deïra d'Abd-el-Kader, suivi d'une quinzaine de partisans, s'était dirigé sur Stitten, avec l'intention de se jeter dans l'est. Il pénètre dans les Ziban, n'entraînant avec lui que quelques cavaliers des Ouled-Naïl. Le général commandant la province de Constantine lance à sa poursuite deux colonnes légères. Une affaire très-vive a eu lieu, le 10 janvier, à Sidi-Khaled, chez les Ouled-Djellal, que Bou-Maza avait visités la veille. Après un combat opiniâtre, les Ouled-Djellal se rendent à discrétion. Une amende de 50.000 francs leur est imposée. Abandonné de ses partisans, dépouillé de tout prestige aux yeux des populations, Bou-Maza veut tenter un dernier effort dans le Dahra; mais presque toutes les populations restent sourdes à sa voix. Bien plus, comme gage de leur fidélité, elles ont déjà livré aux autorités françaises un de ses anciens lieutenants, le nommé El-Guerib, qui s'était fait passer pour mort à la suite des combats [de l'année précédente. Traqué de tous côtés par nos troupes, peu s'en faut que Bou-Maza ne soit fait prisonnier, près de Teniet-el-Haad, par les cavaliers du bureau arabe de cette place. Obligé de fuir l'asile qu'il avait trouvé chez les Ouled Younès, il ne lui reste d'autre parti que de s'en remettre à la générosité de la France. Il se fait conduire, en conséquence, auprès du commandant supérieur d'Orléansville, par quelques cavaliers chargés de veiller à la rentrée des impôts (13 avril). Le gouvernement le fait amener et interner en France.

Pendant que nos soldats pourchassent Bou-Maza dans l'est, nos troupes se montrent chez les Ouled-Naïl de l'ouest, afin de prévenir de ce côté les tentatives du chérif. Une fraction de cette tribu ayant refusé de nous obéir, six douars sont châtiés, le 3 janvier. La même colonne exécute, le 15, une nouvelle razia, à Djella, sur les Ouled-Aïssa, fraction des Ouled-Naïl-Gharaba. Cette apparition de nos troupes, au milieu des rigueurs de l'hiver, par des chemins couverts de neige, dans des contrées éloignées de 320 kilomètres de nos postes les plus avancés, produit une vive impression sur les tribus du sud, qui se décident à se ranger sous notre autorité.

Le 17 avril, une colonne part de Teniet-el-Haad pour le Djebel-Amour, dans le but d'aller rétablir le bon ordre dans le pays et de régler quelques dissentiments entre nos chefs.

Les Ouled-en Nihr et les Ahmian-Gharaba, tribus au sud de Tlemcen, donnent encore des gages de fidélité à Abd-el-Kader; un vigoureux coup de main est dirigé contre elles et couronné d'un plein succès. On leur prend 33,000 moutons, 500 chameaux, des chevaux, des tentes, et on leur fait, en outre, un grand nombre de prisonniers (13 janvier).

Dans la subdivision de Tlemcen, nos colonnes continuent à opérer, et obtiennent sans coup férir la soumission des ksour de Chellala, d'Asla, de Thyout, des habitants de Bou-Semghoun et de l'importante tribu des Ouled-Sidi-Cheikh (avril).

Les soumissions de Ben-Salem, de Bel-Kassem ou Kassi et de quelques autres chefs kabyles, avaient, ainsi que nous l'avons dit, rendu tributaires de la France les revers ouest et sud du Djurdjura et la vallée de l'Oued-Sebaou; mais les communications entre Sétif et Bougie étaient loin d'être assurées. C'est pour atteindre ce but désirable qu'une expédition dans la grande Kabylie avait été depuis longtemps préméditée. Le moment pour l'entreprendre paraissait d'ailleurs d'autant plus opportun, qu'un chérif du nom de Mouley-Mohammed excitait alors les Kabyles contre nous par de fanatiques prédications.

Avant d'entrer en campagne, le gouverneur général adresse une proclamation aux tribus kabiles de la grande vallée de l'Oued-Saheul et de la Soumam, ainsi qu'à celles du nord de Sétif et de Bougie, en les invitant à chasser de leurs montagnes Mouley-Mohammed et à reconnaître l'autorité de la France, si elles ne veulent attirer sur elles toutes les calamités de la guerre. Deux colonnes se dirigeant sur Bougie partent, l'une de Sour-Ghozlan (Aumale), l'autre de Sétif. Le point de concentration des troupes de la province d'Alger est le fort de Hamza. Le 13 mai, le maréchal Bugeaud prend le commandement de cette colonne; il arrive le 15 dans la vallée de l'Oued-Saheul, et reçoit la soumission des tribus habitant les hauteurs de cette vallée. Les chefs marchent avec la colonne et lui servent de guides. Seuls les Beni-Abbas et les Zouaoua, tribus puissantes de la rive droite et de la rive gauche, se disposent à la résistance. Dans la nuit, les Kabyles se précipitent en grand nombre sur le camp en poussant des cris et en s'excitant au combat par des chants de guerre; mais leur impétuosité vient se briser contre l'attitude énergique des grand'gardes qui, à plusieurs reprises, ne parviennent à se dégager qu'en chargeant à la baïonnette. A la pointe du jour, 8 bataillons sans sacs, de l'artillerie de montagne et une partie de la cavalerie s'élancent à la poursuite de l'ennemi. Les deux crêtes des rochers occupées par les rassemblements kabyles sont abordées avec une admirable résolution par nos soldats, qui, parfaitement secondés par les obus et les fusées à la congrève de l'artillerie, débusquent l'ennemi de cette formidable position, et le poursuivent jusque dans les villages des Beni-Abbas, situés dans les parties les plus arduœs des montagnes; quelques heures suffisent à nos troupes pour emporter ces villages d'assaut, malgré la résistance désespérée des habitants, et en opérer la dévastation. Abattus par ce terrible châtiment, les Beni-Abbas viennent faire leur soumission et implorer la clémence du chef de l'armée. On arrive, sans nouvelle agression, sous les murs de Bougie.

De son côté, la colonne partie de Sétif n'éprouve de résistance que chez les Ghcboula, le 16, dont elle a facilement raison. Elle soutient un petit engagement le 18; après quoi, recevant sur sa route la soumission des tribus dont elle foule le territoire, elle opère sa jonction avec le corps du maréchal.

Le résultat de cette expédition fut la reconnaissance de notre autorité par 55 tribus comprises dans le triangle formé par les trois points Bougie, Hamza et Sétif. Ces tribus peuvent mettre sous les armes un contingent d'au moins 33,000 combattants. Le gouverneur général ne quitte le pays qu'après avoir procédé à son organisation administrative.

Dans la province de Constantine, 4 colonnes, parties de Bône, Sétif, Batna et Biskara, continuent le cours de leurs opérations et se montrent simultanément dans le pays des Nememcha, vers Bou-Sada, dans les montagnes de Collo et sur la frontière de Tunis.

La grande tribu des Nemencha qui avait fui à notre approche et s'était réfugiée sur le territoire de Tunis, fatiguée de voir son pays occupé par nos troupes, ses moissons dévorées par notre cavalerie, se soumet à notre domination. On évalue sa population à 50,000 âmes.

La tribu des Mehatla, près la frontière de Tunis, s'étant rendue coupable de quelques méfaits et de plusieurs actes d'insubordination, la colonne de Bône exécute contre elle, par une marche rapide, une razia qui produit 20,000 moutons, 800 bœufs et 500 chameaux.

Des malfaiteurs, appartenant aux tribus des montagnes de Collo, infestaient fréquemment la route de Philippeville à Constantine. Ces déprédations, de nature d'ailleurs à nuire au progrès de la colonisation dans la vallée du Saf-Saf, ne pouvaient être tolérées. Le général commandant la province de Constantine réunit un corps de troupes à Milah (14 juin), et pénètre par le Djebel-Sgao chez les Beni-Telilan, les Beni-Kaïd, les Beni-Khettab, les Ouled-Embarek et les Achaïch. Les chefs de ces diverses tribus se portent au-devant de notre colonne et réclament l'investiture.

Le 20 et le 21 la colonne est harcelée chez les Ouled-Ajdoun; mais les assaillants ne peuvent résister à la vivacité de nos retours offensifs; acculés dans les ravins, ils perdent une cinquantaine d'hommes et se retirent, traînant avec eux un plus grand nombre de blessés. Cette vigoureuse leçon met fin à toute hostilité; la grande tribu des Beni-Salah fait sa soumission, et les chefs des tribus de la contrée, réunis dans notre camp, s'engagent à prévenir désormais tout désordre sur la route de Philippeville à Constantine.

Pendant les mois de juillet, août et septembre, l'Algérie jouit du calme le plus parfait. Depuis la frontière du Maroc jusqu'à celle de Tunis, depuis la Méditerranée jusqu'à l'extrême limite du petit désert, l'autorité de la France est reconnue et respectée.

Un seul événement, de peu d'importance, du reste, est venu troubler le calme général. Les Kabyles des environs de Djidjelli, cédant aux instigations du marabout Mouley-Mohammed, ont attaqué, le 13 octobre, les avant-postes de la place. La garnison leur a tué quelques hommes et les a mis en déroute complète.

Depuis quinze mois environ, une partie des troupes de la division d'Oran avait principalement pour mission de surveiller les mouvements de la deïra d'Abd-el-Kader. La position de l'émir, très-précaire au moment du rachat de nos prisonniers, c'est-à-dire vers le mois d'octobre 1846, s'était considérablement améliorée. Son influence sur les tribus de la frontière du Maroc allait chaque jour grandissant; aussi s'attendait-on à lui voir d'un moment à l'autre lever ouvertement l'étendard de la révolte contre Mouley-Abd-er-Rahman. Déjà il avait eu l'audace d'attaquer et de tailler en pièces un corps de cavaliers marocains qui s'étaient approchés de la deïra. La lutte est imminente entre Abd-el-Kader et l'empereur du Maroc. (Juin.) Un camp de troupes marocaines commandées par le neveu de Mouley-Abd-er-Rahman et le kaïd El-Hamar est réuni sous Taza, dans le but évident d'opérer contre l'émir. Celui-ci n'attend pas qu'on l'attaque. A la tête de 1,200 réguliers, de 400 fantassins et 2,000 cavaliers environ, il arrive, à marche forcée, pendant la nuit en vue du camp marocain, établi sur les bords de l'Oued-Aslif. Réveillés par la fusillade, les Marocains ne songent pas à se défendre et lâchent pied; le neveu de l'empereur s'enfuit avec son makhzen jusqu'à Fez; le kaïd El-Hamar est fait prisonnier et décapité. Si cet acte de vigueur produit un excellent effet parmi quelques tribus, le plus grand nombre comprend qu'une lutte décisive va s'engendrer entre Mouley-Abder-Rahman et Abd-el-Kader. Ce dernier, dans l'espoir de s'assurer le concours des tribus du Rif qui hésitent à le reconnaître pour sultan, fait répandre habilement par ses émissaires qu'il n'agit qu'avec l'assentiment du roi des Français, qui lui garantit la souveraineté du pays, et, comme ces assertions ne se justifient guère par l'accueil fait à tous les messages qu'il adresse à nos généraux, messages restés sans réponse, il a soin de nouer des relations amicales avec le gouverneur espagnol de la place de Mellila, qu'il fait passer, aux yeux des indigènes, pour l'intermédiaire de ses négociations avec la France.

Cependant l'empereur du Maroc se dispose à agir énergiquement contre Abd-el-Kader; il se rend de sa personne à Fez, pour surveiller de plus près les opérations. Par ses ordres, un terrible châtiment est infligé aux tribus qui ont entretenu des relations avec l'émir. Les Hachem et les Beni-Amer sont à peu près exterminés. Ce malheur, attiré par Abd-el-Kader sur la tête de ses plus anciens auxiliaires, et notamment sur la tribu qui lui a donné le jour, refroidit singulièrement le zèle de ses partisans. Ne pouvant se dissimuler la gravité de sa situation, il s'efforce de calmer la colère de l'empereur et de lui faire considérer l'attaque du camp de l'Oued-Aslif comme une affaire toute personnelle entre lui et le kaïd El-Hamar. Toutes ses excuses sont repoussées. Les fils de l'empereur, auxquels il offre sa soumission, refusent de l'accepter, et lui font savoir que c'est à Fez qu'elle doit être apportée par Bou-Hamedi, son khalifa. Arrivé à Fez, cet envoyé est retenu prisonnier. (Novembre.) Au moment où s'ouvrent ces négociations, Abd-el-Kader est cerné par trois colonnes de troupes marocaines, dont deux sont commandées par les fils de l'empereur, tandis que le général de Lamoricière est sur notre frontière avec un corps de 3,000 hommes et 1,000 chevaux, prêtant appui par sa présence aux troupes marocaines.

Le 9 décembre, l'empereur fait connaître son ultimatum à Abd-el-Kader, qui, ne trouvant pas acceptables les conditions proposées, se prépare à une résistance désespérée. Il prend ses dispositions pour attaquer le camp le plus rapproché de la deïra, placé sous le commandement de Mouley-Ahmed, l'un des fils de l'empereur. Afin de suppléer au nombre par la ruse, il a recours au stratagème que voici : deux chameaux enduits de poix et entourés d'herbes et de broussailles sèches sont, tout en feu, lancés pendant la nuit dans le camp du prince marocain; mais la ruse, ayant été éventée par des déserteurs de la deïra, manqua complétement son effet. Mouley-Ahmed avait abandonné son camp et s'était replié sur celui de son frère.

Abd-el-Kader pousse jusqu'au second camp, où le combat s'engage à outrance. Les pertes sont considérables; mais, écrasé par des forces dix fois supérieures, l'émir est obligé de battre en retraite, et n'échappe que difficilement à la poursuite des Marocains. Il ne s'arrête qu'au lieu dit Aguedin, situé entre la partie inférieure de la Moulouïa, la mer de la montagne de Kebdana, presque en face des îles Zaffarines.

Après ce premier succès, les Marocains obtiennent des autorités françaises des munitions de guerre, qui leur manquent. Telle est la situation, lorsque le duc d'Aumale part d'Alger, le 18 décembre, pour Djema-Ghazaouat, où l'état de la mer l'empêche de débarquer avant le 23.

Dans l'intervalle, les Marocains, dont le mauvais temps et l'absence de munitions avaient paralysé les mouvements, s'ébranlent de nouveau. Abd-el-Kader reconnaît qu'il n'y a plus de salut pour lui qu'en dehors du territoire marocain. Le 21, la deïra commence à traverser la Moulouïa. A cette vue, les camps et les Kabyles marocains se précipitent sur les fuyards. La destruction complète de la deïra paraît inévitable. Abd-el-Kader fait un appel suprême au courage de ses meilleurs cavaliers et de ses fantassins réguliers, et, au prix de la moitié de son monde, couvre le passage de la deïra et la conduit jusqu'à l'Oued-Kis, sur la frontière française. Dès ce moment, la deïra ne pouvait nous échapper; Abd-el-Kader a gagné les Beni-Snassen par le col des Kerbous. Il s'y présente, en effet, pendant la nuit; mais, accueilli par les coups de fusil du poste que nous y avions placé pour en garder le passage, voyant sa deïra compromise, Abd-el-Kader demande à parlementer. Il offre de se livrer entre les mains des Français. Vingt-quatre heures se passent en échange de communications, Abd-el-Kader est reçu avec les honneurs militaires au marabout de Sidi-Brahim, dernier théâtre de ses exploits contre nous, et conduit à Djema-Ghazaouat, au duc d'Aumale qui vient de débarquer. Introduit auprès du gouverneur général de l'Algérie, Abd-el-Kader dépose humblement ses sandales sur le seuil de l'appartement, attend un signal du prince pour s'asseoir, garde un instant de silence, et dit en s'exprimant en arabe : « J'aurais voulu faire plus » tôt ce que je fais aujourd'hui, j'ai attendu l'heure marquée par » Dieu. Je demande l'aman du roi des Français pour ma famille et » pour moi. »

L'ex-émir emploie la journée du 24 au règlement de ses affaires personnelles. Dans la soirée, il s'embarque pour Oran avec le gouverneur général, et de là on le dirige immédiatement sur Toulon, avec sa mère, ses femmes, ses enfants, des membres de sa famille et quelques serviteurs fidèles, en tout quatre-vingt-dix-sept personnes.

Telle est, au sujet de la soumission d'Abd-el-Kader, la relation du livre officiel; ajoutons maintenant que l'émir pouvait facilement nous échapper et nous faire beaucoup de mal encore, et qu'il ne s'est rendu qu'à la condition qu'il serait transporté avec tout son monde, soit en Arabie, soit en Asie. Le gouverneur général a adhéré à cette proposition. Abd-el-Kader a donc été retenu captif contre toutes les lois de l'honneur et de la dignité. L'histoire en fera justice.

1848.

L'année 1848 s'ouvre pour l'Algérie sous les plus heureux auspices. Avec Abd-el-Kader et Bou-Maza tout ferment d'agitation a disparu. Les tribus et les personnages les plus hostiles à notre domination se rapprochent de nous, et il ne faut rien moins que la nouvelle de la révolution de février, à la suite de laquelle quelques fauteurs de désordres nous représentent comme étant dans l'impossibilité de garder notre conquête, pour provoquer sur quelques points des symptômes d'insurrection ; mais, comprimées à leur début, ces manifestations isolées n'ont pas de suites sérieuses.

Jusqu'au dernier moment, et nonobstant les châtiments qu'elle avait encourus à ce sujet, la grande tribu des Ahmian-Gharaba était restée fidèle à Abd-el-Kader. La chute de l'émir la détermine à demander l'aman. Le chiffre de sa contribution est fixé à 100,000 fr.

Suivant l'exemple de Bou-Maza et d'Abd-el-Kader, le chérif Mouley-Mohammed, qui avait été longtemps un des agitateurs de la Kabilie, se rend à Aumale et se livre à la générosité du gouvernement français.

Temacin, ville de l'oasis de l'Oued-Righ, située à quelques lieues de Tuggourt, favorisant la rébellion en donnant asile à tous les Ouled-Naïl insoumis, le cheikh Bou-Lifa-ben-Amou-ben-Djellab prend sur lui d'avoir raison de ces actes d'hostilité, et marche contre les gens de Temacin. Après quatre jours de combat, il force ses adversaires à capituler, et leur fait promettre de se conduire désormais plus loyalement à notre égard.

Des symptômes d'insurrection s'étaient manifestés dans le Tittery. Les Righa avaient refusé de payer le zekkhat, blessé et chassé leur kaïd. Les Beni-Hassen avaient commis plusieurs actes d'insubordination.

Une répression immédiate était nécessaire. Une colonne part en conséquence de Médéah, et après six jours tout était terminé sans qu'un seul coup de fusil eût été tiré. Les Righa payaient une forte amende, les chefs de la révolte étaient en prison. Les Beni-Hassen se soumettaient à discrétion ; 35 des leurs, qui avaient dirigé les troubles, étaient envoyés à Alger. Les autres tribus compromises sont frappées d'amendes proportionnées à leurs méfaits.

La colonne continue ensuite ses opérations pour punir et ramener à la soumission les tribus du sud. Elle visite les diverses parties des Ouled-Naïl jusqu'à la limite du désert et leur fait payer des amendes et les impôts arriérés ; après quoi la colonne rentre à Médéah, laissant tout le pays qu'elle a parcouru dans les meilleures dispositions à notre égard.

Dans l'aghalik des Beni-Ouragh ressortissant à la subdivision de

Mostaganem, nous avions également à punir des actes de désobéissance. Les forces combinées de Mostaganem et d'Orléansville se réunissent aux sources du Sensig. Les Matmata paraissent décidés à la résistance ; ils nous livrent deux combats, les 1ᵉʳ et 3 mai. Vaincus, ils se soumettent le 7. Dès les 5 et 6 mai, les Eudjema et les Ouled-Defelten font leur soumission, payent le zekkat et une amende.

A la date du 15 mai, la pacification de l'aghalik des Beni-Ouragh était terminée. La colonne d'Orléansville rentre dans ses cantonnements ; celle de Mostaganem se porte chez les Flita, et, de concert avec les troupes de Mascara, amène à composition les fractions de cette grande tribu qui s'étaient agitées à l'exemple de leurs voisins.

Il fallut cependant faire usage de la force contre les Cheurfa-Flita. Après un combat livré le 17 mai, ils demandent à capituler et exécutent en quarante-huit heures toutes les conditions qui leur sont imposées.

En avril, nos troupes parcourent tout l'ouest et le sud de la subdivision de Batna, rétablissent l'ordre dans le Belezma et font rentrer dans le devoir une partie des Ouled-Soltan et la tribu des Hallouia qui avait désobéi à son kaïd.

La même colonne part, le 10 mai, de Batna pour consolider, dans l'Aurès, l'autorité de nos kaïds et faire rentrer les impôts. Elle châtie, le 13, la tribu de Beni-Oudjana et détruit leur dachera où étaient renfermées leurs richesses. Cette destruction frappe d'une frayeur salutaire les habitants du pays et leur ôte toute idée de résistance ; ils demandent l'aman et payent l'impôt.

Cette opération est couronnée par un événement important : la soumission d'Ahmed, ex-bey de Constantine. Cerné par les troupes de Batna et de Biskara, il se rend à discrétion, sous la seule condition de conserver ses effets mobiliers, chevaux, armes, bagages, etc., etc. Il est conduit à Alger et mis à la disposition du gouvernement.

Les bonnes dispositions des Ahmian-Gharaba n'avaient pas été de longue durée. Sur le bruit répandu de l'affaiblissement excessif de l'armée d'occupation, par suite de la rentrée en France de plusieurs régiments et des discordes intestines qui, d'après les faiseurs de nouvelles, réduisaient la France à l'impuissance, cette tribu incorrigible recommence à inquiéter les tribus fidèles ; nos troupes de Tlemcen tombent, le 24 juin, sur cinq douars des Ahmian-Gharaba, pendant que notre agha Kaddour-Ould-Adda surprend et enlève cinq autres douars qui s'étaient avancés jusqu'à la pointe du Chott-Cherguy.

L'armement et la défense des côtes de l'Algérie se poursuivent avec une grande activité.

La seule nouvelle que la France et l'Algérie en particulier vont être l'objet des agressions des puissances de l'Europe suffit pour pousser les indigènes à la révolte. La tribu de Mzaïa-Fouaga est des premières à s'insurger contre notre autorité. Elle refuse l'impôt et chasse le kaïd nommé par nous. Une colonne part d'Alger, par mer, le 4 juillet, attaque les Mzaïa dans la journée du 5 et du 6, et leur fait éprouver de grandes pertes. Cette apparition subite de nos troupes, au moment où nous étions représentés aux yeux des Kabyles comme considérablement affaiblis, raffermit notre autorité dans la Kabylie. Le 7, les Mzaïa font leur soumission et acquittent les amendes qui leur sont imposées. Dès le 6, après le succès de nos combats, un rapprochement a lieu entre le général français et le fameux Amzian-Oulid-Ou-Rabah, véritable chef de la vallée inférieure de l'Oued-Saheul.

Une colonne part de Constantine le 3 août pour Sidi-Merouan, près de Milah; elle doit assurer la perception de l'impôt et protéger les tribus environnantes contre les gens de Ben-Azzedin.

La présence de nos troupes sur ce point est également nécessaire pour procéder à la destitution du cheikh Bou-Ghenan, et nommer Bou-Lakhras, son neveu, au kaïdat de Zouagha.

Le 7 et le 8, nos troupes sont attaquées par les gens de Bou-Ghenan-ben-Azzedin, conduits par ce chef; nous avons quelques blessés et deux tués; les pertes de l'ennemi sont beaucoup plus considérables. Les tribus de la rive droite du Rummel font leur soumission au nouveau kaïd.

Le 14, le fourrage est encore inquiété: quelques-uns de nos hommes sont blessés; une charge de nos chasseurs fait éprouver à l'ennemi des pertes nombreuses. Le 30 août et le 2 septembre, le camp français est attaqué la nuit par Ben-Azzedin; des renforts arrivent à Sidi-Merouan, et le 8 et le 9, après deux combats très-vifs, les principaux villages de Ben-Azzedin sont envahis, incendiés; l'ennemi perd plusieurs centaines d'hommes. Le 10, les frères de Ben-Azzedin offrent leur soumission, qui est acceptée.

Les Beni-Zoug-Zoug s'étaient divisés entre notre agha et l'un de ses neveux, son compétiteur pour le commandement. Ces deux partis étaient en armes et prêts à en venir aux mains. général commandant la subdivision de Milianah arrive avec des forces suffisantes chez les Beni-Zoug-Zoug; toute la tribu se range autour de son camp, et Abd-el-Kader-ben-Arbi, chef des dissidents, se livre à nous. Les jours suivants, la tribu verse les fusils de contribution, ainsi qu'une partie de l'amende qui lui a été imposée.

Rentrée à Milianah, la colonne se montre chez les Beni-Menad. Une partie de cette dernière tribu, ayant été frappée d'une amende en punition d'un assassinat, avait blessé et chassé les collecteurs. Le khalifa est resté dans la tribu, mais il craint de ne pouvoir calmer l'effervescence de ses administrés. La présence de nos soldats suffit pour que les Beni-Menad s'exécutent sans nouvelles collisions.

Un détachement sort d'Aumale, surprend et détruit, le 13 septembre, un zaouïa de la tribu des Aziz, qui servait de refuge aux malfaiteurs, dont quelques-uns sont pris ou tués.

Dans la subdivision de Tlemcen, les Beni-Snous refusent de payer l'achour; 130 tentes environ de cette tribu, fraction dite du Keff, étaient établies sur l'Oued-Tamaksalet. Cette fraction est cernée et complétement ruinée. Quelques jours plus tard, comme elle se refuse de nouveau au payement de l'impôt de l'achour et de l'amende qu'elle avait encourue, une colonne mobile venue de Tlemcen se porte au cœur du pays insoumis pour en finir avec les récalcitrants. La plus grande partie des Djemaa (assemblées de notables) accourent et donnent l'assurance qu'elles vont se mettre en mesure de payer les impôts et les amendes imposées. Nous avons à combattre seulement les Beni-Achir; 40 d'entre eux sont tués, 4 autres et 29 femmes sont faits prisonniers. Le 27 septembre, toutes les fractions de Beni-Snous avaient fini de payer tout ce qu'elles devaient.

Les opérations militaires sont de peu d'importance pendant le quatrième trimestre 1848. Les troupes de la division d'Oran ne quittent pas leurs cantonnements; celles de la subdivision de Batna font une tournée pacifique dans les Ziban, le Hodna et le Belezma. Dans la province d'Alger, nous n'avons à mentionner que le coup de main exécuté par le commandant supérieur d'Aumale contre les Beni-Yala de l'Oued-Saheul, qui avaient assassiné le kaïd nommé par nous.

1849.

Les menées hostiles et les prédications de Sidi-Cheikh-Ben-Taïeb, chef des Ouled-Sidi-Cheikh, appelant les tribus de la frontière de Maroc à la guerre sainte, et prenant ostensiblement le titre de khalifa de l'empereur Mouley-Abd-er-Rahman, entraînent dans une nouvelle défection les Ahmian-Cheraga. Les Rezaïna donnent, dès le mois de janvier, le signal de la défection. Un mouvement rapide, exécuté par le commandant de la subdivision de Mascara, à la tête de deux bataillons et de 250 chevaux réguliers, suffit à peine pour contenir dans le devoir les Ahmian de l'est et toutes les populations limitrophes du Tell.

Ce premier résultat était insuffisant pour arrêter l'entraînement de nos Sahariens. Le 14 février, deux fractions des Ahmian-Cheraga ont levé leurs tentes à l'improviste et se sont éloignées dans le sud. Les Ouled-Ziad ont tué le kaïd nommé par nous, qui s'efforçait d'arrêter ce mouvement. Le général commandant la province d'Oran se porte lui même sur les lieux pour détruire ce foyer d'intrigues. Pendant deux mois et demi, il opère au milieu des ksour, détruit Moghar-el-Tahtani et Moghar-el-Foukani dans les journées des 15, 16 et 17 avril. Il organise tout ce pays, et pousse ses excursions au sud du Chott jusqu'aux confins du Sahara Oranais. Cette longue et pénible opération, à laquelle concourent les troupes d'Oran, de Mascara, de Tlemcen et de Sidi-Bel-Abbès, n'est signalée par aucun combat important; mais ces résultats n'en sont pas moins utiles pour la tranquillité du pays. En effet, Sidi-Cheikh-ben Taïeb ne tarde pas à perdre tout crédit auprès des tribus qui, forcées de chercher avec lui un asile dans le Maroc, n'avaient plus les approvisionnements rassemblés dans les ksour, et se trouvaient privées des riches pâturages dont leurs troupeaux avaient un si grand besoin.

En présence de ce résultat, l'empereur, craignant d'ailleurs quelque complication avec notre gouvernement, attendu que notre consul venait précisément à cette époque d'amener son pavillon pour d'autres griefs, n'hésite pas à désavouer l'intrigant qu'il avait laissé agir en son nom, et, pour que ce désaveu fût bien éclatant, lorsque Sidi-Cheikh-ben-Taïeb se présenta devant lui pour réclamer son concours dans sa lutte contre nous, il le fit emprisonner.

Des troubles éclatent à la fois sur plusieurs points de la province d'Alger, à l'ouest, chez les Ouled-Iounès (Dahra). Envahi en même temps par les troupes des subdivisions de Mostaganem et d'Orléansville, le pays est contraint de rentrer dans l'obéissance.

Les Ouled Soltan, placés sous l'autorité de notre khalifa Mahi-ed-Din, assassinent leur kaïd. Nos spahis, secondés par les goums, suffisent pour tirer vengeance de cette révolte; les assassins sont livrés et jugés par le conseil de guerre.

Les Beni-Sylem, fraction des Beni-Sliman, dépendant du même khalifa, refusent de payer l'impôt. Une petite colonne partie de Blidah, et renforcée par un détachement venu de Médéah, atteint ces montagnards dans leurs repaires les plus inaccessibles, détruit leurs villages et les amène à composition; une forte amende en argent et en bestiaux leur est imposée.

Dans la province de Constantine, quelques désordres se produisent également dans le kaïdat de la Hodna et nécessitent la présence des colonnes de Sétif et de Batna; la tranquillité, un instant troublée par des mécontents, ne tarde pas à être rétablie, et notre intervention ne fait que consolider l'autorité du kaïd.

Cependant une grande fermentation règne dans la Kabylie; les tribus recommencent à s'agiter à la voix de Si-Djoudy, chef des Zouaoua, tribu insoumise, et du marabout Si-Amkran. Les premières hostilités que nous ayons à réprimer sont celles des Beni-Sliman. La tribu des Beni-bou-Messaoud est attaquée, le 4 mai, par environ 1,500 hommes des Beni-Sliman. Soutenus par les troupes de la garnison de Bougie, les Beni-Messaoud résistent avec avantage à cette agression, qu'il convient néanmoins de ne pas laisser impunie. Deux colonnes parties en conséquence de Sétif et de Bougie parcourent dans tous les sens ce pays, regardé par ses habitants comme inabordable pour nos colonnes. Assaillis de toutes parts et jusqu'au milieu de leurs rochers, les Beni-Sliman, après plusieurs combats, se résignent à venir demander l'aman. Les résultats de cette campagne, dans laquelle, du 24 au 30 mai, nos colonnes eurent six combats à soutenir, ont été des plus importants. La soumission des tribus de la rive droite de l'Oued-Sahcul rendit à Bougie toute son importance politique et commerciale.

Près d'Aumale, les Guechtoula, qui déjà au commencement de l'année avaient inquiété les Nezlioua, une de nos tribus fidèles, obéissent au signal venu de l'ouest et aux suggestions des marabouts de la zaouïa de Sidi-Abd-er-Rhaman-bou-Kobarin, se mettent de nouveau à harceler les tribus dociles. Cet exemple est suivi par les Beni-Yala; notre assistance est réclamée. Le général commandant la division d'Alger, à la tête de cinq bataillons et de trois escadrons, livre de vigoureux combats contre les Guechtoula, soutenus par de nombreux contingents. Cette attaque, dans laquelle l'ennemi éprouve des pertes considérables, suffit pour faire déposer les armes aux révoltés.

Dans le sud, la turbulente tribu des Ouled-Naïl accueille aveuglément les nouvelles les plus absurdes : ainsi les chérifs annoncent des secours de l'ouest; prétendent qu'un sultan, sorti de Sous, marche à la tête d'une armée innombrable contre les chrétiens; qu'Abd-el-Kader lui-même, échappé de nos mains, va reparaître! C'est plus qu'il n'en faut pour déterminer les Ouled-Naïl à refuser l'impôt du zekkat : trois bataillons et trois escadrons entrent dans le pays, parcourent tout le bassin du Zaghz sans rencontrer de résistance, veillent à la rentrée de l'impôt; une seule fraction, celle des Ouled-Feradj, refuse d'acquitter sa part; elle est châtiée le 12 juin, à la suite d'un combat qui lui coûte 27 morts, de nombreux prisonniers et des troupeaux; une amende de 10,000 francs lui est imposée.

Pendant le cours de ces diverses opérations, les troupes de la division de Constantine ne restent pas inactives. D'une part, les bataillons de Constantine manœuvrent dans le Zouagha, où les frères Ben-Azzedin essayent encore une fois de se soustraire à notre autorité; de l'autre, la colonne de Philippeville se porte chez les Beni-Mehena pour arrêter l'effet des intrigues du chérif Ben-Yamina, à la voix duquel devaient tomber les murs de Constantine. Battus dans plusieurs rencontres par nos troupes, les frères Ben-Azzedin sont obligés de quitter le pays; le chérif, de son côté, éprouve plusieurs échecs et finit par être tué par nos goums. Afin qu'il ne reste aux indigènes aucun doute sur sa mort, *la tête de Yamina est exposée à Constantine.*

Nous avons raconté plus haut le succès des opérations dirigées contre les Beni-Sliman et les tribus de la rive droite de l'Oued-Saheul. Trois bataillons qui avaient concouru à cette expédition, revenant à Alger par Aumale, châtient rudement les Beni-Yala. Un combat et la prise de Sameur, le 5 juillet; un second combat livré le 12 contre les Beni-Milkeuch, ont glorieusement terminé cette campagne.

Dans le courant du mois de juillet, le Djurdjura s'émeut sous les prédications d'un marabout nommé Bou-Sif, établi dans le pays des Zouaoua, chez Si-Djoudi Ce fanatique prétend être le chérif Mohammed-ben-Abdallah (Bou-Maza), miraculeusement échappé de France. Il a, en effet, l'âge, la taille, la tournure de Mohammed-ben-Abdallah, les mêmes tatouages aux mains et au visage, et comme lui une parole facile et une grande énergie.

Pour dévoiler son imposture et surveiller ses démarches, un officier français est envoyé sur les lieux avec un goum de la subdivision d'Aumale; les Beni-Mansour et les Chéurfa sont préservés des menaces du chérif.

Des pourparlers sont engagés et traînent jusqu'au mois de septembre, afin de décider les tribus à nous livrer l'agitateur. Mais, lassé de ces négociations sans issue, dont la lenteur est un danger, l'officier français, n'ayant sous ses ordres que des cavaliers arabes, attaque Mohammed-ben-Abdallah Bou Sif, le 3 octobre, chez les Beni-Mansour; son ascendant domine les terreurs superstitieuses des cavaliers arabes, il les entraîne contre l'ennemi. Les contingents de Bou-Sif sont mis en pleine déroute, et lui-même périt dans la mêlée; son drapeau et ses dépouilles sont rapportées à Aumale. La mort du chérif a du retentissement dans la Kabylie; les Zouaoua rentrent dans leurs montagnes, les tribus qui se sont compromises demandent l'aman, et la tranquillité se rétablit dans l'Oued-Saheul.

Dans le courant du mois de juin, la subdivision de Batna est troublée sur divers points. La grande tribu des Ouled-Sahnoun se révolte contre son kaïd, dont elle attaque la zmala. Une colonne sort de Batna pour châtier les révoltés, les surprend par une marche de nuit faite du 8 au 9 juillet, et les disperse en s'emparant de leurs troupeaux.

Encouragée par ce rapide succès, notre colonne se dirige vers les Ziban, espérant atteindre le chérif Bouzian, contre lequel on avait de nombreux griefs et qui s'était réfugié dans l'oasis de Zaatcha. Le 16 juillet, Zaatcha est attaqué sans succès; la saison ne permet pas de persévérer, et d'ailleurs les moyens matériels manquant, il faut se retirer après cet échec : c'était inévitable, mais c'était doubler ainsi la force et l'audace de la résistance.

Dans la province d'Oran, les faits de guerre sont désormais de peu d'importance; sur ce terrain, la puissance militaire est arrivée à la place qu'elle doit occuper dans une conquête faite. Elle a soutenu les négociations par l'ascendant moral de ses armes, fondé sur de récents souvenirs, et elle a fait respecter notre autorité sur les frontières du Maroc. Une excursion du 7 au 15 août contre les Mekaoui et les Ouled-Ahmed-Brahim, ainsi qu'une razia, le 24 août, sur les Abaïdia, n'avaient pas d'autre but et ont suffi pour assurer ce résultat.

Les conséquences du revers que nous avions éprouvé à l'attaque de Zaatcha ne tardent pas à se produire. Le marabout Si-Abd-el-Hafidh soulève les Ouled-Daoud, les Beni-Oudjana, les Beni-Bou-Sliman; le 17 septembre, il place son camp près de Seriana, à 5 lieues est de Biskara. Il espère soulever d'autres tribus, peut-être même les habitants de Biskara.

A la première nouvelle de ce rassemblement, le commandant de cette place n'hésite pas à se porter à sa rencontre avec toutes les troupes disponibles de la garnison pour l'écraser avant qu'il ne se soit grossi par de nouveaux contingents.

L'attaque a lieu le même jour, le camp ennemi établi sur l'Oued-

Biraz est enlevé, les cavaliers sont mis en fuite, les fantassins, sabrés, laissent sur place plus de 200 morts. Nos pertes numériques sont insignifiantes; mais ce glorieux coup de main coûte la vie au commandant de Biskara, tué à bout portant par un fantassin ennemi.

Néanmoins, l'effet du combat de Seriana se produit immédiatement dans les Ziban; Si-Abd-el-Hafidh s'éloigne; le Zab-Chergui, près de faire défection, se hâte de protester de son dévouement; les cheikhs du Zab-Kobli, qui se tenaient à l'écart, viennent protester de leur fidélité.

Les Ouled-Sid-Ahmed, disséminés au sud de Zaghz, depuis El-Ghezza jusqu'à El-Gourin, avaient donné asile à un grand nombre d'agitateurs ou de rebelles; sous la conduite et les inspirations de ces fanatiques, ils pillaient les tribus soumises et se liaient, par de fréquentes relations, avec les tribus révoltées de la province de l'est. Le moment paraissait propice pour les châtier; des dispositions sont prises dans ce but.

Le 14 octobre, le goum de Médéah, de concert avec un autre goum réuni à Boghar, exécute une razia dont les résultats matériels sont considérables; en outre, 10 des principaux chefs de l'ennemi sont tués; 40 prisonniers et un drapeau restent en notre pouvoir.

Les chaleurs avaient cessé, le moment était venu de faire un exemple de Zaatcha. La colonne expéditionnaire, réunie à Biskara, part de ce point le 6 octobre et arrive le lendemain devant l'oasis rebelle. La Zaouïa, qui se trouve à la limite nord de l'oasis, est enlevée immédiatement; mais les obstacles sont si nombreux dans ce labyrinthe de palmiers et de jardins, la défense est si énergique, les dispositions du terrain sont si défavorables, qu'il faut transformer le système d'attaques, et, par des procédés nouveaux, faire un siége en règle approprié à la nature des difficultés.

Des renforts d'hommes et de matériel sont envoyés de Constantine, d'Aumale et même d'Oran. Nous ne pouvons entrer ici dans le détail des opérations du siége; il suffira de dire qu'il a fallu cinquante et un jours de tranchée, autant de nuits de veille, autant de combats à la tranchée que de jours de travail! Quatre affaires sérieuses contre l'ennemi extérieur : le 25 octobre contre les Arabes qui cherchent à s'opposer à l'abatage des palmiers; les 30, 31 octobre et 16 novembre, contre les nomades du Sahara insurgés.

Après deux affaires secondaires pour conserver nos convois attaqués, après un premier assaut livré le 20 octobre, enfin, après un second assaut donné le 20 novembre, Zaatcha fut emporté! Les maisons, défendues et enlevées une à une, furent détruites; tous les défenseurs sans exception, y compris Bouzian et le marabout Si-Moussa, trouvèrent la mort dans les ruines de Zaatcha.

A cette nouvelle, toutes les populations des Ziban s'empressent de se rendre au camp français et de fournir des otages; presque toutes les tribus de Belezma et de Hodna, qui s'étaient insurgées, viennent demander l'aman.

Pendant que l'on pressait les préparatifs de l'expédition des Ziban, dont le récit précède, une colonne, partie de Sétif, avait reçu l'ordre de s'avancer dans le Hodna par Bou-Sada pour détourner des Ziban l'attention des Ouled-Naïl, des Ouled-Sahnoun, etc.; elle devait, au besoin, renforcer le corps expéditionnaire appelé à opérer dans l'oasis de Zaatcha, où elle arriva en effet le 12 octobre, après avoir séjourné trois ou quatre jours à Bou-Sada. Une deuxième colonne, tirée de la subdivision d'Aumale, se rend dans cette localité, qu'elle quitte à son tour pour se rendre au siége de Zaatcha. C'est dans ces circonstances qu'une troisième colonne se dirigea sur Bou-Sada pour forcer les habitants de cette place, dont la majeure partie s'était révoltée, et plusieurs fractions des Ouled-Naïl, à rentrer dans l'obéissance.

Arrivée sous Bou-Sada, le 13 novembre, la colonne trouva les cinq sixièmes de la ville au pouvoir des révoltés : ils avaient élevé barricades sur barricades et pris d'autres dispositions de défense très-habilement entendues. Cette insurrection était menée par un marabout nommé Ben-Chabira, et se reliait évidemment à celle de Zaatcha. Partout les fanatiques publiaient que le moment était venu de chasser les chrétiens et que leur heure était passée.

Le 15, après quelques négociations, les chefs insurgés se présentent au camp; sur l'ordre qui leur en est donné, ils font abattre les barricades et livrent plusieurs maisons dominant la ville.

Le lendemain, ils payent une contribution équivalente à l'impôt d'une année.

Les négociations continuent jusqu'au 28; mais les fractions des Ouled-Ameur-Ben-Feradj n'ayant voulu entendre aucune proposition, on se met en marche le 29, on les atteint le lendemain au Djebel-Messa. On les disperse en leur faisant éprouver des pertes considérables, et on leur enlève beaucoup de butin. Ce combat achève de déterminer la puissante tribu des Ouled-Naïl à se replacer sous notre autorité, et le 12 décembre, toutes les fractions avaient fait leur soumission. La colonne ne quitte le pays qu'après avoir définitivement organisé le cercle de Bou-Sada.

1850.

Après avoir paru chez les Ouled-Soltan et les Ouled-Aly-Ben-Sabor, et avoir reçu leur soumission, une colonne de la subdivision de Batna se porte sur l'Oued-Laga, dans la vallée de l'Oued-Abdi dans l'Aurès. La présence de nos troupes détermine les habitants de tous les villages de la vallée, depuis sa tête jusqu'à Menah, à rentrer dans le devoir, à payer les contributions arriérées, ainsi qu'une partie de l'amende imposée.

Les habitants de Nara, qui, plus que d'autres, avaient pris part à l'insurrection, continuent néanmoins à résister à notre pouvoir; il faut nécessairement employer la force pour les dompter. Le 5 janvier 1850, la ville, surprise par trois colonnes, tombe en notre pouvoir; tout ce qui s'y était enfermé est passé par les armes ou écrasé par la chute des terrasses des maisons; sept heures sont employées à la destruction de ce repaire, d'où les rebelles nous avaient longtemps bravés.

L'effet de cet exemple, si rapproché de celui de Zaatcha, fut considérable et s'étendit au loin. Toute la vallée de l'Oued-Abdi paya les impôts arriérés et les amendes qui y furent ajoutées.

Depuis que la tribu des Ouled-el-Nahr-Abaïdia était rentrée de Maroc sur son territoire, les attaques et les vols à main armée se multipliaient autour de Tlemcen et de Sebdou; il était temps de punir les auteurs de ces méfaits. Le commandant de la subdivision se met à la tête d'une colonne qui, le 3 janvier, enveloppe la tribu des Abaïdia, au moment même où elle se dispose à émigrer de nouveau au Maroc. Ses chefs sont faits prisonniers, 10 hommes sont tués et 3,000 têtes de bétail tombent en notre pouvoir.

Les tribus insoumises du Djurdjura et de la rive gauche de l'Oued-Saheul renouvellent leurs attaques contre nos villages du Sebaou. Les Fenaya, fatigués des déprédations dont ils sont journellement victimes, sont autorisés à châtier eux-mêmes leurs turbulents voisins. Le 24 janvier, ils tombent à l'improviste sur les Tifra, les mettent en fuite et détruisent leurs villages.

Une colonne, composée de deux escadrons de chasseurs d'Afrique et de 500 cavaliers du goum de la subdivision de Tlemcen, marche, le 12 février, contre les Mzaouïr, tribu marocaine, qui, malgré notre défense, était revenue s'établir sur notre territoire, après avoir refoulé au loin devant elle nos tribus paisibles. Sommée de se retirer, elle avait reçu à coups de fusil les spahis porteurs de nos ordres. Ces Marocains incorrigibles sont obligés de repasser la frontière, et perdent dans cette affaire une dizaine d'hommes et de 2 à 3,000 têtes de bétail.

Un odieux guet-apens, dirigé contre deux officiers attachés aux affaires arabes, est sur le point de devenir le prélude d'une conflagration générale au milieu des tribus situées entre Sétif et Bougie. Le 28 février au matin, une conférence était ouverte chez le marabout d'Imoula, afin de déterminer l'emplacement d'un marché; un Kabyle sort tout à coup d'un groupe de spectateurs, et tire à bout portant un coup de pistolet sur un officier du bureau arabe de Bougie, et lui brise la jambe droite. L'assassin est aussitôt arrêté par les chefs indigènes, qui le remettent entre les mains de l'autorité supérieure. Ses complices prennent la fuite.

La tranquillité semblait rétablie dans la subdivision de Sétif, lorsque la tribu des Maadid et celle des Ouled-Annech, dont le territoire est traversé par la route de Bou-Sada, commirent un acte d'hostilité inattendu. Le 23 mars, ils attaquent, au nombre de

500 fantassins et de 100 cavaliers, un demi-bataillon du 38ᵉ de ligne qui revenait de Bou-Sada à Sétif. Culbutés par nos soldats, ils sont forcés de leur livrer passage.

Dans le courant du même mois, trois escadrons de cavalerie et 350 tirailleurs indigènes quittent Constantine pour aller s'établir chez les Haracta et les Segnia, et les forcer à payer les amendes auxquelles ils ont été condamnés par suite de leur refus de moyens de transport lors de l'expédition de Zaatcha. Quelques arrestations, opérées parmi les fractions récalcitrantes, ont suffi pour les faire rentrer dans le devoir.

La rébellion des Maadid résiste à tous les efforts de Mohammed-el-Mokrani, fils de notre khalifa, qui s'était porté dans leur pays à la tête d'un goum nombreux. Le commandant de la subdivision de Sétif sort de cette place et marche immédiatement contre les Maadid. Attaqué par eux dans la nuit du 9 au 10, il leur fait subir de nombreuses pertes et les force à se soumettre. Les Ouled-Annech déposent également les armes.

Tandis qu'une nouvelle colonne de 4,000 hommes est dirigée au milieu des tribus qui bordent la route de Sétif à Bougie, le commandant supérieur de la province de Constantine se met à la tête des troupes disponibles de la division pour visiter les populations de l'Aurès. Rejoint le 6 mai, à Aïn-Guenchela, par la colonne sortie de Bône, le commandant de la province va s'établir le 12 chez la grande tribu des Nemencha. La situation du pays lui permet bientôt de partir pour Tebessa, où il règle toutes les affaires du pays. Il entre le 27 mai dans l'Aurès, et avance vers le sud jusqu'à Kheiran sans rencontrer aucune résistance. Les oasis de Sidi-Nadji, Djelaïel, Khanga et Oueldja, sont successivement visitées par notre colonne, qui remonte ensuite à Médina pour se ravitailler. Descendant alors de nouveau vers le sud par la vallée de l'Oued-el-Abiad, elle traverse d'affreux défilés et gagne le 12 juin Biskara. Après avoir remanié l'organisation administrative de ces contrées, le commandant de la colonne reprend la route de Constantine, où les troupes rentrent le 23.

La colonne de la subdivision de Bône ne fait qu'un court séjour à Constantine; elle est dirigée vers la Calle, afin de protéger nos établissements inquiétés par des maraudeurs tunisiens.

Les opérations entre Sétif et Bougie semblaient d'abord devoir se poursuivre sans de trop grandes difficultés. Le 21 mai, le commandant de la subdivision apprend qu'un rassemblement de plus de 3,000 Kabyles est résolu à lui disputer le passage chez les Beni-Immel, près de Trouna. L'ennemi s'était établi sur une ligne de crêtes; la fusillade s'engage des deux côtés; la position est enlevée par nos troupes, mais bientôt le général de Baral est frappé d'une balle qui lui traverse la poitrine. L'officier supérieur appelé à lui succéder a peine à contenir l'élan de nos soldats, qui demandent à venger leur brave général. Ils traversent les défilés, culbutent les Kabyles, qui laissent

200 cadavres sur le terrain ; les villages de Beni-Immel sont incendiés. Quelques jours après, les Amoucha et les Beni-Meraï sont forcés de déposer les armes ; toutes les tribus voisines demandent l'aman et payent leurs impôts arriérés. Nos troupes peuvent alors s'occuper des travaux de la route définitive de Sétif à Bougie. Le 8 juillet, elles rentrent à Sétif.

La division d'Alger est tranquille, grâce aux mesures prises. Des troupes sont établies aux environs de Dellys, de manière à surveiller l'aghalik des Flissa, tout en continuant les travaux de la route de cette ville à Alger.

Dans la vallée de l'Oued-Sahoul, un goum de 200 chevaux se tient quelque temps en observation pour protéger les tribus kabyles qui ont reconnu notre autorité.

Une fraction insoumise des Larbaâ, les Hadjedj, recommencent leurs brigandages sur les routes que les caravanes suivent ordinairement au milieu du Sahara, pour se rendre à Alger et à Constantine. Si-Chérif-Bel-Arch, notre agha des Ouled-Naïl-Gharaba, se met à la tête d'un goum fourni par le cercle de Boghar ; il atteint à deux reprises différentes les Hadjedj, leur tue environ 80 hommes, et leur enlève toutes leurs tentes et un grand nombre de chameaux. Un autre goum, sorti de Biskara, tombe également sur les Hadjedj et les disperse. Le cheikh de Touggourt, de son côté, leur ferme la route du sud-est.

Le 6 septembre, à la pointe du jour, les Mzaouïr sont surpris sur notre territoire par une colonne sortie de Tlemcen, et composée de trois escadrons de chasseurs d'Afrique, un de spahis et quelques goums. Les douars sont enlevés, et leurs habitants, reconduits à la frontière, sont remis au kaïd d'Oudjda. Les prises faites sur les Mzaouïr servent à indemniser les Knetza auxquels les maraudeurs marocains avaient pillé, quelques jours auparavant, une caravane de 300 chameaux.

1851.

Le 19 janvier, malgré le voisinage du goum aux ordres d'un officier du bureau arabe, un parti d'insurgés, conduit par le chérif Moula-Ibrahim, attaque à l'improviste les villages des Ouled-Ali-ben-Temin, Beni-Ouelban et Saridj, et parvient à les incendier, non sans avoir éprouvé la plus vive résistance de la part de nos alliés de l'Oued-Sahel.

L'audace des Kabyles ne pouvait rester impunie. L'officier commandant nos cavaliers auxiliaires les dirige sur les contingents qui gardent la rive gauche de la rivière ; le 26 janvier, il s'empare des troupeaux appartenant aux Djouara, de la subdivision de Sétif, réfugiés chez les Beni-Mellikeuch. Tous les dissidents sont mis en fuite et perdent plusieurs des leurs. Les Djouara demandent l'autorisation de rentrer dans leur pays.

Les Aït-Mansour envoient à Bougie leurs principaux chefs pour traiter de leur soumission, ils acceptent avec empressement toutes les conditions que le commandant supérieur leur impose.

D'après nos ordres, le Bach-Agha de Sebaou, Bel-Kassem-ou-Kassi, resserre d'une manière plus rigoureuse le blocus commercial qui, pour réduire les Beni-Ouaguenoun, doit les empêcher de sortir de leur pays et de venir sur nos marchés écouler leurs produits.

Dans la nuit du 15 au 16, une bande d'environ 200 fantassins kabyles, conduits par le shérif Moula-Ibrahim et Mohammed-ben-Messaoud, sort du pays des Beni-Mellikeuch et tente un coup de main sur le village des Beni-Ikheleuf, fraction soumise des Mechedalla; les habitants repoussent les assaillants et leur tuent plusieurs hommes, parmi lesquels le nommé Ameur-ben-Mansour, brigand redouté et l'un des chefs des insurgés.

Après un mouvement rétrograde habilement combiné, notre goum surprend, le 7, les insurgés du versant sud du Djurjura, tue 4 hommes aux Beni-Ouakour, leur enlève 20 fusils et 14 prisonniers, parmi lesquels se trouvent plusieurs personnages influents des Mechedalla.

Un nouveau shérif, nommé Bou-Baghla (l'homme à la mule), se fait un parti chez les Zouaoua et les Tolba-ben-Dris; il se dirige vers l'Oued-Sahel et, dans la journée du 19 mars, attaque l'*azib* du marabout Si-ben-Ali-Shérif, de Chellata, auquel il enlève 3,000 moutons, 300 bœufs, des bêtes de somme et une grande quantité d'effets. Notre allié, se voyant abandonné par les siens, est obligé de fuir seul et de venir se mettre sous la protection de notre goum. A l'annonce de cet événement, le commandant de la subdivision d'Aumale quitte cette ville à la tête de 800 zouaves, d'un escadron de spahis et de deux pièces de campagne; il s'établit, le 28, chez les Beni-Mançour, afin de faire commencer immédiatement les travaux de construction d'une maison de commandement pour Si-ben-Ali-Shérif. Mais déjà les gens d'Illoula avaient eu honte de leur défection; ils avaient marché, le 24, contre Bou-Baghla, et, après lui avoir tué 10 hommes, ils l'avaient forcé à se réfugier chez les Mzeldja. Le commandant de la subdivision de Sétif s'était, de son côté, porté le 31 au débouché des Biban avec une colonne mobile, afin d'y surveiller les mouvements des Beni-Abbès et d'empêcher la défection de gagner la province de Constantine.

Les troupes de la garnison d'Aumale, parties pour les Beni-Mançour, sont remplacées par deux bataillons et deux escadrons; le général commandant la division établit également son quartier général dans cette ville. Cependant, les contingents du shérif se grossissent de jour en jour; le 5 et le 9 avril, ils semblent se disposer à attaquer, soit notre camp, soit le village ami des Cheurfa; nous devançâmes, par un mouvement offensif, l'attaque que les Kabyles annonçaient pour le lendemain 10; à la pointe du jour, les zouaves, avec leur valeur ordinaire, enlèvent le village de Selloum, sur la rive gauche de l'Oued-Saheul, incendient les maisons, en chassent l'ennemi et tuent tous ceux qui s'y étaient retranchés. Le soir, nos troupes étaient rentrées à leur camp. Bou-Baghla se retire chez les Zouaoua, annonçant qu'il prendrait bientôt une éclatante revanche.

En effet, quelque agitation s'étant manifestée dans le cercle de Bougie, le shérif abandonne le haut de la vallée, où il n'y avait pour lui aucune chance de succès, et se porte vers l'est. Ses progrès deviennent tout à coup menaçants, et en quelques jours il se voit suivi par les Beni-Aidel, Ouled-Djellil, Beni-Immel et les Senahdja, du cercle de Bougie. Son audace est telle qu'il se dirige vers cette ville; le 10, il apparaît au col de Thizy. A peine rentrée de son excursion jusqu'à l'Oued-Seghir, où elle s'était portée la veille pour couvrir la retraite des chefs qui, restés fidèles à notre cause, voulaient se replier sur la ville, la garnison sort de nouveau de la place. Elle n'était composée que de 900 hommes d'infanterie et de deux pièces de campagne; 25 chasseurs d'Afrique, renforcés par quelques cavaliers des Djebabra, formaient toute sa cavalerie. Malgré cette faiblesse numérique, le commandant supérieur n'hésite pas à se porter à la rencontre de Bou-Baghla, qui compte dans ses rangs plusieurs milliers de fantassins, 150 cavaliers, et dont les lignes s'étendent déjà dans la petite plaine de Bougie. Notre peloton de chasseurs et nos auxiliaires ont bientôt rejoint les cavaliers ennemis. La déroute de ceux-ci est complète : une cinquantaine des leurs mordent la poussière; le reste prend la fuite; les fantassins se débandent et gagnent au plus vite le col de Thizy; mais là les Mzaïa, nos alliés, les attendent à bout portant et tuent la majeure partie de ceux que le sabre de nos cavaliers n'avait pu atteindre. Bou-Baghla, abandonné par les Kabyles, va chercher un refuge au milieu des tribus placées sur les pentes de la rive droite de l'Oued-Saheul.

Pendant ce temps, le général de Saint-Arnaud, commandant la province de Constantine, achevait de réunir à Milah la division qui, sous ses ordres, devait visiter les tribus kabyles situées dans le triangle montagneux compris entre Philippeville, Djidjelli et Milah. Douze bataillons, huit pièces de campagne et quatre escadrons avaient été désignés pour prendre part à cette expédition, dont l'urgence était depuis longtemps démontrée. Les deux brigades organisées commencèrent leur mouvement le 8 mai, et bivouaquèrent le 10 sur l'Oued Dja; le 11 elles atteignirent le Fedj-Beïnen et descendirent jusqu'au fond du ravin où coule l'Oued-Dja, et à la sortie duquel elles allaient rencontrer, de la part de 5 à 6,000 Kabyles, la plus énergique résistance. L'ennemi, en effet, s'était fortement retranché dans les villages qui dominent le pays. Mais bientôt la position de Kasen est enlevée à la baïonnette par trois colonnes d'attaque qui s'élancent avec ardeur, renversent tout ce qu'elles rencontrent sur leur passage et occupent les trois cols des Ouled-Askar.

Le lendemain 12, tandis que le reste de la division prend le repos qu'elle a bien gagné, quatre bataillons sans sacs et la cavalerie partent pour aller brûler les villages des Beni-Mimoun et des Ouled-Askar. Nos pertes ont été minimes comparativement à celles éprouvées par les Kabyles, qui cherchent en vain à défendre leurs habitations.

La journée du 13 fut meurtrière; le pays à parcourir était d'une extrême difficulté; le sentier étroit dans lequel le convoi dut être engagé serpentait au milieu de taillis épais, dominés de tous côtés par des positions que l'infanterie devait successivement occuper et évacuer en marchant. Des engagements très-vifs, où nos troupes conservaient comme toujours leur supériorité, avaient lieu en tête, en queue et sur les flancs.

Le 14 mai, la division soutint comme la veille des engagements très-vifs, tout en continuant à descendre, au milieu de sentiers impraticables, vers l'embouchure de l'Oued-el-Kébir. Partout l'ennemi fut forcé de nous livrer passage.

Bientôt, le pays s'élargissant, on sortit du massif montagneux pour entrer dans la plaine; le 15, avant de quitter le bivouac de Djenaah, une attaque fut dirigée contre les plus beaux villages des deux rives de l'Oued-el-Kébir; mais déjà l'ennemi n'opposait plus qu'une faible résistance, et le général de Saint-Arnaud établissait le 16 son bivouac sous les murs de Djidjelli, où le gouveneur général était arrivé dans la nuit du 14 afin de juger par lui-même de la situation et aviser aux moyens de parer à toutes les éventualités.

D'après ses ordres, une colonne de troupes, fournie par la division d'Alger, se porta en avant de Sétif, sur la route de Bougie, de manière à rétablir les communications entre ces deux villes, et châtier les tribus qui s'étaient laissé entraîner par Bou-Baghla.

Deux jours de repos furent donnés aux troupes expéditionnaires avant de reprendre leur marche victorieuse.

Dans la matinée du 19, la division quitte Djidjelli et va établir son camp à Dar-el-Guidjali, au centre des Beni-Amran. Dix bataillons sans sacs se forment en trois colonnes et s'élancent avec la cavalerie et l'artillerie sur les hauteurs que les masses kabyles occupent à gauche du camp. Rien ne peut résister à l'élan de nos soldats; en peu d'instants toutes les positions sont enlevées à la baïonnette, et l'ennemi, poursuivi pendant plus de deux heures, éprouve de grandes pertes. La cavalerie sabre bon nombre de fuyards; plus de 50 villages, entourés de vergers et de jardins, sont ravagés; en outre, les Beni-Amran, Beni-Khetab et Beni-Foughal, principales tribus du cercle de Djidjelli, comptent une centaine de morts et se retirent avec un très-grand nombre de blessés.

Le lendemain 20, la division obtient un succès plus important et plus décisif. Les Kabyles couronnent une crête boisée à 4 kilomètres du camp; leur gauche s'appuie à un ravin profond et escarpé, tandis que leur droite touche à une plaine peu accidentée et terminée par un plateau qui, s'abaissant par mamelons étagés, permet de tourner la position et d'arriver par derrière jusqu'au ravin de gauche. Les mouvements de nos troupes s'exécutent avec une célérité admirable; la cavalerie sabre tout ce qu'elle rencontre dans la plaine, et arrive bientôt au seul passage de retraite des Kabyles; mais déjà l'infanterie, lancée au pas de course, occupe les principales hauteurs; l'ennemi est précipité dans le ravin, fusillé à bout portant par nos soldats à travers les broussailles et les rochers; il laisse sur le terrain 3 ou 400 hommes. Le général reçoit le lendemain la soumission des Beni-Ahmed, des Beni-Khetab et des trois grandes fractions des Beni-Amran, les Achaïch, les Ouled-Bouïra et Ouled-ben-Achaïr.

Le 24, la division arrive à Tibaïren, dans le Ferdjiouah; le 25, deux bataillons et deux obusiers de montagne se séparent de la colonne pour aller rallier les troupes opérant dans le cercle de Bougie. A peine arrivée au milieu des Beni-Foughal, la division attaque les rassemblements qui voulaient lui disputer le passage; elle les culbute pendant les journées des 26 et 27, leur tue beaucoup de monde et incendie leurs villages. A partir de ce moment, la division s'avance sans avoir à tirer un seul coup de fusil; les Beni-Foughal et les Beni-Ouarzeddin viennent faire leur soumission et nous livrer des otages; la plupart des tribus situées à l'ouest suivent le même exemple en déclarant qu'elles renoncent à faire la moindre résistance; la colonne retourne se ravitailler à Djidjelli.

Pendant ces glorieuses et pénibles opérations, la colonne qui surveillait le pays compris entre Bougie et Sétif avait à soutenir plusieurs engagements avec les contingents que Bou-Baghla avait réunis.

Le 23, un rassemblement kabyle se montre sur les hauteurs qui dominent le camp établi à Elma-ou-Aklou. Le commandant de la colonne prévient l'attaque de Bou-Baghla. Trois bataillons sans sacs s'élancent sur l'ennemi et le forcent à abandonner le terrain, où il laisse une cinquantaine de tués. Les Kabyles sont poursuivis au loin, six de leurs villages sont brûlés. Le lendemain 24, une colonne légère sort du camp pour enlever le village assez important d'Elmaïca, chez les Ouled-Khalifa. Les Kabyles, dispersés la veille, se rassemblent au plus tôt et veulent défendre la position; mais la colonne tient bon jusqu'à l'arrivée du reste de la brigade qui s'avance à son secours. Les Kabyles, vigoureusement chargés par nos cavaliers, lâchent bientôt pied, et la colonne rentre au camp sans coup férir.

La jonction des troupes détachées de la division expéditionnaire avec la colonne du cercle de Bougie s'effectue à Elma-ou-Aklou, dans la journée du 30.

Dans la subdivision de Médéah, les dispositions des Ouled-Naïl nécessitent, dans les premiers jours de mai, l'envoi dans le sud d'une colonne forte de 1,500 hommes d'infanterie et de cavalerie; elle s'établit à el-Hammam et s'occupe de la construction d'une maison de commandement pour notre agha. Cette colonne rétablit le calme dans le pays et assure la rentrée des impôts.

De son côté, le général commandant la subdivision de Tlemcen parcourt, avec la cavalerie disponible, les tribus qui avoisinent notre frontière du Maroc. Il saisit cette occasion pour demander aux Beni-Draïr un compte sévère de leurs incursions continuelles sur notre territoire. Dans les journées des 8 et 10 mai, il se porte au milieu de leurs récoltes qu'il détruit en partie. Les Beni-Draïr se dispersent après une fusillade insignifiante. Au nombre des hommes tués par nous se trouve un chérif qui cherchait à les pousser à la guerre sainte. Au bout de quelques jours, la colonne rentre à Tlemcen.

Un aventurier, auquel Bou-Baghla avait confié la mission d'insurger le pays arabe de la division d'Alger, parcourait depuis quelque temps les cercles de Boghar, Teniet-el-Haad et Milianah. Il avait pris le nom de Bou-Maza et répandait le trouble sur son passage; mais bientôt, poursuivi avec vigueur par quelques cavaliers que dirigent les officiers chargés des affaires arabes, cet agitateur est surpris dans la journée du 3 juin chez les Ouled-Kosseir-Gharaba (subdivision d'Orléansville). Il est immédiatement mis à mort et sa tête envoyée à Milianah.

Mais revenons aux opérations plus importantes qui se poursuivent dans les cercles de Sétif, Bougie, Djidjelli et Collo.

Ralliée, le 30 mai, par deux bataillons de la division du général de Saint-Arnaud, la colonne destinée à opérer dans le cercle de Bougie se met en mouvement le 1er juin, et forme son camp de l'autre côté de l'Oued-bou-Sellam, en se rapprochant de la montagne des Gheboula occupée par le chérif Bou-Baghla. La fusillade s'engage bientôt entre les cavaliers kabyles et le goum de Sétif. Quatre bataillons sont dirigés sur les pentes escarpées au haut desquelles se déploient les drapeaux du shérif. Le feu de l'ennemi ne peut ralentir l'élan de nos troupes. Poussés par les zouaves qui gagnent leur gauche, les Kabyles dégarnissent les hauteurs et descendent par leur droite le long de la vallée du Bou-Sellam. Cette retraite leur est coupée et la déroute devient complète. Les pertes de l'ennemi se montent à plusieurs centaines de morts et de blessés. La musique du shérif, sa tente, ses bagages tombent en notre pouvoir; plusieurs villages sont brûlés. Bou-Baghla, découragé, cherche un refuge chez les Beni-Yala. Dès le soir de ce glorieux combat, les Gheboula et les tribus voisines viennent au camp faire des offres de soumission.

Reprenant le cours de ses opérations aux environs de Djidjelli, le général de Saint-Arnaud quitte de nouveau cette ville, le 5, à la tête de sa colonne qu'il dirige vers l'ouest, au milieu des tribus qui, quelques jours auparavant, s'étaient contentées de faire des promesses qu'elles n'avaient nulle intention de tenir.

Le 9, le général atteint les Beni-Aïssa dont il brûle les villages. Cet engagement suffit pour décider les rebelles à faire leur soumission. Le 10, la colonne bivouaque chez les Beni-Maad, tribu considérable où se trouvaient réunis tous les contingents des Ouled-Nabet, Ouled-Ali et Beni-Marmi. Pendant deux jours, nos troupes eurent à enlever les positions occupées et défendues avec acharnement par les Kabyles. L'ennemi, poursuivi sur tous les points, perd beaucoup de monde dans ces combats; les Beni-Maad et les Beni-Marmi n'ont d'autre parti à prendre que d'accepter nos conditions.

La division marche, le 12, sur Ziama, et rencontre les contingents des Ouled-Nabet et des Beni-Segoual prêts à lui disputer le passage du col qui sépare les bassins de l'Oued-Mansouria et de l'Oued-Ziami. Les Kabyles, ne pouvant résister à l'ardeur de nos troupes, lâchent bientôt pied et nous abandonnent la position. Le soir même, le général voit arriver au camp les Ouled-Nabet et les Beni-Segoual qui demandent l'aman.

Cet exemple était suivi le lendemain par les Beni-Bou-Youssef du cercle de Bougie.

La soumission des tribus placées à l'ouest se trouvant ainsi complétée, le général de Saint-Arnaud put rentrer le 16 à Djidjelli, et se préparer à visiter le massif de Collo.

Pendant ce temps, nous continuions nos opérations contre le shérif Bou-Baghla et poursuivions notre marche sur Bougie sans rencontrer de résistance sérieuse. Le shérif, suivi d'un petit nombre de cavaliers, reculait devant la colonne, qui, le 15 juin, arrivait sous Bougie, après avoir obtenu la soumission de toutes les tribus placées sur son passage.

Ralliée par deux bataillons qui étaient dans la place, la colonne se remet en marche le 17, par la vallée de l'Oued-Saheul, en suivant les traces de Bou-Baghla, qui s'efforce de pousser les Beni-Immel à nous faire une vigoureuse résistance; le 18, une reconnaissance de cavalerie sort de notre bivouac sur l'Oued-Amacin, et va incendier les moissons sous les yeux du shérif; celui-ci refuse le combat, et juge prudent d'abandonner les Beni-Immel, et de se réfugier chez les Ouzellaguen, sur la rive gauche de l'Oued-Sahel. Au bout de quatre jours, les Beni-Immel se décident à faire leur soumission. L'exemple porte bientôt ses fruits, et la terreur devient générale. Les Beni-Mansour, les Tifras et les Beni-Ourghlis s'empressent de demander l'aman, tandis que les Messisna, Mellaha et Beni-Aïdel entrent en pourparlers.

Le 24 juin, la colonne bivouaque chez les Ouzellaguen, et, le 25, elle se trouve en présence des contingents kabyles entourant le village d'Iril-Netara. Trois colonnes sont aussitôt formées et lancées sur l'ennemi. Malgré les difficultés sans nombre que présente le terrain, nos braves soldats enlèvent en quelques instants le village d'Iril-Netara, chassent les Kabyles qui s'y étaient retranchés et poursuivent le shérif jusqu'au col d'Akfadou. Après avoir incendié plusieurs villages des Ouzellaguen, nos troupes regagnent leur camp sans que leur arrière-garde soit inquiétée dans sa marche. Les pertes des Kabyles, dans cette journée, avaient été considérables, et nos colonnes quittèrent les villages en feu par des sentiers jonchés de cadavres d'hommes et de chevaux tués à l'ennemi.

Deux jours après, les Ouzellaguen, dont nous voulions la complète soumission, se décident à rompre les négociations qu'ils avaient entamées, et à courir de nouveau aux armes; les Zouaoua conduits par Bou-Baghla jurent de les défendre. Le 27, le combat s'engage; mais bientôt nos soldats gravissent au pas de course les pentes des crêtes occupées et défendues par les Kabyles; ceux-ci lâchent pied, et regagnent en toute hâte le col des Beni-Idjer, d'où le shérif regardait prudemment la déroute de ses partisans. La leçon avait été rude; le soir, tous les Ouzellaguen, sans exception, se rendent à merci.

Pendant que ces événements s'accomplissaient dans la vallée de l'Oued-Sahel, le général de Saint-Arnaud continuait à soumettre les tribus à l'est de Djidjelli. Parti de cette ville le 18 juin, il allait camper sur l'Oued-Menchar, et gagnait le lendemain le pays des Beni-Ider, qui tentèrent vainement de lui disputer le passage, et durent s'éloigner en désordre après avoir laissé une quarantaine de cadavres sur le terrain. Trois des cinq fractions dont se compose la tribu viennent, le 20, demander l'aman, mais les deux autres refusent toute soumission, et essayent, par une attaque de nuit, de surprendre notre bivouac; cette folle tentative échoue devant la bravoure et le sang-froid de nos soldats.

Le 21, la colonne arrive au sommet du Tabar, position militaire qui domine le territoire des Ouled-Askar, la vallée de l'Oued el-Kebir et une grande étendue du pays. Culbutés par quelques bataillons lancés sans sacs, les Beni-Ider savent ce que leur coûte leur velléité de résistance; le même jour, toutes les fractions se soumettent sans condition.

La journée du 22 est employée à donner la chasse aux contingents qui se montrent sur les crêtes en vue du camp; le soir, les Beni-Mamer et les Beni-Ftah arrivent auprès du général, et, le lendemain, les Ouled-Asker implorent également l'aman.

Arrivée le 24 sur le territoire des Beni-Habibi, la colonne est accueillie à coups de fusil; mais les Kabyles payent cher cet acte d'hostilité. Leurs villages sont enlevés de vive force par nos bataillons dont l'élan est irrésistible. L'ennemi laisse sur le terrain plus de 200 cadavres. A partir de ce moment la soumission des Beni-Habibi est complète.

Le général de Saint-Arnaud quitte le 26 la position de Tabenna et descend à Kounar, sur le bord de la mer pour se ravitailler; pendant cette marche, l'arrière-garde se voit tout à coup assaillie avec acharnement par 3,000 Kabyles. Le terrain est disputé pied à pied; on se mêle; on lutte corps à corps avec ces intrépides montagnards qui ne battent en retraite qu'après plusieurs retours offensifs vigoureusement soutenus par l'arrière-garde; 120 Kabyles sont étendus sur le terrain; 250 sont blessés. Les contingents de 14 tribus avaient pris part à cette sanglante affaire, qui compléta pour nous les résultats obtenus par les combats précédents. Les Ledjeunah et les Beni-

Salah nous livrent immédiatement des otages et demandent grâce.

La complète soumission des Ouzellaguen, après la journée du 27 juin, avait permis à la colonne de Bougie de se diriger sur Akbou le 30, et d'y séjourner les 1er et 2 juillet. Réunis sur ce point, les gens d'Illoula, Ouzellaguen, Beni Ourghlis, Beni-Aïdel et Beni-Abbès, jurent, entre les mains de notre marabout de Chellata, Si ben-Ali-Shérif, une alliance pour le maintien de la paix du pays contre les tentatives de Bou-Baghla ou tout autre agitateur. Des otages furent donnés comme garants de la sincérité de cette confédération.

Le 3, nos troupes pénètrent chez les Ouled-sidi-Yahia-el-Aïdli, marabouts des Beni-Aïdel, qui avaient recueilli chez eux Bou-Baghla alors qu'il insurgeait la rive droite de l'Oued-Saheul. Un sévère exemple était nécessaire; la colonne brûla les villages et les moissons des partisans du shérif.

Le 7, elle se porta chez les Beni-Abbès qui vinrent à sa rencontre, à l'exception d'une seule fraction, les Beni-Aïal, se croyant à l'abri de nos atteintes parce qu'ils occupaient au pied de Kalaa, un village réputé inexpugnable. Leur résistance ne put tenir contre l'élan de nos soldats, qui enlevèrent la position avec leur ardeur ordinaire. Les Beni-Aïal n'eurent bientôt d'autre parti à prendre, pour éviter une ruine complète, que de se rendre à discrétion et d'amener des otages.

La tâche imposée aux troupes envoyées du côté de Bougie se trouvait ainsi glorieusement terminée. Les deux rives de l'Oued-Saheul avaient été pacifiées; Si-ben-Ali-Shérif avait été réinstallé dans sa zaouïa de Chellata avec les honneurs de la guerre et un accroissement d'influence, Bou-Baghla, refoulé jusque dans les montagnes des Zouaoua, et son impuissance démontrée de manière à convaincre les plus incrédules.

Le 11, les troupes composant la colonne de Bougie se séparèrent sous Kalaa et se dirigèrent sur leurs garnisons habituelles.

M. le général de Saint-Arnaud, qui venait de soumettre à notre autorité toutes les tribus du cercle de Djidjelli, put se porter sur la rive droite de l'Oued-el-Kebir afin de continuer la rude mission qu'il avait à remplir aux environs de Collo.

Le 1er juillet, la division arrive à Bou-Adjoul, chez les Bel-Aïd dont tous les contingents sont en armes; plusieurs colonnes lancées sur les rassemblements kabyles les mettent en complète déroute et leur tuent une quarantaine d'hommes.

En pénétrant le 2 chez les Beni-Meslem, M. le général de Saint-Arnaud trouve leurs villages défendus par 1,500 fusils. L'impétuosité et la bravoure de nos soldats ont bientôt raison de la résistance qui leur est opposée. Les Beni-Meslem battus sur tous les points viennent faire leur soumission en offrant le payement de l'impôt. Néanmoins, la nuit suivante, notre camp est attaqué par des contingents des Ouled-Aïdoun, Ouled-Attia, Ouled-Aouhat. L'ennemi, attendu à dix pas avec le plus grand sang-froid par nos troupes, est promptement culbuté et se retire en désordre laissant entre nos mains une douzaine de cadavres.

Le 4, la division arrive sur le territoire des Djebala qui occupent les crêtes et paraissent disposés à défendre leurs villages ; deux colonnes légères enlèvent les positions au pas de course, brûlent les trois villages, et s'élancent dans toutes les directions à la poursuite des fuyards Cette action vigoureuse décide la soumission immédiate des Djebala et des Beni-Fergan.

Le général de Saint-Arnaud se porte, le 6, chez les Mechat, où il trouve également sous les armes de nombreux rassemblements. Le succès de notre attaque est complet, et le soir la division établit son bivouac chez les Ouled-Aïdoum.

Avant de pénétrer dans le massif de Collo, le général fit venir des vivres de Milah, sous la protection de 500 hommes d'infanterie et des goums, et évacua sur cette ville ses blessés et ses malades. Ce temps de repos donné à la colonne est employé à peser sur les tribus des environs de manière à les dégoûter de la résistance. Au bout de quelques jours, les Ouled-Aïdoun, les Ouled-Ali, les Ouled-Aouhat, les Beni-Aïcha, les Beni-Khetab-Chéraga et les Ouled-Askar, une des plus puissantes tribus du Zouagha, renoncent à la lutte et reconnaissent notre autorité.

Chaque jour de marche de la colonne se dirigeant sur Collo est signalé par de nouveaux succès. Le général quitte, le 12 juillet, son bivouac d'El-Milia, et fait incendier les villages de la seule fraction des Ouled-Aïdoun restée insoumise. Les pertes des Kabyles sont considérables.

Le 13, les Ouled-Aïdoun insoumis, les Beni-Toufout de la montagne, les Ouled-Attia, les Beni-Ishak, les Achach, attendent la colonne dans le lit de l'Oued-Yzougar, dans l'espérance qu'ils pourront lui disputer le passage. Une fusillade de flanc amuse l'ennemi, tandis que le général engage le gros de sa colonne sur les crêtes et vient établir son bivouac sur l'Oued-Driouat, affluent de l'Oued-Guebli.

Le lendemain, la colonne arrive à el-Hamman, et, le 15, elle bivouaque sous Collo.

La terreur était grande dans cette ville, car, avant l'arrivée de nos troupes, le kaïd des Beni-Mehenna avait voulu rassurer les Colliotes en tentant un coup de main sur les Achach insoumis ; malheureusement il avait échoué, et les Achach, à leur tour, soutenus par les Beni-Ishak, vinrent menacer la ville. Elle n'évita leur attaque que par suite de la présence de la corvette à vapeur *le Titan* qui, embossée dans la rade à une petite portée de canon, suffit pour tenir les Kabyles en respect.

Le 16, les villages des Achach sont brûlés par deux colonnes légères qui tuent en outre à l'ennemi une trentaine d'hommes.

La division enlève, le 17, les 14 villages des Beni-Ishak, et met en déroute un rassemblement de 700 hommes environ des Ouled-Attia,

Beni-Ishak, Aïchaoua, qui, établi dans une bonne position, semble en mesure de faire une vigoureuse résistance. Attaqués de front par nos soldats, les Kabyles cherchent leur salut dans un ravin profond; mais bientôt une charge de cavalerie leur coupe la retraite, tandis que l'infanterie les poursuit la baïonnette dans les reins; plus de 100 cadavres ennemis restent sur le terrain.

La soumission de toutes les tribus du cercle de Collo se trouvait complétée par les résultats obtenus dans les deux dernières journées. Les Aïchaoua étaient neutralisés par l'influence du kaïd pris dans leur sein et placé à la tête des Colliotes; les Achach avaient reconnu notre autorité; les Beni-Ishak étaient réduits à l'impuissance par l'incendie de leurs villages et la perte de la plupart de leurs défenseurs; les Ouled-Attia, rudement châtiés, avaient regagné en toute hâte le sommet de la montagne d'El-Gouffi. Le temps était venu pour nos troupes de prendre dans leurs garnisons un repos nécessaire après une série d'opérations pendant lesquelles elles avaient, malgré les difficultés du terrain, tenu la campagne durant quatre-vingts jours, parcouru 640 kilomètres, vaincu les Kabyles dans vingt-six rencontres différentes. La colonne se sépare; 3 bataillons se rendent à Philippeville; 7 bataillons sont dirigés par la vallée de l'Oued-Guebli, afin que leur passage imprime une crainte salutaire aux tribus voisines de nos colonies agricoles.

L'est de la province de Constantine se trouve fortement agité par suite de l'arrivée sur la frontière de nombreux contingents tunisiens placés sous les ordres du kaïa du Kef. Le bruit se répand que ce rassemblement doit faire valoir les prétentions de la régence de Tunis sur la mine d'Oum-el-Theboul. Le commandant supérieur de la subdivision de Bône se porte aussitôt à la Calle avec les troupes disponibles; 1,000 hommes de la garnison de Constantine sont dirigés sur Bône, afin d'être prêts à parer aux événements. Au bout de quelques jours, le kaïa du Kef rentre dans l'intérieur de la régence, et nos troupes regagnent leurs cantonnements ordinaires; le poste de la mine est renforcé de manière à répondre aux attaques que les maraudeurs pourraient diriger contre nos établissements.

Chassé des cercles de Bougie et de Sétif, le chérif Bou-Baghla s'était réfugié chez les Beni-Sedka, dans la partie ouest du Djurdjura, d'où il cherchait à inquiéter les populations comprises dans le commandement de notre Bach-Agha du Sebaou, Bel-Kassem-ou Kassi.

Bientôt, soutenu par les Guechtoula et les Arib de Boghni, il fait mine de vouloir s'emparer d'une des communications les plus fréquentées de la grande Kabylie avec Alger. Un camp d'observation est aussitôt établi à Melab-el-Aroum, dans la haute vallée de l'Isser, et, dans la journée du 15 août, le chef du bureau arabe d'Alger dirige les goums du Sebaou et des Flissa contre le chérif qui menace quelques-unes de nos tribus. Bou-Baghla se retire à l'approche de nos cavaliers et s'enfonce fort avant dans les montagnes.

Un événement tout à fait inattendu se passe le 21 août dans le cercle de Biskara, sur la route de l'Oued-R'ir, vers lequel se dirigeaient une trentaine de tentes appartenant à la tribu des Ouled-Moulet. Arrivées à Itel, ces dernières sont surprises et entourées par un parti de nomades d'Ouargla. Le combat s'engage et les Ouled-Moulet ont 11 hommes tués et 15 blessés; ils perdent en outre la plupart de leurs chevaux. Ordre est immédiatement donné à un détachement de cavalerie d'aller renforcer la garnison de Biskra.

Une colonne française occupe la position de Dra-el-Mizan, sur les crêtes qui servent de limites aux Nezlioua et aux Guechtoula; sa présence suffit pour ramener le calme dans les esprits et empêcher toute démonstration nouvelle de la part du chérif el de ses partisans, dont le nombre, du reste, diminue de jour en jour. El-Hadj-Mustapha, un de ses principaux lieutenants, le même qui, au commencement du printemps, avait agité le sud de la subdivision du Sétif, vient se rendre à notre Bach-agha.

Les efforts du chérif paraissent se porter vers l'est; Bel-Kassem-ou-Kassi témoigne des inquiétudes sur les dispositions de ses tribus; le 17 septembre, trois bataillons et deux escadrons vont s'établir dans la vallée de Sebaou.

Vers le même moment, le sud de la division d'Alger se trouve subitement troublé par un acte de trahison de l'agha Ben-Nacer-Ben-Choura, qui commande une fraction de la grande tribu des Larbaâ. Un officier indigène de spahis s'était avancé au milieu de ces nomades avec un petit nombre de cavaliers pour régler quelques affaires administratives; Ben-Nacer fit, par surprise, enlever leurs armes et leurs chevaux. Une lutte inégale s'engage, un de nos cavaliers est tué, plusieurs autres sont blessés; mais bientôt les Larbaâ, épouvantés des conséquences de ce guet-apens, prennent la fuite. L'officier indigène peut gagner Boghar avec quelques-uns de ses hommes; il se met à la tête des goums des tribus voisines, rejoint l'émigration des Larbaâ et leur enlève un troupeau de chameaux et la plupart de leurs moutons.

Bou-Baghla ne peut rester dans l'inaction; à force d'intrigues, il sème la division parmi les Flissa, dont les fractions commencent bientôt par se tirer des coups de fusil. L'insurrection gagne de proche en proche, et le 14 un nombreux rassemblement de révoltés se présente en vue de notre camp et est aussitôt repoussé. Le 16, nous nous établissons à Tiziouzou, où doit être élevée la maison de commandement de notre Bach-agha du Sebaou. Bou-Baghla animé par sa présence les contingents qu'il a réunis. A peine notre colonne a-t-elle quitté son ancien camp d'Aïn-Fassy, que les Kabyles s'avancent sur ses traces en poussant des clameurs. Tout à coup notre cavalerie fait volte face, charge et balaye tout ce qu'elle rencontre; l'infanterie arrive au pas de course et achève de mettre les rebelles en déroute; 80 cadavres couvrent le terrain.

La défection des Flissa réclamait une prompte et énergique répression; sept bataillons se trouvèrent réunis le 30 à Dra-el-Mizan, sous le commandement de M. le gouverneur général par intérim.

Tous les efforts de cette colonne et de celle qui l'avait précédée dans le pays furent d'abord dirigés sur les Maatka, de manière à isoler les Flissa en les divisant en deux partis, et à porter la guerre au foyer même de la résistance.

Malgré les pluies torrentielles tombées pendant la nuit du 31 octobre au 1er novembre, la colonne du gouverneur général franchit l'Oued-Kseub et dépassa les pentes du Gontas sans rencontrer de résistance sérieuse de la part des Kabyles. Dans le milieu de la journée, nos troupes, pleines d'ardeur, étaient établies au Khamis des Maatka. Le 2, Bou-Baghla crut le moment opportun pour diriger une attaque sur notre camp; M. le gouverneur général prévient le chérif et lance sur les contingents kabyles trois bataillons qui, en un instant, les jettent dans les ravins et leur font payer cher leur témérité. Pendant ce temps, la deuxième colonne arrive au Khamis, après avoir dû renverser les barricades que l'ennemi avait élevées sur son passage.

Le 3, le village de Tizilt-Mahmoud est enlevé par nos troupes, qui y trouvent une grande quantité de provisions et de fourrages. Deux colonnes légères parcourent les pentes de l'Oued des Beni-Aïssi et la plaine qui s'étend jusqu'aux Beni-bou-Addou. La résistance de Bou-Baghla et de ses cavaliers ne peut rien contre l'ardeur de nos soldats; selon sa prudente habitude, le shérif regagne en toute hâte le Djurdjura et s'enfonce dans les roches des Beni-bou-Ghedane : nos colonnes rentrent au Khamis après avoir détruit 29 villages appartenant aux tribus révoltées. Dès le lendemain, de nombreux otages arrivent au camp et les Maatka, complétement démoralisés, se soumettent à l'avance à toutes nos conditions.

M. le gouverneur général laisse au Khamis des forces suffisantes; et, le 6, il vient, pour se rapprocher de Dra-el-Mizan, établir son quartier-général à Timimoum, sur les pentes sud des Mechtras, qui, malgré la facilité de résistance que peut offrir leur pays, font immédiatement acte de soumission.

Au bout de quelques jours, le payement des contributions de guerre était effectué par les tribus des environs, et nos troupes pouvaient reprendre le cours de leurs brillantes opérations.

Le 13, le gouverneur général établit son bivouac chez les Guechtoula, au pied de la montagne des Beni-Koufi. Le 14, voyant que ces derniers ne tenaient pas les promesses qu'ils avaient faites, il les attaque et fait justice de leur mauvaise foi et de leur entêtement. Cette opération est bientôt terminée; à cinq heures du soir, nos troupes avaient regagné leurs tentes. La soumission des Beni-Koufi ne se fit pas attendre, et le lendemain le chef de la Zaouïa de Sidi-Abd-er-Rahman-bou-Gobrin venait au camp implorer la grâce des fractions des Guechtoula, sur lesquelles notre colonne menaçait de s'appesantir encore. Les Kabyles demandent eux-mêmes la destruction de la maison et des propriétés de la famille qui a accepté pour gendre Bou-Baghla, et qui s'était réfugiée avec lui chez les Zouaoua.

Restait à terminer la question des Flissa; le camp fut donc porté le 20 à Hadjera-bou-Lahia, au milieu des Mzala.

Mieux conseillés que leurs voisins, les Flissa préviennent les rigueurs de la guerre par une soumission spontanée et la prompte acceptation des conditions mises à leur rentrée en grâce.

La journée du 21 fut consacrée à l'installation d'un officier français en qualité de chef du kaïdat de Boghni. Le pays se trouvait pacifié et les chefs kabyles juraient de profiter des sévères avertissements qui venaient de leur être donnés.

Une partie des troupes put, le 22, se mettre en route pour rentrer dans ses cantonnements. Une autre colonne fut, le même jour, dirigée par M. le gouverneur général sur la position de Timesrit, afin d'avoir raison des Rouafa; mais déjà ceux-ci avaient réfléchi sur le sort que la moindre résistance devait leur réserver. Notre bivouac n'était pas encore établi que déjà la Djemaa de cette tribu venait demander une grâce que le gouverneur général ne crut pas devoir lui refuser.

La campagne de l'est se trouvant ainsi terminée, le gouverneur général rentra à Alger le 27 novembre.

Partout le calme est revenu; les tribus qui se sont laissé entraîner par les prédications du chérif donnent maintenant des preuves de la ferme résolution d'éviter tout ce qui pourrait provoquer le retour des malheurs que leur aveuglement a un instant attirés sur elles.

1852.

Après les terribles leçons qui, dans le courant de l'année dernière, leur avaient été infligées, il était permis de croire que les Arabes cesseraient de considérer l'année 1852 comme devant être marquée par l'apparition du *moula sad*, qui, au dire des prédictions des fanatiques, expulsera les Français de l'Algérie.

L'expérience prouva bientôt que les agitateurs n'avaient pas encore perdu tout espoir de mettre le trouble dans le pays.

Changeant tout à coup le théâtre de ses intrigues, Bou-Baghla paraît, le 14 janvier, chez les Aït-Ameur, à l'est du Djurdjura; il attaque le village d'Aguemmoun, chasse le Makhzen de Bougie et les fantassins kabyles qui y étaient établis, et les force à se retirer chez les Fennaya.

A la nouvelle de ce grave événement, le général commandant la subdivision de Sétif se porte à marches forcées à la rencontre du shérif. Le 22, nos troupes se trouvaient sur le territoire des tribus signalées comme les plus coupables. Le général est décidé à ne leur faire grâce qu'à la condition qu'elles combattront sans relâche Bou-Baghla et ses partisans. Fidèles à leurs promesses, les Beni-Ourghlis, réunis à nos troupes le 24, tombent sur les contingents du chérif et les mettent en déroute complète le 25. La poursuite, poussée fort avant, fait tomber en notre pouvoir les villages ennemis, tandis que Bou-Baghla se retire au plus tôt derrière les Beni-Idjer.

Depuis près d'un mois la colonne était établie dans le pays et poussait avec la plus grande activité les travaux de la route qui, passant à travers la Kabylie, doit mettre Bougie en communication directe avec Alger. Déjà nos troupes étaient à la veille de rentrer dans leurs garnisons, lorsque éclata une horrible tempête qui, quarante-huit heures durant, porta la désolation dans nos rangs.

Le 22, la neige, qui tombait depuis vingt-quatre heures, commençait à ensevelir les tentes. L'immobilité était devenue fatale; la colonne dut se mettre en marche et se diriger vers Bougie en essuyant des difficultés qui dépassaient toutes les prévisions humaines. La tête de colonne qui devait bivouaquer à Torcha dépassa ce point, de sorte que tout ce qui la suivit marcha également sans prendre le moindre repos. Le général ne parvint à Bougie que le lendemain 23, à la nuit tombante, avec les derniers hommes qui, redoublant de courage pour aider leurs camarades, fermaient cette marche, pendant laquelle des actes multipliés du plus généreux dévouement ont honoré à l'envi officiers et soldats. Près de 300 hommes durent entrer à l'hôpital par suite des fatigues qu'ils avaient éprouvées. La plupart de ceux qui n'avaient pas rejoint étaient restés au milieu des villages kabyles, où les soins les plus empressés leur avaient été prodigués. Cet événement n'eut du reste aucune suite fâcheuse pour la tranquillité du cercle de Bougie.

L'apparition dans le sud d'un chérif sorti d'Ouargla avait forcé le général commandant la division d'Alger à diriger contre lui les goums du Djebel-Amour, des Larbaâ et de Si-Chérif-Bel-Arch, notre agha des Ouled-Nayl; mais bientôt les Larbaâ, selon leur habitude, firent défection. Une colonne fut aussitôt organisée; elle quitta Boghar, le 17 février, pour aller rallier notre agha et s'opposer aux progrès du chérif, qui était également surveillé par un nombreux goum dirigé par le commandant supérieur de Bou-Sada.

Le 3 mars, la colonne de Bougie part de cette ville et va reprendre la position qu'elle occupait au moment de la tempête du 22 février. En quelques jours nos soldats ont complétement achevé la route qui, traversant le pays des Fennaya, conduit jusqu'aux plateaux des Beni-Idjer. Les Mezalia viennent en même temps faire acte de soumission entre les mains du général. Cette démarche consolide les résultats politiques précédemment obtenus.

Pour surveiller les dispositions des tribus sahariennes du sud-est de la province d'Oran, le général commandant la division fit former une colonne légère, qui, sous les ordres du directeur divisionnaire des affaires arabes, alla occuper, le 25 mars, le territoire servant ordinairement de campement aux Ouled-Sidi-Cheik. Le chef de ces nomades fut arrêté et ramené à Oran. La présence de cette colonne permit au général commandant la subdivision de Médéah de s'avancer jusqu'à Tadjemout, et de forcer le vieux khalifa de Laghouat à résigner un pouvoir qu'il était incapable de conserver plus longtemps sans compromettre gravement nos intérêts.

Le prestige du chérif Bou-Baghla s'efface de jour en jour parmi les populations du Djurdjura, pour lesquelles cet intrigant est depuis longtemps un embarras. La plupart des tribus kabyles, redoutant les conséquences de l'entrée de nos colonnes dans leur pays, demandent à faire leur soumission; leur chef politique et religieux, Si-el-Djoudi, arrive à Alger dans les derniers jours de mars; il est accompagné de 92 chefs appartenant aux Beni-Sedka et à la grande confédération des Zouaoua. Cette démarche significative force Bou-Baghla à se réfugier chez les Beni-Mellikeuch.

Les brigandages commis sur notre frontière de l'ouest par des maraudeurs sortis du Maroc, forcèrent le général commandant la subdivision de Tlemcen à prendre des mesures énergiques pour y mettre un terme. Puisque les autorités marocaines se déclaraient impuissantes pour retenir et châtier ces pillards, nous n'avions plus qu'à nous faire justice nous-mêmes. Le général masque, sous différents prétextes, les mouvements de ses troupes vers la frontière. Le 10 avril, il les a toutes sous la main et se trouve à peu de distance de Sidi-el-Azem, où sont campés les Beni-Drar, les Mzaouir et les Ouled-Sghir marocains, bien connus comme les principaux auteurs des attaques dirigées contre nos populations. Aussitôt il lance sa cavalerie contre l'ennemi. Cette charge a un plein succès; les Marocains gagnent la plaine où les attend notre infanterie qui les écrase. 160 Beni-Drar restent sur le terrain; la prise de nombreux troupeaux et la destruction de 15 douars complètent cette journée.

Le mois suivant, une autre tribu marocaine s'arme encore contre nous; le général commandant la subdivision de Tlemcen se charge de la combattre. Le 15 mai, il franchit le Kis, tombe sur l'infanterie des Beni-Snassen et lui fait essuyer la plus sanglante défaite. Les Marocains se débandent et abandonnent plus de 100 cadavres.

Dans le courant de mai, les troupes de la division d'Alger se réunissent en deux brigades actives et vont s'établir sur les versants ouest du Djurdjura, afin de resserrer le blocus des tribus ennemies et achever les diverses routes qui doivent un jour nous faciliter la conquête du massif tout entier.

Une autre colonne se porte pendant ce temps au Dra-el-Arba des Guifser, entre Bougie et Sétif, avec la double mission de travailler à la route déjà ouverte dans le pays, et de maintenir les Kabyles pendant les opérations dirigées contre celles des tribus du cercle de Collo, qui n'avaient été atteintes que partiellement lors de la brillante campagne de 1851.

Le 12 mai, le général commandant la division de Constantine quitta la ville de Milah à la tête d'une colonne de 6,500 hommes d'infanterie, deux escadrons de cavalerie, trois sections de montagne et 300 mulets du train.

Le 14, il pénétrait sur le territoire des Ouled-Aïdoun, tribu considérable de la rive droite de l'Oued-el-Kebir. Les tribus kabyles, qui d'abord avaient pris la fuite, revinrent bientôt défendre leurs gourbis et leurs moissons. Pendant plusieurs jours nos troupes repoussèrent avec un sang-froid et un courage admirables les attaques dirigées contre notre bivouac. Cette résistance des Kabyles n'était due qu'à la présence au milieu d'eux d'un chérif nommé Bou-Seba, qui avait réuni les contingents des Ouled-Aouba, Beni-Aïcha, Ouled-Amer, Beni-Habibi, Beni-Ider, Beni-Meslem, Djebala et des Mechat. Le 21, à la pointe du jour, deux colonnes se mettent en marche et enlèvent avec vigueur la position occupée par les Kabyles. L'ennemi, coupé sur plusieurs points, éprouve des pertes considérables; cinq forts villages et 11 hameaux sont incendiés. Le lendemain, deux fractions des Ouled-Aoubat viennent se soumettre; le 27, c'était le tour des Ouled-Ali, qui s'empressèrent de payer l'impôt et de laisser leurs cheiks à notre camp.

Les journées suivantes furent marquées par la soumission de plusieurs tribus qui, à l'approche de nos troupes, déposèrent les armes et livrèrent immédiatement des otages.

Le 31, la colonne eut chez les Mechat un engagement sérieux avec les contingents kabyles; surpris par des attaques à la baïonnette et culbuté dans les ravins, l'ennemi perd 80 hommes tués.

Continuant sa marche vers Collo, elle arriva le 1er juin chez les Mechat, dont les moissons furent aussitôt incendiées; le 4 elle s'établissait chez les Beni-Toufout, où le général reçut la soumission des tribus et fractions environnantes.

La division allait atteindre Collo lorsque survinrent des nouvelles graves annonçant les mouvements insurrectionnels qui venaient de se produire chez plusieurs tribus des cercles de Guelma et de Bône, et auxquels il importait de mettre immédiatement un terme.

La prise de possession de Collo par une garnison française dut être ajournée, et le général commandant la subdivision de Constantine quitta la colonne, emmenant avec lui deux bataillons et deux divisions de cavalerie, pour se diriger vers l'est, qui ne pouvait plus longtemps rester dégarni de troupes. Aïn-Beïdha était bloqué, et les tribus du sud de Guelma avaient levé l'étendard de la révolte.

Le territoire des Achaïcha, Beni-Ishak, Ouichaoua, fut néanmoins visité par le général commandant la province; il reçut la soumission de ces tribus avant de marcher sur le Djebel-Gouffi.

Là encore nos troupes eurent à soutenir plusieurs engagements contre les contingents kabyles qui, profitant habilement de tous les accidents de terrain, opposaient la plus vigoureuse résistance.

Le 20 juin, le général arrivait sur l'Oued-Zour, au milieu des Ouled-Attia et des Beni-Fergan, qui, pour éviter la destruction de leurs villages et de leurs moissons, se hâtèrent de livrer des otages. Le 24, c'était le tour des Beni-Habibi et des Sedjenah de demander grâce.

Deux jours après les Djebala suivaient le même exemple.

Le 26, le camp fut porté de nouveau chez les Mechat, et, après avoir détruit les moissons de ces kabyles, la colonne gagna l'Oued-el-Kébir, traversa le pays des Ouled-Aïdoun et arriva le 2 juillet à Constantine, afin de se porter dans l'est, où la gravité des circonstances rendait sa présence nécessaire.

Les renforts envoyés par le gouverneur général au commandant de la subdivision de Bône lui avaient déjà permis de se porter avec des forces suffisantes chez les Ouled-Dhan (tribu située à 12 kilomètres de Guelma), qui, dans la nuit du 1er au 2 juin, avaient, à l'improviste, attaqué le camp des travailleurs établi à Aïn-Souda. Le châtiment ne se fit pas attendre : le 13 et le 14, les positions d'Akbet-el-Zeitoun et de Kef-el-Aks sont enlevées; les Kabyles, chassés de rochers en rochers, se réfugient dans des grottes, abandonnant femmes, enfants, troupeaux; le 16, deux colonnes mobiles parcouraient le pays et forçaient les populations à rentrer dans le devoir.

L'insurrection avait également gagné la grande tribu des Haracta; le 5, ils avaient attaqué le poste d'Aïn-Beïdha, occupé seulement par une division de spahis. Ceux-ci firent pendant deux jours bonne contenance et donnèrent le temps d'arriver à deux colonnes parties de Constantine et de Batna. Les Haracta, qui avaient déjà payé cher leur audace, jugèrent prudent de se retirer à l'approche des renforts. Le 20, ils acquittaient l'impôt de guerre entre les mains du général commandant la subdivision de Constantine.

Pendant qu'Aïn-Beïdha était bloqué, les Beni-Salah, du cercle de Bône, entraient, de leur côté, en pleine insurrection. Le 12 juin, 3 ou 400 hommes de cette tribu massacraient les bûcherons militaires établis au Fedj-el-Foul, et faisaient mine de vouloir se porter sur les villages de Barral et de Penthièvre. A la nouvelle de cet événement, notre kaïd monte à cheval avec son goum; mais bientôt les révoltés lui coupent le chemin et le forcent à se renfermer dans le Bordj d'Akasa. Le chef du bureau arabe de Bône, en cherchant à porter secours à ce chef indigène, tombe dans une embuscade et est mortellement blessé. Nos spahis cependant s'élancent à la charge et culbutent les Beni-Salah, qui se débandent et laissent sur le terrain un grand nombre des leurs.

Après avoir débloqué Aïn-Beïdha, le général commandant la subdivision de Constantine se mit immédiatement en mesure de gagner le pays des Hanencha, et de coordonner ses mouvements avec ceux de la colonne aux ordres du commandant de la subdivision de Bône.

Pendant ce temps, une autre colonne occupait, plus au sud, les environs de Guenchela, de manière à assurer la tranquillité de l'Aurès.

Rentré à Constantine le 2 juillet, comme il a été dit plus haut, le général commandant la division fit partir deux bataillons pour l'Oued-Guebli, dont il importait de surveiller les populations, afin de garantir la sécurité de la route de Philippeville à Constantine. Le 4, il se mit de son côté à la tête de cinq bataillons, un escadron et quatre pièces de campagne, et se porta directement sur Tiffech, afin de remonter du sud au nord toute la frontière de Tunis ; le 11, il avait rejoint les troupes établies chez les Hanencha, à Tamatmat. Deux colonnes se portèrent le lendemain vers la plaine de Faëlta, près de l'Oued-Ourihir, où se trouvaient campées plusieurs fractions des Hanencha prêtes à quitter notre territoire. Le général les atteignit le 13, à peu de distance du pic de Calaâ ; notre attaque fut couronnée d'un entier succès, car, malgré leur résistance, les insurgés perdirent près de 400 hommes, indépendamment de 16,000 moutons, 850 bœufs et une centaine de chameaux qui leur furent enlevés.

Quelques jours après, les Beni-Salah, qui s'étaient réfugiés chez les Ouchetetta tunisiens, n'échappèrent pas à notre vengeance et payèrent chèrement l'assassinat de nos malheureux bûcherons. Une colonne leur enleva la plupart de leurs troupeaux.

De son côté, le colonel commandant la subdivision de Bône continuait ses exécutions chez les Ouled-Dhan, dont il frappait avec rigueur les fractions coupables. Bientôt après, les Chiebna et les Ouled-Sidi-Bekri surent ce que leur avait coûté la part qu'ils avaient prise à la révolte de leurs voisins.

Les mouvements de nos colonnes dans l'est de la province de Constantine avaient été si habilement dirigés, qu'à la fin de juillet l'insurrection se trouvait comprimée sur tous les points et mise pour longtemps hors d'état de lever la tête. Cette partie de notre territoire reprit dès lors sa tranquillité habituelle, et les troupes purent regagner leurs garnisons.

Pendant que ces faits s'accomplissaient dans l'est, notre frontière du Maroc continuait à être vivement agitée par les préparatifs des Beni-Snassen, qui appelaient à eux tous les contingents de leurs montagnes. Le général commandant la subdivision de Tlemcen voulut en finir avec ces maraudeurs incorrigibles ; le 24 juin, il s'avance vers le village d'Agbal ; le combat commence aussitôt ; l'ennemi paraît vouloir résister, mais bientôt une charge de cavalerie, vigoureusement conduite, le culbute en tournant toutes les positions. L'infanterie achève la déroute des Marocains, qui fuient en désordre. Le succès était décisif. Les Beni-Snassen avaient huit villages brûlés et 400 hommes tués ; ils étaient démoralisés ; ils comprirent que pour eux la lutte était impossible avec des troupes aguerries comme les nôtres.

Le 2 juillet, le kaïd Abd-el-Sadok, représentant de l'empereur du Maroc, arrivait au camp français au nom des Beni-Snassen, et souscrivait à toutes les conditions qui leur étaient imposées.

Malgré l'échec qu'il avait subi à Mlili, le 22 mai, le chérif d'Ouargla s'était établi près de l'Oued-Ittel d'où il espérait pouvoir, à un moment donné, se porter jusqu'au Ziban. Averti de l'approche de plusieurs colonnes françaises, cet aventurier jugea prudent de s'enfoncer en toute hâte dans le sud. Le commandant supérieur de Bou-Sada n'en continua pas moins sa route avec les 500 hommes dont il disposait; le 15 juillet il arriva au défilé de Djebel-Zerga occupé par la tribu des Ouled-Sassi qui, récemment, venait de faire défection pour favoriser les projets du shérif d'Ouargla. Le 16, au point du jour, l'attaque commença; elle durait depuis deux heures lorsqu'une brillante charge exécutée par les spahis détermina la défaite des Ouled-Sassi. L'infanterie s'empara bientôt de toutes les positions que l'ennemi défendait avec un acharnement incroyable. 3,000 moutons, 400 chameaux, 50 fusils, des tentes et un riche butin furent les trophées de ce brillant engagement.

Le mois d'août n'avait nécessité aucun mouvement de troupes; celui de septembre devait être marqué par la punition d'une tribu qui depuis longtemps nous donnait de graves sujets de mécontentement. Cette tribu était celle des Ouled-Mahboub, fraction de Segnia, située à 48 kilomètres au sud de Constantine. Pendant les dernières opérations de la Kabylie et de l'est de la province, les Ouled-Mahboub avaient constamment refusé de fournir les mulets requis pour le transport des colonnes; de plus il était notoire qu'un certain nombre d'entre eux s'étaient réunis aux Haracta pour attaquer Aïn-Beïdha. Trois colonnes parties de Constantine, de Batna et d'Aïn-Beïdha arrivent le 30 septembre chez les Ouled-Mahboub, entourent leurs douars, les enlèvent et tuent ceux qui cherchent à les défendre. A 11 heures du matin, tout était terminé. Les insurgés laissaient sur le terrain plus de 50 morts; ils avaient, en outre, perdu environ 12,000 têtes de bétail. Ce châtiment prouvera une fois de plus aux tribus que tôt ou tard nous atteignons celles d'entre elles qui ne craignent pas de se laisser aller au désordre.

Le général commandant la subdivision de Médéah qui, depuis une quinzaine de jours, était établi à Djelfa pour présider à la construction de la maison de commandement des Ouled-Nayl, a dû, le 1er octobre, quitter momentanément ce point avec une partie de ses troupes pour se porter au secours de la ville de Laghouat que menaçait le chérif d'Ouargla. En présence du danger commun, les habitants avaient oublié leurs anciennes discordes, et l'approche du général de la subdivision de Médéah leur avait donné courage; le chérif, ne pouvant réussir dans sa tentative, prit prudemment la fuite vers le sud.

Au bout de quelques jours le pouvoir se trouvait replacé entre les mains de l'un des fils de l'ex-khalifa. Notre colonne rentrait à Djelfa, le 17 octobre, sans que son absence eût eu pour effet de ralentir les travaux de construction entrepris chez les Ouled-Nayl.

En se retirant, le shérif fit une pointe vers le Djebel-Amour et tomba, à la tête de 1,200 à 1,500 cavaliers, sur la tribu des Adjelat. Mais bientôt l'attitude des populations voisines le força à se retirer;

Excitée par quelques meneurs, la population de Laghoüat se livre de nouveau au désordre. L'agitation devient telle, que l'officier indigène laissé comme conseil auprès du fils de l'ex-khalifa Ben-Salem, n'a d'autre parti à prendre que de se retirer à Djelfa.

A cette nouvelle, le général commandant la subdivision de Médéah reçoit l'ordre de se porter vers le sud et de combiner ses mouvements avec ceux de deux autres colonnes qui se dirigent de Saïda et de Frendo vers El-Biod, sur l'Oued-Sidi-Nasseur, où doit être construite une maison de commandement destinée à protéger nos populations du sud.

La direction supérieure de toutes ces troupes est confiée au général commandant la province d'Oran.

Pendant ce temps, les garnisons de Bou-Sada et de Biskra sont renforcées de manière à parer aux éventualités dans le cas où le chérif se porterait vers l'est.

De son côté, M. le gouverneur général quitte Alger et se dirige sur Médéah, où il fait réunir toutes les troupes disponibles; il est forcé de s'arrêter avec elles dans cette ville, par suite de l'affreuse tourmente qui, pendant les derniers jours de novembre, rendit impraticables les routes du sud de la division d'Alger.

Le 19 novembre, la colonne mobile partie de Djelfa tombe, après une longue marche de nuit, sur les gens du chérif campés à Aïn-Reig, leur tue 200 hommes et leur enlève 2,000 chameaux et 20,000 moutons.

Poursuivi par notre cavalerie, Mohammed-ben-Abd-Allah gagne au plus tôt Laghouat et s'y enferme, annonçant la résolution de s'ensevelir sous les décombres de la ville.

Le 21, un nouveau combat s'engage à peu de distance de la ville. L'ennemi perd encore plus de cent combattants; mais nos troupes n'étant pas assez nombreuses, malgré l'arrivée d'un détachement parti de Bou-Sada, pour former l'investissement complet de la place, durent se borner à exercer une surveillance rigoureuse sur les environs, en attendant la colonne de la division d'Oran, dont le concours avait été réclamé.

Le 3 décembre, le général commandant supérieur de la province d'Oran, arrivé devant Laghouat, avait sous la main des forces suffisantes pour pousser cette opération à fond; il fit aussitôt la reconnaissance de la place. Cette première journée fut signalée par un engagement des plus vifs; mais ce n'était là que le prélude du succès que la valeur de nos soldats devait leur assurer le lendemain.

Tout fut préparé pendant la nuit pour une attaque de vive force.

A sept heures du matin, le 4, le général fait ouvrir le feu; à 10 heures, la brèche était praticable.

Deux bataillons des 1er et 2e régiments de zouaves s'élancent comme l'ouragan et balayent les défenseurs de la brèche, malgré la résistance la plus opiniâtre; se précipitant ensuite de la position dominante des remparts, nos colonnes renversent tout ce qui s'oppose à leur passage, et vont planter leur drapeau au haut du minaret que couronne la maison de Ben-Salem.

A partir de ce moment, Laghouat était au pouvoir de nos soldats. Les habitants déposent les armes ou fuient au loin à travers les jardins entourant la ville.

Le général Bouscaren, qui commandait une des brigades, reçut avant l'assaut une blessure des plus graves, à laquelle il a succombé; le commandant Morand, des zouaves, le capitaine Staël, le capitaine Bessière ont aussi payé de leur vie ce beau fait d'armes.

Le même jour (4 décembre), Si-Hamza, notre khalifa des Ouled-Sidi-Cheikh, remportait, à la tête des goums du sud et des fantassins des ksours, un succès éclatant sur les Larbaâ et les Ouled-Nayl dissidents, campés près de l'Oued-Neza, à peu de distance de Berrian. Le 8, il rejoignait nos troupes sous Laghouat, ramenant avec lui 1,200 chameaux, 6,000 moutons et un butin considérable.

Le 17, le général commandant en chef, suivi de plusieurs officiers, se rendait à Aïn-Madhy, et recevait, de la part du marabout Tedjini, l'accueil le plus empressé et des témoignages significatifs de déférence et de soumission à la France.

Une garnison de 1,000 hommes était laissée à Laghouat, et nos troupes se remettaient bientôt en marche pour rentrer dans leurs provinces respectives. L'immense retentissement que la prise de cette ville, éloignée d'environ 500 kilomètres d'Alger, a eu dans le Sahra, fut des plus favorables à la consolidation de notre autorité sur ces contrées. Les Beni-Mzab se hâtèrent de faire acte de soumission, et les tribus nomades suivirent cet exemple.

En passant par le Djebel-Korobtit, la petite colonne fournie par le cercle de Bou-Sada trouva l'occasion d'infliger un rude châtiment aux Ouled-Tobba, fraction des Ouled-Saad-ben-Salem, qui depuis longtemps nous avaient donné de graves sujets de plainte.

1853.

La prise de Laghouat ne suffit pas pour ramener le calme dans le Sahara. La perturbation avait été trop grande, trop de populations avaient pris part au désordre, pour que la tranquillité pût se rétablir sans nouvel accident. La cause du chérif Mohamed-Ben-Abd-Allah avait éprouvé un échec, mais elle n'était pas perdue entièrement.

En rentrant du siége de Laghouat, une colonne surprend à Foum-Karoub une bande nombreuse appartenant à la tribu des Ouled-Sidi-Zian. A l'aspect de nos troupes, ils fuient sans oser tirer un seul coup de fusil, et laissant entre nos mains un butin assez considérable.

Notre bach-agha des Ouled-Naïl, de son côté, ne laisse aucun repos aux fractions dissidentes des tribus de son territoire. Ce chef indigène, à la tête de 400 chevaux de son goum, tombe le 15 février sur les rebelles, et leur enlève un grand nombre de chameaux et environ 7,000 bêtes à cornes.

Dans le mois d'avril, on voit encore des chefs indigènes poursuivre sans relâche nos ennemis. Le khalifa Si-Hamza et l'agha Si-Kaddour-Ould-Adda, lancés sur les traces des Hamyans, les atteignent le 16 avril à Gembaba, leur tuent un assez grand nombre de cavaliers, et leur enlèvent, en outre d'un immense butin, environ 30,000 moutons et 2,000 chameaux.

Parti de Sétif le 18 mai, à la tête de deux divisions qui doivent prendre part à l'expédition du Babor, le gouverneur général livre aux Kabyles, pendant les journées des 19, 20, 21, 22 et 23 mai, une foule de combats insignifiants. Les positions les plus importantes sont enlevées sans efforts. Cette expédition n'offrit aucun incident remarquable.

Le 13 octobre, une partie des populations dévouées au chérif Mohamed-Ben-Abdallah s'établissent près des sources de l'Oued-Seghir; le commandant supérieur en reçoit l'avis, quitte précipitamment la place à la tête de quelques hommes, et va tomber sur le campement ennemi, qu'il met en complète déroute, et auquel il enlève presque tout le matériel.

Dans les derniers jours de septembre, les Beni-Ider trament un complot contre la vie du commandant supérieur de Djigelly, qui visitait son cercle avec une faible escorte. Dévoilé par un des conjurés, ce projet ne fut pas exécuté. Les principaux coupables furent arrêtés, et la tribu, pour se soustraire au rude châtiment que le général commandant la division de Constantine venait lui infliger, se soumit d'avance à toutes les conditions qu'on voudrait lui imposer.

Le 24 octobre, un officier français, à la tête d'un goum de 500 cavaliers, quitte Sidi-Bel-Abbès, et tombe, après une marche de nuit, sur les Rezaïnas-Gharabas, leur tue 150 hommes environ et leur enlève 2 drapeaux, 250 fusils, 4,000 moutons et 250 chevaux.

Quelques jours après, ce goum se joint à celui de Tlemcen pour surveiller et poursuivre les Hamians. Le 20 novembre, une affaire sérieuse s'engage entre les deux partis, nos alliés font des prodiges de valeur; ils forcent l'ennemi à fuir en abandonnant ses tentes et ses troupeaux; 20,000 moutons et 800 chameaux restent en notre pouvoir.

Dans le mois de décembre, notre khalifa, Si-Hamza, tombe sur le chérif d'Ouargla et ses partisans. Après une lutte acharnée, notre allié met l'ennemi en complète déroute. Le terrain était jonché de cadavres. Quoique blessé dans cette affaire, Si-Hamza, voulant obtenir un succès complet, marche droit sur Ouargla, chef-lieu de la puissance du chérif, son rival. Les portes de la ville lui sont ouvertes le 23 décembre, après quelques jours de résistance.

1854.

Les premiers mois de l'année furent consacrés à l'organisation des populations du sud.

Dans les premiers jours du mois d'avril commencèrent les premières opérations militaires contre les tribus du Sebaou. Le chef du bureau arabe d'Alger, chargé de diriger les contingents de nos alliés, infligea à Bou-Baghla, chez les Azazgos, un rude châtiment. Ce coup de main suffit pour amener la soumission de la plus grande partie des tribus insoumises du bassin. Ce qui toutefois n'empêcha pas le gouverneur général de se mettre le mois suivant à la tête d'une expédition militaire, qu'il dirigea dans cette partie de la Kabylie.

Il y eut durant cette expédition plusieurs engagements. Les Kabyles nous opposèrent une résistance des plus énergiques, et bien souvent nos troupes ne durent la victoire qu'au système de destruction qui caractérise la guerre d'Afrique.

Dès le 6 juillet, les troupes françaises, opérant dans le Sebaou, commencent à rentrer dans leurs garnisons habituelles.

Quelque temps après cette campagne, le général Randon, gouverneur général de l'Algérie, vint à Paris, laissant au général Pélissier l'intérim du commandement.

Pendant cette seconde période de l'année 1854, il y eut plusieurs coups de main à exécuter pour punir des défections ou prévenir des agitations; mais l'incident le plus remarquable fut celui qui amena presque sans coup férir la réduction de Tuggourt, au moment où le monde parlait d'un projet de M. le général Randon d'organiser une expédition de 10,000 hommes environ, pour aller faire le siége de cette place importante.

Le 29 novembre, un engagement assez vif eut lieu près de Meggazin, entre le chérif de Tuggourt et les goums de Biskra, renforcés par 200 spahis et une compagnie de tirailleurs indigènes; la lutte fut longue et acharnée; mais après plusieurs charges de cavalerie, l'ennemi fut mis en complète déroute. Plusieurs drapeaux et des armes en assez grande quantité furent pour nous les trophées de cette glorieuse journée.

Le lendemain, sous la terreur de la défaite de la veille, le chérif et ses partisans s'enfuient de Touggourt, dont nos troupes prennent possession le 2, *sans aucune espèce de résistance.*

Quelques jours après, toutes les populations de l'Oued-R'hir et de l'Oued-Souf font acte de soumission à la France.

Un dernier succès non moins important vint couronner dignement la série des brillants résultats obtenus dans le quatrième trimestre de l'année 1854, pendant l'intérim de M. le général Pélissier.

Retiré chez les Beni-Mellikeuch, qui lui avaient donné asile, le chérif Bou-Baghla mettait tout en œuvre pour obtenir des lettres de pardon. Des ordres sévères prescrivaient à tous les commandants de nos postes de n'entretenir aucune correspondance avec cet agitateur. Fatigué de poursuivre en vain ses intrigues, un but qui lui échappait sans cesse, Bou-Baghla sortit de sa retraite, le 26 décembre, avec 2 cavaliers et une soixantaine de fantassins. Il voulait enlever par un coup de main un troupeau de bœufs appartenant à notre kaïd des Beni-Abbès. Bientôt l'éveil est donné; ce chef indigène et son goum montent à cheval et se mettent à la poursuite des maraudeurs qui regagnent déjà la montagne avec leur prise. Bou-Baghla, dont le cheval est fatigué, veut mettre pied à terre pour s'échapper plus facilement; mais à peine a-t-il touché le sol que le kaïd et les cavaliers arrivent sur lui, le saisissent et le mettent à mort. Ainsi périt cet intrigant qui depuis plusieurs années retardait la pacification complète du Djurdjura.

FIN DU RÉSUMÉ HISTORIQUE.

INDEX ALPHABÉTIQUE.

A	Pages.
Aboukir	244
Affreville	146
Ahmed-ben-Ali	196
Aïn-Beïda (prov. de Constantine)	178
Aïn-Beïda (province d'Oran)	212
Aïn-Benian	106
Aïn-Boudinar	246
Aïn-Chelaba (voir Ponteba)	156
Aïn-Djemia	201
Aïn-el-Bey	Ib.
Aïn-el-Turk	209
Aïn-Jacouf	201
Aïn-Milah	Ib.
Aïn-Nouissy	243
Aïn-Séfia	181
Aïn-Si-Chérif	244
Aïn-Sultan	149
Aïn-Tédelès	247
Aïn-Temouchen	253
Aïoun-R'mel	177
Aïoun-Saeul	Ib.
Alelik	191
ALGER (Prise de la ville d')	261
— (Description de la ville d')	53
Algérie (Situation de l')	XI
— (Aspect de l')	48
Ameur-el-Aïn	131
Ammi-Moussa	249
Arach (rivière)	XVI
Arba	114
Arcole	213
Arzew	Ib.
Assi-Chérif (voir Aïn-Si-Chérif)	244
Assi-el-Biod	213
Assouaf	170
Aumale	166

B	Pages.
Baba-Hassen	119
Barral	192
Bathna	200
Ben-Aknoun	104
Beni-Mered	127
Beni-Morra	203
Beni-Ouasseroual	170
Berbessa	142
Birkadem	98
Birmandreis	Ib.
Birtouta	116
Biskara	202
Bled-Touaria	245
Blidah	122
Boghar	164
Bône	188
Bordj-bou-Areridj	184
Bouçada	Ib.
Bouffarick	120
Bougie (Description de la ville de)	196
— (Prise de la ville de)	270
Bou-Ismaël (voir Castiglione)	143
Bou-Medfa	147
Bou-Roumi	131
Bourkika	Ib.
Bousefer	210
Bou-Tlelis	212
Bréa (village)	231
Bugeaud (id.)	191

C	Pages.
Cachrou	225
Castiglione	143
Cheragas	106

Cherchell	149
Chiffa (Gorges de la)	126
Chiffa (village)	129
Christel	215
Christine	216
Collo	199
Condé	176
CONSTANTINE. Description de la ville (Expédition de)	172 275
Consulaire	119
Crescia	117

D

Daïa	254
Dalmatie	127
Damesme	216
Damiette	162
Damrémont	194
Dellys	167
Dely-Ibrahim	104
Deux-Ponts	177
Djemilah	184
Djemmâ-Ghazaouat (v. Nemours)	232
Djigelly	198
Douaouda	142
Douera	114
Dra-el-Mizan	167
Drariah	113
Duzerville	191

E

El-Achour	105
El-Afroun	136
El-Arnat	181
El-Arrouch	195
El-Biar	104
El-Bordj	225
El-Hadjar	191
El-Kantara	201
El-Kantour	177
El-Kronb	ib.
Emsila	212

F

Fermatou	181
Fleurus	216
Fondouk	103
Fornier	177
Fort-de-l'Eau	101
Fouka	141
Frenda	254

G

Gastonville	195
Guelma	185
Guyotville (voir Aïn-Benian)	106

H

Haci-Ameur	217
Haci-ben-Ferréah	218
Haci-ben-Okba	216
Haci-bou-Nif	217
Hadj-Yacoub (voir Saint-Jules)	117
Hammam-Meskoutin	187
Hanassu	181
Hanaya	231
Heliopolis	187
Hussein-Dey	99

J

Jemmapes	196
Joinville	128

K

Kaddous	114
Kalfoun	181
Karouba	247
Kef oum teboul (voir La Calle)	192
Kléber	217
Kolaath	225
Koléah	134
Kouba	99

L

La Calle	192
La Ferme	156
Laghouat	165
Lambessa	201
Le Figuier (voir Valmi)	212
Lella-Magrnia	233
Les Libérés	239
Lodi	162

M

Maison-Carrée	101
Mahelma	120
Mangin	213
Mansourah	231
Marabout d'Aumale	119
Marabout de Sidi Abd-el-Kader	147
Marengo	132
Mascara	223
Matifoux	102
Mazagran	239
Médéah	160

INDEX ALPHABÉTIQUE.

	Pages.
Medjez-Amar	188
Mefessour	218
Mela (voir La Calle)	192
Mers-el-Kebir (voir Oran)	205
Messaoud (voir Berbessa)	142
Mezloug	181
Milah	179
Milianah	144
Millesimo	187
Misserghin	210
Mondovi	191
Montenotte	160
Montpensier	128
MOSTAGANEM	233
Mouzaïa-les-Mines	163
Mouzaïaville	130
Muley Magoun	216
Mustapha	96

N

Nechmeya	191
Négrier	231
Nemours	232
Nouvelle-Lambèse (voir Bathna)	200
Novi	152
Nza-el-Msaï	201

O

ORAN	205
Orléansville	153
Oued-Boutan	147
Oued-el-Halleg	129
Oued-Rhéan	147
Ouled-Fayet	112
Ouled-Mendil	116
Ouréa	242

P

Penthièvre	191
Petit	187
Petit Sidi-Chami	213
PHILIPPEVILLE	193
Pointe-Pescade	111
Pont-du-Chélif	249
Pontcba	156

Q

Quatre-Chemins	117

R

République (La) (voir Sidi-Chami)	213
Rivoli	241

	Pages.
Robertville	195

S

Saïda	225
Saighir	143
Saint-André	225
Saint-Antoine	194
Saint-Charles (province d'Alger)	117
Saint-Charles (province de Constantine)	195
Saint-Cloud	215
Saint-Denis-du-Sig	219
Sainte-Amélie	118
Saint-Eugène	111
Saint-Ferdinand	118
Saint-Hippolyte	225
Saint-Jules	117
Saint-Leu	215
Sainte-Léonie	218
Saint-Louis	Ib.
Saint-Rémi	213
Saoula	113
Sebdou	233
Senia	209
Setif	180
Seysaf	232
Si-Chérif (voir Aïn-Si-Chérif)	244
Sid-Ali (voir Christine)	216
Sidi-Bel-Abbès	231
Sidi-Bou-Medine	231
Sidi-Brahim (le marabout)	232
Sidi-Brahim (village)	235
Sidi-Chami (Le petit)	213
Sidi-Chami	212
Sidi-Ferruch	108
Sidi-Lahssen	235
Sidi-Mabrouk	177
Sidi-Nassar	196
Sidi-Okba	204
Sidi-Rilas (voir Novi)	152
Sig (voir Saint-Denis-du-Sig)	219
Souk-el-Mitou	248
Souma	122
Sour-Ghozlan (voir Aumale)	166
Staouëli	107
Stidia	242

T

Tebessa	178
Tedjdid	238
Tedjmout	166
Tefeschoun (voir Castiglione)	143
Tekedempt	170
Tenez	156
Teniet-el-Haad	147
Tensalmet	211
Tfassed (voir Tipasa)	132
Thouabet	170

	Pages.
Thouat	225
Tiaret	225
Tipasa	132
Tlemcen	225
Toumiettes	177
Tounine	245
Trois Marabouts (voir Aboukir)	244

U

	Pages.
Union du Sig (voir Saint-Denis-du-Sig)	219

V

	Pages.
Vallée	194
Vallée des Jardins	238
Valmi	212
Vesoul-Benian	118

Z

	Pages.
Zaatcha	202
Zeradla	143
Zouidjet-el-Habous	143
Zurich	159

FIN DE L'INDEX ALPHABÉTIQUE.

PARIS. — Imprimé par E. THUNOT et Ce, 26, rue Racine.

www.ingramcontent.com/pod-product-compliance
Lightning Source LLC
Chambersburg PA
CBHW050904230426
43666CB00010B/2025